Patterns of Contention
in Mexican History

Colonel Porfirio Díaz (ca. 1870)

Patterns of Contention in Mexican History

F
1231
.P38
1992
West

Edited by Jaime E. Rodríguez O.

A Scholarly Resources Inc. Imprint
Wilmington, Delaware

The paper used in this publication meets the minimum requirements of the American National Standard for permanence of paper for printed library materials, Z39.48, 1984.

Scholarly Resources Inc.
104 Greenhill Avenue
Wilmington, DE 19805-1897

Sources for Illustrations

Archivo General de la Nación, México; Museo Nacional de Historia, México; Claudio Linati, *Costumes et moeurs de Mexique* (London, 1830); Carl Nebel, *Voyage pittoresque et archéologique dans la partie plus intéressante de Mexique* (Paris, 1836); J. Decaen, ed., *México y sus alrededores: Colección de monumentos, trajes y paisajes*, 2d. ed. (Mexico, 1864)

Front endsheet: Soldiers from the south (ca. 1830)
Back endsheet: Cedilla's troops after the victory over the Escobar Rebellion in 1929

Library of Congress Cataloging-in-Publication Data

Patterns of contention in Mexican history / edited by Jaime E. Rodríguez O.
    p. cm. — (Latin American silhouettes)
    English and Spanish.
    "Third in a series of symposia volumes on 'rebellions and revolutions' in Mexico [sponsored by the Mexico/Chicano Program, University of California, Irvine]"—Pref.
    Includes bibliographical references (p.   ) and indexes.
    ISBN 0-8420-2399-2 (alk. paper)
    1. Revolutions—Mexico—History—Congresses. 2. Mexico—History—Spanish colony, 1540–1810—Congresses. 3. Mexico—History—1810—Congresses. I. Rodríguez O., Jaime E., 1940– . II. University of California, Irvine. Mexico/Chicano Program. III. Series.
F1231.P38 1991
972'.02—dc20   91-38845

To the Archivo General de la Nación de México
—one of the world's great cultural centers—
its distinguished directors
and dedicated staff
who for two hundred years
have cherished and protected
their nation's heritage

Contents

II. The National Period

III. Interpreting Rebellions

Contents ix

Preface

THIS IS THE THIRD in a series of symposia volumes on "rebellions and revolutions" in Mexico. The first considered the Independence, while the second evaluated the Revolution. After the first two symposia examined and compared those two great upheavals, it became evident that the nature of rebellions needed to be analyzed in a broader perspective. The Mexico/Chicano Program, therefore, invited leading experts to discuss the problem of rebellions in Mexican history.

This publication, like those of earlier symposia volumes, owes much to the encouragement and support of various persons and institutions. Both the symposium and this book received financial support from the Mexico/Chicano Program, the School of Humanities and the Office of Research and Graduate Studies at the University of California, Irvine, and from the University of California Consortium on Mexico and the United States. My colleagues in the Mexico/Chicano Program, María Herrera-Sobek, Alejandro Morales, and Eloy Rodríguez, encouraged and supported this work. I am grateful to Dean Terence Parsons, to Vice Chancellor Paul Sypherd, and to Consortium Director Arturo Gómez Pompa for their continuing support. As in earlier instances, Linda Alexander Rodríguez, William Sater, and Virginia Guedea read parts of the volume, providing valuable suggestions for improvement. Once again, Dr. Guedea aided in coordinating the papers from Mexico and assisted in obtaining illustrations. Christon I. Archer, Colin M. MacLachlan, Kathryn L. Roberts, and Paul J. Vanderwood contributed advice and encouragement. William H. Beezley and Judith Ewell provided support at a key juncture. Carl Marcoux and Gregorio Mora helped during the symposium. Geneva López-Irianni and Crystal N. Roberts kindly aided in the final stages of manuscript preparation; I am grateful to them for their meticulous work. As usual, Karen Lowe proved invaluable in assisting with the symposium and in preparing the papers for publication. Finally, I am grateful to the Rockefeller Foundation for an opportunity to correct and revise this work at Villa Serbelloni, its study and conference center in Bellagio, Italy.

This volume is dedicated to the Archivo General de la Nación de México, an incredibly rich archive and an excellent place to work. Since I initiated my research there in 1968, I have had the privilege and good fortune of knowing its distinguished directors, J. Ignacio Rubio Mañé, Alejandra Moreno Toscano, and Leonor Ortiz Monasterio. I am grateful to them, especially to Lic. Ortiz Monasterio, for many kindnesses. In addition, I have benefited from the assistance of the Archivo's dedicated staff. I am particularly indebted to José Guzmán, Roberto Beristáin, Eutiquio Franco Huerta, Juan Manuel Herrera, and Victoria San Vicente.

Jaime E. Rodríguez O.

Los Angeles
February 21, 1991

Contributors

Christon I. Archer is professor and head of the Department of History at the University of Calgary. He has written extensively on the army of New Spain and on the insurgency. His works include *The Army in Bourbon Mexico* (Albuquerque, 1977), which received the Bolton Prize. His current research concerns insurgency and counterinsurgency during the struggle for independence.

Marcello Carmagnani is a professor in the Dipartimento di Studi Politici at the Universitá di Torino. He is the author of numerous socioeconomic studies of Chile and Mexico. His publications include *El regreso de los dioses: Oaxaca en el siglo XVII* (Mexico, 1989). He is currently studying Mexico's national finances.

Felipe Castro Gutiérrez is associate research professor of the Instituto de Investigaciones Históricas at the Universidad Nacional Autónoma de México. His works include *Movimientos populares en Nueva España: Michoacán, 1766–1767* (Mexico, 1990). He is currently working on popular rebellions in late eighteenth-century New Spain.

Romana Falcón is professor at the Centro de Estudios Históricos at El Colegio de México. She has published widely on the Revolution. Her publications include *Revolución y caciquismo: San Luis Potosí, 1910–1938* (Mexico, 1984). She is currently working on the Porfiriato.

Virginia Guedea is research professor at the Instituto de Investigaciones Históricas at the Universidad Nacional Autónoma de México. She has written numerous studies on insurrections, the military, secret societies, and the origins of national politics, including *En busca de un gobierno alterno: Los Guadalupes de México* (Mexico, 1992). She is currently investigating electoral processes during the Independence and early national periods.

Alicia Hernández Chávez is director of the Centro de Estudios Históricos at El Colegio de México. She is the author of many works on the military in the late nineteenth century and on revolutionary politics in the early twentieth century. Her publications include *La mecánica cardenista* (Mexico, 1979). She is currently studying the military in the late nineteenth century and the politics of the Cárdenas era.

Gilbert M. Joseph is professor of history at the University of North Carolina, Chapel Hill. He has published extensively on Yucatán, including *Revolution from Without: Yucatán, Mexico, and the United States, 1880–1924* (Cambridge, 1982). His current work concerns Yucatán during the early twentieth century.

Carlos Martínez Assad is research professor at the Instituto de Investigaciones Sociales at the Universidad Nacional Autónoma de México. He has written widely on insurrections in postrevolutionary Mexico. His publications include *El laboratorio de la revolución: El Tabasco garridista* (Mexico, 1979). He is currently researching the political revolts of the 1910–1938 period.

José Luis Mirafuentes Galván is associate research professor at the Instituto de Investigaciones Históricas at the Universidad Nacional Autónoma de México. His works include *Movimientos de resistencia y rebeliones indigenas en el norte de México, 1680–1821* (Mexico, 1989). He is currently working on popular revolts in northern New Spain during the eighteenth century.

Jaime E. Rodríguez O. is professor of history and director of the Mexico/Chicano Program at the University of California, Irvine, and is the author of many studies on the Independence and early national period, including *The Independence of Mexico and the Creation of the New Nation* (Los Angeles, 1989). His current studies concern the formation of the new Mexican nation.

Barbara A. Tenenbaum is an independent historian residing in Washington, D.C., and has written extensively on nineteenth-century Mexican finances. Her works include *The Politics of Penury: Debts and Taxes in Mexico, 1821–1856* (Albuquerque, 1986). She is currently researching the period from 1835 to 1854.

Paul J. Vanderwood is professor of history at San Diego State University. He has published numerous studies on problems of law and order in nineteenth- and early twentieth-century Mexico. His works include

Disorder and Progress: Bandits, Police, and Mexican Development (Lincoln, 1981), which won the Herring Prize. He is currently investigating millenarian movements in northern Mexico.

Eric Van Young is professor of history at the University of California, San Diego. He has published widely on rural Mexico. His works include *Hacienda and Market in Eighteenth-Century Mexico: The Rural Economy of the Guadalajara Region, 1675–1820* (Berkeley, 1981). He is currently writing a social history of the struggle for independence.

Josefina Zoraida Vázquez is a professor at the Centro de Estudios Históricos at El Colegio de México. She has written extensively on the early national period. Her publications include *The United States and Mexico* (with Lorenzo Meyer) (Chicago, 1985). She is currently working on the centralist period.

Introduction

Jaime E. Rodríguez O.

WHY DO REBELLIONS OCCUR? Why do people take violent action to resolve their grievances? What, indeed, are rebellions? These are questions that have increasingly occupied scholars in several countries. As Charles Tilly has indicated, people contend to protect or advance their interests.[1] Contention occurs when people oppose the actions of others, usually to defend their own concerns. Not all contentions, of course, lead to violence, but often they have resulted in protests, demonstrations, riots, rebellions, or ultimately, revolutions.

Modern scholars have focused their attention largely on popular movements, generally interpreting social conflict as resistance to or contention with those who wield power or possess authority. Although often true, this approach overlooks a large category of discord between and among groups. Power and authority existed at many levels. Conflicts, therefore, did not erupt only between unequal groups, such as peasants and landowners, but also within groups, for example between two villages or between villagers and their own officials.[2]

The focus on popular conflict also overlooks both the many struggles between and among elite factions and the complex relationship between mass and elite movements. In some instances, upper-class leaders have fomented popular disturbances. Students of popular movements frequently disregard "the problem of the differences between the masses, rural or urban,

[1]Charles Tilly, *The Contentious French: Four Centuries of Popular Struggle* (Cambridge: Harvard University Press, 1986), 2–4.

[2]On the conflict between villagers, see Brian R. Hamnett, *Roots of Insurgency: Mexican Regions, 1750–1824* (Cambridge: Cambridge University Press, 1986); and Alan Knight, *The Mexican Revolution*, 2 vols. (Cambridge: Cambridge University Press, 1986).

and those who led them."[3] In addition, scholars have concentrated on rural conflict.[4] The emphasis is understandable since, until recently, societies have been primarily agrarian. Nevertheless, "the victors [of many rural upheavals] have been city people. . . . And that is because, after all, political power resides principally in the capital cities, both in the states and in the nation."[5] These considerations suggest that there is a need to reexamine the character of urban politics as well as the nature of conflict.

In the case of Mexico, social conflict must be examined from a variety of perspectives. There are differences between contention during the colonial era and the national period, in the countryside and the city, and as manifested in popular movements and those directed by elites. Students of the colonial period have demonstrated that legitimacy characterized New Spain. The king and the Catholic Church mediated among the contending groups of colonial Mexican society. As a result, those in conflict "constantly affirmed that their actions . . . were in the best interests of the king's subjects and motivated by a sense of loyalty to the monarch and his true wishes. The phrase that captures this thin but important distinction is that often used by protesting mobs, both in Spain and in the New World: *Muera el mal gobierno, viva El Rey* (Death to bad government, long live the king)."[6]

Rural conflict assumed a variety of forms in New Spain. At its most extreme, agrarian rebellions became massive rural uprisings that contributed to the overthrow of the existing regime, as in the case of both the Spanish conquest in 1519–1521 and the Independence, nearly three hundred years later. Most village revolts, however, were limited and local. They occurred because either the authorities or the settlers violated accepted norms by

[3]Virginia Guedea, "En torno a la Independencia y la Revolución," in *The Revolutionary Process in Mexico: Essays on Political and Social Change, 1880–1940*, ed. Jaime E. Rodríguez O. (Los Angeles: UCLA Latin American Center, 1990), 267–273.

[4]Most work on Mexico focuses on rural rebellions. See William B. Taylor, *Drinking, Homicide, and Rebellion in Colonial Mexican Villages* (Stanford: Stanford University Press, 1979), 113–170; Friedrich Katz, ed., *Riot, Rebellion, and Revolution: Rural Social Conflict in Mexico* (Princeton: Princeton University Press, 1988); John Tutino, *From Insurrection to Revolution in Mexico: Social Bases of Agrarian Violence, 1750–1940* (Princeton: Princeton University Press, 1986); Virginia Guedea, "Alzamientos y motines," in *Historia de México*, ed. Miguel León-Portilla, 12 vols. (México: Editorial Salvat, 1974), V:35–50; José Luis Mirafuentes, *Movimientos de resistencia y rebeliones indigenas en el norte de México* (México: UNAM, 1989); Felipe Castro Gutiérrez, *Movimientos populares en Nueva España: Michoacán, 1766–1767* (México: UNAM, 1990); and Leticia Reina, *Las rebeliones campesinas en México, 1819–1906* (México: Siglo XXI, 1980).

[5]Guedea, "En torno a la Independencia," 273.

[6]Colin M. MacLachlan and Jaime E. Rodríguez O., *The Forging of the Cosmic Race: A Reinterpretation of Colonial Mexico* (Berkeley: University of California Press, 1980), 101.

increasing taxes, imposing unacceptable obligations, or encroaching on communal lands; because two villages contended for the same lands, privileges, and opportunities; or because internal factions struggled for power. The rebellions and attacks of nomadic tribes in the north—from the Great Chichimec War in the sixteenth century to the Apache raids in the nineteenth—sought unsuccessfully to halt the northward advance of settlement. Finally, runaway slaves formed communities that fought the authorities until both sides achieved an acceptable accord. The Spanish colonial system managed to accommodate all these forms of rural conflict for nearly three centuries.

As William Taylor and Marcello Carmagnani have argued, rural villagers, particularly in Indian communities, rebelled in order to protect what they perceived as their interests or to redress grievances.[7] Their actions, however, never threatened the legitimacy of the colonial regime. The viceregal government responded in a moderate fashion, often acknowledging the validity of rural complaints. The Crown recognized its special obligation to protect its Indian subjects and established institutions, such as the General Indian Court, to defend their interests.[8] In short, the monarchy believed the Indian communities to be a necessary counterweight to the settlers.

Banditry must be considered a special form of rural conflict. Unlike village revolts, bandits attacked property and, therefore, threatened established interests in New Spain. *Gavillas* (bandit gangs) menaced certain regions of the viceroyalty at various times, particularly in periods of crisis. Generally, these *gavillas* seem to have been composed of multiethnic groups; nevertheless, government reports often refer to "Indian" gangs. Such gangs, it is said, could be found in the west, the center, and the north more than in the predominantly Indian south, suggesting that their members reacted to the process of "modernization" in those regions. Rural banditry remains little studied; additional research is necessary before we can place that form of contention in the broader context of rural social conflict.

Although urban groups in New Spain also engaged in conflict, we know little about their activities. The few urban *tumultos* (riots) that have been studied sought, like the rural movements, to redress specific grievances.[9] Similarly, urban slave revolts, whose importance was

[7]Taylor, *Drinking, Homicide, and Rebellion,* 113–170; and Marcello Carmagnani, "Un movimiento político indio: La 'rebelión' de Tehuantepec, 1660–1661," in this volume.

[8]Woodrow Borah, *Justice by Insurance: The General Indian Court of Colonial Mexico and the Legal Aides of the Half-Real* (Berkeley: University of California Press, 1983).

[9]Chester L. Guthrie, "Riots in Seventeenth-Century Mexico: A Study in Social History with Special Emphasis upon the Lower Classes" (Ph.D. diss., University of California, Berkeley, 1938); and Guthrie, "Riots in Seventeenth-

exaggerated by a feeling of paranoia on the part of the authorities, were settled with only limited repression once the perceived danger ended.[10]

By acting as a mediator among all its subjects, the Crown managed to govern New Spain for two and one-half centuries without a standing army or a large police force.[11] The advent of the Bourbon reforms in the latter part of the eighteenth century transformed the moderate nature of the colonial regime. José de Gálvez's harsh response to widespread opposition to the expulsion of the Jesuits in 1767 reflects this new policy. Although socioeconomic grievances precipitated the revolts, Gálvez treated the disturbances as treason, ruthlessly crushing the rebellions while punishing the alleged leaders with summary trials, floggings, imprisonments, and executions. The number of executions stunned colonial Mexicans, accustomed to the restrained use of capital punishment. Gálvez's actions alienated New Spaniards of all races and classes.[12]

The political, economic, and social crises that afflicted New Spain in the 1780s culminated in the destructive eleven-year struggle for independence. While the late eighteenth-century Bourbon reforms strained relations between New Spaniards and the Crown, they did not lead to a break with Spain. Instead, those changes exacerbated already existing internal socioeconomic conflicts which, as a result of the Spanish imperial crisis of 1808, erupted into two distinct sociopolitical movements: an urban upper- and middle-class quest for home rule and a mass rural uprising against the elites. These struggles were complicated, as Christon I. Archer demonstrates, by internal as well as external tensions.[13]

After the European Spaniards overthrew the viceroy on September 16, 1808, to prevent the criollos from assuming power in New Spain, they maintained rigid control over the principal cities and towns of the realm.

Century Mexico City: A Study of Social and Economic Conditions," in *Greater America: Essays in Honor of Herbert Eugene Bolton*, ed. Adele Ogden and Engel Sluiter (Berkeley: University of California Press, 1945), 243–258. See also John I. Israel, *Race, Class and Politics in Colonial Mexico, 1610–1670* (Oxford: Oxford University Press, 1975), 135–160.

[10]On slave revolts, see Gonzalo Aguirre Beltrán, *La población negra en México*, 2d ed. (México: Fondo de Cultura Económica, 1972); Colin Palmer, *Slaves of the White God: Blacks in Mexico* (Cambridge: Harvard University Press, 1976); and Patrick Carroll, "Mexican Society in Transition: The Blacks of Veracruz, 1750–1830" (Ph.D. diss., University of Texas, Austin, 1975).

[11]On the role of the Spanish monarchy in the New World, see Colin M. MacLachlan, *Spain's Empire in the New World: The Role of Ideas in Institutional and Social Change* (Berkeley: University of California Press, 1988).

[12]On Gálvez, see Herbert I. Priestley, *José de Gálvez, Visitor-General of New Spain, 1765–1771* (Berkeley: University of California Press, 1916); and the chapters by José Luis Mirafuentes and Felipe Castro Gutiérrez in this volume.

[13]See Christon I. Archer, "Bite of the Hydra: The Rebellion of Cura Miguel Hidalgo, 1810–1811," in this volume.

Although criollo conspiracies abounded and some, like the Valladolid conspiracy of 1809, were highly developed, not until the revolt of Father Miguel Hidalgo on September 16, 1810, did the regime lose control of any part of the viceroyalty. The Hidalgo revolt, which began as a criollo movement for autonomy, rapidly erupted into a mass rural insurgency that the government could not control. The urban criollo elite lost the initiative as rural insurgents came to dominate the struggle. As Virginia Guedea has argued, this transformation occurred not "because the cities lacked opponents of the regime, [but] because the colonial authorities managed to retain, under their control, the great majority of the viceroyalty's urban centers during almost the entire eleven years of the struggle."[14]

The upheavals of the Independence period did not constitute a single movement. Instead, various groups and regions pursued their different interests. The conspiracies and political machinations of the urban elites differed widely from the aspirations of the masses, both urban and rural. There were also significant differences between the interests of the Mexico City elite and those in the provinces. Similarly, the concerns of the rural groups varied widely. Rural conflict ranged from the great mass rebellion initiated by Hidalgo, to the traditional contentions between villages, to the vast fragmented insurgencies that characterized the 1815–1821 period, to rural banditry. All these upheavals splintered New Spain and shattered its legitimacy.

Although the liberal movement in Spain provided an alternative means of obtaining home rule, the colonial bureaucracy proved unwilling to relinquish political power to New Spaniards at a time when the revolt continued unabated. Consequently, the regime slowly alienated the former loyal subjects of the king. Even some Indian leaders challenged the system.[15] Thus, the Spanish regime collapsed in 1821 not because its foes had vanquished it on the battlefield but because colonial Mexicans no longer supported it politically.

The contentions of the national period differed fundamentally from those of the colonial era. The newly independent nation, which had emerged amid a great rural upheaval, lacked the legitimacy and the mediating power of the former colonial system. To succeed, the new regime had to win the loyalty of the population, end the tendency toward atomization by establishing

---

[14]Virginia Guedea, "Secret Societies during New Spain's Independence Movement" (Paper presented at the symposium "New Interpretations of Mexican Independence," University of California, Berkeley, April 24, 1989). For a different view, see Eric Van Young, "Islands in the Storm: Quiet Cities and Violent Countrysides in the Mexican Independence Era," *Past and Present*, no. 118 (February 1988): 120–156.

[15]See Virginia Guedea, "De la fidelidad a la infidencia: Los gobernadores de la parcialidad de San Juan," in this volume.

fiscal, as well as political, control over the country, and create a new and workable tax system. But, as Barbara Tenenbaum indicates, "the creole elites believed that independence meant liberation from the burdens of Spanish colonial taxation. . . . They had no intention of giving any Mexican leader the funds required to run a stable government."[16] The Mexican elite refused to allow the implementation of an effective tax system because they equated "taxation with tyranny." Without the needed funds, no government could succeed.

The Mexico City-based national elite, which had been struggling for power since 1808, finally attained control in 1821 only to lose it to regional elites two years later. The new Mexican republic, then, began its life at the mercy of a regional elite that resorted to mass politics. Because the national state remained weak, three institutions vied for power during the first half of the nineteenth century: the states, the army, and the Church.[17]

Contention assumed various forms. One centered on the struggle among national politicians, who courted the urban masses in their attempts to dominate their opponents. Their actions led to demonstrations and, ultimately, to riots and violence.[18] In contrast to the relative peace of the

[16]Barbara A. Tenenbaum, "Taxation and Tyranny: Public Finance during the Iturbide Regime, 1821–1823," in *The Independence of Mexico and the Creation of the New Nation*, ed. Jaime E. Rodríguez O. (Los Angeles: UCLA Latin American Center, 1989), 204.

[17]On the emergence of regional politics, see Nettie Lee Benson, *La diputación provincial y el federalismo mexicano* (México: El Colegio de México, 1955). On the rise of military politics, consult Christon I. Archer, "Militarism, Praetorianism, or Protection of Interests: Changing Attitudes in the Royalist Army of New Spain, 1810–1821" (Paper presented at the University of California, Los Angeles, on April 26, 1989); and Josefina Vázquez, "Los pronunciamientos de 1832: Aspirantismo político e ideología," in this volume. On the role of the Church, see Michael P. Costeloe, *Church and State in Independent Mexico* (London: Royal Historical Society, 1978); and Jaime E. Rodríguez O., "Conflict between the Church and State in Early Republican Mexico," *New World* 2, nos. 1, 2 (1987): 93–112.

[18]The political history of post-Independence Mexico remains confused. Lucas Alamán's classic, *Historia de Méjico desde los primeros movimientos que prepararon su independencia en el año de 1808 hasta la época presente*, in five volumes (México: Fondo de Cultura Económica, 1985), provides an excellent but biased account. Among the works of contemporary historians, the best are Carlos María de Bustamante, *Continuación del cuadro histórico de la revolución mexicana*, 4 vols. (México: Biblioteca Nacional, 1953–1963); José María Bocanegra, *Memorias para la historia de México independiente, 1822–1846*, 3 vols. (México: Fondo de Cultura Económica, 1986–1987); Lorenzo de Zavala, *Ensayo histórico de las revoluciones de México desde 1808 hasta 1830* (México: Fondo de Cultura Económica, 1985); and José María Luis Mora, *México y sus revoluciones*, 3 vols. (México: Fondo de Cultura Económica, 1986). The best modern works are William S. Robertson, *Iturbide of Mexico* (Durham: Duke University Press, 1952); Timothy E. Anna, *The Mexican Empire of Iturbide*

colonial era, the cities and towns of nineteenth-century Mexico became centers of political and social conflict. Under these circumstances, it is difficult to separate ordinary crime from political violence.[19]

The history of the early republic remains confusing because historians have relied on the partisan writings of the politicians of the time. New research, however, provides a better view of the epoch. After 1821 the great fragmented insurgency ended. This is not to suggest that contention was abolished; rather, it changed form. The voluminous documentation in the newly organized section *Gobernación* in the Archivo General de la Nación in Mexico City demonstrates that vigorous political activity at the national, state, and local level continued.[20] As Carlos María de Bustamante declared in 1834, even the most miserable village considered itself competent to opine on the appropriateness of changing the system of government.[21] Naturally, such intense political participation often resulted in conflict.

Although the struggles between the states and the national government assumed many forms, the best known are the nineteenth-century civil wars in which national, state, and local socioeconomic and political groups struggled for dominance. Because nineteenth-century political history

---

(Lincoln: University of Nebraska Press, 1990); Romeo Flores Caballero, *La contrarrevolución en la independencia: Los españoles en la vida política, social y económica de México, 1804–1838* (México: El Colegio de México, 1969); Virginia Guedea, *En busca de un gobierno alterno: Los Guadalupes de México* (México: UNAM, 1992); Jaime E. Rodríguez O., *The Emergence of Spanish America: Vicente Rocafuerte and Spanish Americanism, 1808–1832* (Berkeley: University of California Press, 1975); Michael P. Costeloe, *La Primera República Federal de México (1824–1835)* (México: Fondo de Cultura Económica, 1975); Charles Macune, *El Estado de México y la federación mexicana* (México: Fondo de Cultura Económica, 1978); Fernando Díaz Díaz, *Caudillos y caciques: Antonio López de Santa Anna y Juan Alvarez* (México: El Colegio de México, 1972); Barbara A. Tenenbaum, *The Politics of Penury: Debts and Taxes in Mexico, 1821–1856* (Albuquerque: University of New Mexico Press, 1986); Stanley C. Green, *The Mexican Republic: The First Decade, 1823–1832* (Pittsburgh: University of Pittsburgh Press, 1987); Moisés González Navarro, *Anatomía del poder en México* (México: El Colegio de México, 1977); and Carmen Vázquez Mantecón, *Santa Anna y la encrucijada del Estado: La dictadura, 1853–1855* (México: Fondo de Cultura Económica, 1986).

[19]On this point consult Paul J. Vanderwood, *Disorder and Progress: Bandits, Police, and Mexican Development* (Lincoln: University of Nebraska Press, 1981). See also Silvia M. Arrom, "Popular Politics in Mexico City: The Parian Riot, 1828," *Hispanic American Historical Review* 68, no. 2 (May 1988): 245–268.

[20]There are thousands of boxes containing detailed reports on the workings at all levels of the nineteenth-century government in Galería 5 at the Archivo General de la Nación. See especially the sections *Gobernación, Sin Sección* and *Gobernación, Legajos.*

[21]Carlos María de Bustamante, "Diario Histórico de México," XXIV (June 8, 1834), Biblioteca Pública de Zacatecas.

remains little studied, we lack effective explanations of those contests. It is clear, however, that interpreting those conflicts as a form of militarism is both simplistic and incorrect. A variety of forces engaged in armed struggle: the national army, state and local militias, and the armed retainers of regional *caudillos*. Further research is necessary to illuminate the many contentions of nineteenth-century Mexico.

Agrarian conflict also assumed different forms after Independence. As John Tutino has argued in a provocative essay, the national state no longer acknowledged its role as a mediator. Instead, it tended to side with the landowners against the villagers.[22] Since the new national leaders, the liberals, identified progress with the demise of traditional communal villages, the nineteenth century was characterized by continuous agrarian revolts.[23] Because the national government remained weak during most of the century, agrarian communities waged a continuous struggle against the expansion of commercial agriculture. The villages were, in fact, particularly effective in defending their interests during the national crises occasioned first by the U.S. invasion of 1847 and, subsequently, by the French intervention.[24] While conflict between and among villages appears to have continued, the largest number of upheavals were directed at retaining and even expanding "traditional" agriculture. In the 1870s and 1880s, Porfirio Díaz achieved a peace of sorts, but the accommodation proved fragile.

The Revolution of 1910 shattered the Pax Porfiriana with a massive rural conflagration. After more than a decade of violence, the postrevolutionary regime managed to restore a semblance of order and peace by recognizing rural demands. The establishment of the ejidal system and other agrarian programs appeased village interests, but conflict continued in some states as regional *caudillos* struggled to retain power.[25] Eventually the

[22]John Tutino, "Agrarian Social Change and Peasant Rebellion in Nineteenth-Century Mexico: The Example of Chalco," in *Riot, Rebellion, and Revolution: Rural Social Conflict in Mexico*, ed. Friedrich Katz (Princeton: Princeton University Press, 1988), 95–140.

[23]John H. Coatsworth, "Patterns of Rural Rebellion in Latin America: Mexico in Comparative Perspective," in Katz, *Riot, Rebellion, and Revolution*, 21–62.

[24]See, for example, Alicia Hernández Chávez, "La Guardia Nacional y movilización política de los pueblos," and Romana Falcón, "Jefes políticos y rebeliones campesinas: Uso y abuso del poder en el Estado de México," in this volume.

[25]On regional caudillos, see the essays in David A. Brading, ed., *Caudillo and Peasant in the Mexican Revolution* (Cambridge: Cambridge University Press, 1980); and Linda B. Hall, "Banks, Oil, and the Reinstitutionalization of the Mexican State, 1920–1924," in Rodríguez, *The Revolutionary Process in Mexico*, 189–211; and Mark Wasserman, "The Transition from Personalist to Party Rule: Chihuahua Politics during the 1930s," in Rodríguez, *The*

institutionalization of the political system brought order and stability to the country. While contention and social conflict continued, they took new forms after 1940.

Although many people are engaged in studying the varied and complex nature of contention in Mexican history, we still lack convincing explanations of the changing patterns of social conflict over time. To examine these questions, the Mexico/Chicano Program invited a distinguished group of international scholars to participate in a symposium entitled "Rebellions in Mexican History," held at the University of California, Irvine, in April 1989. The authors of the essays presented at that meeting have revised their papers in light of the discussions held at that time. In keeping with conclusions reached at the symposium, this volume has been divided into three parts: the Colonial Era, the National Period, and Interpreting Rebellions.

The Colonial Era

The authors of the essays on the colonial period examine the nature of rebellions and their changing characteristics. In "Un movimiento político indio: La 'rebelión' de Tehuantepec, 1660–1661," Marcello Carmagnani argues that the so-called rebellion was really a political movement to restore what the villagers considered an appropriate balance between the Indian and the Hispanic spheres. He demonstrates that, although the Indians killed the *alcalde mayor* and ousted the native authorities, they did not challenge the colonial arrangement since they affirmed their loyalty to God and the king. They sought instead to remove the Indian leadership, which collaborated with the *alcalde mayor* in exploiting them. For their part, the representatives of the Spanish king recognized the viability of the colonial arrangement. While they tried and punished the leaders of the rebellion, they also acknowledged the validity of the Indian grievances, taking steps to correct earlier abuses by the *alcalde mayor*. Carmagnani concludes that "the Tehuantepec movement does not question either the colonial order or the estate division present in Indian society. Their collective behavior demonstrates that the Indian movement of Tehuantepec tends, therefore, toward the reconstruction of the colonial system and not toward its destruction."

In contrast to the "traditional" rebellion examined by Carmagnani, in his essay "Orígenes sociales de la rebelión de San Luis Potosí, 1767," Felipe Castro Gutiérrez considers a new type of conflict engendered by the

---

Revolutionary Process in Mexico, 213–226. See also Carlos Martínez Assad, "La rebelión de los vencidos," in this volume.

Bourbon reforms and particularly by the expulsion of the Jesuits in 1767. He demonstrates that local miners, *rancheros* (small farmers), and Indian communities formed an interrelated economic network that depended upon mining as the motor force of the local economy. These groups used the expulsion as an opportunity to seek redress of their grievances. They formed an interethnic alliance, rebelled, and captured the city of San Luis Potosí in order to force a series of changes favorable to them. They proved to be too fragmented, however, to retain power, and, ultimately, the authorities regained control and conducted a harsh repression. As Castro concludes: "In the 1767 rebellion in San Luis Potosí we are witnessing the transition from the older society ordered by socioracial estates to a new class society, where ethnic origin would be of little importance."

In "Identidad india, legitimidad y emancipación política en el noroeste de México (Copala, 1771)," José Luis Mirafuentes Galván analyzes the significance of the attempt of the "Indian" José Carlos to crown himself king of Copala in the province of Sonora in 1771. Mirafuentes argues that a series of sociopolitical changes, particularly those introduced by José de Gálvez, affected negatively the Indian communities of the region. In addition, those communities had suffered from a process that diminished "their ancient ethnic and local barriers [and] they moved toward a more effective integration into the colonial society." As a result, they came to understand both their common interests and the limitation of their status as social inferiors in colonial society. Thus, they were ready to accept the possibility that an Indian king could provide them not only a better life but also a higher status and a more just society.

Christon I. Archer examines the tensions of late colonial society in his essay "Bite of the Hydra: The Rebellion of Cura Miguel Hidalgo, 1810–1811." He describes New Spain prior to the revolt as a land obsessed by fears few could explain,

> a form of collective neurosis gripped the population. . . . European Spaniards, the gachupines, thought that they identified diabolical plots foreshadowing genocide against their minority. . . . Criollos harbored similar dark thoughts of atrocities . . . planned against their class by the gachupines in league with French, English or American invaders. . . . The Indians, mestizos, and other racially mixed groups perceived even greater apprehensions of impending calamities.

In these circumstances, local *curas* further spread the atmosphere of hysteria that ultimately erupted in the great upheaval unleashed by Miguel Hidalgo. Although the royalists defeated Hidalgo, they could not end the revolt, which fragmented into an eleven-year insurgency.

In her essay "De la fidelidad a la infidencia: Los gobernadores de la parcialidad de San Juan," Virginia Guedea studies the disintegration of the

Spanish colonial system from the perspective of the Indian communities of the capital. She explains "how three Indian caciques of Mexico City, who had [earlier] given manifest proof of their loyalty to the colonial authorities, . . . went on to convert themselves into suspects of treason." The changes wrought by the insurgency and then by the liberal movement in Spain adversely affected the Indian communities. Although the Indian governors took steps to protect their followers, the colonial regime felt most threatened when one of them, Francisco Antonio Galicia, "exceeded his normal sphere of activity and assumed a different role than the one which corresponded to him as an Indian." Accepting the new constitutional system, "he ceased being an Indian subject to become a Spanish citizen in the full exercise of his rights." The Spanish authorities reacted violently toward him because they understood that, if the traditional distinction between Indians and Spaniards ended, "it also signified, in a certain way, the disappearance of the older social and political structure upon which the colonial regime sustained itself."

The National Period

National politics emerged as a new source of conflict after Independence. In the post-Independence period, rebellions, rather than the orderly constitutional process, became the accepted way of changing regimes. In my essay "The Origins of the 1832 Rebellion," I examine the manner in which civilians manipulated the military into supporting their ends. Following a pattern established during Independence, civilian politicians organized secret societies to further their interests. Late in 1831 a group of Mexico City politicians formed a secret committee to oppose the government of Anastasio Bustamante. They managed to obtain the support of General Antonio López de Santa Anna, eventually ousting Bustamante. But they failed in their attempt to restore civilian "constitutional" government because General Santa Anna used his new popularity to obtain the presidency for himself.

In her essay "Los pronunciamientos de 1832: Aspirantismo político e ideología," Josefina Zoraida Vázquez analyzes the impact of the 1832 revolt, particularly the triumph of the military. She explains that the states and the military emerged as powerful forces after Independence. The states insisted on a weak confederation, thus emasculating the federal government. The military, which depended on the national administration, became accustomed to intervening in politics and obtaining substantial promotions as a result of its *pronunciamientos*. The extensive Revolt of 1832 pitted the national army, which remained loyal to the government, against the state militias.

Although the conflict ended in a compromise, the struggle debilitated the states and allowed the national army to become the arbiter of Mexican politics.

Barbara A. Tenenbaum examines the phenomenon of *pronunciamientos* in her essay " 'They Went Thataway': The Evolution of the *Pronunciamiento, 1821–1856.*" She argues that the new Mexican nation inherited empty treasuries and political factionalism. Tenenbaum identifies four major forces that emerged after Independence: the Church, the army, the states, and the wealthy. These groups, in her view, pursued their own narrow interests, rather than those of the nation, and generally believed that the economy, and therefore the fiscal structure, would recover easily after Independence. That recovery, however, did not occur. Because the four groups could not agree on a method for resolving the fiscal crisis, they resorted to *pronunciamientos*, some of which became revolts, in their attempts to establish and control the country's policies. Ultimately, the liberals sought to solve the nation's perennial fiscal crisis by selling the property of the Church. Even then "the fiscal system was still unable to collect enough revenue." It would be Díaz who would establish order and fiscal integrity and thus put an end to the competition embodied in *pronunciamientos*.

In "La Guardia Nacional y movilización política de los pueblos," Alicia Hernández Chávez argues that as a result of the Constitution of 1812 notables from rural pueblos obtained access to political power through two institutions: the constitutional ayuntamientos and the civic militias. The "older *pueblos-cabecera* (principal towns) obtained the status of ayuntamientos and, thus, developed common interests and alliances which, to a great extent, explain the struggle and the vitality of rural movements in the first two-thirds of the nineteenth century." Not until the U.S. invasion of 1847 did the national government begin to integrate local militias into a national guard, a process of centralization that took nearly three decades to complete. During those years, local leaders of the national guard used their forces to defend the interests of agrarian villages, particularly during the U.S. invasion and the later French intervention, periods during which the national government needed the support of agrarian communities. In many instances, widespread revolts, supported by local units of the national guard, threatened to end the expansion of commercial agriculture. Only during the Porfirian regime did hacendados regain control of regions like Morelos. Local interests, however, would reemerge with the advent of the Mexican Revolution in 1910.

Turning to northern Mexico, Paul Vanderwood studies the nature of a millenarian rebellion in his essay " 'None but the Justice of God': Tomochic, 1891–1892." He suggests that, although scholars have offered a number of explanations for millenarian movements, perhaps the best approach is to "listen to the millenarians at Tomochic and observe their actions within the context of their own reality as they must have envisioned it." When one examines their goals, one sees that millenarians sought a better life, equality, and a more just society. But they also pursued more practical ends, such as the redress of specific social, political, and economic iniquities. Vanderwood avers that "millenarians can be rational people, and that practical considerations lie behind much of their ritualistic and esoteric behavior." He also maintains that religion, as understood by the participants, influenced the Tomochic revolt.

Romana Falcón considers the relationship between local officials and the communities they governed in her essay "Jefes políticos y rebeliones campesinas: Uso y abuso del poder en el Estado de México." She explains that, during the nineteenth century, *jefes políticos* were, perhaps, the most important officials at the local level. They possessed great authority, particularly discretionary power, and they represented the interests of liberals who wished to modernize the country. In that respect, they clashed with native communities, particularly over such issues as the breakup of communal lands and the collection of taxes. These questions often led to rebellions when the villagers believed that they possessed no other method of defending their interests. The way in which a *jefe político* reacted to such problems often determined the nature and duration of conflicts. "The *jefes políticos* were, therefore, essential actors in the creation, prevention, and repression of rural rebellions, as well as in the long and fitful process of integration and modernization of the Mexican state."

The Revolution of 1910 not only ended the Porfirian system, but it also resulted in the fragmentation of the nation as regional caudillos emerged. The postrevolutionary government slowly extended its authority over those regions. In his essay "La rebelión de los vencidos," Carlos Martínez Assad examines the way in which the Lázaro Cárdenas administration ended the dominance of General Saturnino Cedillo over San Luis Potosí. A provincial leader, Cedillo had consolidated power in his state by distributing land to his men and by maintaining "colonias agrarias militares" that could be called to arms at a moment's notice. Although the general disagreed with the national government's thrust to create ejidal lands and to support organized labor, he did not challenge the system as long as his own interests remained intact. In the late 1930s, however, the Cárdenas government slowly extended national authority over San Luis Potosí. Unwilling to submit to Cárdenas, Cedillo rebelled in 1938, but, by that time, he lacked the power to challenge the national government. His death in January 1939 and the defeat of his movement marked a new period in Mexican history. Thereafter, the national government dominated the country. While conflicts continued, they assumed new forms in the presence of a centralized power.

Interpreting Rebellions

In recent years scholars have reexamined their analytical frameworks in an attempt to understand more fully the phenomena they study. Gilbert M. Joseph argues in his essay "On the Trail of Latin American Bandits: A Reexamination of Peasant Resistance" that Mexicanists and other Latin Americanists should examine "conceptual and methodological developments in other fields" with care. He believes that the new approaches of Asian scholars, such as Ranajit Guha, and the recent developments in European social history can help us study important but ignored aspects of the Mexican past. Nonetheless, he cautions against a simplistic adoption of those approaches. He indicates that we need to learn more about key structures such as judicial systems "as well as about the state's historical relationship with superordinate classes in general." Joseph concludes that "an adequate social history of bandits and peasants in general will be crafted only when a history of protest and resistance from below is effectively integrated with a history of power and interests from above."

In his essay "Mentalities and Collectivities: A Comment," Eric Van Young examines several themes touched upon by other authors in this volume. He is particularly concerned with the significance of rural movements in colonial Mexico and attempts to understand their impact by addressing three areas: "1) the role of religious worldview and symbols in popular rebellion; 2) some of the ways an examination of specific episodes of popular protest and violence can illuminate the nature of socioeconomic structure and culture in late colonial and prerevolutionary Mexico; and 3) some issues of theory and method relating to the study of popular movements." As he demonstrates, scholars of social protest need to examine their assumptions as well as their methods. After a careful review of various approaches currently employed by Mexicanists to study popular rural conflict, Van Young concludes that there is "the necessity of always putting our theories of rebellion in at least an implicitly comparative context."

The authors of these essays demonstrate the complexity of the nature and process of rebellion. While illuminating important aspects of contention in Mexican history, they also show the need for a more careful analysis of the way in which social conflict is studied. They indicate the necessity to examine rebellions from a variety of perspectives. Fortunately, the authors of these essays, and other scholars, are meeting that challenge and in the process contributing to a better understanding of social conflict in Mexican history.

I

The Colonial Era

Un movimiento político indio:
La "rebelión" de Tehuantepec, 1660–1661

Marcello Carmagnani

EL 22 DE MARZO DE 1660, en la villa de Gualdacazar de Tehuantepec, "los indios de estas Provincias dieron muerte a don Juan de Avellán, su Alcalde Mayor y Teniente de Capitán General, y a tres criados suyos, cometiendo juntamente gravísimos delitos de incendios, robos, sacos, ultraje de armas y aclamación de cabezas, dando mal ejemplo a los demás de esta Nueva España, queriendo, como lo intentaron hacer lo mismo, principalmente en la villa de Nejapa y Villa Alta de San Ildefonso y Partido de Ixtepeji, que confinan todos en una misma cordillera de treinta mil indios habitadores de las incultas sierras de este Nuevo Mundo".[1]

La síntesis anterior hecha en 1661 por Cristóbal Manso de Contreras, es la que aun hoy en día podemos encontrar no sólo en los estudios generales sobre las rebeliones indias sino también sobre la de Tehuantepec en particular.[2] La imagen que así tenemos de esta rebelión es que ella tuvo su

NOTA DEL AUTOR: Director del Centro Interuniversitario di Storia dell'America Latina, Turín. Este estudio forma parte de una investigación financiada por el Ministero della Pubblica Istruzione, CUN 60%.

[1]Cristóbal Manso de Contreras, *Relación cierta y verdadera de lo que sucedió y ha sucedido en esta villa de Guadalcazar, Provincia de Tehuantepec desde los 22 de marzo de 1660 hasta los 4 de julio de 1661*. Esta relación, que en adelante citaremos como *Relación*, fue publicada en México por Juan Ruiz en 1661. Ella fue republicada por Genaro García ed., *Documentos inéditos o muy raros para la historia de México* (México, 1907), X:109 ss. Para nuestro análisis hemos utilizado la edición Toledo, México: Porrúa, 1987. El párrafo citado se encuentra en p. 12.

[2]La historiografía de las llamadas rebeliones indias de la región de Oaxaca es relativamente reducida. Recordamos sólo los estudios que indirectamente nos han ayudado a releer los textos. Luis González Obregón, *Las sublevaciones de indios*

epicentro en Tehuantepec, que se extendió a las regiones vecinas, transformándose en un levantamiento general de los indios de la vertiente oriental de la región de Oaxaca, y amenazó incluso con extenderse hacia otras regiones indias de la Nueva España. A partir de esta caracterización se podría erróneamente pensar que la rebelión de Tehuantepec fue un movimiento anticolonial.

Los textos contemporáneos de la rebelión nos permiten, sin embargo, recuperar una serie de elementos descartados como inútiles en los estudios existentes. Estos restos históricos nos muestran que la participación india en la rebelión no fue un fenómeno constante sino variable en el tiempo y que la participación dependió incluso de la calidad social. Las fuentes nos permiten asimismo ver que el espacio político en el cual se desarrolla el fenómeno insurreccional no es siempre el mismo sino que también varía según la intensidad de participación en la rebelión y según la calidad social de los diferentes actores indios e hispánicos.

Si ordenamos los elementos que han sido hasta ahora descuidados podemos pensar que la rebelión presenta diferentes momentos que pueden ser descritos analizando la interacción que se establece entre los diferentes actores y la que se establece entre los actores y el espacio en los diferentes momentos insurreccionales. En otras palabras, por el hecho de que en la rebelión participan numerosos actores sociales, con motivaciones diferentes y con una intensidad de participación también diferente, el proceso insurreccional tiende a modificar, por una parte, el espacio político y, por otra, los papeles políticos no sólo de los líderes y de los demás participantes indios en la rebelión sino también de las fuerzas anti-insurrecionales. Estas modificaciones del espacio y de los papeles políticos de los actores sociales diseñan y definen procesalmente la rebelión.

Las variaciones del espacio político y de los papeles políticos de los actores sociales rebeldes y antirrebeldes nos permiten entonces especificar y caracterizar los diferentes momentos procesales, describir las interacciones que acontecen a lo largo de todo el proceso insurreccional y recuperar las dimensiones implícitas del mismo.

---

en el siglo XVII (México, 1907) y Basilio Rojas, *La rebelión de Tehuantepec* (México, 1964). El mejor estudio existente de la rebelión que estudiamos es el de J. I. Israel, *Race, Class and Politics in Colonial Mexico, 1610–1670* (Oxford: Oxford University Press, 1975), que nos permite comprender el contexto hispánico de la misma. Del todo inútil, a pesar de su título, es el estudio de John Tutino, "Rebelión indígena en Tehuantepec", *Cuadernos Políticos* 24 (1980): 89–101. De gran importancia para la comprensión de la administración hispánica territorial ha sido Woodrow Borah coord., *El gobierno provincial en la Nueva España, 1570–1787* (México: Universidad Nacional Autónoma de México, 1985).

Los momentos de la rebelión

La rebelión estalló, como se ha dicho, el 22 de marzo de 1660, es decir un día lunes, si bien se había "señalado su determinación el siguiente jueves santo", es decir, el 25 de marzo. La rebelión se anticipó en tres días pues "mandó el Alcalde Mayor azotar un Alcalde del pueblo de Mixtequilla" por "llevarle unas mantas mal hechas".[3] En esta forma el texto precisa el elemento desencadenante de la rebelión: el mal gobierno del alcalde mayor que no respeta ni la jerarquía india ni las disposiciones de la corona relativas a los tratos mercantiles de los funcionarios reales.

La rebelión no nace espontáneamente, pues ella fue preparada "en sus juntas", en las cuales se estableció "hora y día" y fueron dadas "las disposiciones que habían de tener con tal secreto", porque así es "la naturaleza de su nación", con el fin de eliminar "las cargas y pensiones de repartimientos que les impuso don Juan de Avellán, su Alcalde Mayor".[4]

Ni siquiera la anticipación de tres días dio a la rebelión espontaneidad pues los indios se acercaron a la plaza de la villa donde estaban las casas reales "prevenidos y divididos en tropa" y luego de haber "dado aviso de su anticipada aceleración a los del barrio de Santa María Yolotec" de Tehuantepec.[5] Esta organización preliminar permite a los indios, una vez congregados en la plaza, aislar rápidamente las casas reales y al alcalde mayor del resto de la ciudad, "porque a un tiempo cogieron las calles, ocuparon las plazas" y en seguida "ganaron las eminencias de los cerros", controlando en brevísimo tiempo todo el territorio citadino.[6]

La duración del primer momento insurreccional fue brevísima pues comenzó "entre las once y doce del día" y a "la una y media del día los amotinados brutos habían logrado sus deseos", los que alcanzaron porque "armados de piedras y palos empezaron a desembarazarlas contra las Casas Reales" y "pusieron inmediatamente fuego a las dilatadas caballerizas", y "viendo que las puertas de las Casas Reales, fuertes de su materia, se resistían cerradas, ocultándoles a quien buscaban denodados, aplicaron en los quicios repetidas llamas". El incendio obligó al alcalde mayor a salir a la plaza, donde "fue alcanzado de una piedra que sobre el oído, cerca de la sien, hizo puerta franca a los sesos".[7] A la una y media de la tarde yacían en la plaza cuatro muertos: el alcalde mayor; "don Jerónimo de Celi, cacique de Quiechapa"; "un español llamado Miguel de los Buenos Créditos, criado de

---

[3] Manso de Contreras, *Relación*, 15.
[4] Ibid.
[5] Ibid.
[6] Ibid., 16.
[7] Ibid., 15–17.

su Alcalde Mayor"; y, "un valiente negro, que murió por la defensa de su amo".[8]

La conquista de las casas reales permitió a los rebeldes apoderarse, por una parte, de las armas, "pasando a las casas de su comunidad, cuarenta mosquetes", y, por otra, de los símbolos del poder real, "la bandera real", que fue también trasladada a las casas de comunidad.[9] A partir de este momento la rebelión asume una marcada connotación política, que es reforzada con la formación de un cuerpo de guardia fuerte de 500 hombres en las casas de comunidad y con la distribución de "muchos por las calles y Plaza", de modo tal de controlar totalmente el espacio de la ciudad.[10]

A partir de la dominación del espacio puede darse vida a una nueva jerarquía política india, lo que aconteció cuando "nombraron Gobernador, Alcaldes y Regidores y otros oficiales".[11] La nueva jerarquía destituye a la vieja, que no participó en la rebelión, y legitima a los líderes de la revuelta. Las nuevas autoridades indias, fuertes en su nuevo papel, "con numerosa tropa fueron luego a la iglesia del convento, para sacar a los retraídos", es decir, a las autoridades indias destituidas.[12] Sabemos así que el vértice de la vieja jerarquía india no participó ni mínimamente en la rebelión y que cuando ella estalló se refugió en el convento de los dominicos.

Las nuevas autoridades étnicas, una vez regresadas "a la casa de su comunidad y ayuntamiento", dictaron una serie de disposiciones políticas significativas: "despacharon mandamientos a los pueblos de toda su jurisdicción y a las ajenas", en especial al pueblo de Tequisitlán, paso obligado entre Tehuantepec y Nexapa, y escribieron "cautelosamente al señor Virrey, Duque de Albuquerque (que gobernaba), con rendimiento".[13]

El momento desencadenante de la rebelión dura, como lo recuerda repetidas veces el texto, apenas una seis horas durante las cuales "hicieron, obraron y dispusieron lo que parece imposible de fuerzas humanas", demostrando ser belicosos, por "el incendio formal que aplicaron"; prevenidos, al poner "puestos y atajar los caminos y pasos"; diligentes, por "robar las Casas reales de copiosas alhajas y joyas"; valorosos, por "matar, herir y defender con valor"; atrevidos, por "despojar la sala de armas de los mosquetes y bandera"; dominadores del territorio, por "fortalecerse armados y hacer cuerpo de guardia"; políticos, por "elegir Gobernador, Alcaldes, Regidores y Oficiales"; ambiciosos, por "despachar a los pueblos, conspirando la tierra"; astutos, por "alentar con su ejemplo y cartas las jurisdicciones dilatadas y ajenas"; sacrílegos, por "ir a quebrar la inmunidad

[8]Ibid., 18.
[9]Ibid.
[10]Ibid.
[11]Ibid.
[12]Ibid., 18–19.
[13]Ibid., 20.

del templo"; tiranos, por "arrojar los cuerpos muertos al campo o al fuego"; "únicos", por incapaces de mantener relaciones interétnicas y por "formar cabildos y juntas para matar los españoles y sacarlos de la iglesia", y, en fin, traidores, por "aclamar Rey".[14]

El momento culminante de la rebelión dura un año, entre el mes de marzo de 1660 y el mes de abril de 1661, y se caracteriza por una lucha política al interior de la élite india por la exclusión, operada en el momento desencadenante, de la jerarquía india preexistente. Un indicio de esta lucha política proviene del obispo de Oaxaca, enviado por el virrey Albuquerque para restablecer la concordia, cuando sostiene que es el cacique de San Francisco la Mar, don Antonio de Vargas, quien actúa como mediador entre el obispo y "el Gobernador y Alcalde intrusos".[15] Gracias a esta mediación, el obispo interpreta la rebelión como un acto susceptible de ser perdonado, "por su corta capacidad y porque con ella, llevados de las opresiones y agravios que padecían se arrojaron precipitados a la desesperada determinación que ejecutaron".[16] Indirectamente el obispo de Oaxaca reconoció a las nuevas autoridades étnicas, las que a su vez reconocieron al nuevo alcalde mayor enviado por el virrey. En esta forma, la dimensión india y la española vuelven a encontrarse, como lo testimonia el hecho que las casas reales fueron reconstruidas y a ellas regresaron "todas las armas, mosquetes, cajas, bandera y bastón que en ella había, y quedan puestas y colocadas en la sala de su guarda como estaban antes".[17]

¿Cuál es el nuevo equilibrio que se establece entre la dimensión india y la española? Las informaciones son muy escasas, pero de ellas se logra saber que la nueva jerarquía india de la cabecera "procedió en medio del fervor de su desorden" a obligar "a los indios de su mayor estimación", es decir, a los principales, "a que tomasen las varas de justicia en todos los pueblos de esta Provincia", que "son poco menos de doscientos".[18]

De esta somera indicación emerge que en el momento culminante la dimensión india tiende a involucrar en el movimiento a los elementos moderados y en especial a los principales que no habían participado en forma activa en el momento desencadenante de la rebelión. Esta dilatación del movimiento sirvió, probablemente, para marginar a los elementos más exaltados y en especial a los macehuales. En esta forma la reconstitución étnica no sólo se extiende hacia los pueblos sujetos a la cabecera de Tehuantepec sino que se expande hacia los otros territorios indios de la región. La reorganización territorial se realiza, como nos indica el texto, por

[14]Ibid., 19–20.
[15]Ibid., 27.
[16]Ibid.
[17]Carta del obispo de Oaxaca, 22 de abril de 1660, en Manso de Contreras, *Relación*, 25.
[18]Ibid.

medio de la elección de nuevas autoridades étnicas escogidas al interior del
segmento de los principales. En esta forma se salda la tradición—la
dimensión electiva de los cargos—con la nueva organización—la nueva
leadership—, con el resultado de legitimar los cambios acontecidos. La
jerarquía étnica rebelde, con el fin de reforzar su legitimidad, se "hizo
reelegir" en presencia del nuevo alcalde mayor.[19] La nueva legitimidad fue
reconocida por el obispo de Oaxaca en cuanto representante del virrey, con el
resultado, como escribe el obispo, que "se mantuvo en sosiego la dicha
Provincia hasta que llegó el dicho Alcalde Mayor".[20]

La legitimidad y la legalidad parecen haber favorecido la extensión de la
rebelión fuera de la región de Tehuantepec. Los textos contrarios a la acción
desarrollada por el obispo de Oaxaca sostienen que a fines de abril de 1660,
"después de haberse vuelto el señor obispo a la ciudad de Antequera, valle de
Oaxaca" aparecen "los bullicios y alborotos de la villa de Nejapa, y después
en la Villa Alta de San Ildefonso y Partido de Ixtepeji".[21] Tenemos, sin
embargo, la impresión de que hay escasa relación entre todos estos
movimientos, pues si bien los rebeldes de Tehuantepec informaron de la
rebelión a las regiones cercanas no por ello se generó un levantamiento
general de los indios. En efecto, mientras la rebelión comienza en el mes de
mayo en Nexapa, en Ixtepeji acontece en agosto y en Villa Alta en octubre
de 1660.[22] Cada una de estas rebeliones tiene diferente intensidad y,
probablemente, una diferente procesalidad.

El momento culminante de la rebelión tiende entonces a caracterizarse
como una búsqueda de un nuevo equilibrio entre la sociedad india y la
sociedad española a partir del reconocimiento de la renovada jerarquía india.
Gracias a este reconocimiento por parte de los indios y de los españoles, la
nueva jerarquía étnica rearticula, a partir de la cabecera, el territorio indio
fragmentado precedentemente por las prácticas arbitrarias del alcalde mayor y
propone a las autoridades hispánicas una reformulación del pacto colonial
preexistente.

A partir de los resultados conseguidos en el momento culminante de la
rebelión se logra entender mejor el momento declinante de la misma. Para
comprenderlo cabalmente, es necesario no perder de vista que la *leadership*
del movimiento estuvo siempre en manos de los principales y fueron ellos
los que proyectaron el nuevo equilibrio entre la dimensión india y la
dimensión hispánica. El nuevo equilibrio debía caracterizarse por la

---

[19]Manso de Contreras, *Relación*, 28.

[20]*Viaje que hizo el Ilustrísimo señor doctor don Alonso de Cuevas Dávalos,
Obispo de Oaxaca, a pacificar la provincia de Tehuantepec*, en García ed.,
Documentos inéditos, X:105.

[21]Manso de Contreras, *Relación*, 28.

[22]Juan de Torres Castillo, *Relación de lo sucedido en las provincias de
Nexapa, Ixtepeji y Villa Alta*, en García ed., *Documentos inéditos*, X:27 ss.

reducción de la acción económica y política que ejercía el alcalde mayor en la dimensión india controlando la circulación de los bienes y protegiendo a los caciques y principales vinculados con el alcalde mayor.

El momento declinante comienza con la presencia en la ciudad de México de Manso de Contreras, regidor de la ciudad de Antequera, con el fin de "que diese la bienvenida al Excelentísimo señor Marqués de Baños, Virrey de esta Nueva España", a quien representó y pidió "lo necesario por repetidos memoriales" para "el reparo de tan repetidos daños y malas consecuencias" de la rebelión de los indios.[23] Manso de Contreras representaba la facción de los alcaldes mayores que, como bien ha mostrado Israel,[24] daban una versión catastrófica de cuanto ocurría en Tehuantepec y presentaban el caso "como irreparable cáncer [que] cundía a esta lastimada monarquía" por haberse "levantadas dos Provincias, las más principales y más numerosas de indios, gobernadas por los mismos alzados y rebeldes, sin obediencia al Rey y sin respeto a su Alcalde Mayor, y tan amotinadas e inquietas, que ya se iba recelando no hiciesen lo mismo las confinantes de la Villa Alta y las demás adonde iba cundiendo el fuego, y pudiera temerse no pasase a las demás distantes de toda la Nueva España y Reino de Guatemala".[25]

El nuevo virrey, conde de Baños, debió haber tenido una visión menos catastrófica de la situación, pues si bien accedió a enviar en visita a un oidor, don Francisco de Montemayor de Cuenca, en todo se le "señalaron y mandaron dar ocho hombres de guarnición y por su secretario a Melchor Juárez, escribano de S.M. y de Provincia".[26] Llama la atención el estridente contraste entre cómo se "manifestaron las naciones mixes y quiavisucas" y la salida de la ciudad de México por una expedición armada integrada apenas por ocho hombres, un escribano por secretario y algunos "criados y familia de mi servicio".[27] Evidentemente la expedición del oidor tiene como objetivo tratar de revitalizar el papel de los actores sociales hispánicos territoriales y, en especial, el de los alcaldes mayores. De allí que el oidor una vez llegado a Oaxaca forme una junta integrada por el alcalde mayor de Nexapa y el recién nombrado alcalde mayor de Tehuantepec.

En Oaxaca, adonde llegó el 9 de marzo de 1661, el oidor permaneció hasta el 14 de mayo del mismo año despachando y realizando juntas, para luego dirigirse a Nexapa y de allí seguir, el 19 de mayo, a Tehuantepec. El 21 de mayo de 1661 encontramos el oidor en Tequisitla, primer pueblo de Tehuantepec, donde aprisiona a las autoridades étnicas del lugar, y el 22 de mayo llega a Tehuantepec, donde aprisiona las autoridades étnicas generadas por la rebelión y restituye los cargos a las autoridades indias preexistentes. A

---

[23]Manso de Contreras, *Relación*, 29.
[24]Israel, *Race, Class and Politics*, 262–263.
[25]Manso de Contreras, *Relación*, 13–14.
[26]Ibid., 30.
[27]Ibid.

fines de mayo el oidor había encarcelado "indios y mujeres cincuenta y tres".[28] De estos cincuenta y tres encarcelados sólo treinta y dos fueron juzgados culpables de rebelión, siendo seis de ellos condenados a muerte y los veinte y seis restantes a penas de azotes, mutilación o destierro temporal.[29]

¿Cómo se logró "que sin ruido, sin fuerza de armas, sin escándalos ni alteración, mediante algunas prudenciales disposiciones que se fueron previniendo y ejecutando, se haya conseguido la paz, quietud y sosiego que se deseaba"?[30] Son posiblemente las que el oidor define como "prudenciales disposiciones" las que pueden ayudarnos a comprender el desenlace final de la rebelión y su real significado.

Desarticulación, yuxtaposición y recomposición del espacio y de los papeles políticos de los actores sociales

La rebelión que con ayuda de los textos contemporáneos hemos reconstruido procesalmente se desenvuelve en tres momentos de diferente extensión temporal y de diferente intensidad participativa: baja duración (un día) y fuerte intensidad (seis mil participantes) en el momento desencadenante; larga duración (un año) y media intensidad (quinientos participantes) en el momento culminante; y, media duración (cuatro meses) y baja intensidad (cincuenta y tres participantes) en el momento declinante.

La diferente relación entre duración temporal e intensidad participativa en los momentos de la rebelión nos permite establecer algunos elementos nuevos que aparecen casi marginados en los textos y que sólo pueden ser adecuadamente utilizados una vez reconocidos los diferentes momentos del proceso de rebelión. Lo que resulta común a estos tres momentos de la rebelión son esencialmente las modificaciones del espacio político y las modificaciones de los papeles de los actores sociales.

Para el momento desencadenante, los textos nos ofrecen tres elementos: destrucción de las casas reales, nuevo papel de las casas de comunidad, y ocupación de los puntos estratégicos de la ciudad. Sin embargo, no estamos en presencia de una reconquista total del espacio que habría terminado por excluir y negar a los actores sociales hispánicos. Lo que acontece es, en cambio, una desarticulación del espacio político preexistente caracterizado por la contigüidad entre el espacio político hispánico—representado por las casas reales—y el espacio político indio—representado por las casas de comunidad que es también sede del cabildo indio—y por la interacción entre

[28]Ibid., 44.
[29]Ibid.
[30]Auto general del oidor, 22 de julio de 1661 en Manso de Contreras, *Relación*, 48.

estos dos espacios a través de la presencia en ambos de actores políticos hispánicos e indios.

Por medio de la rebelión, los indios se reapropian esencialmente del espacio ocupado de manera arbitraria por el principal actor social hispánico, el alcalde mayor. Los signos visibles de esta reapropiación espacial por parte de los indios son: la destrucción, saqueo e incendio de las casas reales y de la sala de armas; el traslado de las armas y de las insignias regias a las casas de comunidad, y, la guardia armada de la plaza, de las calles y de los puntos estratégicos de la ciudad.

Una vez reapropiado el espacio que consideraban suyo, los rebeldes suspendieron su acción, pues cuando ellos llegaron al Convento de Santo Domingo para aprisionar a las autoridades étnicas destituidas, fueron recibidos por el prior, quien "les hizo una plática en su propio idioma, representándoles el delito cometido contra la Majestad Real, y el atrevimiento y desacato que intentaban contra la Divina, que les ponía presente y descubierta en el altar", con lo cual los indios "socorridos de la mano poderosa de Dios, se retiraron".[31] En la misma dirección apunta otro pasaje de la relación que narra que los dominicos para el "socorro de estas desdichas, al reparo de estos daños y a la piedad de los rigores . . . sacaron de la iglesia . . . el Santísimo Sacramento, acompañado de los vecinos retraídos que pudieron salir; llegó a la puerta del Arco del Compás, que sale a la Plaza, de donde fue forzoso volverlo, porque siendo muchos los alaridos".[32]

Estos dos fragmentos nos ilustran que los indios distinguen claramente el espacio divino del espacio humano. Esta diferenciación espacial, reconducible al más vasto imaginario indio, les permite no poner en discusión el espacio divino, representado en el texto por el convento y por el santísimo sacramento, y concentrar en cambio su atención en el espacio terreno que siempre, según su visión del mundo, es el único espacio susceptible de ser alterado por la acción humana.[33]

¿Cuál es entonces el espacio terreno puesto en discusión durante la rebelión? El mismo día de la rebelión las nuevas autoridades étnicas escriben al virrey diciendo que "se alborotaron, y en la refriega murió el señor Alcalde Mayor" y que la razón de la rebelión es que el alcalde mayor "no administraba justicia como manda Su Majestad, conforme a la paz, bien y aumento de esta villa y provincia" y, en cambio, oprimía a los indios "con exorbitancia de repartimientos" y "rigores con que maltraba a todos, sin

---

[31]Manso de Contreras, *Relación*, 19.
[32]Ibid., 17.
[33]Marcello Carmagnani, *El regreso de los dioses: El proceso de reconstitución de la identidad étnica en Oaxaca, siglos XVII y XVIII* (México: Fondo de Cultura Económica, 1988), 21–51.

exceptuar caciques, señores y principales de los pueblos".[34] Los indios dicen entonces que "nos juntamos y congregamos en Cabildo y elegimos Gobernador en nombre de Su Magestad, porque no se entienda somos rebeldes y negamos la obediencia a nuestro Rey y Señor, sino que estamos pronto a sus mandatos, como fieles vasallos".[35] Las motivaciones de las nuevas autoridades étnicas no solamente son comprendidas sino también asumidas por el virrey, quien les responde: "estoy muy cierto de lo que me aseguran y ofrecen el Gobernador, Alcaldes, y Regidores, de la puntualidad con que están prontos a continuación del servicio de Dios y del Rey Nuestro Señor; y yo les ofrezco en esto ayudarles cuanto pudiere y enviarles Alcalde Mayor benemérito".[36]

Tanto de la parte india como de la parte hispánica emerge con claridad que el espacio conflictual no es la vasta articulación entre la sociedad india y la sociedad hispánica y, que por lo tanto, los indios rebeldes no ponen ni mínimamente en discusión la lealtad hacia el Rey y hacia Dios, que son los fundamentos inmateriales del pacto colonial. Lo que entonces pretende la rebelión en este primer momento es la reapropiación del espacio invadido arbitraria e ilegalmente por las autoridades provinciales. Se explica así por qué la reapropiación encuentra su centro espacial en la plaza, que es el lugar donde reside el alcalde mayor, y de allí se extienda hacia las calles y los caminos que conducen a la plaza porque, es a través de su utilización que el alcalde mayor ejerce su arbitrariedad e ilegalidad.

La reapropiación del espacio favorece el desarrollo de nuevos papeles políticos de los actores indios pues, gracias a la neutralización del espacio precedentemente ocupado por el alcalde mayor, se pueden expandir los nuevos papeles de las autoridades étnicas e incluso de los aspirantes a los cargos. Esta redefinición de los papeles se comprende a partir de las personas que fueron ajusticiadas por los rebeldes: el alcalde mayor, el cacique de Quiechapa, un español y un negro, al servicio ambos del alcalde mayor. Los ajusticiados por los revoltosos tienen un elemento común: pertenecen a la clientela del alcalde mayor, incluso el cacique, a quien el alcalde mayor en el pasado había protegido no obstante "el desacato que en alguna ocasión tuvo con cierto ministro sacerdote inculpable".[37] Además de los clientes del alcalde mayor, los rebeldes desean aprehender a las autoridades étnicas destituidas y, en especial, al gobernador, a los dos alcaldes y a los cuatro regidores, es decir, el vértice de la jerarquía india. Posiblemente ellos son considerados agentes o colaboracionistas.

[34]Carta del gobernador, alcaldes y regidores marzo de 1660, en Manso de Contreras, *Relación*, 22.
[35]Ibid.
[36]Carta del virrey 31 de mayo de 1660, en Manso de Contreras, *Relación*, 23.
[37]Manso de Contreras, *Relación*, 18.

El desconocimiento del vértice jerárquico, sobre el cual no poseemos ninguna información adicional, precede incluso al desencadenamiento de la rebelión, pues de otra manera no se explican las juntas secretas que la preparan. De sus líderes, elegidos el mismo día de la rebelión como nuevas autoridades étnicas, sabemos que el gobernador, como el destituido, es posiblemente un cacique, pues tiene el título de don mientras los dos alcaldes y los cuatro regidores no tienen, como los precedentes dicho título. Sabemos además que cuando termina la rebelión, de los treinta y dos sentenciados trece son autoridades étnicas.

¿Qué concluír? Al parecer el momento desencadenante de la rebelión redefine los papeles de un segmento de principales que, en la precedente articulación que privilegiaba el espacio hispánico, habían sido marginados por las autoridades étnicas colaboracionistas, obligándolos posiblemente a reafirmar una mayor y mejor relación con los macehuales a través de un aumento de su participación en la vida étnica, utilizando, quizás, las cofradías y las hermandades. Una confirmación de esta hipótesis proviene de una carta del obispo de Oaxaca quien escribe que las nuevas autoridades étnicas generadas por la rebelión lograron que los nuevos cargos de los pueblos sujetos recayeran en "los indios de su mayor estimación".[38] El obispo agrega una información que consideramos fundamental cuando sostiene que las nuevas autoridades étnicas de los pueblos sujetos son personas a las que "se le había puesto impedimento por particulares afecciones de su Alcalde Mayor" y en consecuencia consideraban "intrusos y violentos a los otros que sin estar elegidos la tenían".[39]

El espacio y los papeles políticos de los actores sociales adquieren una nueva connotación en la fase más larga de la rebelión, es decir, durante el momento culminante que, como se ha dicho, se caracteriza por poseer una duración temporal larga, de un año, y una media intensidad participativa.

En el curso del momento culminante se asiste a una reorientación de la precedente dimensión espacial que, como se ha dicho, convergía sobre la plaza y era por lo tanto centrípeta. En el momento culminante se desarrolla en cambio una nueva dimensión, de tipo centrífugo, cuyo punto de partida lo encontramos, como nos dice el texto, en el envío de comunicaciones a los pueblos sujetos a la cabecera de Tehuantepec y a las otras cabeceras de la región del istmo. En efecto, la relación nos dice que "volviéndose a la casa de comunidad y ayuntamiento con toda diligencia despacharon mandamientos a los pueblos de su jurisdicción y a las ajenas".[40] Gracias a esta acción, el espacio político se expande en una doble dirección: hacia el territorio indio de Tehuantepec y hacia los otros territorios indios de la región.

[38]Carta del obispo.
[39]Ibid.
[40]Manso de Contreras, *Relación*, 19.

El movimiento centrífugo favorece la reorganización del espacio indio con el fin de evitar que los intereses territoriales hispánicos se reapropien de inmediato del espacio nuevamente ocupado por los indios. En efecto, la reorganización de los territorios indios acontece no sólo en el territorio de Tehuantepec sino también en los territorios indios limítrofes gracias a la rearticulación entre cabecera y sujetos y gracias a la reconstitución de las jerarquías étnicas. Esta reorganización de la territorialidad india nos es ilustrada por el obispo de Oaxaca quien nos dice que las nuevas autoridades étnicas de Tehuantepec influyeron sobre "los indios de su mayor estimación a que tomasen las varas de justicia en todos los pueblos de esta Provincia" agregando que los pueblos involucrados en la reorganización espacial "son poco menos de doscientos, y sólo se reservaron de esta acción uno o dos pueblos".[41]

La reorganización del espacio indio no tiene, sin embargo, un fin puramente étnico sino que ella procede en forma paralela con un progresivo acercamiento del espacio indio al espacio hispánico, dando origen a una yuxtaposición espacial que es ilustrada en el reconocimiento del nuevo alcalde mayor por parte de las autoridades étnicas nacidas de la rebelión y en la toma de posesión del mando del nuevo alcalde mayor en presencia de las autoridades étnicas.

Esta yuxtaposición espacial no puede, sin embargo, entenderse sin dar la debida importancia a cuatro elementos. El primero, la declaración de las nuevas autoridades étnicas que "se ha visto por experiencia que ningún vecino se le ha hecho vejación ni agravio, de los españoles, ni de los demás que viven entre nosotros, ni menos a nuestros ministros los religiosos de Santo Domingo".[42] El segundo, el testimonio del obispo de Oaxaca, quien escribe, "víneme a las Casas Reales, y ordené que para el día 19 de abril (1660) se convocasen los Caciques, Gobernadores, Justicias y plebe en la Plaza Real, adonde concurrieron en muy crecido número, y estando juntos procuré exhortarlos (con la gracia de Dios) a la obediencia de Su Magestad, dándoles las gracias de la fidelidad que habían manifestado en las muy reverentes ceremonias con que habían tratado los escudos de las armas y las otras insignias reales".[43] El tercero, el nuevo alcalde mayor, el capitán Alonso Ramírez de Espinoza, pudo tomar posesión de su cargo en presencia de las autoridades étnicas. El cuarto, y último, que existe una comunicación escrita permanente entre autoridades reales y autoridades étnicas, como lo prueban las comunicaciones entre el oidor y la jerarquía india de Tehuantepec.

Estos cuatro elementos nos indican que en el momento culminante de la rebelión se establece una yuxtaposición entre el espacio indio renovado y el

[41]Carta del obispo.
[42]Carta del gobernador.
[43]Carta del obispo.

espacio hispánico y que esta nueva relación se comprende si se da la debida importancia a la reapropiación del espacio acontecida en el momento precedente y se ve como una relación espacial incompleta, pues no logra generar una nueva y verdadera interacción entre el espacio indio y el espacio hispánico.

La yuxtaposición espacial resulta, sin embargo, incomprensible si no consideramos lo que nos dicen tanto las autoridades étnicas, que especifican que "no se entienda somos rebeldes y negamos la obediencia a nuestro Rey y Señor, sino que estamos prontos a sus mandatos, como fieles vasallos", y el obispo, quien escribe "no es ponderable con cuantas acciones de vasallaje se prostraron y arrodillaron, poniendo sus vidas y cabezas en mis manos, ofreciendo que darían sus vidas por el Rey nuestro Señor".[44] Indudablemente la yuxtaposición espacial requiere para que acontezca que tanto los indios como los españoles se reconocieran en las lealtades esenciales coloniales: la fidelidad a la religión y a la corona.

Es justamente esta reafirmación de las lealtades básicas por parte de los indios, de las autoridades étnicas, de los principales y de los caciques que nos permite observar la redefinición de sus papeles políticos en este momento más largo de la rebelión. La reafirmación de las lealtades esenciales, la yuxtaposición y la larga duración que se dan en el momento culminante facilitan la progresiva desactivación de buena parte de las fuerzas indias que habían participado en el primer momento de la rebelión. En efecto, si pensamos que ya a comienzos del momento culminante las nuevas autoridades étnicas de las cabeceras y de los pueblos sujetos están en posesión de sus oficios y que con la llegada del obispo se reinstala el gobierno provincial hispánico, la rebelión tiende a disminuir de intensidad, lo que no excluye, obviamente, la mayor vigilancia que ahora ejercen las autoridades étnicas sobre las prácticas informales del alcalde mayor. El resultado es que el nuevo alcalde mayor ve su papel disminuido, como se desprende de sus cartas al oidor.[45]

La yuxtaposición entre espacio indio y espacio hispánico favorece la progresiva redefinición de una nueva y necesaria colaboración entre las autoridades étnicas y las autoridades hispánicas, entre intereses étnicos e intereses hispánicos, y se robustece en forma paralela, a partir de la nueva legalidad, la colaboración entre los territorios indios, entre cabeceras y sujetos y entre autoridades étnicas y unidades familiares, favoreciendo así una progresiva desmovilización de los participantes a la rebelión.

El momento declinante de la rebelión, cuyo punto inicial se encuentra en la designación del oidor Montemayor en el mes de febrero de 1661, se caracteriza por una rearticulación de los espacios, el indio y el hispánico, y

---

[44]Carta del obispo. Sobre la fidelidad de los indios el obispo insiste mucho en su *Viaje que hizo el ilustrísimo.*
[45]Manso de Contreras, *Relación*, 31.

la puesta en ejercicio de una nueva articulación política y social. Esta rearticulación espacial y política fue favorecida por las numerosas fisuras que se abren en la rebelión por efecto de la desmovilización de los participantes.

La lectura de los textos es más compleja para este momento de la rebelión porque la mayoría de ellos subrayan especialmente la actuación del oidor y tienden, en cambio, a minimizar las diferentes prácticas compromisorias activadas por el oidor. La comprensión de estas prácticas compromisorias debe tener presente que toda la fuerza militar a disposición del oidor consiste en "ocho hombres de guarnición" y que el mismo oidor atribuye el éxito de su misión a las "prudenciales disposiciones que se fueron previniendo y ejecutando".[46] La ausencia de una verdadera fuerza militar y la actitud del oidor nos dicen que el objetivo hispánico no era el de reconquistar el espacio político y territorial indio sino más bien establecer una nueva interacción entre espacio indio y espacio hispánico.

La búsqueda de una nueva interacción posible entre la esfera india y la esfera hispánica sigue una precisa estrategia que es claramente enunciada por uno de los consejeros del oidor, Manso de Contreras, quien escribe que se debe suspender "prudentemente cualquier acción que pudiese dar a estos indios sospecha de castigo, hasta que con sazón y a un tiempo mismo se ejecutase en entrambas provincias la prisión de los más culpables y principales cabezas de sus alborotos".[47] Lo que Manso de Contreras no explicita es que esta estrategia requiere el aislamiento del vértice étnico legitimado por la rebelión con el fin de lograr que dicho vértice sea repudiado por los principales que lo han elegido y reconfirmado.

El medio para lograr la decapitación del vértice étnico rebelde pasa a través del restablecimiento de una comunicación más fluida entre las autoridades hispánicas y las autoridades étnicas. La primera comunicación, de la cual desconocemos el texto, acontece ya en el mes de enero de 1661, a la cual sigue una segunda, escrita dos días después de llegada del oidor a Oaxaca. De esta segunda carta sabemos por cierto que recibió una rápida respuesta de las autoridades étnicas de Tehuantepec y tuvo como efecto, como se lee en el texto, el favorecer "cada día más el sosiego de estos naturales".[48] La carta del oidor fue incluso mostrada al alcalde mayor, quien así escribe al oidor: "Ellos [los indios] me mostraron otra de V.S. con que se mostraron muy consolados y agradecidos, que para como ellos estaban, fue bien menester".[49] El oidor redobla la comunicación anunciando a las autoridades étnicas el día preciso de su llegada y reafirmando que su propósito es "llegar a consolaros, y comenzar a dar satisfacción a vuestros

---

[46]Ibid., 33.
[47]Ibid.
[48]Ibid., 32–33.
[49]Ibid.

trabajos y a lo mucho que habéis padecido".[50] De esta carta conocemos la respuesta de las autoridades étnicas y en ella se lee que "Recibimos carta de V.S. y nos holgamos mucho que V.S. venga con salud a esta villa de Tehuántepec, donde lo quedamos esperando para servir a V.S. y le traiga Dios con bien".[51]

Si bien la comunicación escrita aparece como el medio capaz de precisar la voluntad de establecer una nueva interacción entre la esfera india y la esfera hispánica, su puesta en función depende de la disponibilidad de las autoridades hispánicas para reconocer parcial o totalmente las modificaciones intervenidas en los dos momentos de la rebelión. De allí que a pocos días de su llegada a Oaxaca el oidor Montemayor publique, el 28 de marzo de 1661, un auto del cual se dará traslado "a los mercaderes y personas que lo pidieren, y a los Gobernadores y Comunidades e indios" con el fin que lo "usen en derecho".[52] El auto establece que su objetivo último es el de "aliviar a los indios de los trabajos, molestias y vejaciones que recibían de sus Alcaldes Mayores, en orden de sus conveniencias, tratos y granjerías" y "que dichos indios sean tratados con afabilidad, como S.M. lo desea y manda".[53] Para alcanzar este objetivo, que era el deseado por los indios, es necesario evitar que los indios reciban "de sus Alcaldes Mayores, Corregidores y otros ministros de justicia" repartimientos de mercaderías, "que contra su voluntad les hacen recibir a subidos precios", y repartimientos de dinero, con el fin que los indios "les den los frutos de sus cosechas y de su trabajo personal". Los alcaldes mayores deben además facilitar que "entren en sus jurisdicciones a tratar y contratar con los indios y con los vecinos de ellos los mercaderes y personas a quienes les es lícito y permitido".[54] Dicho con otras palabras, los alcaldes mayores no deben hacerse "absolutos en estos tratos y comercio" y "haciendo estanco de todos los dichos géneros", pues en esta forma los alcaldes mayores hacen "deservicio de Dios Nuestro Señor y del Santo celo de S.M., con que violan el derecho natural y de las gentes" y "no es posible que se conserve la quietud y buen tratamiento de los indios."[55] El auto concluye ordenando y mandando que "a los nahuatlatos y otras personas [indias] de quienes se suelen valer dichas Justicias en dichos tratos y disposiciones de ellos, no hagan ni intervengan en cosa alguna a ello

---

[50]Carta del oidor al gobernador, alcaldes y regidores 16 de mayo de 1661, en Manso de Contreras, *Relación*, 36.

[51]Carta del cabildo de indios 18 de mayo de 1661, en Manso de Contreras, *Relación*, 38.

[52]Auto del oidor 23 de marzo de 1661, en Manso de Contreras, *Relación*, 51–53.

[53]Ibid.

[54]Ibid.

[55]Ibid.

tocante, por ninguna manera, pena de doscientos azotes y privación perpetua de los oficios que ejercieren".[56]

El auto regula y reglamenta entonces la interacción entre la dimensión india y la hispánica, tanto en el nivel económico como en el nivel político. En efecto, se establece que el espacio comercial indio no puede ser monopolizado exclusivamente por el alcalde mayor y que el espacio político indio no puede ser invadido por los alcaldes mayores. En última instancia, la decisión del oidor busca definir nuevamente el grado de autonomía de la esfera india en el mundo colonial y su articulación con la esfera hispánica revitalizando, en consecuencia, el pacto colonial.

El auto del oidor, que fue repetido y publicado por él mismo en Tehuantepec con el fin de que "en lo venidero se conserven con aquella quietud, paz y buen tratamiento que conviene" y se evite "las violencias y vejaciones pasadas",[57] favoreció la progresiva redefinición de los papeles políticos de las autoridades étnicas, de los principales y de los macehuales. De esta redefinición de los papeles políticos tenemos una espléndida descripción en el momento de la toma de posesión del nuevo alcalde mayor de Tehuantepec, Manso de Contreras, quien llegó acompañado "de todo el concurso referido y de Melchor Juárez, su secretario" a la

> Casa de la Comunidad, donde sentado con severidad, cual convenía, se dispuso e hizo la ceremonia de darle la posesión de Teniente de Capitán General, entregándome de su mano el bastón, y mandando, como mandó, llegar cerca de sí al Gobernador y Oficiales de la República de esta villa, les dijo (por ser capaces de lengua castellana): sabed, hijos, que yo entiendo de vosotros, sóis fieles vasallos de Su Magestad, y que los alborotos y motines de la villa de Tehuantepec han puesto en muy grave cuidado al Excelentísimo señor Marqués de Baños, Virrey de esta Nueva España, al Real Acuerdo y a mí, como de los señores togados de su Junta, a quien se ha cometido la pacificación, averiguación y castigo de todo; y hallándome en este pueblo para haberlo de hacer, disponer y juzgar, es forzoso para oíros por los términos de justicia, quitaros las varas que de vuestra autoridad tomásteis, conservándoos en el gobierno hasta el día de hoy, quizás con ánimo de apaciguar la tierra y mantenerla en paz, y habiéndoos de prender, como en efecto lo hago, podéis aseguraros de que os guardaré justicia en lo que la tuviéreis, procurando daros toda la gracia que diere lugar, como lo experimentaréis; sin que por quedar presos os desconsoléis, ni aflijáis, porque tales pueden ser vuestros descargos, que salgáis libres de la prisión. Y mandando que se diese a ella, fueron despojados de las varas, amarrados y puestos en seguridad.[58]

[56]Ibid.
[57]Ibid.
[58]Manso de Contreras, *Relación*, 41.

De la lectura del texto se desprende que la base del movimiento, los macehuales, están totalmente ausentes y que los principales no pertenecientes al vértice étnico no intentan ninguna oposición. De estas indicaciones podemos entonces colegir que los macehuales se hallan ya totalmente desmovilizados y que los principales adoptan una actitud de neutralidad, en espera probablemente de que en el momento de la reconstitución de la jerarquía étnica sea ahora su turno. Hay, sin embargo, otro elemento que refuerza esta interpretación. La destitución de las autoridades étnicas afectó muy parcialmente a los territorios indios, pues sólo los funcionarios mayores de Tehuantepec y de Mixquetilla fueron reducidos a prisión y condenados, la casi totalidad a penas de azotes y destierro temporal y uno sólo, el gobernador de Tehuantepec, don Marcos Figueroa, a muerte. Todas las otras autoridades étnicas fueron indultadas y dicho indulto fue publicado en castellano y zapoteco y "fijado en la Casa de la Comunidad de los indios".[59]

La recomposición de los espacios encuentra su punto terminal en la ejecución de las sentencias, la que fue jurada por "veinte y ocho Gobernadores, que con sus Alcaldes, Regidores y Oficiales, por sus pueblos y cada una de sus comunidades, ofrecieron liberalmente sus limosnas".[60] Una vez terminada la ejecución se inició el ritual de reconciliación, que consistió en la lectura de los autos, "una plática en la lengua vulgar zapoteca" del prior de los dominicos, un Te Deum cantado en la iglesia del convento "en que hubo sermón, en las lenguas castellano y zapoteca", un acto en las casas reales donde el "señor Oidor hizo razonamiento a los indios", y, finalmente, "habló por todos, con mesuradas razones y señas de rendimiento, don Pablo de Mendoza, Gobernador, a quien correspondían todos los demás Gobernadores y principales por sus pueblos y barrios, rendidos y prostrados con las mismas demostraciones".[61]

El ritual subraya la recomposición de los espacios y la redefinición de los papeles políticos de los diferentes actores sociales en un nuevo contexto caracterizado por la renovada interacción entre esfera india y esfera hispánica. De allí entonces que el texto subraye los símbolos espaciales (el tablado, la iglesia, las casas reales, el desplazamiento conjunto de españoles e indios del tablado al convento y desde el convento a la plaza real) y los símbolos sociales y políticos (el uso de los dos idiomas, la presencia conjunta de las máximas autoridades indias e hispánicas, los sermones en dos idiomas, las alocuciones del oidor y del gobernador de Tehuantepec). La ritualidad nos muestra cómo se formaliza la nueva articulación entre la dimensión india y la dimensión hispánica que permitirá renovar el proceso de colaboración abruptamente interrumpido por el mal gobierno del alcalde mayor.

[59]Auto del oidor.
[60]Manso de Contreras, *Relación*, 56.
[61]Ibid., 58–59.

¿Rebelión o movimiento político?

El análisis procesal de la rebelión de Tehuantepec nos permite plantearnos una serie de preguntas relativas no sólo a la rebelión sino también a las transformaciones que acontecen tanto en el mundo indio como en el contexto colonial.

Nuestro análisis procesal ha puesto en evidencia como esenciales dos dimensiones: el espacio político y los papeles políticos de los actores sociales indios e hispánicos. El análisis de estas dos dimensiones nos ha permitido comprender que tanto los indios como los españoles conciben el mundo colonial como una articulación entre la esfera india y la esfera hispánica dotadas cada una de ellas de un grado de autonomía política, económica y social que debe ser mutuamente respetada. Dicho con otras palabras, si bien los textos relativos a la mal llamada rebelión de Tehuantepec esconden y no explicitan esta concepción mutuamente compartida del mundo colonial, ella constituye el referente esencial para la adecuada comprensión de su significado y de las importantes variaciones que acontecen a lo largo de la evolución de la misma.

Las significativas variaciones que intervienen en el nivel del espacio y de los papeles políticos nos especifican que los actores indios intentan redefinir la articulación preexistente entre la esfera india y la esfera hispánica partiendo de los dos principios básicos del orden colonial: la lealtad hacia Dios y el rey. Es a partir de esta doble lealtad en la cual se reconocen todos los actores sociales implicados directa e indirectamente en el movimiento político de Tehuantepec que podemos afirmar que no estamos en presencia de una rebelión sino de un movimiento político que no tiene por lo tanto como finalidad última la subversión del orden colonial. En efecto, si seguimos los diferentes momentos procesales notamos que el movimiento tiende hacia una progresiva desactivación en la medida en que se aproxima hacia una nueva regulación de la relación interétnica.

La renovada relación interétnica constituye entonces el verdadero objetivo del movimiento indio, el cual no es sólo de naturaleza económica sino también de naturaleza política. En efecto, los textos nos muestran que los actores indios insisten no sólo sobre la necesidad de restringir las prácticas mercantiles ilegales del alcalde mayor sino también sobre la no interferencia del alcalde mayor en las elecciones de las autoridades étnicas. La interacción de estas dos variables había favorecido la expansión del poder informal del alcalde mayor por el hecho de que apoyándose en las autoridades étnicas por él favorecidas lograba expandir el mecanismo del repartimiento, es decir, anticipación de mercaderías y dinero a cambio de mercaderías y trabajo futuro. El resultado final es que tanto los macehuales como los principales no involucrados en la esfera del alcalde mayor vean la expansión del poder informal e ilegal del alcalde mayor como una grave amenaza a la identidad india.

El movimiento indio de Tehuantepec es entonces una respuesta a un cambio organizativo que al parecer tendía a acelerarse entrando en conflicto con el proceso de reconstitución étnica que, como hemos mostrado en otro estudio, tiende a manifestarse con fuerza a partir de la segunda mitad del siglo XVII.[62] De allí que en el movimiento de Tehuantepec se presenten una serie de elementos que hemos caracterizado como fundamentales del proceso de reconstitución de etnicidad, es decir, la recomposición espacial, la redefinición de la territorialidad, las estrategias de reproducción y expansión de las bases materiales y la reorganización de la jerarquía política. Son estos elementos los que nos permiten ver el movimiento de Tehuantepec como un aspecto particular de un fenómeno más general que abarca todos los territorios indios del área de Oaxaca independientemente del hecho que el fenómeno se manifieste, como acontece por lo general, como un movimiento que sólo excepcionalmente asume una forma violenta. Tal como acontece en otros territorios indios de la región de Oaxaca, el movimiento indio de Tehuantepec no pone en discusión ni el orden colonial ni mucho menos la división estamental presente en la sociedad india. El comportamiento colectivo que ilustra el movimiento indio de Tehuantepec tiende entonces hacia la reconstrucción del sistema colonial y no hacia su destrucción.

---

[62]Carmagnani, *El regreso de los dioses*, 21–51, passim.

Orígenes sociales de la rebelión de San Luis Potosí, 1767

Felipe Castro Gutiérrez

El contexto

EN LOS AÑOS DE 1766 Y 1767 un conjunto de alzamientos conmocionó Michoacán, Guanajuato, San Luis Potosí y otras regiones del virreinato novohispano. Fueron agitaciones sin precedentes por su extensión, amplitud y contenido subversivo, que provocaron gran alarma entre los funcionarios y los grupos privilegiados.

Entre sus rasgos comunes podemos hallar, primordialmente, la resistencia contra las innovaciones gubernamentales que conocemos como reformas borbónicas: la estatización del sistema de administración de alcabalas, la creación del estanco del tabaco, el establecimiento de un cuerpo numeroso de tropa veterana, la fundación de cuerpos milicianos provinciales y, sobre todo, la expulsión de los jesuitas.[1]

Dentro de estos movimientos, el ocurrido en San Luis Potosí bajo el liderazgo de los mineros del Cerro de San Pedro fue el que alcanzó mayor contenido radical, persistencia y organización. La descripción y análisis

NOTA DEL AUTOR: Este trabajo es parte de una investigación en proceso acerca de los movimientos populares de 1766 y 1767 en la Nueva España, que se presentará como tesis de doctorado en antropología en la Facultad de Filosofía y Letras de la Universidad Nacional Autónoma de México.

[1]Respecto a Guanajuato, véase el detallado estudio de Noblet Barry Danks, *Revolts of 1766 and 1767 in Mining Communities of New Spain* (Ann Arbor: University Microfilms International, 1979), 428. Sobre Michoacán, Felipe Castro Gutiérrez, *Movimientos populares en Nueva España: Michoacán, 1766–1767* (México: Instituto de Investigaciones Históricas de la Universidad Nacional Autónoma de México, 1990). Una reconstrucción de los sucesos de San Luis Potosí se halla en Primo Feliciano Velázquez, *Historia de San Luis Potosí* (México: Sociedad Mexicana de Geografía y Estadística, 1947), II:499–583.

detallado de esta sublevación sería deseable pero resultaría excesivo para los límites de este trabajo. Aquí solamente me ocuparé de comentar uno de sus aspectos más interesantes: la participación en una misma y concertada movilización de grupos tan diversos como los trabajadores mestizos y mulatos de las minas y fundiciones de minerales, comuneros indígenas, rancheros mestizos y miembros de la multiforme y variopinta plebe urbana. Este es un rasgo peculiar y novedoso para la historia social novohispana. Hasta donde llegan mis conocimientos, es la primera vez que presenciamos una movilización extensa y prolongada que unifica al conjunto de los grupos subordinados. En mi opinión, este hecho fue el resultado de ciertos procesos sociales, como intentaré seguidamente demostrar.

Los protagonistas

San Luis Potosí debió su fundación al descubrimiento en 1592 de las minas del cercano Cerro de San Pedro, en una inhóspita y áspera eminencia. El poblamiento fue, como era usual en las bonanzas mineras, muy rápido y heterogéneo. Los habitantes originales eran indios guachichiles, a los que se agregaron posteriormente tlaxcaltecas, tarascos y buen número de españoles, mulatos y mestizos, atraídos por la fama del real. La mezcla étnica y cultural de estos variados componentes forjó paulatinamente un grupo humano peculiar: los "serranos", los independientes, orgullosos y altivos habitantes del Cerro de San Pedro.

Sin embargo, la prosperidad del yacimiento fue breve. En gran medida como resultado de una explotación depredatoria y descuidada, las galerías se hundieron en 1608 y el mineral nunca recuperó su antigua importancia. La escasez de buenos metales, la falta de capitales y la dificultad de conseguir trabajadores determinó la aparición y desarrollo de una peculiar modalidad en las relaciones de trabajo. Se trataba, en pocas palabras, de una variante local del sistema de partido o tequio, tan difundido en la minería novohispana. En Guanajuato y Real del Monte el acuerdo consistía en que el trabajador recibía un jornal por el cual debía extraer un mínimo o tarea; todo lo que excedía esta cantidad se dividía o "partía" con el empresario. La originalidad del Cerro de San Pedro consistía en que en muchos casos los propietarios se desentendían del financiamiento y dirección de los trabajos y se contentaban con que un administrador, mayordomo o "minero" apartara su cuota de metal en la bocamina. Los operarios—denominados "buscones" o "saranguarañeros"—no recibían en este caso salario e incluso tenían que adquirir sus propias herramientas, velas y otros elementos necesarios. En ocasiones el mismo propietario actuaba como comerciante, vendiéndole a sus trabajadores estos insumos. En compensación, los buscones recibían unas veces todo el metal que excedía la tarea y en otras dos tercios de todo el producto.[2]

A pesar de las indignadas quejas de los funcionarios acerca de la irregularidad del sistema, el procedimiento existía porque era atractivo para ambas partes. El empresario obtenía ingresos sin ninguna inversión y el jornalero lograba una gran independencia y, presumiblemente, grandes oportunidades de realizar lucrativos fraudes en la división de los metales. Los operarios eran, entonces, una especie de arrendatarios colectivos de los yacimientos que pagaban el equivalente de una renta a un propietario ausentista que no desempeñaba ninguna función productiva real. Estos elementos permitieron y facilitaron que los serranos desarrollaran una viva y orgullosa conciencia de grupo. Así, llegaron a imponer condiciones de trabajo en verdad sorprendentes. Por ejemplo, los trabajadores laboraban solamente hasta poco después del mediodía; si los empresarios trataban de presionarlos, amenazaban con irse a cavar en su propio provecho en algunas de las muchas galerías abandonadas.[3]

Ahora bien, el Cerro de San Pedro podía ser un yacimiento en decadencia y de segunda importancia desde el punto de vista de la economía novohispana, pero su impacto económico local seguía siendo significativo. En el real radicaban a mediados del siglo XVIII unas 100 familias de españoles, mestizos y mulatos; otros operarios eran indígenas que acudían desde los barrios potosinos. Sus minerales alimentaban a unas treinta y cuatro haciendas de beneficio de diferente entidad y situación, establecidas en el propio cerro, en las afueras de San Luis Potosí, en San Francisco de Los Pozos y Monte Caldera. Como el yacimiento se hallaba en una serranía estéril, generaba una demanda de insumos en una amplia zona: ganado mayor y menor de La Sauceda y el Valle de San Francisco; alimentos, productos artesanales, palma, leña e incluso agua de los rancheros establecidos en La Soledad, La Concepción y las comunidades indígenas de San Luis Potosí, San Nicolás del Armadillo y otras poblaciones aledañas.[4] Así, los habitantes de estos lugares se vinculaban y eran en parte dependientes de los jornaleros

[2]Es de notarse que en realidad conocemos muy poco sobre las relaciones de trabajo en la minería potosina y no existe un buen estudio al respecto. El panorama que aquí he esbozado se basa en un expediente particularmente voluminoso e interesante sobre denuncio de la mina de Santa María de Gracia del Socavón; véase Archivo Histórico del Estado, San Luis Potosí (en adelante, AHE), *Alcaldía Mayor*, 1766-2.

[3]Alvaro López Miramontes y Cristina Urrutia de Stebelski eds., *Las minas de Nueva España en 1774* (México: Instituto Nacional de Antropología e Historia, 1980), 140.

[4]Joseph Antonio Villaseñor y Sánchez, *Theatro americano*, intr. F. González de Cosío (México: Editora Nacional, 1952), II:9–53; Oscar Mazín ed., *El gran Michoacán*, prol. Carlos Herrejón (Morelia: El Colegio de Michoacán-Gobierno del Estado de Michoacán, 1986), 37.

y "buscones" del Cerro de San Pedro que—ante el ausentismo de los propietarios—eran quienes adquirían estos bastimentos y daban vida al real. Compartían así sus intereses, temores y animadversiones. Esto fue, probablemente, lo que permitió a los serranos colocarse a la cabeza del heterogéneo conglomerado de grupos rebeldes que participaron en las conmociones de 1767.

Hemos mencionado a los rancheros de La Soledad, un grupo que desempeñó un importante papel en las agitaciones; bueno es, pues, que nos detengamos a considerar algunas de sus características. Los rancheros ocupaban una amplia llanura entre San Luis Potosí y el real del Cerro de San Pedro. Estos predios eran asunto de un complicado litigio que envolvía confusas distinciones entre propiedad y posesión y múltiples derechos sobrepuestos sobre las mismas tierras.

El ayuntamiento y la diputación de minería de San Luis tenían derechos sobre los ejidos, montes y pastos ubicados en un circuito de tres leguas alrededor de la ciudad.[5] Habían tolerado que distintos particulares establecieran haciendas, estancias ganaderas y ranchos en el área con el único y preciso fin de que abastecieran el mineral de todo lo necesario, aunque siempre reservándose la propiedad y directo dominio. Con este mismo fin y también para evitar usurpaciones, los diputados estimularon a cierto número de indios, mestizos y mulatos a que se avecindaran en una zona que tomó su nombre de una ermita dedicada a la virgen de La Soledad. Estos "rancheros" no constituían una población propiamente dicha, pues tenían un patrón de asentamiento disperso entre las palmas y nopaleras y carecían de organización institucional. No obstante, se las arreglaron para aprovechar su favorable situación a medio camino entre la capital provincial y el real de minas para actuar como emprendedores pequeños agricultores, desarrollando estrechos lazos económicos y de interés con los serranos.

Inicialmente la presencia de los rancheros careció de importancia; pero a mediados del siglo XVIII ocupaban tierras fértiles y muy bien situadas que resultaban muy apetecibles para los colindantes. Los carmelitas, un par de hacendados españoles y los naturales del barrio de Tlaxcalilla comenzaron a invadir sus linderos y desviar en su provecho las aguas. Indirectamente, estos invasores alentaron y favorecieron la formación de una conciencia comunitaria entre los rancheros, que para entonces contaban ya con unas cuatrocientas familias. Así, se agruparon para defender sus derechos, integraron un terco y agresivo liderazgo e intentaron que las autoridades virreinales los reconocieran como pueblo de indios, con su correspondiente

---

[5] En 1686 el procurador síndico de la ciudad y diputado de minería pidió y obtuvo la confirmación de estos derechos, dictaminando el alcalde mayor que nadie podría pretender propiedad en los ejidos. Sin embargo, los intentos de desalojar a los transgresores no parecen haber prosperado. Velázquez, *Historia de San Luis Potosí*, 279–281.

derecho a una dotación de tierras. En esta pretensión chocaron inevitablemente con los propietarios vecinos y sobre todo con los diputados de minería, que los denunciaron como usurpadores y comenzaron a hostigarlos sistemáticamente. Contando con el apoyo del alcalde mayor, procedieron a exigirles el pago de una renta y aprehendieron a sus representantes legales. Además, ya que los rancheros se habían mañosamente definido como indios, comenzaron a cobrarles tributos como medida de presión, nombrando para ello un teniente de alcalde y varios comisarios recaudadores que encarcelaban inmediatamente a todos los atrasados en el pago y exigían posteriormente derechos de carcelaje para su liberación.

En ocasiones el conflicto dió lugar a actos de violencia. En agosto de 1765 unos dieciocho rancheros apedrearon la casa de un recaudador de tributos, amenazando con matarlo. El alcalde mayor intervino en el asunto; pero los culpables huyeron de los ranchos y no pudieron ser capturados. El litigio proseguía en 1767.[6]

Otros grupos que presentan interés para nuestro tema son los pobladores de los siete barrios potosinos. Aunque sus habitantes eran considerados como indígenas tributarios y poseían la característica organización en repúblicas habitual en la Nueva España, estos aspectos formales son engañosos y se prestan a confusiones. En los hechos, estas comunidades se hallaban en un acelerado proceso de ladinización. El trato fácil y frecuente con los mineros y el grande y creciente núcleo urbano—que tendía a absorberlos paulatinamente, incluso en términos espaciales—había ya generado transformaciones sustanciales en su estilo de vida y mentalidad. Económicamente distaban mucho del aislamiento y la autosuficiencia; su vida productiva estaba estrechamente vinculada a la producción para el mercado de hortalizas y frutales, maíz, leña, carbón y la elaboración de tejidos, cueros curtidos, zapatos y otros artículos de talabartería, sombreros y el prohibido pero tolerado aguardiente. Frecuentemente, además, salían estos naturales a laborar por periodos o de manera permanente en las minas de San Pedro o las haciendas de beneficio, en estrecha convivencia con los independientes y altivos serranos. No es extraño, entonces, que a mediados del siglo XVIII en buena parte de las parroquias se impartieran los servicios religiosos en español.[7] Al respecto, es muy ilustrativo que el visitador José de Gálvez—quien dirigió la represión de la rebelión—reconociera esta evolución y la identificara correctamente como una seria amenaza para la

[6]AHE, *Alcaldía Mayor*, 1766-1: los rancheros de La Soledad vs. el barrio de Tlaxcalilla y Francisco de Mora; ibid., 1766-1 y 1766-2; los rancheros de la Soledad vs. diputación de minería; Biblioteca de la Real Academia de la Historia, Madrid (en adelante, BRAH), *Jesuitas*, leg. 9/7318, testimonios de Agustín de Zubialdea y Francisco Faustino.

[7]Villaseñor, *Theatro americano*, 49–50; Mazín, *El gran Michoacán*; Velázquez, *Historia de San Luis Potosí*, II:341.

supervivencia del régimen colonial y la situación privilegiada de los españoles. Así, en las sentencias determinó que los indios debían vestir su propio traje de tilma, usar el cabello "en balcarrota" o guedeja y no podrían portar armas blancas o de fuego ni montar a caballo. Con esto procuraba evitar, según declaró expresamente, que los naturales se confundiesen o aliaran con otras castas "queriendo ya a fuerza de la muchedumbre que todos juntos componen, avasallar y aún extinguir a la nación conquistadora y dominante".[8]

Quizá ningún caso puede ser más adecuado para ejemplificar la condición de los barrios potosinos que el del pueblo de San Cristóbal del Montecillo, cuyas autoridades desempeñaron un papel particularmente relevante en la rebelión. Este pueblo había sido fundado hacia 1730 por unas cuarenta o cincuenta familias que se agruparon espontáneamente en las afueras de la ciudad, en predios que se hallaban en litigio entre la diputación de minería y los carmelitas. Sus habitantes se ocupaban como curtidores, jornaleros en las haciendas de beneficio o en acarrear palma y agua al Cerro de San Pedro. A pesar de que elegían sus oficiales de república y exteriormente eran una comunidad indígena, el hecho de que gran parte de sus vecinos eran mestizos y mulatos resultaba tan obvio que no tuvieron obstáculo en aceptarlo en el largo y enredado pleito que sostuvieron con el convento del Carmen. A mediados de siglo los dirigentes del Montecillo comenzaron a movilizar a sus pobladores. En 1747 erigieron una iglesia y en 1753 lograron su reconocimiento como pueblo, lo cual les daba derecho a recibir un fundo legal.

La reacción de los carmelitas no se hizo esperar. Así, en enero de 1754 iniciaron un proceso judicial en que abundaron las expresiones insultantes y francamente racistas contra los comuneros. A fin de cuentas, contando con el apoyo de las autoridades locales consiguieron que se requisaran los títulos del pueblo y anulara la correspondiente provisión de tierras. Los oficiales de república, en cierto momento, comentaron sus vicisitudes diciendo "Que todo ha sido así porque ellos son miserables y porque la justicia sabe distinguir muy bien las poderosas fuerzas del convento".[9]

Otro caso emblemático de las consecuencias sociales de los conflictos agrarios lo tenemos en la comunidad de San Nicolás del Armadillo. Los naturales de esta población fueron despojados de sus tierras entre 1715–1725 por la hacienda del Pozo, que con el tiempo vino a parar a manos de los carmelitas; solamente conservaron las seiscientas varas por cada viento que

---

[8]Gálvez, *Informe del visitador de este reyno al excelentísimo señor virrey marqués de Croix*, 25 de diciembre de 1767, en Bancroft Library, ms. M-M 273, f. 97–100; también AHE, *Alcaldía Mayor*, 1767-2, "Carta cordillera . . ."

[9]Horacio Caballeros Palacios, *Historia de la Alameda de San Luis Potosí* (San Luis Potosí: Academia de Historia Potosina, 1973), 1–32. (Sobretiro de Archivos de Historia Potosina, III, no. 4.)

constituían su fundo legal. Incluso llegó el caso de que tuvieran que pagar el arrendamiento de las que antes habían sido sus propias tierras. No en balde declaraban en 1757 sus oficiales de república "que la experiencia les ha enseñado el mal éxito que tiene [litigar] con poderosos".[10]

La reacción vino precisamente en 1767 con la elección como gobernador de Atanasio de la Cruz, quien prontamente comenzó a agitar a su comunidad. A pesar de las reconvenciones y amenazas del teniente de alcalde y cura párroco del lugar, encabezó una incursión contra los arrendatarios de los carmelitas ubicados en las tierras que consideraban propias. Así, destruyeron sus milpas y los conminaron a pagar su renta a la comunidad o dejar de sembrar. Luego incitó a una turba que se arrojó contra la casa de Ambrosio del Castillo—un ex gobernador, opuesto a las tácticas violentas de de la Cruz—apedreó su casa hasta dejarla en ruinas y obtuvo por la fuerza los títulos de tierras de las cofradías.[11]

El programa de la rebelión

Las agitaciones de 1767 en la Nueva España deben ubicarse en el contexto de la irritada oposición de casi todos los grupos sociales del virreinato contra las reformas borbónicas. En San Luis Potosí, en particular, hubo manifestaciones de protesta contra el estanco del tabaco, las alcabalas, las tropas regulares y, sobre todo, la expulsión de los jesuitas, que generó un violento motín en el que participaron entre diez mil y quince mil personas. Durante más de dos meses—desde mayo a fines de junio—los grupos populares impusieron su voluntad, liberaron presos de la cárcel, obligaron a las autoridades a refugiarse en sagrado para salvar su vida, asaltaron tiendas, expulsaron partidas de militares de la ciudad, destrozaron la picota y el estandarte real e impidieron por la fuerza la salida de los jesuitas. Estamos, pues, ante una verdadera crisis política, en que la población desafió abiertamente el orden establecido y puso en cuestión la legitimidad de la soberanía española.[12]

[10]Rafael Montejano y Aguiñaga, *El valle de Santa Isabel del Armadillo, SLP* (San Luis Potosí: Imprenta Evolución, 1964), 45–50, 251–254, 267–269.

[11]BRAH, *Jesuitas*, leg. 9/7318, testimonios de Lucas del Castillo, Vicente Rangel, Ambrosio del Castillo.

[12]Afirmábase que los serranos, adoptando el sonoro título de "muy poderosos señores del cerro", habían electo como rey a José Patricio Alaniz, quien habría colocado su trono en una de las galerías del real y escogido la divisa de "Nueva ley y nuevo rey". También existió otro candidato a la monarquía rebelde: Pablo de la Cruz, un mestizo anciano del real de Los Pozos, quien se hacía llamar "Gran señor". En los barrios de San Luis se discutía abiertamente cuál de sus gobernadores recibiría la dignidad real, si el de la comunidad más antigua o el más esforzado. Otra versión sostenía que los insurrectos habían

La notoria debilidad del gobierno provincial creaba un marco propicio para las demandas populares. Así, al lado de un movimiento político, de oposición a las reformas borbónicas, podemos contemplar en San Luis Potosí un proceso menos evidente: la formación y movilización de una amplia coalición agraria.

Las habitantes del barrio del Montecillo decidieron que el momento era oportuno para impulsar sus antiguas reivindicaciones agrarias. A fines de mayo el alcalde indígena reunió a la república e informó que los serranos iban a solicitar al alcalde mayor "las tierras que habían gozado antes en compañía de los mineros", apoyándose en documentos que decían tener; y que ofrecían compartir con ellos sus tierras a cambio de ir a medias con los gastos. El día 30 de mayo el alcalde y demás oficiales fueron al Cerro de San Pedro y acordaron los términos de su alianza con los serranos[13]; y no tardaron en seguirlos las autoridades de otros barrios potosinos.

Lo mismo efectuaron por estas fechas el gobernador y república indígena de San Nicolás del Armadillo. Los naturales de esta comunidad se pusieron bajo la protección de los serranos y enviaron al cerro hombres armados con hondas, arcos y flechas a cambio de que los favorecieran en sus conflictos con los carmelitas.[14]

También los rancheros consideraron que había llegado su hora. A inicios de junio una muchedumbre atacó y destruyó la casa de dos comisarios recaudadores de tributos, amenazando con matarlos. Los atemorizados recaudadores tuvieron que esconderse con sus familias en el monte y luego refugiarse en San Luis Potosí. El alcalde mayor dispuso que se mantuvieran alejados de los ranchos mientras tomaba providencias; claramente, poco podía hacer.[15]

Esta amplia convergencia de intereses mostró todo su potencial insurreccional el 6 de junio. Ese día los serranos, unidos con los habitantes

---

acordado escoger una curiosa triarquía monárquica, con un rey negro para los mulatos, uno indio para los indígenas y uno blanco para los españoles. Manuel de Escobar, *Verdad reflexa, plática doctrinal sobre los varios sucesos que intervinieron en la ciudad de San Luis Potosí desde el día 10 de mayo de 1767 hasta el día 6 de octubre del mismo año en que se ejecutaron los últimos suplicios de los tumultarios* (México: Hogal, 1768), 4–7, 24, 38–40; Joseph Granados y Gálvez, *Tardes americanas* (México: Matritense, 1778), 447, 448.

[13]BRAH, *Jesuitas*, leg. 9/7318, testimonio de Anastasio Ramos; y Antonio Manuel de Guía a Matelo Reyna, 2 de junio de 1767, comunicando que esperan entrar en posesión de sus tierras en compañía de "los señores serranos".

[14]BRAH, *Jesuitas*, leg. 9/7318, testimonios de Atanasio de la Cruz, Vicente Rangel, Ambrosio del Castillo, Lucas del Castillo, Juan de la Cruz García; Granados y Gálvez, *Tardes americanas*, f. 63, 67; Archivo General de Indias de Sevilla (en adelante, AGIS), 1365, f. 750, Atanasio de la Cruz a Patricio Orosio, 2 de julio de 1767.

[15]BRAH, *Jesuitas*, leg. 9/7318, testimonios de Antonio Carmona y José Antonio Rodríguez.

de los ranchos de La Soledad y Concepción, los operarios de las haciendas de beneficio del real de Los Pozos, los naturales de los siete barrios de San Luis Potosí, de San Nicolás y otros pueblos de la jurisdicción invadieron la ciudad en crecido número. Colocaron organizadamente gente armada en las bocacalles de la plaza mayor y, dirigiéndose a las casas reales, presentaron un papel con capitulaciones cuyo cumplimiento exigían. El alcalde mayor no tuvo más opción que aceptarlas todas y cada una. Luego los rebeldes apedrearon el edificio, liberaron a veinte reos de la cárcel pública y lapidaron también el real estanco del tabaco; hubo asimismo algunos saqueos de tiendas. Finalmente se retiraron, exhortados por los franciscanos, y fueron a celebrar su triunfo a la casa del alcalde del Montecillo.

La capitulaciones presentadas por los alzados eran extensas y de muy diversa índole. Además de algunas reivindicaciones menores, los alzados se enfrentaban a algunas de las reformas introducidas recientemente por el gobierno. Así, exigían que los administradores de las alcabalas suspendieran la innovación de cobrar tasas sobre la leña, carbón, liga, greta, semillas, carnes y demás víveres que se introducían al cerro. También solicitaban que se extinguiese el estanco del tabaco o al menos que se les vendiese el producto a un mismo y uniforme precio, fuese de buena o mala calidad.

El documento incluía la exigencia de que el alcalde mayor nombrase un teniente en San Pedro que fuese del agrado de sus pobladores, quienes podrían cesarlo a su voluntad—lo cual era una clara usurpación de las facultades soberanas del Estado.

La principal demanda de carácter agrario se relacionaba con las tierras existentes entre el real de San Pedro y la ciudad. Aseguraban que estas tierras habían sido concedidas a la minería potosina, y que sus auténticos representantes no eran los diputados electos por los propietarios ausentistas sino los serranos, que eran los "perfectos mineros operarios y amos".

Asimismo, en una hábil maniobra de táctica política, las capitulaciones especificaban que todos los beneficios concedidos a los serranos se extenderían también a las comunidades y pueblos cercanos, por colaborar todos en el laboreo de las minas.[16]

Esta exigencia es de gran interés y nos da la clave para comprender la alianza de diferentes grupos bajo la dirección de los mineros. En efecto, el logro de estas demandas agrarias daría a los serranos la propiedad y señorío sobre las tierras litigiosas, de modo que quedarían en situación de conceder el dominio útil a sus aliados.

---

[16]Manuel Muro, *Historia de San Luis Potosí* (San Luis Potosí: Sociedad Potosina de Estudios Históricos, 1973), I:179–181; también AGIS, *México*, v. 1366, Gálvez a Croix, 26 de julio de 1767; Biblioteca Nacional, México (en adelante, BN), *Fondo de Origen*, ms. 1031, doc. 4, Croix a Aranda, 6 de julio de 1767; Escobar, *Verdad reflexa*, 53.

Después del 6 de junio los grupos dominantes y las autoridades de San Luis Potosí fueron claramente rebasados y mostraron su debilidad; la plebe tenía el verdadero control de la región. Los carmelitas, temerosos del cariz que tomaban los acontecimientos, optaron por ceder las tierras en litigio a los serranos y a la comunidad del Montecillo. También algunos mayordomos de las minas del Cerro se apresuraron a curarse en salud, poniéndose a las órdenes de los nuevos líderes.

Los serranos comenzaron a actuar en forma imperativa; ordenaron a los rancheros reconocerlos como dueños de los predios que habitaban so pena de desalojar al que no lo hiciera y simultáneamente enviaron una orden al teniente de alcalde de los ranchos, conminándolo a devolver los tributos cobrados anteriormente.[17]

La coalición de los sublevados, sin embargo, era demasiado heterogénea para representar una verdadera amenaza para el orden colonial y carecía de un programa político claro y realizable. A mediados de junio las autoridades provinciales lograron reorganizarse, reunir milicianos y pasar a la ofensiva. Poco más tarde arribó la expedición punitiva dirigida por el visitador Gálvez. Los alzados no presentaron una resistencia digna de tal nombre y fueron fácilmente derrotados. Los castigos fueron particularmente enconados. Fueron ahorcados 51 reos, decapitados póstumamente y sus cabezas expuestas sobre el lugar que habían ocupado sus casas, que fueron demolidas y sembradas con sal; otros 472 acusados fueron sentenciados a penas de trabajos forzados, destierro y azotes.

Conclusiones

Los movimientos populares de 1766–1767 en Nueva España tuvieron como denominador común la oposición a las reformas borbónicas. Sin embargo, es evidente que las distintas conmociones fueron influídas en su desarrollo y objetivos por situaciones particulares de cada área, que determinaron modalidades y matices de gran interés y que nos proporcionan valiosos datos sobre las sociedades regionales y sus conflictos internos.

En el caso particular de San Luis Potosí, creo que podemos sostener y defender cuatro hipótesis.

---

[17]BRAH, *Jesuitas*: leg. 9/7318, Auto cabeza de proceso de Urbina, 6 de junio de 1767 y Orosio a Zubialdea, 16 de junio de 1767; leg. 9/7318, Antonio de la Cruz Ramírez a Orosio, 12 de junio de 1767 y Orosio a Ramírez, 13 de junio de 1767; José María Cabrera a Orosio, 11 de junio de 1767; y testimonio de Francisco de Mora.

1) La agitación contra las reformas borbónicas tuvo como trasfondo un creciente y generalizado descontento por la expansión de las haciendas y la escasez de tierras.

2) Ante la evidente parcialidad de las autoridades en favor de los poderosos y por tanto la dificultad de representar sus demandas por canales institucionales, el descontento popular se desvió hacia la violencia. En este contexto, la unión de los muy diversos grupos afectados por problemas comunes llegó fácil y naturalmente.

3) El reconocimiento del liderazgo de los mineros del Cerro de San Pedro se facilitó por el hecho de que gran parte de los ranchos y comunidades indígenas vivían de vender bastimentos al mineral, y eran en este sentido económicamente dependientes de los serranos. Desde luego, esto no significa eliminar otros factores—como la autonomía de los mineros, cierta "personalidad" colectiva y la oportuna aparición de dirigentes hábiles y agresivos—que también deben tomarse en cuenta.

4) La diferenciación entre mestizos, mulatos, indios y criollos pobres estaba perdiendo su sustento real, ante el creciente mestizaje y la convivencia de estos grupos en condiciones sociales y laborales muy similares. En la rebelión de 1767 en San Luis Potosí estamos presenciando el tránsito de la antigua sociedad ordenada por estamentos sociorraciales a una sociedad de clases, donde poco importaría el origen étnico.

Identidad india, legitimidad y emancipación política en el noroeste de México (Copala, 1771)

José Luis Mirafuentes Galván

ESTE ENSAYO SE OCUPA DE UN CASO ESPECIFICO de subversión aborigen ocurrido en la gobernación de Sonora y Sinaloa en 1771. Se propone explorar, en particular, lo que ese movimiento revela respecto de los elementos que pudieron ser fuente de legitimidad política y de unidad contra el dominio español para una gama muy variada de comunidades indígenas del noroeste de México hacia el último cuarto del siglo XVIII.

El 27 de abril de 1771, el alcalde mayor de Copala, José de Quevedo, recibió una carta de su teniente general, Gregorio Raymundo Gaxiola, en la que le participaba "que un indio forastero, acompañado de otros parciales, se había introducido en los pueblos de los naturales haciéndose venerar por rey de ellos con el nombre de José Carlos Quinto, y que le habían admitido y respetado por tal y que aparataban sublevación por los movimientos que en ellos se advertían".[1] José de Quevedo puso en estado de alerta sus fuerzas y pidió veinticinco hombres de refuerzo al presidio de Mazatlán. Más tarde dio parte del asunto al gobernador de Sonora y Sinaloa, Pedro Corbalán,[2] y al gobernador de Durango, José de Fayni. A este último encargó reforzar la vigilancia de los pueblos de la provincia a su mando, en previsión de que los indios llegaran allí también a confabularse o a unirse al movimiento del forastero.[3]

Mientras tanto, el teniente general Gaxiola había tomado ya varias medidas tendientes a atajar la propagación del movimiento rebelde en la propia jurisdicción de Copala. Ordenó a sus tenientes pasar a los pueblos que

---

[1]Archivo General de la Nación (en adelante, AGN), *Provincias Internas*, v. 167, f. 1–2.

[2]AGN, *Jesuitas*, leg. 1–6, f. 8–10v.

[3]AGN, *Provincias Internas*, v. 167, f. 6–6v.

administraban "y, reservadamente, usando de una cautelosa prudencia y con mañosa caricia", detener a los gobernadores, alcaldes y demás justicias indios, y mantenerlos presos hasta nuevo aviso. También les mandó que "con la misma reserva, precaución y eficacia, dividieran las escuadras de milicianos en pequeñas partidas y las hicieran seguir con dobles marchas por cuantos caminos se considerasen oportunos para perseguir a los agresores", insistiéndoles, finalmente, en la importancia de capturarlos con vida.[4]

Todas esas medidas, aparentemente excesivas, no eran desde luego para menos. Dada la facilidad con la que los indios parecían haber secundado el movimiento del forastero, los temores de que los alzamientos se extendieran por toda la provincia y allende sus fronteras eran del todo justificables. Pero había algo más que posiblemente contribuyó a avivar esos temores. Tan sólo dos meses antes, en la misma jurisdicción de Copala, se había producido un alzamiento en el pueblo de Santa Lucía; sus naturales, tras intentar dar muerte a un comisario español se habían dado masivamente a la fuga, internándose en la jurisdicción de Durango. En esa ocasión, el alcalde mayor había salido en persona en busca de los indios alzados, pero sin ningún éxito.[5] Por otra parte, la posibilidad de que existiera un vínculo entre dicho alzamiento y el movimiento reciente no parecía nada remoto, y no sólo por el corto lapso de tiempo que había entre ambos movimientos, sino porque ya corría la noticia de que el forastero era un indio rebelde de Sonora, de los que se hallaban refugiados en el Cerro Prieto.[6] Como en esa provincia se llevaba a efecto por entonces una vigorosa campaña de pacificación, podía parecer factible que los rebeldes del Cerro Prieto intentasen proseguir su movimiento incitando a la rebelión a los naturales de las provincias vecinas. De hecho, a ellos en gran parte se atribuían las rebeliones de los indios de los ríos Fuerte y Charay, ocurridas en 1769.

El forastero, sin embargo, no llegó a tener ningún nexo con los indios de Santa Lucía ni mucho menos aún con los rebeldes del Cerro Prieto. Según los autos del proceso que se le instruyó, más bien parecía operar de manera independiente; y aunque los propósitos que animaban su movimiento trascendían con mucho el ámbito local, las actividades subversivas que realizó, hasta antes de su captura, quedaron tan sólo circunscriptas a la jurisdicción de Copala, sin que, además, llegaran a comprender más que cuatro pueblos de esa jurisdicción, que fueron: Jacobo, San Juan, Santa Polonia y San Jerónimo de Ajolla.

El primer pueblo en el que el forastero se ganó la adhesión de los indios haciéndose pasar por el rey fue el de Jacobo. Allí se presentó el viernes 19 de abril escoltado por tres hombres y una mujer. Su apariencia, bastante modesta, contrastaba notablemente con la dignidad de que decía estar

[4]Ibid., f. 101–101v.
[5]Ibid., v. 93, f. 90–91.
[6]Ibid., v. 167, f. 53.

investido: era la de un "indio ladino de color alobado",[7] no muy alto y "regordete".[8] Representaba la edad de treinta años.[9] Llevaba el pelo largo, recogido en una trenza, y tenía amarrado un lienzo blanco en la frente.[10] Su vestido consistía en un "traje muy ordinario de cotón . . . todo viejo", del que destacaban unas "mangas de paño pardo" y unas botas rotas, debajo de las cuales "se le divisaban unas medias azules".[11] La única insignia con la que trataba de avalar la autenticidad de su cargo era un "bordón de palo de ébano" que llevaba por bastón con un listón azul colgando,[12] aunque es probable que la composición y las funciones del grupo que lo acompañaba le ayudaran a compensar parcialmente esa carencia, ya que podían tenerse como una prueba importante de su pretendida autoridad. El grupo estaba formado por dos indios caciques del pueblo de Maloya, un español, antiguo recaudador de diezmos en la región, y una mujer identificada como mulata. Todos ellos, pese a su distinta extracción social, iban con el forastero en calidad de sirvientes.[13]

Su primera actividad fue la de entrevistarse con el gobernador del pueblo. Se dirigió hasta la puerta de la casa donde éste vivía y, como dijo un testigo, "alzó bandera".[14] Luego de ponerlo al tanto de la dignidad que se arrogaba, le ordenó que "se juntaran el capitán y los soldados para verlos".[15] Y a los que acudieron a su llamado les anunció que era hijo del gobernador de Tlaxcala, rey de los cielos y de la tierra; que iba tierra adentro a recibir la corona que sacó de España. Les explicó que "ya no había rey de España porque [él] ya le había quitado su corona". Por consecuencia, debían reconocerlo como su legítimo rey. Su nombre era José Carlos Quinto.[16] Más adelante les dijo que tenía su corona guardada en Sonora, en el "Cerro Prieto", cuyos naturales—los rebeldes seris y pimas—había conquistado y ya todos eran cristianos.[17] Por último, los conminó a apoyarlo, para que su coronamiento se hiciera efectivo. Les mandó que a su vuelta, que sería hacia fines del mes de mayo siguiente, "estuvieran con bastantes armas para recibirlo", haciéndoles saber, además, "que ya todos los pueblos estaban avisados y [que] sólo le faltaba que convocar los pueblos de San Juan, Santa Polonia, La Ajolla y San Agustín".[18]

[7]Ibid., 56v., 104v.
[8]Ibid., f. 108.
[9]Ibid., f. 8v.
[10]Ibid., f. 107, 108c.
[11]Ibid., f. 61, 104v.
[12]Ibid., f. 56v.
[13]Ibid., f. 9v–10.
[14]Ibid., f. 92.
[15]Ibid., f. 93.
[16]Ibid., f. 56v., 98.
[17]Ibid., f. 57.
[18]Ibid., f. 14, 94.

El forastero procedió en seguida a intervenir en los asuntos locales. En oposición al orden social vigente, dictó varias disposiciones a los indios, con la advertencia de que su inobservancia sería castigada con la mayor severidad: "pena de la vida", como afirmó uno de los testigos. Les ordenó que no obedecieran los mandamientos que se les libraban para que salieran a trabajar a las minas de Pánuco ni otros mandamientos "que no les parecieran bien"; que no consintieran que entraran españoles ni gente de razón a tratar en el pueblo; "que a ninguno vendieran el maíz que tuvieren" y que debían estar solos sin la presencia de gente de razón.[19] Y añadió que si llegara a darse el caso de que "fueran el señor alcalde mayor o sus tenientes a sacarles del pueblo, pusieran bandera, se defendieran y no se rindieran. Que si no podían defenderse, que lo enviaran alcanzar dándole aviso para [que regresara a] ayudarlos".[20]

Pero el forastero no se limitó a ordenar a los indios la cancelación de las relaciones que los oprimían. También les hizo una representación de lo que parecían ser los principios generales de una sociedad más justa. Dirigiéndose a un español residente en el lugar, que trabajaba como maestro de escuela del pueblo, le preguntó si "se llevaba bien con los naturales", y ante la respuesta afirmativa que en su lugar dieron éstos, le dijo "que como el señor [le hiciera] merced de la corona que iba a traer", lo nombraría su escribano real. "Y que ya no se contemplara español sino indio; y que [a los indios] no había de mirarlos como a próximos sino como a hermanos, y que no había de visitar persona alguna de razón ni por compadre ni amigo, pena de la vida".[21]

En cuanto a los indios, también debían mirar como hermano al maestro de escuela, a quien, además, según declaraciones de éste, debían sembrarle una milpa anualmente, "así de maíz como de frijol", como pago por el oficio que desempeñaría de escribano real.[22]

Tras esas indicaciones, el forastero se dispuso a utilizar los conocimientos del maestro de escuela. Le ordenó que le escribiera una carta para los indios del pueblo de San Juan, "para que el día domingo 21 estuvieran prontos a recibir a su rey". El maestro de escuela declararía más tarde que "preocupado de los temores de la muerte por las centinelas que tenía [el forastero] con arma a mano de arco y flecha, lo ejecutó".[23]

A continuación transcribimos la carta que dictó el forastero. Sobre su contenido volveremos más adelante. Dice así:

Hijo alcalde y demás principales. Manda el rey de los cielos y el de la tierra, por su real corona, que se prevengan con sus vasallos para

[19]Ibid., f. 93, 98.
[20]Ibid., f. 98.
[21]Ibid., f. 56v–57.
[22]Ibid., f. 94.
[23]Ibid., f. 67.

recibirlo de las diez a las once del día domingo, y pena de la vida si manifestare vecino ninguno. Y dando las gracias al rey de los cielos las persuiden de mano de Santa Teresa de Jesús de la dicha ciudad de Tlaxcala, le conviene la ocasión de requerir la devoción que le proponen la bendición de lo creado de salvación de su perdición incluye el penar para ganar el amparo de obligación. Jacobo, abril 20 de 1771. don José Carlos Quinto.[24]

Elaborada la carta, entre los indios se produjo una situación de la que el forastero supo sacar bastante provecho. No aceptando ninguno de los presentes llevar la carta al pueblo de San Juan, el forastero, lejos de intimidarse se mantuvo firme en su actitud original. Les dijo "que el que desobedeciera a su vuelta se le pagaría, que no le costaba más que mandarle quitar la vida". Un indio de nombre Domingo Alberto salió entonces de correo.[25]

Y volviendo a los asuntos de Jacobo, el forastero ordenó a los indios que le mostraran los títulos de propiedad de las tierras del pueblo. Luego de recibirlos los ojeó sin leerlos y al devolverlos dijo a los indios que a su vuelta se los llevaran a reconfirmar. También les ordenó que en el pueblo construyeran casas reales nuevas.[26]

Finalmente, y poco antes de partir al pueblo de San Juan, en la mañana del día siguiente, el forastero se ocupó de las milicias del pueblo. Ordenó primero que al capitán de la guerra de nombre Jerónimo, en castigo por no haberse presentado a su llamado, "se le dieran diariamente ocho azotes al tiempo de almorzar, ocho al tiempo de comer y otros tantos al tiempo de cenar". Pero como antes de su partida se le presentara dicho capitán, el forastero decidió levantarle el castigo, pero le dijo "que si más hubiera tardado le hubiera mandado cortar la cabeza".[27] Y en seguida mandó al mismo capitán de la guerra que llamara a todos los indios presentes a probar puntería con el arco y la flecha disparando a un ciruelo que puso por blanco.[28] El resultado de la prueba no pareció dejar de sorprender a los propios naturales de Jacobo, pues quienes se mostraron los más diestros en el tiro al blanco fueron dos muchachos que, por su corta edad, posiblemente ni siquiera formaban parte de las milicias del pueblo. Más sorprendente, sin embargo, debió parecerles el modo como el forastero premió y festejó a los dos ganadores del evento. Según el gobernador de Jacobo, ocurrió lo siguiente: "Y que habiéndose aventajado en el tiro dos muchachos, llamado el uno Luis y el otro José Manuel, al primero lo hizo capitán Chiquito y al segundo dejó al advitrio del capitán Jerónimo el que lo hiciera sargento o

---

[24]Ibid., f. 4, 16.
[25]Ibid., f. 57–57v.
[26]Ibid., f. 57v–98v.
[27]Ibid., f. 107, 110v.
[28]Ibid., f. 57v, 98v.

cabo, y los paseó por el patio de la casa donde estaba en brazos de dos naturales, revoleándoles la bandera del pueblo por encima de sus cabezas".[29]

Luego de trastocar de este modo la jerarquía militar, y ya para partir, el forastero se sirvió una vez más de la obediencia que ya sin reparo alguno le rendían los naturales de Jacobo. Primero, y seguramente con el fin de ganarse más fácilmente el respeto y la conformidad de los siguientes pueblos por los que pasaría, cambió su bordón de palo de ébano por el bastón de puño de plata del capitán de la guerra[30] y pidió al gobernador una escolta de seis indios armados, para que "le sirvieran de guarda y ostentación".[31] En seguida, y con el propósito de contar con los medios necesarios para su viaje a San Juan, pidió a un indio tres caballos con la promesa de pagárselos después y al gobernador la cantidad de cuatro pesos. Obtenido esto, se dirigió por última vez al común de los naturales de Jacobo. Les dijo que "estuvieran todos dentro del pueblo, pena de la vida, para cuando recibieran órdenes suyas". Y les advirtió "que aunque se iba se quedaba, porque no necesitaba de que ninguno le diera cuentas de lo que hablaba".[32]

Más tarde, el maestro de escuela y el gobernador y el capitán de Jacobo dejarían constancia del consenso logrado por el forastero en ese pueblo. Para el maestro de escuela, el forastero "halló buena acogida con los indios que, según le parece, le creyeron, porque vió que le dieron de cenar, le hicieron guardia aquella noche, tratándolo como rey, y que le dieron escolta para conducirlo a San Juan". El gobernador de Jacobo, por su parte, reconoció haber creído que el forastero era su rey, mientras que el capitán de la guerra, a poco de haber partido el forastero al pueblo de San Juan, dio órdenes a los indios de que comenzaran a hacer acopio de armas tal y como aquél lo había indicado.[33]

Lamentablemente, la información relativa al paso del forastero por los pueblos de San Juan, Santa Polonia y San Jerónimo de Ajolla no es ya tan abundante ni rica en detalles. Más bien es escasa y poco precisa. Con todo, permite establecer que en San Juan y Santa Polonia el forastero recibió una acogida similar a la que le dieron los naturales de Jacobo. En San Juan tuvo incluso la ventaja de que los indios dieran crédito a los anuncios que les hizo desde aquel pueblo, porque, según se dijo, lo recibieron "rindiéndole aquellos obsequios y obedecimiento que tienen costumbre y están impuestos [a] observar con los superiores que obtienen jurisdicción real".[34]

En cuanto al pueblo de Ajolla, la suerte del forastero fue ya completamente diferente. Llegó allí escoltado por un grupo de naturales de

---

[29]Ibid., f. 98v.
[30]Ibid., f. 57v.
[31]Ibid., f. 10–10v.
[32]Ibid., f. 57v, 106.
[33]Ibid., f. 94, 99.
[34]Ibid., f. 71.

San Juan y Santa Polonia, pero no encontró más que tres indios presentes en todo el pueblo. Y no parece que después haya podido comunicarse adecuadamente con los indios restantes, pues el mismo día de su llegada debió abandonar precipitadamente el lugar, enterado de que el gobernador tenía una orden de aprehensión en contra suya. Con todo, el gobernador de Ajolla dijo haber encontrado al forastero "con la vara del rey". Luego declaró no haberse atrevido a aprehenderlo, como se le ordenó, porque vió que "tenía la vara de justicia y que le era preciso consultar con los viejos y principales de su pueblo, que los estaba esperando para esa noche".[35]

El forastero fue capturado poco después de su salida de Ajolla, en el paraje de Palmito, cuando intentaba escapar al cerco que ya se le había tendido entre ese paraje y Acatitán. Allí mismo, tras habérsele aplicado veinticinco azotes, se le sometió a un primer interrogatorio. A la pregunta de "por qué les decía [a los indios] que él era el rey y les mandaba que lo recibiesen con aquellos obsequios como si lo fuese", el forastero respondió que recurrió precisamente a ese engaño con el fin de que los indios "le contribuyesen con algunos pesos y con lo necesario para su tránsito".[36] Pese a que esta respuesta resultaba bastante plausible, dada la infinidad de abusos que con frecuencia cometían los foráneos en los pueblos de indios, el forastero se retractó y, al ser sometido a un nuevo y más formal interrogatorio en la villa de San Sebastián, se declaró culpable del delito de traición.

A continuación citaremos aquellas partes del interrogatorio que consideramos pueden ayudarnos a tener una idea más amplia tanto de la persona del forastero como del movimiento que éste emprendió en la jurisdicción de Copala.

Antes de dar inicio al interrogatorio, el alcalde mayor de Copala dejó constancia de que el forastero conocía bien los misterios de la fe católica y sabía la doctrina cristiana, y de que, "aunque parecía indio", como afirmó, era "bien ladino" y hablaba "con bastante claridad e inteligencia el castellano".[37]

La primera declaración del forastero fue en relación con su origen y su persona. Afirmó llamarse José Carlos Ruvalcaba, y ser "indio cacique e hijo legítimo de José de la Cruz y de María Petrona de la Cruz, ya difuntos y también caciques, todos del pueblo de Santa Lucía, cercano a la ciudad de Tlaxcala en la Nueva España . . . ; viudo de Bárbara Xaviera, mulata, originaria de Guichipila, cerca de la ciudad de Guadalajara".[38]

En cuanto a las circunstancias que lo llevaron a dar inicio a su movimiento

[35]Ibid., f. 71, 73v–74, 76.
[36]Ibid., f. 9, 75v–76.
[37]Ibid., f. 8.
[38]Ibid., f. 8v.

dijo que salió de su pueblo en 23 días de diciembre de año de 1770 enviado de su gobernador Francisco Hernández con el motivo de haber llegado a la casa de dicho gobernador otro que dijo llamarse Esquivel y que lo era del pueblo o puerto de San Felipe de tierra adentro; que éste llevaba unas cartas que entregó a dicho Hernández para que las pusiera en manos del gobernador de Tlaxcala. Que no supo qué contenían ni sabe adonde está dicho puerto de San Felipe; que lo que supo fue que los dos gobernadores de su dicho pueblo y de San Felipe le ordenaron al que responde que prontamente saliera a convocar todos los pueblos de los naturales hasta llegar cerca o inmediato en el propio real del Palo Blanco de la jurisdicción de Culiacán, adonde se adelantaba a esperarlo el dicho gobernador de San Felipe para enseñarle la tierra y llevarlo a su pueblo. Y que le dijeron que lo que tenía que hacer era irles encargando a todos los pueblos que hicieran muchas armas, disponiendo casi treinta docenas de flechas cada indio su carcaxe; que le mostraran sus títulos, que compusieran sus casas reales y plaza, y que habilitaran al que declara de dinero, víveres y remuda para pasar de unos a otros pueblos. Y que les intimara estuvieran todos prontos para mediados del presente mayo, sin que hubiera sabido el que responde el fin para que se hacían estas prevenciones hasta llegar a la ciudad de Guadalajara, en donde lo alcanzó otro natural de su mismo pueblo de Santa Lucía llamado Francisco Antonio con una carta del dicho su gobernador Hernández que le leyó el conductor, volviéndosela a llevar. Y que le decía que se acelerara, que ya lo estaba esperando el señor de San Felipe en donde lo había citado, y entonces le informó el mismo correo que aquella prevención era para ir a recibir al hijo del gobernador de Tlaxcala que estaba en tierra adentro, cerca del dicho San Felipe, para coronarlo por rey de los naturales y que la coronación había de ser en Tlaxcala. Pero que él conoció luego inmediatamente que todo era traición y no se atrevió ni determinó a cumplir las órdenes hasta llegar al pueblo de Jacobo de esta jurisdicción, dondo empezó a distribuirlas, pues desde su pueblo hasta el referido de Jacobo temía usar de la traición, pero que cuando llegó a él perdió todo el miedo y se resolvió a ejecutarla por sí solo y a mover los ánimos de los naturales como lo hizo.[39]

Sobre sus acompañantes afirmó:

que las personas que fueron presas con él son: Juan Francisco García, que es un bermejo oriundo del pueblo de Aguacatán de la Nueva Galicia, casado con la mujer que lo acompaña y también está presa nombrada Bernarda de Arenas, mulata, que no sabe . . . de donde es oriunda . . . Y dos naturales del pueblo de Maloya, jurisdicción del real de Plomozas, llamados el uno Lucas y el otro Francisco, el primero casado y el segundo soltero. Que conoció en la hacienda de Buenavista al citado García y a su mujer, en donde los encontró . . . y le dijeron que venían

[39]Ibid., f. 8v–9.

de la tierra adentro a ver al bachiller Don José López Portillo. Y [que] a los indios los conoció en el pueblo de Natatán, que iban a trabajar al real de Pánuco de esta jurisdicción.

Que la amistad de estos comenzó desde que los encontró en los parajes referidos, y que luego les participó el pensamiento de su traición. Que los dos naturales se conformaron luego y que el bermejo le dijo lo acompañaría hasta hallar al dicho bachiller Portillo si le prestaba cabalgaduras para su transporte. Y le ofreció que se las facilitaría en los pueblos, y que así caminaron sin que ninguno de ellos replicara. . . . Que el pacto que con los tres compañeros tuvo fue que luego que se verificara la tal coronación les daría con que se mantuviesen y vistiesen.[40]

Por lo que toca a los propósitos de su movimiento:

Dijo que su ánimo era tomar las armas y coronarse monarca de los indios, a cuya causa combocaba los pueblos de los naturales. . . . Y que sabía claramente que esa determinación era contra nuestro legítimo rey, pero que lo hacía ya resuelto a la traición. Y que esta resolución la tomó por sí solo y sin que nadie lo indujera a cosa alguna.[41]

Y en cuanto a las razones de sus propósitos:

dijo que el intento de coronarse no fue por odio a nuestro rey y señor, sino por el honor y ambición de hacerse majestad. Y que si lo hubiera conseguido, hubiera peleado contra las armas españolas hasta quedarse solo con los naturales en este reino.

Dijo que bien supo, desde que intentó este delito, y no ha dudado hasta la presente, que era traición grande contra el rey, y que lo hizo voluntariamente y sin padecer duda en nada. Que sólo ha dudado que la corona de este reino sea de nuestro católico monarca, y ha tenido por cierto que le pertenecía a los naturales de él.[42]

Pese a su evidente contenido subversivo, las nuevas declaraciones del forastero no impresionaron mayormente a las autoridades de Copala. Más bien parecieron confirmarles la opinión que de aquél dio el encargado de defenderlo, o sea, que se trataba de un desequilibrado mental.[43] El gobernador

---

[40]Ibid., f. 9v–10.
[41]Ibid., f. 15.
[42]Ibid., f. 15–15v.
[43]Ibid., f. 172. Calificó las declaraciones del forastero de "desmentadas especies de su ofuscado entendimiento, porque, qué mayor locura que persuadir a los indios de La Ajolla ser acequibles a extraer y lanzar a la nación española de estos reinos, estando tan extendida y radicada por todas sus provincias, y oponer para este efecto las débiles fuerzas y continuamente vencidas armas de los

de Durango, José de Fayni, al comentar el asunto con el virrey, externó una opinión similar: las ideas del forastero eran sólo "ridículas invenciones".[44] Pero debido precisamente a estas opiniones, siempre quedaba a las autoridades de Copala un problema importante de resolver: la facilidad con la que el forastero se introdujo en los pueblos y se hizo reconocer por los indios como su legítimo rey. Antes de reanudar sus indagaciones, el alcalde mayor de Copala, José de Quevedo, se adelantó a dar una respuesta al problema. Atribuyó el éxito del forastero en los pueblos a la torpeza e ignorancia de los indios.[45]

En suma, para las autoridades regionales, las recientes manifestaciones subversivas de los indios no se relacionaban con la existencia de actitudes y creencias indígenas contrarias a las de los grupos dominantes. Representaban más bien un comportamiento anormal o desviado, producto de las fantasías de un loco y de la torpeza y la ignorancia de sus seguidores.

En México, el problema fue visto de manera diferente. El visitador general, José de Gálvez, a quien se pasaron las nuevas declaraciones del forastero, no tuvo el menor reparo para ver en ellas una muestra de que "el fuego" de las rebeliones de 1767 había alcanzado las proximidades de Tlaxcala y de la ciudad de México. Gálvez fue así del parecer de que los cuatro sediciosos presos en la villa de San Sebastián fuesen trasladados a la ciudad de México, y que sin pérdida de tiempo el gobernador de Tlaxcala y el alcalde mayor de San Miguel El Grande y San Felipe procedieran a indagar si en los pueblos de sus respectivas jurisdicciones, mencionados por el forastero, efectivamente radicaban los indios que supuestamente habían dado a éste "la traidora comisión".[46]

El gobernador de Tlaxcala, Miguel Pachecho Solís, informó que en la jurisdicción a su mando no existía ningún pueblo o barrio que llevara el nombre de Santa Lucía, y que tampoco existía ni había existido ningún gobernador indio llamado Francisco Hernández. Pacheco Solís también informó no haber hallado en los padrones del cabildo ningún indio cacique con los apellidos de Ruvalcaba y Esquivel.[47]

Por su parte, el alcalde mayor de San Miguel El Grande y San Felipe notificó que en toda la comarca de esa villa no había ninguna familia de indios, mulatos u otras castas que llevara el apellido de Esquivel.[48]

Mientras tanto, en la villa de San Sebastián las autoridades de Copala también habían hecho importantes progresos en sus indagaciones. En un

---

naturales contra la insuperable fortaleza y siempre vencedoras e invencibles armas de Nuestro Católico Monarca . . . ".

[44]Ibid., f. 5v.
[45]Ibid., f. 17v.
[46]Ibid., f. 18–19.
[47]Ibid., f. 21v–22.
[48]Ibid., f. 31–36v.

nuevo interrogatorio al que sometieron a todos los presos, sacaron en claro un asunto que, en gran medida, les permitió ampliar sus conclusiones respecto del éxito del forastero en los pueblos de indios. Se trataba del papel desempeñado en el movimiento por el español Juan Francisco García, el antiguo recaudador de diezmos que acompañaba al forastero. Empecemos con las declaraciones de este último. Sostuvo que habiendo tomado ya la decisión de separarse de los principales de Tlaxcala, no se atrevió a dar inicio a su propio movimiento sino hasta llegar al paraje de Buenavista, en que conoció a Juan Francisco García y a su mujer. Que luego de trabar amistad con ellos se animó a revelarles los propósitos de su paso por la región. Afirmó haberles dicho: "yo voy a sacar la corona de tierra adentro, coronándome entre los naturales". Que García y su mujer le respondieron "que estaba muy bien", y que lo acompañarían hasta encontrar al padre López Portillo. Que García se mostró incluso dispuesto a seguirlo hasta tierra adentro, pero que lo instó a que fuera exponiendo sus ideas por los pueblos situados en el camino, a fin de que sacaran el dinero y la remuda necesarios. Y que estando todavía un tanto indeciso, el mismo García le dijo, animándolo, "que no temiera nada, que él tenía bien conocidos los pueblos, como que había andado en ellos, y que bien podía descubrirles su secreto para que se hiciera todo mejor. Que él le ayudaría reencargándoles a los alcaldes de los pueblos que guardaran el secreto". En suma, que a fuerza de las persuasiones que le hacía García, "perdió el miedo y se determinó a comenzar todo lo hecho".[49]

Pero las iniciativas de García no pararon ahí. Se pudo averiguar que fue él quien se interesó por aumentar la importancia del séquito del forastero, invitando a incorporarse al mismo a los dos caciques de Maloya. Según el indio Francisco Javier, uno de los dos caciques, cuando él y su sobrino Lucas iban de camino a las minas de Pánuco en busca de trabajo, se toparon con el forastero en Otatitlán, y que escuchando que se trataba del hijo del tlaxcalteco que iba a coronarse, preguntaron a García, a quien de tiempo atrás conocían, que si era verdad que aquél "iba a sacar la corona" de tierra adentro. García no sólo respondió afirmativamente, sino que precisó que se dirigían por la corona al real de los Álamos. Y en seguida invitó a los dos caciques a sumarse a la escolta del forastero. Les dijo que éste les pagaría bien, "que él lo seguía por el mismo motivo". Los caciques aceptaron y formalizaron el trato directamente con el forastero.[50]

Al lado de esta importante iniciativa, que favorecía la imagen del forastero, el nuevo interrogatorio puso en evidencia que Juan Francisco García había tenido una influencia todavía más personal y directa en la favorable acogida que aquél recibió en los pueblos de indios. Se afirmó que allí servía personalmente a la mesa del forastero, y que haciéndose

[49]Ibid., f. 146–146v.
[50]Ibid., f. 153–153v.

acompañar por uno de los caciques de Maloya se ocupaba de rondar las casas, y de revisar y contar las armas propiedad de los indios.[51] Dada su calidad de español, García habría contribuido así a legitimar, frente a los indios, la autoridad y los propósitos perseguidos por el forastero.

Juan Francisco García aparecía así como el gran organizador del movimiento. Y de hecho, parece haberlo sido. Pero ya no fue más allá: es decir, que no intervino en la formulación de las ideas que propagaba el forastero. Todo parece indicar que su participación en el movimiento no tenía otro propósito que el de asegurar, a costa de las comunidades indígenas, el viaje que realizaba por la provincia.

Nos resta saber, finalmente, quién era el forastero, y si los indios tuvieron sus propias razones para reconocer en él a su legítimo rey. En relación con la primera pregunta, es el propio forastero quien nos da la respuesta. En el último interrogatorio al que fue sometido en la villa de San Sebastián, hizo dos rectificaciones importantes. Dijo haber faltado a la verdad en lo referente a su origen. Y afirmó no ser del pueblo de Santa Lucía, sino natural del de Michoacanejo, jurisdicción de Teocaltichi, en la Nueva Galicia. Que también faltó a la verdad

en lo que ha declarado sobre haberlo despachado el gobernador de dicho pueblo de Santa Lucía que dijo llamarse Francisco Hernández y el de tierra adentro Esquivel, pues ni a uno ni a otro conoce, ni jamás ha estado en la provincia de Tlaxcala, ni hubo tal correo Francisco Antonio en Guadalajara. Que lo cierto es que salió de su pueblo habrá como dos años para dicha ciudad, en donde se mantuvo trabajando en su oficio de albañil hasta que falleció su mujer. Que [entonces] se fue al real de Hostotipaquillo, en donde estuvo trabajando en la minería y de dicho pueblo salió a principios de marzo de este año al real de San Francisco de Tenamachi. Y [que] en el camino, a orillas del río Santiago, encontró unos pasajeros operarios de minas que salían de estas tierras para afuera, que estaban platicando de este asunto y diciendo que el hijo del tlaxcalteco, contaban los naturales de estas tierras, se iba a coronar a tierra adentro y que un Francisco Hernández y un Esquivel lo escribían o participaban a los pueblos; que esto no lo pudo oír con individualidad, porque no conversó con ellos sino que los estuvo escuchando retirado. Y [que] así sólo percibió que trataban de la coronación del dicho tlaxcalteco y que citaban a los dichos Hernández y Esquivel . . . y que no conoció [a] los pasajeros ni supo para donde iban. Que con este motivo [se] le ocurrió al que responde fingirse hijo del tlaxcalteco y entrarse por estos pueblos y hacer la traición . . . Y que el motivo que tuvo para no decir [la] verdad en estas circunstancias fue porque el origen de su delito se fundó en la referida conversación que oyó a los pasajeros y en ellos se citaron los dichos Hernández y Esquivel, y [como] los padres del que responde eran naturales del pueblo de Santa Lucía cerca de Tlaxcala,

[51]Ibid., f. 156v–168v.

tuvo pronta la mentira en la primer[a] confesión para proferirla persuadido a que por este medio podría libertarse en parte si se creía que fuera enviado de aquellos.[52]

Estas rectificaciones del forastero no tuvieron ya ninguna significación para las autoridades de Copala, convencidas como estaban de que aquél era sólo un enfermo mental. Por lo que a nosotros respecta, dichas rectificaciones son esenciales para conocer algunos de los problemas implicados en nuestra segunda pregunta, o sea, si los indios tuvieron sus propias razones para reconocer en el forastero a su legítimo rey. Así pues, volveremos a las rectificaciones del forastero en el curso de la respuesta que ahora daremos a esa segunda pregunta.

No es mucho lo que sabemos acerca de la situación de las comunidades indígenas del noroeste por las fechas que nos ocupan. Sin embargo, a partir de la escasa información que tenemos al respecto, podemos suponer que por entonces dichas comunidades vivían en un clima de tensión no poco importante. La expulsión de los misioneros jesuitas y las reformas introducidas por José de Gálvez en la región constituyeron sin duda dos de los factores casuales más relevantes de esa situación. Debido a la expulsión de los misioneros, las comunidades se vieron afectadas inmediatamente en dos diferentes maneras. En primer lugar, por la pérdida que sufrieron de una parte considerable de sus bienes, que fueron derrochados por quienes se encargaron interinamente de administrarlos. Y en segundo lugar, por el virtual desamparo en que quedaron frente a los vecinos españoles, cuyas relaciones con los indios habían sido en parte reguladas por los religiosos expulsos. Las relaciones entre indios y españoles tendieron así hacia un mayor dinamismo, pero en detrimento de los propios indios, que quedaron todavía más expuestos al capricho de las imposiciones laborales y comerciales de aquéllos.

En cuanto a las reformas de José de Gálvez, destacaban dos que amenazaban con erosionar todavía más la economía de las comunidades indígenas. Nos referimos a la imposición del tributo y a la abolición del carácter comunal de la tierra. La imposición del tributo debió ser particularmente sentida por los naturales de Rosario, Maloya y de la propia Copala, pues además de que significaba una nueva carga para sus menguados recursos, venía a privarlos de una especie de privilegio. En efecto, entre Culiacán y la Nueva Galicia, los pueblos de aquellas jurisdicciones eran de los pocos que desde muy antiguo habían quedado exentos de dicha contribución.[53] En adelante, por lo tanto, su sometimiento al dominio español quedaría en un pie de igualdad respecto de las restantes comunidades

---

[52]Ibid., f. 176v–177v.
[53]Antonio Nakayama, *Sinaloa: Un bosquejo de su historia* (México: Universidad Autónoma de Sinaloa, 1983), 150.

indígenas de la región. Por lo que toca a la abolición del carácter comunal de la tierra, sabemos que provocó cierta inconformidad en varias comunidades, que seguramente comprendieron que el fin último de esa medida era sustraerles una parte de sus tierras, la que, en teoría, les sobraba, para repartirla entre los colonos civiles. Los yaquis, por ejemplo, no se opusieron abiertamente a dicha reforma, pero con muy hábiles pretextos lograron evitar que en sus comunidades la tierra se repartiera a título individual.[54] Desde luego, no todas las comunidades corrieron con la misma suerte. En 1781 a nuestros indios de Jacobo se les terminó obligando a formar un solo pueblo con los indios de Santa Catarina,[55] lo que seguramente implicó para ellos la pérdida parcial o total de sus tierras.

Un sentimiento de descontento y una profunda incertidumbre parecieron ser las manifestaciones inmediatas más importantes de los indios frente a todas aquellas innovaciones. De hecho, la expulsión de los jesuitas y la llegada simultánea a Sonora de las tropas expedicionarias enviadas por José de Gálvez habían empezado ya a alimentar toda suerte de temores entre los indios. En el mes de marzo de 1768 los yaquis se levantaron luego de haberse difundido el rumor de que la expedición militar de Sonora no tenía otro "designio que el de matar a "todos los indios y quitarles las mujeres, hijos y haberes".[56] Poco después ocurrieron tumultos en las comunidades del río Mayo en oposición al reclutamiento de tropas que allí pretendían hacer los enviados del visitador. Al año siguiente, en 1769, los indios de los ríos Fuerte y Charay se levantaron a su vez en armas. Uno de sus motivos fue la llegada del paquebote "La Lauretana" a la ensenada de Ahome: "temieron los indios que su venida era—como meses atrás lo había hecho por orden de Gálvez—para llevar un contingente de ellos para trabajar en las pobres minas de California, y ante esta perspectiva, se rebelaron".[57] Ya hemos visto que en 1771, dos meses antes de que se presentara el forastero en la jurisdicción de Copala, los indios del pueblo de Santa Lucía se sublevaron, y que, tras intentar dar muerte a un comisario español, abandonaron en masa su pueblo. Dada la situación existente, es muy posible que ese levantamiento fuese un eslabón más de la cadena de violencia que resultaba de la desconfianza y la inconformidad de los indios frente a las medidas recientes de los españoles.

Creemos, así, que cuando el forastero se introdujo en la jurisdicción de Copala, ahí existía ya una situación social favorable para el desarrollo del movimiento que se proponía emprender. Pero, hasta donde hemos podido observar, para lograr hacerse pasar por el rey, necesariamente debió introducir

---

[54]Biblioteca Nacional de México, *Archivo Franciscano*, 34/741.1.
[55]Ibid.
[56]AGN, *Provincias Internas*, v. 48, f. 338.
[57]Luis Navarro García, *Don José de Gálvez y la Comandancia General de las Provincias Internas del Norte de la Nueva España* (Sevilla: Escuela de Estudios Hispano-Americanos, 1964), 177.

varias e importantes modificaciones al rumor sobre el coronamiento del hijo del gobernador de Tlaxcala.

Por principio, no se presentó simplemente como el hijo del gobernador de Tlaxcala. Había atribuído ya a esa identidad una cualidad sobrenatural: era hijo del gobernador de Tlaxcala, rey de los cielos y de la tierra. Lo mismo hizo en relación con el tema del coronamiento, que trasladó al plano divino. Si recordamos, delante de los indios de Jacobo, el forastero dio a entender al maestro de escuela que su corona la recibiría por la "gracia de Dios". Había dicho: "como el Señor me haga merced de la corona que voy a traer". Y en cuanto al lugar al que decía dirigirse en busca de su corona, no era ya el sitio indeterminado de tierra adentro sino un punto específico de la vecina provincia de Sonora, que por entonces atraía la atención de los moradores de la región. Se trataba del legendario "Cerro Prieto", bastión por largo tiempo inexpugnable de los rebeldes seris y pimas. Hacia 1771 ambos grupos habían sido ya casi completamente pacificados por el cuerpo expedicionario enviado a Sonora por José de Gálvez.[58]

De estas modificaciones podemos destacar tres cosas. En primer lugar, la magnificación del gobernador de Tlaxcala en su autoridad y persona. Además del prestigio de que podía gozar en el norte de México, dadas las condiciones de privilegio en que se habían fundado y desenvuelto las colonias tlaxcaltecas de esa región, se le atribuía un poder que los ponía por encima de las leyes y los poderes terrenales. En segundo lugar, que el pretendido coronamiento del forastero no era de ningún modo improcedente. Al contrario, basaba su legitimidad tanto en principios dinásticos como divinos. El forastero era el heredero del gobernador de Tlaxcala y su corona la recibiría directamente de Dios, Así, cuando escribió a los naturales de San Juan haciéndose pasar por el rey, el forastero se presentó ya como el rey de los cielos y de la tierra. Y en tercer lugar podemos destacar el interés del forastero de aportar una prueba tanto de la legitimidad del cargo que se arrogaba como de la enorme capacidad que tenía para decidir sobre los asuntos del reino. Recordemos que al decir que tenía su corona guardada en el "Cerro Prieto", afirmó haber realizado la conquista y evangelización de los rebeldes ahí refugiados. Con ello, el forastero no sólo se apropiaba simbólicamente del prestigio de la campaña emprendida en Sonora por el cuerpo expedicionario de José de Gálvez, sino también—como ha dicho Felipe Castro en relación a un problema similar—"de uno de los principales títulos de legitimidad de la dominación española, o sea, la misión de conquistar y convertir a los indios" a la religión cristiana.[59]

[58]Ibid., 205–208.
[59]Felipe Castro Gutiérrez, "La rebelión del indio Mariano (Nayarit, 1801)". Este trabajo aparecerá en el No. 10 de la revista *Estudios de Historia Novohispana*, en prensa.

Pero al lado de esta elaboración, que lo ponía por encima del rey de España en cuanto a poder y derechos para gobernar a los naturales del reino, el forastero echó mano de otro recurso que, posiblemente, fue el que determinó el éxito de los propósitos que perseguía. Se trata de la relación que estableció entre las implicaciones políticas de su pretendido coronamiento y la situación social de los indios. Recordemos que luego de exigir a los naturales de Jacobo que se le tuviese por el rey, dado que, como explicó, "ya no había rey de España porque [él] ya le había quitado su corona", el forastero emprendió varias actividades en beneficio de los propios indios. Por un lado, dictó varias disposiciones orientadas a eliminar la opresión y los abusos que sobre ellos pesaban y, por el otro, justificó esas disposiciones mediante la representación de tipo de sociedad que se proponía instaurar, o sea, una sociedad igualitaria y con mayores posibilidades de libertad para los indios. Al obrar así, el forastero se erigía, además, en el verdadero depositario de la justicia.

Si los indios, por tanto, lo invistieron de legitimidad, fue posiblemente porque reconocieron en los fines de la autoridad que personificaba una condición necesaria para el remedio de los males que padecían.

En cuanto a las ideas del forastero, que reunían muchas de las características de una respuesta de tipo nacionalista, apenas si podemos hacer una muy breve especulación sobre su posible origen. Pensamos que podían ser parte de un complejo de ideas propio de la población aborigen, ligado al proceso de homogeneidad cultural que empezaba a despuntar en las comunidades indígenas de la región. El origen indio del forastero, el buen conocimiento que tenía del idioma español y de la doctrina cristiana, y la salida que realizó de su comunidad para ir a trabajar de albañil a Guadalajara y emplearse temporalmente en las minas, todo ello, en suma, que seguramente era la situación de millares de indios del noroeste, puede tenerse como un indicador de dicho proceso. Un proceso que, sin embargo, no iba en dirección deseada por los españoles.

En efecto, no parece que los indios, al sufrir la disolución de sus antiguas barreras étnicas y locales se encaminasen hacia una más cabal integración a la sociedad colonial. Más bien, es muy posible que a través de los lazos económicos, políticos, lingüísticos y religiosos tendidos por el colonizador español entre sus comunidades tradicionales fueran cobrando una conciencia cada vez mayor de los valores que les eran afines, y, frente a las limitaciones propias de su situación común de inferioridad social, desarrollasen intereses contrarios a los de los españoles.

En el caso concreto del forastero, pensamos que ese sentimiento antiespañol pudo acrecentarse tras la experiencia que vivió en Guadalajara, experiencia que lejos de satisfacer sus aspiraciones de encontrar en esa ciudad mejores condiciones de vida lo condujo a una situación muy próxima al desempleo, el desarraigo y la marginación. En esas circunstancias, el rumor sobre el coronamiento del hijo del gobernador de Tlaxcala habría desempeñado en él la muy importante función de confirmar, precisar o justificar, en términos políticos, tanto los valores que lo identificaban con los indios como los intereses que lo oponían a los españoles. Así, al atribuirse la identidad del hijo del gobernador de Tlaxcala y hacerse pasar por el rey, el forastero no haría sino sintetizar aquel conjunto de representaciones en una nueva actitud hacia el dominio español, o sea la que propugnaba que los que respondían al apelativo genérico de "indios" pudieran autogobernarse y vivir, en adelante, como un grupo aparte. Ya hemos visto que ante las autoridades de Copala el forastero opinó que la corona de la Nueva Vizcaya no debería pertenecer al monarca español sino a los indios de ese reino, y que confesó que de haberse coronado habría peleado contra las armas españolas hasta quedarse solo con los naturales. Como también pudimos observar, esas consideraciones las justificó, en los hechos, ante los indios: a través de la relación que estableció entre el coronamiento del hijo del gobernador de Tlaxcala y la abolición del orden social ligado a la persona del monarca español, les mostró que podían acceder a una sociedad más justa detentando la soberanía del reino. Dada la muy posible afinidad de valores e intereses de los indios antes mencionada, y el reconocido prestigio de los tlaxcaltecas en la región, las ideas de soberanía indígena difundidas por el forastero podían justificarse tanto más cuanto que apelaban a una identidad india que quedaba por encima de las antiguas identidades locales: la del hijo del gobernador de Tlaxcala.

Y creemos que fue por esas mismas razones que las esperanzas de bienestar y libertad que el forastero despertó entre los indios parecieron mantenerse vivas aún después de que él se hallara preso y diera muestras de arrepentimiento. Al ser preguntados los indios por el alcalde mayor de Copala, "que si han creído o creen que el forastero u otro semejante pueda ser rey o que el tlaxcalteco pueda coronarse algún día", los indios, según el propio alcalde mayor, dieron "la torpe y dudosa" respuesta de "¿quién sabe?"[60]

$$\star \quad \star \quad \star \quad \star \quad \star$$

El alcalde mayor de Copala no logró concluír sus averiguaciones. El 2 de septiembre de 1771, por orden del virrey marqués de Croix, remitió a los cinco encausados a la ciudad de México.[61] El forastero, en cambio, tendría todavía oportunidad de volver a despertar la alarma de los españoles. Ocurrió que ya de camino de Tequila a Amatitán, Juan Francisco García se separó de sus compañeros y pidió hablar a solas con el corregidor de Tequila,

---

[60] AGN, *Provincias Internas*, v. 167, f. 17v.
[61] Ibid., f. 182.

Francisco Javier Sánchez, que era el encargado de conducirlos en dicho trayecto. Satisfecha su petición, García contó al corregidor que cuando transitaban por Sentispac el forastero le reveló que del Cerro Gordo en adelante todos los pueblos lo esperaban para liberarlo. Sánchez no esperó a llegar a Amatitán para dar parte de la novedad a sus superiores. Sobre "la cabeza" de su silla de montar—como dijo—escribió al secretario de cámara de la Audiencia de Guadalajara, "por no dejar de comunicar cosa tan importante".[62] Llegados los reos a Guadalajara, el oidor de la Audiencia mandó que se les tomase las declaraciones correspondientes y se suspendiese su traslado a la ciudad de México hasta nueva orden.[63] El primero en declarar fue el propio García. Dijo:

> que estando en la cárcel de Sentispac fueron los indios de Mexcaltitán, y habiéndole llevado al indio José Carlos un auxilio de reales, le dieron también una carta; que procurando el que declara saber su contexto se lo preguntó al citado Carlos, quien le insinuó que [lo que] contenía era el que dichos indios lo pretendían quitar. Y añadió esforzando al declarante que no tuviera cuidado, que aparte de que iban a Tlaxcala, su tierra, de que ya estaba un correo adelantado, en llegando a eso del Cerro Gordo los pueblos estaban a su favor.[64]

En seguida tocó el turno al forastero:

> Dijo llamarse José Carlos Ruvalcaba, natural del pueblo de Santa Lucía de la jurisdicción de la villa de Tlaxcala. Y que es cierto que el día que salieron de Sentispac le llevaron los indios de Mexcaltitán una limosna de cuatro pesos a la misma cárcel; que no le dieron carta sino un papelito que contenía el darle besamanos los individuos del mismo pueblo, el que le devolvió al gobernador de dicho Mexcaltitán; que no tuvieron más motivo para esto que hacerlo de por Dios. Y que aunque es verdad que le dijo a Francisco García lo que expresa en su declaración, pero de ello no hay nada, y sólo fue por consolarlo y alentarlo respecto a que venía muy alicaído, pero que no tiene ni comunicación con esos pueblos del Cerro Gordo para allá ni más esperanza que en Dios. Que a los otros compañeros no les ha comunicado nada.[65]

Dado el notable desaliento que mostrara García desde los primeros días de su captura, es bastante probable que al hacerle aquella revelación, el forastero efectivamente no persiguiera otro propósito que el de consolarlo. Tal vez hasta él mismo buscase compensar sus propios sentimientos de impotencia y frustración imaginando la derrota de los españoles a manos de un frente unido de pueblos de indios. No deja de llamar la atención, sin

---

[62]Ibid., f. 183.
[63]Ibid., f. 183v.
[64]Ibid., f. 183v–184.
[65]Ibid., f. 184v.

embargo, que los indios de Mexcaltitán fuesen hasta la cárcel de Sentispac para llevar auxilios y "besamanos" al forastero y que se abstuviesen, además, de establecer cualquier tipo de relación con los otros dos indios presos. ¿Era en realidad el forastero un indio principal del pueblo de Mexcaltitán? Posiblemente, aunque si consideramos las actividades que realizó y su propia captura y deportación como dos condiciones que pudieron dar un impulso notable a la difusión y aceptación del rumor sobre el coronamiento del hijo del gobernador de Tlaxcala, podemos aventurarnos a ver en las manifestaciones de los indios de Mexcaltitán algo más que un simple acto aislado de solidaridad, a saber: los indicios de aquel conjunto de actitudes y expectativas que, treinta años después, movilizaron una gama muy variada de comunidades indígenas de Nayarit en apoyo del hijo del gobernador de Tlaxcala, vuelto a la región para coronarse en Tepic bajo el nombre de Mariano.[66]

* * * * *

El forastero y Juan Francisco García fueron condenados a cuatro años de servicio a ración y sin sueldo en las fortificaciones de Veracruz. Al forastero se le impuso la pena adicional de destierro perpetuo del reino de la Nueva Galicia. En cuanto a Bernarda de Arenas, la esposa de Juan Francisco García, sólo recibió "un grave apercibimiento". Y por lo que respecta a los dos caciques de Maloya, los indios Lucas Martínez y Francisco Javier, ambos murieron en la real cárcel de México antes de que el virrey resolviera sobre sus respectivas condenas.

[66]Castro Gutiérrez, "La rebelión del indio Mariano". Del mismo autor, "El indio rebelde de la máscara de oro: La historia y el mito en la ideología plebeya", *Históricas* 21 (febrero de 1987): 12–20. Véase también: Eric Van Young, "Millennium on the Northern Marches: The Mad Messiah of Durango and Popular Rebellion in Mexico, 1800–1815", *Comparative Studies in Society and History* 28, no. 3 (July 1986): 385–413.

Bite of the Hydra:
The Rebellion of Cura Miguel Hidalgo, 1810–1811

Christon I. Archer

> Ella [la insurrección] renace como la hydra a proporción
> que se cortan sus cabezas.[1]

Hidalgo obraba sin plan, sin sistema y sin objeto determinado.[2]

APPREHENSIVE ABOUT EXTERNAL AND INTERNAL DANGERS that threatened New Spain, on May 1, 1810, Intendente Juan Antonio Riaño of Guanajuato dispatched a detailed defense plan to Mexico City for the urgent attention of senior military authorities.[3] Since the overthrow of Viceroy José de Iturrigaray in September 1808, the country was awash with invasion threats, conspiracies, and plots that confounded regional administrators and overloaded the investigative capacities of the police and judiciary. Spies posted by the Inquisition in Mexico City chased those responsible for the satirical broadsides and the slogans that appeared in cemeteries and on church

AUTHOR'S NOTE: I thank the Rockefeller Foundation for the opportunity to revise this work at its study and conference center in Bellagio, Italy.

[1]General Félix María Calleja to Viceroy Francisco Javier Venegas, August 20, 1811, Archivo General de la Nación (cited hereafter as AGN), *Operaciones de Guerra* (cited hereafter as OG), vol. 140.

[2]Lorenzo de Zavala, *Ensayo histórico de las revoluciones de México desde 1808 hasta 1830* (México, 1985), 47.

[3]Although a letter referring to Riaño's plan exists, the document itself has disappeared. See a note dated May 1, 1810, stating "El adjunto plan de defensa de este Reino me lo ha dirijido el Señor Intendente de Guanajuato Don Juan Antonio Riaño el que remitó a VS para que haga de el que considere conveniente," AGN, *Sección de Indiferente de Guerra* (hereafter cited as IG), vol. 410-A.

walls roaring "Libertad Cobardes Criollos."[4] Messages preaching riot and rebellion assailed illiterate cleaners, who responded by mutely washing off walls and throwing seditious material into the garbage.[5] An anonymous letter to Oidor Guillermo Aguirre warned him to investigate a criollo conspiracy directed by the anti-European Marqués de Rayas.[6] A polemic on the state of Mexico said to have originated in New York announced that criollos and gachupines were "diametrically opposed to each other and burning with the most inflamed divisions and hatred."[7] To prevent the coronation of Iturrigaray, the document said, the gachupines had jailed and possibly killed thousands of criollos. Only through the application of these exemplary punishments had the Europeans reestablished their superiority over "este vil canalla criolla." Thereafter, they swaggered about Mexico City and bragged that "neither count nor marquis will remain, few clergymen and even fewer lawyers will escape. America will be what we wish to make of it!" The anonymous writer noted that Mexican nobles were not like those of England or other cultured countries where the upper classes possessed courage, patriotism, enlightenment, and energy. In Mexico, where the general population was dull and incapable of thought, the criollo elites contented themselves with sleeping and eating.[8]

From the provinces, signs of disloyalty stirred the populace. During a night of comedy at Tepeyahualco in 1809, a transient actor proclaimed: "Señores, do they say that a new viceroy is coming from Spain to govern? Will we have to permit the gachupines to rule us?"[9] Rumors spread of a conspiracy and planned military uprising in Valladolid that threatened to overwhelm the regime with an army of eighteen to twenty thousand men.[10] In Zacatecas, during May 1810, a placard signed Rosalio Casteras presented an ultimatum ordering the immediate expulsion of all gachupines and threatening genocide for any Spaniards who did not abandon Mexico within

---

[4]Viceroy Pedro Garibay to Isidro Sainz de Alfaro, April 1, 1809, AGN, *Sección de Historia*, vol. 415.

[5]Padre Andrés Bonilla, superior of La Merced Convento, to Garibay, April 6, 1809, AGN, *Historia*, vol. 415.

[6]Anonymous letter to Guillermo Aguirre, February 13, 1809, Archivo General de las Indias, Seville (hereafter cited as AGI), *Sección de México*, legajo 1472. For a discussion of the role of the Marqués de San Juan de Rayas, see Virginia Guedea, *En busca de un gobierno alterno: Los Guadalupes de México* (México, 1992), chapter 1.

[7]Carta escrita de Nueva York con fecha 10 de noviembre de 1808, AGN, IG, vol. 77.

[8]Ibid.

[9]Capitán Retirado Francisco Villalva to Garibay, Tepeyahualco, April 7, 1809, AGN, *Historia*, vol. 415.

[10]Christon I. Archer, *The Army in Bourbon Mexico, 1760–1810* (Albuquerque, 1977), 292.

one month.[11] Bishop-elect Manuel Abad y Queipo of Michoacán decried the heightened level of "envy, division, and rivalry" that polarized criollos and gachupines. He reminded anyone who cared to take note that while the elite sectors quarreled, the landless 80 percent of the population—the Indians and *castas*—suffered "in an abject and miserable state, lacking customs or morality." Not only did these common people despise each other, but also they envied and abhorred all Spaniards for their wealth and power. In a general revolution, however, Abad y Queipo was certain that both Indians and *castas* would lend support to the criollos against the gachupines.[12]

In April 1810, Licenciado Juan Nazario Peimbert, later a member of the prorevolutionary Guadalupes,[13] drafted an unusual defense plan for the urgent attention of Archbishop and Acting Viceroy Francisco Javier de Lizana. Despite the pressures of his legal business in Mexico City, Peimbert found time to conceive a program for the recruitment of an Indian army of two hundred thousand men. He projected the inclusion of all "Indios Tributarios, Caciques, and Mazehuales who would enlist voluntarily." The dangers to Mexico perceived by Peimbert were of such high urgency that he proposed to deny normal military exemptions for married men and those who supported dependents. Organized as a militia force stationed in its home jurisdictions under the command of the district *subdelegados* and *justicias*, this new army was to be named El Irresistible.[14] Indians who signed up voluntarily were to receive army daily pay for active duty and the added incentive of exemption from the payment of tribute.

In planning for this new army, Peimbert studied the 1807 census, which listed 745,924 eligible Indian males between the ages of eighteen and fifty. He excluded men over forty years of age and those domiciled in regions too distant from each company headquarters.[15] Although there were 104,733 potentially eligible mulattoes enumerated in the census, Peimbert was much less enthusiastic about their martial potential, and he rejected the possibility that they might serve alongside Indian militiamen. Aware of widespread anti-Indian prejudices held by criollos, he insisted that indigenous Mexicans "are not pusillanimous and cowardly as they were during the sixteenth-century conquest. As their color and appearance suggest, most have mixed with Spaniards and other *castas*." If this evidence of positive racial

[11]Cabildo of Zacatecas to Viceroy Lizana, May 8, 1810, AGN, IG, vol. 410-A.

[12]Manuel Abad y Queipo to the Viceroy, Valladolid, May 30, 1810, quoted in José María Luis Mora, *Obras sueltas* (México, 1963), 260.

[13]On Peimbert and the Guadalupes, see Guedea, *En busca de un gobierno alterno*, chapters 1 and 2, passim.

[14]El licenciado Don Juan Nazario Peimbert propone un arbitrio para la formación de un Exército de 200,000 hombres a poco costo, April 13, 1810, AGN, IG, vol. 410-A.

[15]Ibid.

improvement resulting from miscegenation was not sufficient, Peimbert concluded, "pure Indians do not grow beards or spit, but anyone can see that the male population [of Mexico] do both."

In Peimbert's evaluation the submissive character of the Indians, illustrated by their dependence upon governors, alcaldes, and fiscales, disciplined and subordinated them in preparation for martial duties. Mexicans knew that district administrators and village curates whipped Indians with impunity and punished them without distinction. At mere caprice, judges threw them into jail and sentenced them to twenty-five lashes on the pillory. Given this sort of treatment, Indians would have little difficulty in learning how to deal with military discipline. Peimbert condemned Spaniards and even blacks and mulattoes, whom he believed were responsible for the grinding poverty of the Indians. He attacked the voracious greed of the *subdelegados* and even proposed that Indians should stage a short general strike to withhold their labor from agriculture and commerce. Only then would the ungrateful elites be brought to recognize the full significance of the Indian in Mexican society.

Obviously, Peimbert's defense force El Irresistible required an entirely changed set of attitudes to reverse centuries of anti-Indian prejudices and poor treatment. The *subdelegados*, European Spaniards, and criollos would have to terminate "usurious contracts in which they pay the Indians five for what is worth ten, and then buy back at a reverse ratio." Even the legal system would have to be altered radically. Notwithstanding the range of hardened attitudes obstructing any attempt to implement his proposals, Peimbert lauded the potential of the Indian soldier: "Each will be perfectly equipped with a shirt and trousers of coarse cotton cloth made locally for undergarments, and a cloak and goat-leather leggings for protection. With a straw hat, huaraches, a blanket, a maguey mat, a water gourd, cartridges and a machete in place of a saber, he can walk tirelessly for perhaps as much as twelve leagues in a day."[16] Peimbert was correct in his general assessments of Indian hardiness, but dead wrong about how they might target their aggression. Dressed in *cotón insurgente*, many became the scourges rather than the loyal defenders of the Spanish regime.

The incidents that alarmed Peimbert and caused him to set aside his daily legal practice for military planning originated from popular perceptions that a powerful enemy was about to invade New Spain.[17] Many Mexicans of different classes held similar views about impending calamity. Viceregal proclamations, incomprehensible troop movements to the coasts and frontiers, and omnipresent rumors of imminent catastrophes grated upon

[16]Ibid.

[17]Ibid.; and Viceroy Lizana to Peimbert, April 13, 1810, AGN, IG, vol. 410-A. Lizana thanked Peimbert for the "zeal and patriotism" that went into his plan for an army of Indios Tributarios.

chronic grievances to destabilize the society. Beneath this surface, special regional issues fueled the atmosphere of fear. Poisoned relationships and ancient misunderstandings combined with other factors in a chaotic mosaic to generate new perceptions of danger. Fearful of the unknown, individuals and groups searched for means to protect their lives, properties, and customs. At various levels, literate or at least partially informed Mexicans identified enemies and then communicated elements of their own disquiet to the popular classes. Convinced of impending peril to the country, in April 1810 José Antonio Portal of Valladolid requested then-Viceroy Lizana to direct prayers to "la Milagrosa Imagen de Nuestra Señora de Guadalupe." While Portal admitted complete ignorance about the nature of the threat, he was certain that all Mexicans faced common enemies. To animate the populace, he proposed that a medal be struck depicting the beloved Mother Guadalupe on one side and King Fernando VII on the other.[18]

Given these examples, and many others that appear in the documents of the period, one can only speculate about the psychological forces at work upon Mexican society. A form of collective neurosis gripped the population. Rumors, always the meat and drink of provincial intercourse, now carried the scent of momentous and frightening events. European Spaniards, the gachupines, thought that they identified diabolical plots foreshadowing genocide against their minority. Given this mood, their precipitous, even cowardly flight from the Bajío districts at the outbreak of the Hidalgo rebellion becomes much easier to comprehend.[19] Mexican criollos harbored similar dark thoughts of atrocities and conspiracies planned against their class by the gachupines in league with French, English, or American invaders. Throughout New Spain, criollos discussed collective action to protect their legitimate government against a gachupín sellout to the godless French or the heretical English.

As rumors concerning conspiracies reached them, the Indians, mestizos, and other racially mixed groups felt even greater apprehensions of impending calamities. Totally dependent for their news and information upon their parish *curas*, governors, and other "linking agents" such as rancheros, innkeepers, and muleteers, they received a diet of wild exaggerations that articulated dark superstitions long present in Mexican provincial society. Caught up in the atmosphere of hysteria, their *curas* and other contacts beyond the village and district levels prepared the rural populace for spontaneous rebellion.

[18]José Antonio Portal to Lizana, Valladolid, April 30, 1810, AGN, IG, vol. 410-A.

[19]See, for example, Romeo Flores Caballero, *La contrarrevolución en la independencia: Los españoles en la vida política, social y económica de México, 1804–1838* (México, 1969).

Given the nature of these events, Cura Miguel Hidalgo was simply one of many possible sparks that might have ignited the tinder of rebellion. Indeed, there was little that was new except the contagious popularity of Hidalgo's message. The concept of harnessing the military potential of the Indian population had been considered during 1809 by the Valladolid conspirators and it was still in vogue among criollos such as Nazario Peimbert. In districts of the Bajío province, many of the locally powerful linking agents, especially the *curas*, concluded that popular action was the ultimate defense to protect society and what they perceived to be the legitimate government. In this highly charged atmosphere the gachupines were perfect scapegoats. Disliked for their haughty attitudes and oppressive treatment of the criollos—not to mention the Indians and other *castas*—the European Spaniards were made personally responsible and declared guilty of nefarious plots to support invasions by Napoleon, the English, or the United States. Convinced of approaching crises, criollo curates counseled their parishioners to invoke the Virgin of Guadalupe. There were turbulent ideas at large in New Spain that defied rational explanations,[20] and so the scene was set for Cura Hidalgo and for the unleashing of forces that once loose would be impossible to control.

As recent historians have pointed out, Mexican regions such as the Bajío suffered prior to 1810 a series of crop failures, declining yields, and population pressures upon the land.[21] Rising food prices, scarcity of staples,

---

[20]The most significant research on this subject comes from the word processor (pen) of Eric Van Young. See his "Millennium on the Northern Marches: The Mad Messiah of Durango and Popular Rebellion in Mexico, 1800–1815," *Comparative Studies in Society and History* 28, no. 3 (July 1986): 409–410; "Islands in the Storm: Quiet Cities and Violent Countrysides in the Mexican Independence Era," *Past and Present* no. 118 (February 1988): 135; "Who Was that Masked Man Anyway: Symbols and Popular Ideology in the Mexican Wars of Independence," in *Proceedings of the 1984 Meeting of the Rocky Mountain Council of Latin American Studies* 1 (1984): 18–35; and "Quetzalcoatl, King Ferdinand, and Ignacio Allende Go to the Seashore; or Messianism and Mystical Kingship in Mexico, 1800–1821," in *The Independence of Mexico and the Creation of the New Nation*, ed. Jaime E. Rodríguez O. (Los Angeles, 1989), 109–127. Van Young's studies explore various aspects of the psychological mood during the early independence era. Some of the ideas in the present paper emerged during conversations with Van Young at the 1988 Mexico-Chicano Studies Conference. Also see Felipe Castro Gutiérrez, "El indio rebelde de la máscara de oro: La historia y el mito en la ideología plebeya," *Históricas* 21 (February 1987), 12–20. For a discussion of the role of the Virgin of Guadalupe, see William B. Taylor, "Banditry and Insurrection: Rural Unrest in Central Jalisco, 1790–1816," in *Riot, Rebellion, and Revolution: Rural Social Conflict in Mexico*, ed. Friedrich Katz (Princeton, 1988), 233.

[21]See Enrique Florescano, *Precios del maíz y crisis agrícolas en México (1708–1810)* (Mexico, 1969); David A. Brading, *Haciendas and Ranchos in the Mexican Bajío, 1700–1860* (Cambridge, 1971); Brian R. Hamnett, "The

and growing unemployment caused concerns among regional administrators that rural people might attempt to employ force in order to withhold their agricultural produce. The cities and towns of Querétaro, Guanajuato, San Miguel, Silao, and Taxco sought means to monopolize maize supplies, and urban officials sometimes threatened to use military force if necessary to move food shipments from rural centers of production to urban granaries.[22] One can only speculate about the role of these socioeconomic factors in mobilizing peasant support behind the Hidalgo rebellion. John Tutino argues that the revolt was "an agrarian insurrection despite the more political goals of its leader."[23] In Tutino's view, Cura Hidalgo and his associates in the rebellion belonged to marginal elite classes that could not advance beyond their existing situations. While they were knowledgeable about the social and economic system, they lacked the mobility that would advance them beyond minor posts in the Church, the civil bureaucracy, the army, estate management, and minor land ownership. Such persons possessed contacts with the rural poor, who would serve as the foot soldiers of the rebellion.[24]

By 1810 many of the provincial *curas* and village leaders identified certain merchants, miners, local shopkeepers, petty bureaucrats, hacienda administrators, and others—most of whom were gachupines—as the prime agents of the misfortunes suffered by the populace. Perplexed by a mix of real and distorted visions about what was going on in their world, the *curas* used their pulpits to whip up fears and patriotic desires in the minds of their parishioners. Although Cura Hidalgo emerged as the generalissimo, many other *curas*, Indian governors, and disaffected Mexicans contributed to the state of fury needed to launch a successful rebellion. Real issues such as suspected confiscations of grain supplies, the predatory activities of hacendados, miners, merchants, or government administrators, blended with messianic superstitions that Eric Van Young has identified as connected with the popular psychology of the people and the times.

Economic and Social Dimension of the Revolution of Independence in Mexico, 1800–1824," *Ibero-Amerikanisches Archiv* 6, no. 1 (1980): 1–27; Brian R. Hamnett, *Roots of Insurgency: Mexican Regions, 1750–1824* (Cambridge, 1986); John Tutino, *From Insurrection to Revolution in Mexico: Social Bases of Agrarian Violence, 1750–1940* (Princeton, 1986); and Eric Van Young, "Moving Towards Revolt: Agrarian Origins of the Hidalgo Rebellion in the Guadalajara Region," in Katz, *Riot, Rebellion, and Revolution,* 176–204.

[22]Ayuntamiento of Silao to Lizana, December 28, 1809, AGN, IG, vol. 158-B; Ayuntamiento of Querétaro to Lizana, November 10, 1809, AGN, IG, vol. 410-A; and Diputación Territorial de Minería to Lizana, March 31, 1810, AGN, IG, vol. 410-A.

[23]John Tutino, *From Insurrection to Revolution,* 41.

[24]Ibid., 116.

The remarkable popularity of the 1810 rebellion shocked every observer and probably none more than Hidalgo and his immediate supporters. With the benefit of historical hindsight, it is clear that the events following the September 16, 1810, takeover of Dolores and the movement of the inchoate peasant force toward San Miguel and Guanajuato involved much more than the work of one charismatic figure. From the outset, Hidalgo, Ignacio Allende, and their few criollo supporters became the prisoners of a rebellion that grew far beyond their capacity to exercise controls. Neither Hidalgo nor any of his immediate subordinates possessed remarkable leadership skills. Some historians point to Allende's background as a military officer, but it is important to note that he was an obscure militia captain with little if any experience beyond the company level. While he had served at the army cantonments established at Orizaba and Jalapa during invasion scares prior to 1810, Allende possessed no training in battlefield tactics involving combined forces. Behind Allende, junior militia officers like Juan Aldama and Mariano Abasalo were even less suitable for the roles that fate compelled them to assume.[25]

For these obscure militia officers, at best fringe members of the Mexican provincial elites, fears of a gachupín sellout and desires to advance their own fortunes caused them to support Hidalgo. By doing so, they tied their futures unwittingly to a force that they could neither understand nor control. From San Miguel, Valladolid, Guanajuato, Celaya, Guadalajara, and other cities, a few criollos embraced Hidalgo's cause. One was Major Manuel de Santa María, a Mexican-born officer and professional soldier who in the 1790s fought in the campaigns of Santo Domingo against the French, suffered wounds and won commendations for his bravery under fire, and later transferred to the provincial dragoons of San Luis Potosí. Unlike most active senior officers, who joined General Félix Calleja to suppress rebellion, Santa María embraced the revolt and won spectacular promotions from the rank of major to that of field marshal and quartermaster general of the rebel armies. Swept along with the movement to its final nadir, Santa María fled northward with Hidalgo until captured by the victorious royalists. Following a perfunctory trial, he faced a firing squad as a traitor to the nation that he had served so well.[26] Many criollo supporters of the rebellion convinced themselves that they had joined originally to protect the

[25]Hugh M. Hamill, *The Hidalgo Revolt: Prelude to Mexican Independence* (Gainesville, 1966), 105, 142.

[26]For information on Manuel de Santa María, see reports by Viceroys Conde de Revillagigedo and Miguel José de Azanza, 1794 and 1800, in AGI, Sección 5, *México*, legajos 1438 and 1455. In Santo Domingo, Santa María was wounded by bullets and shrapnel in assaults against Fort Yaquesi on May 9, 1794. Also see Rafael Montejano y Aguiñaga, *Documentos para la historia de la guerra de independencia en San Luis Potosí* (San Luis Potosí, 1981), 4.

legitimate government and not to unleash destruction and revolution. Very few of these men thought deeply about the meaning of independence or that their actions would be viewed as treason against their lawful sovereign.

Historians have not been kind to Miguel Hidalgo or to the movement he launched. Emilio Rabasa described Hidalgo's army as "rabble," and Mariano Torrente went even further, labeling the rebel forces "outlaw hordes."[27] Hugh Hamill, certainly one of the most balanced Hidalgo scholars, described the rebel forces on numerous occasions as a "horde."[28] Neither the conservative Lucas Alamán nor the liberal Lorenzo de Zavala found much positive to say about Hidalgo's leadership. Alamán noted that the rebel army lacked any form of organization except by village. Men, women, and children armed with little more than sticks, stones, arrows, and lances "presented the appearance of barbarian tribes that wander from one point to another rather than that of an army on the march."[29] Brian Hamnett underscored the difficulties for the Querétaro conspirators who were exposed prematurely and left with few alternatives. In Hamnett's view, Hidalgo was willing to risk a popular rebellion even though he knew that by doing so he would attract the full coercive powers of the army and of the state.[30]

As generalissimo, Hidalgo did not really direct the rebellion; his charisma, although immense, was symbolic rather than real. Unlike with most modern insurgent leaders, who espouse specific programs or goals, the attachment to Hidalgo was similar to that felt for the banner of the Virgin of Guadalupe or the loyalty of the rebels to an idealized Fernando VII, living icons who represented a broad spectrum of aspirations. His criollo supporters such as Peimbert, who envisaged a disciplined Indian army, were horrified that the popular masses spun the rebellion into chaos and race war. The rebel cry of "Viva Nuestra Señora de Guadalupe, muera el mal gobierno, mueran los gachupines," summed up the near pathological hatreds generated in participants.[31] Indeed, rebel soldiers fought and died in the belief that they were protected by soiled paper portraits of the Virgin that they carried next to their breasts.

Once separated from their home villages and districts, the rebel soldiers fed collectively upon hatreds directed against the gachupines, and they

---

[27]Emilio Rabasa, *La evolución histórica de México* (México, 1956), 32; and Mariano Torrente, *Historia de la independencia de México* (Madrid, 1918), 22. Both of these historians were conservative in their views and Torrente wrote with a definite bias toward Spain and Spanish activities.

[28]Hamill, *The Hidalgo Revolt*, 136.

[29]Lucas Alamán, *Historia de Méjico desde los primeros movimientos que prepararon su independencia en el año 1808 hasta la época presente*, 5 vols. (México, 1968), I:244.

[30]Hamnett, *Roots of Insurgency*, 56.

[31]José María Luis Mora, *México y sus revoluciones*, 3 vols. (México, 1986), I:32. Also see Van Young, "Millennium on the Northern Marches," 406.

became capable of unrestrained violence and atrocities. As E. P. Thompson noted in his study of eighteenth-century English riots, crowd behavior attained legitimization through the general belief that it acted in the best interests of the government.[32] The gachupines, those disloyal exploiters, were condemned as a form of pollution that had to be excised from Mexico. At Guanajuato, as if to compound their negative image, the royalists attempted to take refuge in the *alhóndiga* (granary), the same building that Intendente Riaño used to store maize expropriated from the rural villages and districts. Moreover, the gachupines carried their valuables in with them. Thus, in one ill-conceived move, the Spanish minority created a conjuncture that united real tensions resulting from such issues as the difficulty of subsistence farming and abusive district administrators with the general loathing of the gachupines. The result was a bloody massacre that further polarized opinion and compelled most criollos to support the royalist side.

Well before the actual outbreak of rebellion, fear and hatred of the gachupines chafed on the public consciousness. Central figures, especially the *curas* of provincial towns and districts, preached messages that blended social and economic complaints with rumors and superstitions. The universal concerns of Mexican rural peoples—often based upon a longing for more peaceful and prosperous times in the real or imagined past— underscored the fact that the popular rebellion would be inherently reactionary. In some respects, the millenarian and messianic themes examined by Van Young should be seen in a context of continued longing for better times in the past. On September 7, 1810, the Corregidor de Naturales of San Miguel el Grande, Ciriaco García, condemned the times as "an unhappy epoch" in which "lies, deceit, and treachery have taken the throne over justice." Royal laws conceded to Mexicans had been cast aside by "despotic usurpers" (the gachupines) who "perhaps are fugitives guilty of some criminal perfidy from the lowest plebeian sectors of the Peninsula." He lamented that "we, the natives of this kingdom, are debased as slaves, reviled, and set down in a bitter sea of misery, hunger, and nudity like errant barbarians in the deserts. Without improvement or reward, we wait to be delivered to the enemies of our Holy Catholic Religion such as are the English in order to sanctify commerce."[33] Fearing a Spanish conspiracy, García begged the viceroy to place Mexico under arms and to convoke a national junta.

Having written only days before Hidalgo rebelled on September 16, it seems rather unlikely that an Indian corregidor in San Miguel would have

---

[32]E. P. Thompson, "The Moral Economy of the English Crowd in the Eighteenth Century," *Past and Present*, no. 50 (February 1971), 76–116. Also see Natalie Zemon Davis, *Society and Culture in Early Modern France* (Stanford, 1971), 161.

[33]Ciriaco García to the Viceroy, September 7, 1810, AGN, OG, vol. 30.

reached all of these conclusions without the intervention of others who shared his views. From the context, it is likely that local curates motivated García's fears and possibly dictated or even wrote his appeal to the viceroy. More than any other group, the *curas* legitimized the idea of loyal rebellion and offered leadership through years of arduous insurgency. Much more than the criollo conspirators at Valladolid or Querétaro, these religious leaders mobilized the populace and set the stage for violent rebellion.

Hidalgo and his subordinates could not have fully comprehended that their uprising would focus the pent-up hatreds of the Indian and mixed-blood populations against the gachupines or that the rebellion would become a race war that threatened both the criollos and other elements that aspired to replace the Spanish rulers. The *curas* planted ideas that made mass mobilization possible, but in the process they polarized and fragmented Mexican society. In rural regions and districts where the *curas* and other linking agents counseled participation in rebellion, much of the peasant population joined and contributed to longer-term insurgency. As Jean Louis Berlandier noted following Mexican independence, the power of the clergy remained omnipotent. Highly critical of their role, he commented: "Blinded by the imposing paraphernalia of mystery, the rabble appears to believe everything that the ecclesiastics teach."[34] With the outbreak of the uprising, rebel *curas* intensified and focused their invective, reminding the people that the gachupines were behind the exile of the Jesuits in 1767 and were responsible for three hundred years of "ignominious slavery that bound the Mexican population." Now, as an ultimate evil, "they are determined to deliver this kingdom to the heretical king of England."[35]

The ferocity of the 1810 rebellion and the anger directed against the European Spaniards dismayed the royal government and commanders of the army of New Spain. Much like other observers, the military chiefs looked on with incredulity as the rebellion swelled and enormous numbers moved without evident strategy against the villages, towns, and cities of the Bajío provinces. No one denied the popularity of the uprising or its remarkable capacity to recruit new blood. For army officers trained to defend Mexico against external enemies, who through much of 1810 had anticipated an imminent French invasion at Veracruz, the rebellion came as a complete surprise. While in the past Mexicans had engaged at times in spontaneous local uprisings directed against unpopular taxes or corrupt administrators and

---

[34]Jean Louis Berlandier, *Journey to Mexico during the Years 1826 to 1834*, 2 vols., trans. Sheila M. Ohlendorf (Austin, 1980), 1:144.

[35]Unsigned Rebel Proclamations, September and October 1810, AGN, OG, vol. 173. "Nobles Americanos: Solo por Díos se da la vida, pero por los gachupines, no, no, no, como no defendieron a los jesuitas, columna de la verdad."

had displayed, moreover, millenarian tendencies,[36] Hidalgo's rebellion presented a more dangerous threat.

Unlike previous fits of violence, in 1810 the *curas* and other rebel agents were able to transcend regional grievances to coalesce a mass movement based upon hatreds, paranoia, and superstitions. The fact that some criollos and provincial militia companies joined the uprising, or at least acquiesced in the face of its raw destructive power, added at least an element of legitimacy. The presence of uniformed militiamen armed with muskets strengthened the appearance that the rebellion represented Fernando VII and the true government. Large numbers and spontaneous enthusiasm temporarily obscured the fact that, lacking firearms, the rebels armed themselves with little more than machetes, stones, and homemade lances.

Beyond the main force led by Hidalgo and his immediate subordinates, the rebellion caught fire elsewhere. It took fewer than five days for its message to reach the mining center of Zacatecas, whose intendant, Francisco Rendón, recognized the danger immediately and ordered European residents of the city to mount armed patrols. He organized a program of cash subscriptions so that artisans could be hired to manufacture lances, swords, and other weapons. After fifteen working days, however, fewer than four hundred lances were ready to equip the new militias. In growing desperation, Rendón ordered district *subdelegados* to requisition arms and to enlist companies of miners for possible duty at Zacatecas. Hacendados from districts surrounding the city were asked to lend their vaqueros to form a mounted force of one thousand cavalry. Despite these plans, by October 5, only twenty-one mounted lancers showed up ready to defend the city. To make matters worse, when the Conde de Santiago de la Laguna, a criollo, entered the city leading two hundred horsemen from his estates, Rendón was not certain whether they supported the government or the rebellion. He convoked an emergency junta including the ayuntamiento, the mining and merchant authorities, local government bureaucrats, prelates, and other distinguished residents of the city.[37]

Horrified by reports on the rapid diffusion of violence, Rendón's junta at Zacatecas declared that geography and the absence of a large garrison made the city and province indefensible. This lack of resolution precipitated an exodus of European Spaniards that included the municipal magistrates, city counselors, many leaders of the mining and merchant communities, and previous refugees who had fled to Zacatecas from surrounding towns. For

---

[36]William B. Taylor, *Drinking, Homicide, and Rebellion in Colonial Mexican Villages* (Stanford, 1979), 134; and Van Young, "Millennium on the Northern Marches," 386.

[37]Francisco Rendón to Venegas, Guadalajara, January 27, 1811, AGN, OG, vol. 171. See also Hamnett, *Roots of Insurgency*, 126–127.

the few remaining gachupines, death threats and visible criollo support for the rebellion undermined morale. As in other Mexican towns and cities, the wealthy Europeans of Zacatecas were extremely unpopular. Members of the clergy approached Rendón and begged him to escape with his family while there was sufficient time. The intendant took heed of this advice, but during his flight he fell into rebel hands and was delivered unceremoniously to Hidalgo's commanders at Guadalajara. Before escaping, Rendón languished in prison for seventy days, suffering physical deprivation and fears that at any moment he would face a rebel firing squad.

Following the departure of the intendant and other members of the Zacatecas elite, the plebeian classes enjoyed the relaxation of authority. The criollos formed juntas in which the parish curates, such as José María Cos, worked with different groups to create a new city government. The few remaining gachupines, such as Antonio de Apezechea and Julián Pemartín, who had labored desperately to smother rebellion, gathered their liquid assets and fled the city. They made their way to San Luis Potosí, where they loaned Calleja 225,000 pesos in reales, ninety-four silver bars, and an enormous quantity of silver bullion that helped to underwrite the costs of raising the royalist Army of the Center.[38]

More than most royalist leaders, Rendón received an excellent if painful education about the rebellion from the closest proximity. Beginning with his first experiences with the uprising, he noted his surprise at how previously loyal towns could be seduced with "pleasing plans to destroy only the Europeans and to appropriate their wealth for common enjoyment."[39] In assessing blame, Rendón pointed to the *curas* for the rapid collapse of regional support for the regime and condemned the constituted authorities for their ineffectiveness in controlling the popular sectors and their criollo leaders. Other royalist commanders reached similar conclusions. In November 1810, at Nopala, north of Mexico City, Brigadier José de la Cruz informed Viceroy Francisco Javier Venegas that the town *cura*, José María Correa, and the vicar, Mariano Aguilar, "are the most perverse of all." They refused to answer questions directly and maintained "a sweet but false disposition." Everyone else in the Indian town fled before the royalists arrived, believing that the army would punish them with a policy of blood and fire.[40]

By December 1810, Cruz concluded that the clergy of New Spain deserved much of the blame for the rebellion. When he entered Valladolid, he liberated 170 European Spaniards from prisons, investigated massacres that

[38]Fermin Antonio de Apezechea and Julián Pemartín to Calleja, Hacienda de los Cedros, October 26, 1810, AGN, OG, vol. 180.

[39]Rendón to Venegas, January 27, 1811, AGN, OG, vol. 171.

[40]José de la Cruz to Venegas, Nopala, November 20, 1810; and Cruz to Venegas, Huichapan, November 21, 1810, AGN, OG, vol. 141.

had occurred during the rebel occupation, and studied the roots of popular support for insurgency. In Cruz's view: "The origin of all of these evils is the numerous clergy of this city who authorized these disorders with criminal indifference. They organized the towns in insurrection. By painting the rebel cause as just, they seduced the consciences of the residents. They even used the confessional to spread their abominable maxims."[41]

What was worse, Cruz noted that both the city government of Valladolid and many leading residents acquiesced when confronted by rebellion and did not support the legal regime. In a personal note to Viceroy Venegas appended to an official dispatch, Cruz lamented his inability to root out all of those who either supported the rebels or stood by while the executions of Spaniards took place. He bemoaned the fact that the city was home to "as many hidalgos as inhabitants and as many curates as tonsured heads." Even though the rebel chiefs and many of their evil accomplices had fled Valladolid, Cruz felt surrounded by scoundrels in such large numbers that he could not begin to contemplate punishing all of them.[42]

In some respects, the rebellion tended to substantiate charges that the gachupín minority was parasitic, haughty, and self-interested. Some of the bitterest critics were senior army officers and bureaucrats, peninsular Spaniards themselves, who were fed up with the attitudes of the European minority. From Guadalajara, Roque Abarca, former captain general of Nueva Galicia, blamed the rebellion upon those Europeans who had overthrown Viceroy Iturrigaray in September 1808. In Guadalajara, a faction of powerful merchants connected with the mercantile elite of Mexico City had directed what Abarca described as poisonous venom against his administration. Following the outbreak of the Hidalgo Revolt, Guadalajara seethed with debates, backbiting, and controversies about what course to pursue. Abarca convened a junta to assist his government and authorized the recruitment of a new militia force under Captain Manuel del Río. Fearful of the political implications of this policy, some gachupines raised resistance, charging the new militia commander with treason even though they presented no actual evidence. Abarca had to dismiss Captain Río despite believing that the presence of a strong civilian militia force could have shored up the defenses of the city and region.

[41]Cruz to Venegas, Valladolid, December 29, 1810, AGN, OG, vol. 142.

[42]Cruz to Calleja, Valladolid, December 29, 1810, AGN, OG, vol. 143. The massacres of Spaniards in Valladolid had begun on November 13, 1810, with forty men who were marched out of the city and beheaded in a nearby barranca. On November 18 the rebels massacred another group of forty-four Europeans at Cerro del Molcajete on the Pátzcuaro road. Historians disagree about the exact number killed. See Alamán, *Historia de Méjico* II:40–41; and for a lower estimate of the number killed, see Hamill, *The Hidalgo Revolt*, 180–181.

In fact, when feeble efforts to defend nearby communities collapsed, the revolt swept nearly unimpeded toward the city of Guadalajara.[43] Three squadrons of the Regimiento de Dragones de Nueva Galicia deserted, and panic ensued throughout the city. The gachupines pressed Abarca with demands for soldiers to guard their shops, and while he did his best to recruit twelve thousand civilian militiamen, as in the case of Zacatecas almost all of the new soldiers deserted to join the insurgents. As a last resort, Abarca begged the European residents to take up arms in their own defense. During one of the noisy juntas, a Spaniard yelled that "they [the gachupines] were not soldiers and each would care only for number one and for their own interests."[44] When the town of La Barca fell, many European residents fled the city, others went into hiding, and Abarca capitulated to the rebels.

The mood of *terror pánico* that impelled the gachupines to abandon their homes and investments to the insurgents helped to corroborate popular views of their evil influences. By October 1810, European refugees from cities such as Zacatecas, Guanajuato, Aguascalientes, and Guadalajara fled northward into the *provincias internas*, to the coasts, and to the royalist cities in central Mexico. Many huddled at haciendas and elsewhere in such a sad state that one friar described them as "frightened and indecisive."[45] In some districts the movement of Spaniards accompanied by mule trains conveying their numerous possessions interfered with military transport and mobilizations. These refugees had ample money to purchase the best mounts and draft animals. With the added press of military needs to raise cavalry and to deliver extraordinary dispatches, haciendas were left with little more than a few broken-down nags judged unfit for army service.[46] In some communities, the panic of the refugees served to undermine local confidence and fueled the spirit of defeatism. Utterly frustrated, the administrator of Venado, Jacobo María Jantos, asked General Calleja to pass an order forbidding any *ultra-marino* (Spaniard) from abandoning his residence or home district.[47]

Even Calleja expressed anger at the Spaniards' "lack of patriotism and criminal indifference" in failing to take charge of their own defense. While the insurgents sought their extermination as a first priority, the gachupines fled their homes precipitously and left loyal criollos to shoulder the burdens

[43]Roque Abarca to Calleja, Guadalajara, October 17, 1811, AGN, OG, vol. 193.

[44]Ibid.

[45]Fr. Miguel González to Calleja, Hacienda de los Cedros, October 16, 1810, AGN, OG, vol. 169.

[46]Isidro Gómez de Vera, hacendado of Espíritu Santo, to Calleja, October 16, 1810; and Julián de Cosío to Calleja, Real de Catorce, October 17, 1810, AGN, OG, vol. 180.

[47]Jacobo María Jantos to Calleja, Venado, October 26, 1810, AGN, OG, vol. 169.

of defending the regime.[48] As many historians have concluded, hatred of the European minority was a factor of the greatest importance in the rebellion. Many of these individuals were recent immigrants who assumed positions in business, mining, surveying, agricultural management, and district administration. Occupying posts that required direct day-to-day contact with the Mexican population, their haughty superiority, greed, and arbitrary attitudes prepared the groundwork for enduring enmities. Since the gachupines believed that they were the object of a terror campaign planned by Mexicans, rather than defending themselves in the provinces they congregated in the cities where before long they criticized the army for its slowness to restore order and opposed the government for levying new taxes to support the war effort.

Calleja, a European himself, accepted the view that the Hidalgo Rebellion stemmed in part from the "inextinguishable hatreds" directed toward the Spaniards. In his opinion, only the application of a policy of terror might crush this enmity. "But," he asked, "who will impose this terror?" In frustration, he continued: "Do the Europeans want half a dozen men to sacrifice themselves each night on patrols, running the risk of assassination while they [the gachupines] live in luxury, occupied only with their personal affairs? And all the while, they grumble and gossip about the army."[49] To inspire confidence in the royalist cause, Calleja requested the Spaniards to recruit and pay a force of seven to eight hundred men. He wanted them to accept service anywhere in Mexico since sedentary garrison duty in the capital performed by members of the privileged elites was of no use if the army lost battles elsewhere.

There were regions outside of the Bajío in 1810 where the Indian and *casta* populations did not revolt. Indeed, letters of patriotic support poured into Mexico City from officials who expressed genuine shock at the rebellion. The Indian governor of Tepexoxoca convened a junta to discuss

[48]Calleja to Venegas, Guadalajara, January 28, 1811, AGN, OG, vol. 171. At Guanajuato, Valladolid, Guadalajara, and in some other communities, there were mass executions and atrocities. Generally, however, the killings were contained to selected individual gachupines or a small number who were especially disliked. The violence did become more indiscriminate at times and spread to all whites. Such a situation occurred at Zapotlán el Grande where the Indians rose up and massacred all whites regardless of whether they were European or American. As the Hidalgo Revolt failed, there were massacres of Europeans at Guanajuato and Guadalajara. See Venegas to Calleja, December 8, 1810, AGN, OG, vol. 170; Alamán, *Historia de Méjico* II:50–51; and Hamnett, *Roots of Insurgency*, 134–135.

[49]Calleja to Venegas, Guanajuato, August 12, 1811; and Venegas to Calleja, August 18, 1811, AGN, OG, vol. 190.

the uprising of "bandits, bad Christians, and worse subjects."[50] The meeting discussed favors bestowed upon the community by the regime and speculated on how poor Indians lacking arms, military discipline, or training in tactics could be of any use to the army. At the village of San Miguel Tomatlán near Orizaba, patriotic Indians and mestizos volunteered to serve in the militia companies of Fernando VII. They shouted, "¡Viva la Religión, Viva el Rey, Viva la Patria, y muera todo Traidor!"[51] While these people lived in abject poverty and could not contribute funds to support the struggle, they wished to register their "love for the Catholic religion, patria and king." The governor of Veracruz, Carlos de Urrutia, thanked his subjects for their spontaneous loyalty and offered to raise militia units, but in his dispatches to the viceroy he expressed reservations about the dangers of proliferating disorganized village militias and rural companies that might fall under the control of leaders who opposed the government.[52] Urrutía was prescient in this opinion, because the insurgency soon spread to Veracruz province where it took permanent root in the same communities that earlier had manifested such strong royalist loyalties.

Control over the dissemination of information permitted royalist officials to describe the rebellion as an act of supreme treachery and treason. In fact, both sides claimed the mantle of loyalty to Fernando VII, dedication to the Catholic religion, and devotion to their nation. The insurgents needed to spread their message and, if possible, preempt the mantle of legitimacy from the royalist regime. In a recent book, however, John Tutino has described the rural agrarian populations outside of the Bajío in 1810 as passive and uninterested in Hidalgo's message.[53] Tutino argues that the retention of sufficient community land and the existence of better relationships between the regime and individual communities precluded support for rebellion. Although this may have been true during the initial stages of the rebellion, violence did spread to embrace many of the districts that had remained loyal during the first Hidalgo phase. The central valleys, the vast Dirección del Sur, the province of Veracruz, Oaxaca, and many other regions became centers of chronic insurgency where the regime could not restore its authority.

The uprising precipitated by Cura Hidalgo presented a unique blend of features. As William Taylor has noted, Mexican rebellions usually took place in localized settings, flaring up in an outburst of violence and then

[50]José Martínez Hernández, Gobernador de Tepexoxoca, to Venegas, October 16, 1810, AGN, OG, vol. 30. See also Taylor, "Banditry and Insurrection," 237–244.

[51]Petition to the governor of Veracruz, Carlos de Urrutia, San Miguel Tomatlán, November 20, 1810, AGN, OG, vol. 879.

[52]Urrutia to Venegas, Veracruz, December 15, 1810, AGN, OG, vol. 879.

[53]John Tutino, *From Insurrection to Revolution*, 140–147.

subsiding.[54] The 1810 rebellion, however, developed as a series of nearly synchronous uprisings provoked and supported by a leadership that acted more as catalyst than as director. The dreams of the small group of criollos who wished to launch a revolution of Mexican independence were naive expressions that rapidly became submerged in widespread rebellion and then in chronic insurgency. In fact, even before the execution of Hidalgo and the emergence of José María Morelos, the nature of the uprising had changed. While some of the criollo conspirators thought in terms of a Mexican nation, the aspirations of the insurgent *curas*, rancheros, soldiers, innkeepers, vaqueros, and the rural peasant population were more limited. Many who supported rebellion wanted little more than to occupy the positions and offices held previously by the gachupines. While people in villages and rural areas received a range of messages from their leaders, in many regions they shared the perception that their society was undergoing a period of grave perils. Effective *curas* possessed both the trust and the authority to whip up passions and to direct the destructive force of their communities toward specific ends. What resulted was the coalescence of a grand jacquerie that came fairly close to toppling the existing regime and probably fragmenting Mexico into several parts.

Although historians often focus upon Hidalgo's lack of planning and his willingness to recruit an anarchic horde, there was more order to the madness of those first few months of violence than meets the eye. Calleja was probably correct when he stated that if the Hidalgo Rebellion had not been "an absurd insurrection, both the Americans and Europeans would have been convinced that an independent government presented great advantages."[55] Those criollos who wanted to have the work of removing the Spanish regime accomplished by the Indian and *casta* populations made mistakes of the grandest proportions. In many instances they lost control to the dispossessed classes that proceeded to exact revenge for centuries of abuses and arbitrary acts. Indeed, many witnesses to the popular uprisings, brutal assassinations of gachupines, and pillaging of towns, villages, and haciendas were of the view that the rebel leadership conceived the whole idea "in order to more freely commit acts of robbery, murder, and other crimes." Antonio Garrido, *subdelegado* of Rioverde, declared that the rebel leaders "are evil, dissolute, and the lowest plebeians." He admonished his district

---

[54]Taylor, *Drinking, Homicide and Rebellion*, 114–115. Taylor defines rebellions as "localized mass attacks, generally limited to restoring customary equilibrium." In his definition, insurgencies "are regional in scope, constitute part of a broader political struggle between various segments of society, and aim at reorganization of relationships between communities and powerful outsiders." Taylor does accept the possibility that simultaneous rebellions would be similar to an insurgency.

[55]Calleja to Venegas, reservado, Guadalajara, January 29, 1811, AGN, OG, vol. 171.

police officials and hacendados to watch carefully for strangers who "by their dress, words, or movements might give cause for suspicions."[56]

Royalist observers struggled to understand the rebellion and the reasons for its popular support. During the first months, royalist army commanders feared that they would not be able to maintain discipline within their own forces, let alone restore order in the regions of entrenched rebellion. Calleja and other commanders experienced chronic difficulties with desertion, particularly if units had to operate close to the home districts of their soldiers. As early as October 1810, Manuel de Flón, Conde de la Cadena, concluded that the uprising was not simply the work of a small group of bandits who wished to escape Mexico with their loot for a foreign destination such as New Orleans. Based at Querétaro, Cadena suffered helplessly while Hidalgo's forces crushed Guanajuato and killed his brother-in-law, the intendant Riaño. Despite the existence of a strong garrison, Querétaro wavered and some elements within the city favored the rebellion. Soldiers from the Regimiento de Celaya and the Dragones del Príncipe from Guanajuato deserted daily from the city to join with the rebels.[57] When Cadena launched military operations against Hidalgo's forces in San Miguel and Dolores at the end of October 1810, he discovered that the rebellion was popular with the great majority of the people.

From Querétaro to San Miguel, royalist forces reoccupied vacant towns, villages, and haciendas that had been abandoned by their inhabitants. Finally, at the outskirts of San Miguel, a group of *curas* and friars approached the army to ask for compassion and amnesty for the people. Even before the arrival of the royalist army, insurgent leaders had liberated nineteen gachupín prisoners. Cadena entered the town to discover a scene of utter desolation: all of the Indian, mestizo, and *casta* labor force had fled, including the bakers and provisioners, so there was neither bread nor any other food available. Much to his surprise, Cadena discovered some of his own dispatches to the viceroy that had been intercepted and distributed to the rebel commanders. In reviewing the general level of support for the rebellion, he declared, "I am persuaded that there is not a resident here who does not deserve to have his head cut off for being a partisan of [Ignacio] Allende and the cura [Hidalgo]." The royalist officers permitted their troops to sack some houses including that of the former regional militia commander, Colonel Narcisco de la Canal, who was believed either to have supported the rebellion or failed completely to exercise leadership against Hidalgo.

---

[56]Antonio Garrido to his Encargados de Justicia y dueño de haciendas, Rioverde, September 25, 1810, AGN, OG, vol. 180.

[57]Conde de la Cadena to Venegas, Querétaro, October 12, 1810; and Cadena to Venegas, October 13, 1810, AGN, OG, vol. 94-A.

San Miguel was the hometown of rebel commanders such as Allende, Aldama, and Abasalo, and militiamen of the Dragones de la Reina of San Miguel stationed in the district had formed an important cadre of trained troops for the rebels.[58] Cadena destroyed a cannon foundry, a large supply of gunpowder, and some locally manufactured arms. In the meantime, remaining residents of the town denounced each other to the military authorities for possession of caches of confiscated goods, and one search even turned up some dies used to mint insurgent currency. Investigating a report that local nuns had hidden a great treasure in their convent, a royalist patrol discovered and arrested two of Hidalgo's sisters and Aldama's wife. In addition, they confiscated money, jewels, and clothing.[59]

Despite his loyalty to the royalist cause, Cadena expressed at least grudging respect for the raw power generated by the rebellion. Looking back upon the first months of the uprising, he was certain that two additional months of royalist inaction would have terminated Spanish rule in Mexico. Like other royalist commanders, Cadena concluded that the movement was a general insurrection that included all inhabitants, even the nuns and ecclesiastics. Although violence and terror restored order, Cadena reminded Viceroy Venegas never to forget that "in their hearts they [the Mexicans] abhor the Europeans."[60]

As has been noted, the 1810 rebellion spread as a series of revolts that coalesced large forces from the local and regional centers. The rebel units fought under the direction of commanders from their home districts and accepted customary leadership from their *curas* and governors. In the heavily populated Bajío region, the complex texture of towns, villages, and rural haciendas made the growth of a mass uprising possible. While Hidalgo's original force grew spontaneously rather than through any organized system of recruitment, there was a rudimentary framework for military organization. The attachment to the rebel cause of some junior officers, noncommissioned officers, and soldiers of militia units such as the Dragones de la Reina, Príncipe, and Pátzcuaro and the Infantería de Celaya, Valladolid, Guadalajara, and Guanajuato gave at least the impression of a trained insurgent cadre.

Indeed, Colonel Torcuato de Truxillo and other royalist commanders expressed fears that the erosion of troops from the old provincial militias centered in the zones of rebellion might be enough to provoke significant desertions from other royalist units. Prior to the Battle of Las Cruces, Truxillo interrogated rebel prisoners carefully to determine just how many

[58]Cadena to Venegas, San Miguel el Grande, October 25, 1810, AGN, OG, vol. 94-A.

[59]Cadena to Venegas, Hacienda de la Erre, October 27, 1810, AGN, OG, vol. 94-A.

[60]Cadena to Venegas, Villa de Lagos, January 7, 1811, AGN, OG, vol. 94-A. Cadena died at the Battle of Calderón.

trained soldiers and officers of the Mexican provincial militias had gone over to the rebellion. Three prisoners from the Dragones de Pátzcuaro testified that only about one hundred soldiers from their unit had joined the rebels. In his calculations of total desertions from the royalist forces, Truxillo estimated that there were at least five thousand rebels who had at least some previous military training. Included were two thousand mounted lancers and fifty artillery crews recruited from the pastoral and mining populations.[61]

The Battle of Las Cruces near Toluca illustrated that the insurgents possessed at least rudimentary organization and knowledge of tactics. Nevertheless, chronic weaknesses in the rebel forces at this first major battlefield confrontation were also evident in the clashes at Aculco, Guanajuato, and Calderón, near Guadalajara. At 11:00 A.M. on October 28, 1810, the rebels attacked at Monte de las Cruces, advancing heavy columns against dug-in royalist positions. Uniformed soldiers formerly of the Infantry of Celaya, Valladolid, and Guanajuato, with mounted flanking units composed of provincial dragoons and recently recruited lancers, headed each column. At the vanguard, four field artillery pieces supported the columns. Backing up this array came enormous numbers of Indian auxiliaries that massed on the flanks and sometimes flooded to the front of the rebel columns. This supernumerary multitude was armed with little more than sharpened sticks, slings, and stones. Truxillo remarked later that their primary object might have been to instill fear in the royalists by means of their shouts and battle cries. Clearly, however, their great numbers interfered with the better-organized rebel forces, and when their psychological impact failed to gain them victory, they served only to confuse the situation.

The royalists opened fire with grapeshot directed to obliterate the disciplined vanguard of the rebel columns. Although the battle raged back and forth, the insurgents lost many officers, and heavy casualties seem to have been inflicted upon their best organized troops. While Truxillo was compelled to withdraw his exhausted forces from the battlefield, he believed that the rebels had lost at least two thousand men killed and wounded.[62] Remarkably, the Indian and *casta* auxiliaries do not appear to have fared as badly as the columns, which received the brunt of the royalist fire.

Despite continuing disorganization in subsequent confrontations, the rebels did not appear to suffer the brutal battlefield losses proclaimed by royalist propaganda. After the engagement at Aculco, for example, the local *justicia*, Manuel Perfecto de Chávez, wrote a confidential report criticizing

[61]Torcuato de Truxillo to Venegas, Lerma, October 29, 1810, AGN, OG, vol. 809. At this time, the rebel forces were on the move toward Monte de las Cruces. After the interrogations, Truxillo executed the prisoners in order to make an example for others who might consider rebellion.

[62]Truxillo to Venegas, Puerto de las Cruces, October 28, 1810, and Chapultepec, November 6, 1810, AGN, OG, vol. 809.

Calleja for misrepresenting battlefield casualties. Reports published in the *Gazeta de México* claimed that ten thousand rebels had been killed or wounded. Involved in rounding up captured coaches and other rebel property at Aculco, Chávez counted only eighty-five rebels killed and fifty-three wounded prisoners, of whom ten later died.[63] While it was clear in 1810–1811 that the enormous rebel forces were not able to take on the much smaller but better armed and disciplined royalist armies on the conventional battlefield, it was not for lack of individual bravery or spirit exhibited by the peasant soldiers. Clearly, the rebels had to adopt different forms of warfare.

The difficulties for the insurgents stemmed both from the organization of their forces or lack thereof and the absolute absence of logistical planning. In many respects, the rebellion expanded so quickly that it exploded beyond its capacity to supply forces with provisions, arms, munitions, and other equipment. While it was propitious that Hidalgo's rebellion broke out at harvesttime and his followers could live off the land as well as from stored corn during the campaigns for Guanajuato and Guadalajara, by the end of October hunger and shortage of food, more than battlefield reverses, caused large numbers of rural peasants to abandon the insurgent armies. Because many Indians and mestizos had been coerced into duty with the rebels in the first place, they did not need much incentive to desert Hidalgo's cause. Often unable to return directly to their home villages, small groups that fled the rebel armies turned to robbery and marauding for survival. Given the paucity of resources in the ravaged countryside, some of these insurgent-bandits suffered such severe hardships that they surrendered eventually to royalist forces in exchange for amnesties.[64]

The realities of active campaigning and the confusions, atrocities, pillaging, and other excesses that took place in the undisciplined rebel forces drove many early adherents to the sidelines. After the first flush of victory, few criollos willingly attached their futures to the cause of Hidalgo and Allende. When Indian and mestizo soldiers began to abandon the rebellion, the cadre of criollo officers and administrators could not halt the process of disintegration. The debate about why Hidalgo and his commanders turned their forces away from an attempt to occupy Mexico City following the

---

[63]Manuel Perfecto de Chavéz to Calleja, Aculco, October 16, 1810, AGN, OG, vol. 180. At Calderón, Calleja claimed to have killed six to seven thousand insurgents for only sixty royalists killed and ninety wounded. See Calleja to Venegas, Campo sobre el Puente de Calderón, January 7, 1811, January 18, 1811, AGN, OG, vol. 171.

[64]Conde de Alcaraz to Venegas, November 2, 1810, AGN, OG, vol. 443; and José Antonio de Andrade to Venegas, Tepec del Río, April 15, 1811, AGN, OG, vol. 95.

Battle of Las Cruces can be explained in terms of this process and the insoluble difficulties concerning logistics and weaponry.

Lacking a skilled military and civilian leadership to replace the royalist regime, rebel militia officers and soldiers received inflated promotions and appointments to posts well beyond their abilities or experience. For example, militia Captains José Aransivia and Nicolás Taso of the ill-disciplined Regimiento de Pátzcuaro were promoted by Hidalgo to field marshal and full colonel, respectively, in the rebel forces. Ordinary sergeants or corporals in the provincial militias could expect immediate commissions as lieutenants or captains.[65] In addition, Hidalgo distributed high military ranks as incentives to potential leaders who resided outside of the Bajío provinces. While many would-be rebels accepted commissions, inflation in the rank structure added confusion and granted recognition to regional chiefs who pursued quite different ends than those espoused by Hidalgo. In the cases of powerful regional clans such as the Anayas and the Villagranes, the rebellion sanctioned activities that were more closely related to banditry than to the attainment of political goals such as independence.

Following the first flush of enthusiasm, the rebels had to move quickly to establish solid ideological foundations for the movement. While the Virgin of Guadalupe emerged as the accepted patroness of the insurgents, many of the more naïve superstitions evident at the outset of the revolt disappeared with time. Messianic and millenarian ideas were subsumed into more practical local and regional issues. The use of symbols, such as the shrouded coach covered entirely with green cloth that was said to carry Fernando VII until he occupied his throne in New Spain, required a level of naïveté that did not stand up over the longer term and through battlefield reverses.[66] The capture of the rebel baggage train and coaches at Aculco placed the fake Fernando—or at least his coach—in royalist hands. As the rebellion fragmented into regional insurgencies, the *curas* had to decide whether to reconsider their roles as spiritual, military, and political commanders. Some adjusted to emerge as effective guerrilla chieftains, while others accepted royalist amnesties and returned to their purely religious professions.

In many instances, counterinsurgency terror and palpable fears of mass executions drove communities to renounce their attachments to rebellion. At the height of royalist intimidation following the reoccupation of Guanajuato, Calleja ordered the execution of all captured rebels who held the rank of captain or above. More generally, the royalists applied terror for a

[65]José Coterillo to Truxillo, Yxtlahuaca, October 27, 1810, AGN, OG, vol. 809.

[66]Conde de Alcaraz to Venegas, Mexico, November 2, 1810, AGN, OG, vol. 443. For a full discussion of these symbols, see Van Young, "Islands in the Storm," 135; and idem, "Millennium on the Northern Marches," 405–406.

short but sharp retribution after they reoccupied a town or district. Although Calleja agreed with Brigadier Cruz and other royalist commanders that it was impossible to execute every person who had assisted the rebellion because that included most of the population, exemplary executions, jail terms, public floggings, and exposure in the stocks had their impact. After a few days of brutal punishments following the royalist reoccupation of Guanajuato, a crowd of civilians gathered at Calleja's residence to protest their loyalty, submission, and obedience to the Crown. Some men lamented that they had been deceived by their ecclesiastics into supporting rebellion. Fully aware of the methods by the *curas* to promote the uprising, Calleja was equally adept at the application of psychological pressures. Following a dose of harsh retributions including property confiscations, daily executions, and public whippings, he published a broad amnesty program that relieved the state of terror.[67]

Although the defeats of Hidalgo's forces underscored the difficulties for any rebels who confronted the royalist army on the conventional battlefield, Calleja in the aftermath of the Battle of Calderón understood that victory would not lead to an automatic restoration of peace. Even in their practice of conventional warfare, the rebels showed signs that they were learning how to construct effective weapons and to organize the logistical support needed for lengthy operations. Despite the loss at Calderón of their artillery, many of their small arms, and their baggage train, the rebels were able to manufacture new cannon at San Luis Potosí, and it seemed likely that they would retreat to their northern stronghold at Zacatecas. Calleja was also aware that the rebellion begun by Hidalgo had sparked a series of regional insurgencies.

Indeed, as he studied the nature of the Mexican rebellion, Calleja realized that the insurgents had launched a debilitating guerrilla struggle "in a way similar to the mode used by the provinces of Spain with respect to the French."[68] With the capture and elimination of Hidalgo and his principal chiefs in March 1811, Calleja turned his mind to the next stages of the struggle. The disorganized rebellions of the preceding months had formed the basis for more effective and entrenched regional insurgencies. Confronted by these challenges, the royalist army assumed exactly the role Calleja feared, one similar to the part of the French invaders in Spain. To face fragmented guerrilla bands, the royalists had to break up their effective operational forces and to create a system of defended regional garrisons. Commanders such as José de la Cruz at Guadalajara voiced the same frustrations experienced by Napoleonic officers who divided their units between sedentary garrison duty in every significant town and mobile columns assigned to

---

[67]Calleja to Venegas, Guanajuato, November 28, 1810, AGN, OG, vol. 170.
[68]Calleja to Venegas, February 20, 1811, AGN, OG, vol. 171.

chase down the Spanish guerrilleros.[69] Cruz advocated the use of cruel punishments so that not a single "depraved scoundrel" would remain in the country. Like other counterinsurgency commanders, he wished to separate the insurgents from any hint of legitimacy by declaring them to be common bandits and making them feel the full pressure of "guerra a muerte."[70]

Hidalgo's revolt encompassed a multiplicity of different real and imagined grievances. The sharp clashes between the Bajío rebels and the royalist army tore away many illusions and exposed a country fragmented by social, economic, and political divisions. The hatreds directed against the gachupines might have been whipped up by the *curas*, but they constituted nonetheless a substantial force that royalist counterinsurgency violence could not quell. Hidalgo and his fellow conspirators of 1810 launched a rebellion that triggered a decade-long insurgency struggle. With the crumbling of order, some insurgents became true revolutionaries in the sense that they developed visions of new political systems requiring the reorganization of society. Often, however, their views were reactionary, setting out to solve problems by turning the clock back to an ideal era in the past that existed mostly in their imaginations. The village, they hoped, with its privileges, communal lands, and water rights might take precedence over the encroachments of haciendas and economic changes. But eleven years of insurgency hardened the rather naïve rebels of 1810-1811 into guerrillas whose knowledge of irregular warfare and rural insurgency made them the equals of the royalist forces. Although the royalist army developed effective counterinsurgency strategies to crush revolt in the cities and in some provinces, these policies required total mobilization and expenditures that could not be maintained permanently. The insurgents waited until such time as the army became exhausted, lost morale, and collapsed. As Calleja understood and feared, Hidalgo had set the Hydra to work in Mexico.

[69]Don W. Alexander, "French Military Problems in Counterinsurgency Warfare in Northeastern Spain, 1808–1813," *Military Affairs* 40, no. 3 (October 1976): 117–122.
[70]Cruz to Calleja, April 18, 1811, and July 15, 1811, AGN, OG, vol. 145.

De la fidelidad a la infidencia:
Los gobernadores de la parcialidad de San Juan

Virginia Guedea

EL TRABAJO QUE PRESENTO HOY AQUI no pretende analizar ningún proceso revolucionario de la historia de México. Tampoco busca dar cuenta de un movimiento de rebelión. Ni siquiera se refiere a una acción específica de protesta violenta. Tan sólo intenta explicar cómo un régimen, en este caso el colonial español, perdió credibilidad entre algunos de sus súbditos y cómo reaccionó ante esa pérdida. Me ocuparé, concretamente, de ver cómo tres caciques indígenas de la ciudad de México, que habían dado manifiestas pruebas de lealtad a las autoridades coloniales aun después de haberse iniciado el movimiento insurgente, pasaron a convertirse en sospechosos de infidencia y, finalmente, se vieron procesados por ello.

El comportamiento de los distintos sectores de la sociedad capitalina durante el proceso que condujo a la Nueva España a convertirse en nación independiente interesó siempre tanto a las autoridades coloniales como a quienes luchaban contra el régimen. La posibilidad de que el movimiento armado pudiera contar con un amplio apoyo dentro de la ciudad de México, que de realizarse sería decisiva para su triunfo, llevó a varios de los jefes insurgentes a establecer contactos con grupos e individuos de dentro de ella. Asimismo, llevó a las autoridades coloniales a ejercer sobre sus habitantes una estricta vigilancia y a tratar de imponer un rígido control sobre muchas de sus actividades.

Entre los distintos grupos capitalinos cuyo apoyo buscaron algunos jefes insurgentes y que a su vez fueron vigilados muy de cerca por las autoridades coloniales se contaron, por obvias razones, aquellos que se

NOTA DE LA AUTORA: Agradezco a la Fundación Rockefeller la oportunidad que me brindó para residir una temporada en su Centro de Estudios, la Villa Serbelloni, en Bellagio, Italia, la que me permitió revisar y ampliar este trabajo.

ocupaban directamente de la administración y gobierno de las dos repúblicas, la española y la indígena, en que se hallaba dividida la ciudad: el Ayuntamiento de México y los funcionarios o principales de las parcialidades de San Juan Tenochtitlan y de Santiago Tlatelolco. Si bien el dominio del espacio urbano capitalino se encontraba en buena medida, y cada vez más, en manos del Ayuntamiento de la ciudad, sobre todo en lo que se refiere a su parte central, algunos de sus barrios, la totalidad—o casi—de su periferia y varias de sus zonas aledañas se hallaban sujetos a los gobernadores y cabildos indígenas de las dos parcialidades.

Aun cuando en el desempeño de sus cargos se encontraban bajo la supervisión de determinados funcionarios coloniales, especialmente del virrey como juez privativo y protector de indios, los funcionarios indígenas de ambas parcialidades, muy en particular los gobernadores, ejercían sobre los territorios y habitantes de su jurisdicción un control directo y efectivo tanto en lo económico como en lo político, lo que les confería prestigio y poder. Para los primeros años del siglo XIX estos gobernadores, que al igual que los miembros de los cabildos y otros funcionarios indígenas eran elegidos cada año, constituían una verdadera élite que no sólo acaparaba los cargos más altos del gobierno de los indígenas sino que también intervenía de manera determinante en prácticamente todos los demás aspectos de la vida de sus comunidades.[1]

La fidelísima solicitud de los naturales de México

Al igual que el Ayuntamiento de la ciudad, los funcionarios indígenas hicieron oír su voz al presentarse en 1808 la crisis imperial provocada por la invasión francesa de la península y la abdicación de los reyes españoles. Poco después de conocerse estas noticias en la capital del virreinato, los principales de ambas parcialidades dirigieron al virrey José de Iturrigaray un escrito, fechado el 21 de julio, en el que le hacían constar la lealtad de sus gobernados a los monarcas españoles. Además le manifestaban que, a pesar de saberse unos "miserables" incapaces de hacer un servicio de consideración, más de catorce mil indios que componían ambas parcialidades se hallaban dispuestos a sacrificar sus bienes y personas y a derramar hasta la última

---

[1]Sobre la organización y el funcionamiento de las parcialidades de San Juan y de Santiago véase Charles Gibson, *Los aztecas bajo el dominio español (1519–1810)* (México: Siglo XXI Editores, 1967), y la Introducción y el capítulo I de Andrés Lira, *Comunidades indígenas frente a la ciudad de México: Tenochtitlan y Tlatelolco, sus pueblos y barrios, 1812–1919* (Guadalajara: El Colegio de Michoacán, 1983). Para el caso de la parcialidad de San Juan, véase el escrito de Francisco Antonio Galicia al intendente Ramón Gutiérrez del Mazo en la causa seguida a Eleuterio Severino Guzmán, en Archivo General de la Nación (en adelante, AGN), *Infidencias*, v. 82, exp. 4, cuad. 4, f. 13–14.

gota de su sangre antes que someterse a Napoleón. Firmaban esta oferta, entre otros, el gobernador Eleuterio Severino Guzmán, el alcalde presidente Francisco Antonio Galicia y Dionisio Cano y Moctezuma, principales de San Juan, así como el gobernador de Santiago Manuel Santos Vargas Machuca.[2] Y, no obstante que el virrey no manifestara ningún indicio de querer incorporar por entonces a los naturales de las parcialidades al sistema de defensa del virreinato, el gobernador de San Juan y otros funcionarios de esta parcialidad, para prepararse a cumplir su oferta, hicieron listas de los habitantes y barrios que ella comprendía.

A diferencia del Ayuntamiento de México, y a pesar de la desconfianza que su condición de indígenas pudiera despertar en las autoridades coloniales, los funcionarios de las parcialidades no dieron por entonces motivos para que se pusiera en duda su aceptación del orden de cosas existente o se pensara que deseaban aprovechar la ocasión para promover cambios de importancia en la colonia. Se limitaron a manifestar su pesar por las críticas circunstancias que se vivían y a ofrecer sus servicios, pero sin pasar a proponer acciones novedosas que pudieran alterar las relaciones de poder existentes en la Nueva España, como lo había hecho el Ayuntamiento capitalino con su insistencia en que se estableciese una junta de autoridades. Aunque en las juntas convocadas por el virrey Iturrigaray, en las que los miembros del Ayuntamiento expusieron con toda claridad sus pretensiones autonomistas, se temió discutir sobre ciertos asuntos a causa de la presencia en ellas de los gobernadores indígenas, éstos no manifestaron por entonces intenciones de adherirse a las propuestas del Ayuntamiento. Y es que, por un lado, su especial condición de indígenas hacía que sus relaciones con el régimen colonial, tanto novohispano como peninsular, fueran bien distintas a los de otros sectores de la sociedad capitalina. Por otro, difícilmente los funcionarios indígenas podían avenirse a apoyar las pretensiones de alcanzar una mayor participación en la toma de decisiones mostradas por un Ayuntamiento con el que desde los inicios de la vida colonial las parcialidades habían tenido que enfrentarse para defender propiedades o preeminencias.[3]

La conducta que mostraron estos funcionarios indígenas durante el crítico período que siguió al golpe de estado de 1808, que frenó violenta aunque momentáneamente las pretensiones autonomistas de los criollos capitalinos, tampoco dio motivos para que las autoridades pudieran desconfiar de ellos. A diferencia de los americanos autonomistas, se limitaron a insistir, de una manera muy general y cuando la ocasión era la adecuada, en su fidelidad a la corona española. Así ocurrió en mayo de 1809

---

[2]"Ofertas hechas al propio Exmo. Sr. Virrey por las parcialidades de Indios de esta capital", en *Suplemento a la Gazeta de México* del sábado 10 de septiembre de 1810, aparecida el martes 13, XV, no. 94: 665–666.

[3]Lira, *Comunidades*, 24.

con motivo de una proclama del virrey Garibay sobre los reveses sufridos por las armas españolas en la península, la necesidad de conservar estos dominios a su legítimo soberano y la de acabar con las divisiones e inquinas que se manifestaban entre sus habitantes.[4] El gobernador por entonces de San Juan, Francisco Antonio Galicia, le hizo saber que entre los naturales de la parcialidad no había disminuido su amor por "nuestro deseadísimo soberano el Sr. D. Fernando VII" y que se hallaban libres por completo del espíritu de sedición esparcido por Napoleón en todo el mundo. Los indios, a pesar de "su rusticidad y poca civilización", entendían que debían reconocer a la Junta Central como lugarteniente del rey; si por desgracia sus integrantes, o el monarca mismo, perecían a manos de Napoleón, sabían muy bien que no debían "tener otro rey que el inmediato sucesor de la casa de Borbón". En el peor de los casos, sabrían morir en defensa de la religión, del rey y de la patria.[5] El deseo de los gobernadores de mostrar públicamente su lealtad a la corona española los llevó a solicitar ese mismo año su inclusión formal en el Paseo del Pendón, el que se celebraba cada 13 de agosto para conmemorar la toma de la ciudad de México por los españoles. El arzobispo-virrey, Francisco Xavier Lizana, accedió a su solicitud y ordenó al Ayuntamiento "los acogieran bajo las mazas de la nobilísima ciudad", lo que, dicho sea de paso, no dejó de provocar el disgusto del Cabildo capitalino.[6]

No sería sino hasta abril de 1810 cuando los principales indígenas harían a las autoridades, además de una oferta, una propuesta de acción concreta por parte de los naturales. El 27 de ese mes Dionisio Cano y Moctezuma, gobernador por entonces de San Juan, después de expresar las consabidas protestas de lealtad y obediencia "que por la misericordia del Altísimo les han sido connaturales desde la feliz época de la conquista", ofreció a Lizana los indios a su cargo para que sirvieran en la defensa de la Nueva España. No era nueva esta oferta; sí lo era el solicitar que se enseñara a los naturales el uso y manejo de las armas y se formara con ellos un regimiento de indios voluntarios. En favor de esta propuesta el gobernador argüía que la seducción y la intriga se embotaban en su misma "rusticidad", y que como no entraban en discusiones ni raciocinios serían los mejores defensores de la justa causa. A pesar de la necesidad que se tenía en la Nueva España de contar con tropas suficientes para su adecuada defensa, el

---

[4]Proclama del virrey Pedro Garibay, México, 20 de abril de 1809, en *Gazeta de México* del sábado 29 de abril de 1809, XVI, no. 56: 365–368.

[5]"Contestación del gobernador de la parcialidad de San Juan al Exmo. Sr. virrey, de la proclama que se mandó publicar", en *Gazeta de México* del miércoles 17 de mayo de 1809, XVI, no. 62: 415–416.

[6]Lira, *Comunidades*, 41.

arzobispo-virrey se limitó a agradecer tan "apreciable y fidelísima solicitud" y dejó pendiente la resolución en cuanto a aprovechar o no su propuesta.[7]

Poco después, a principios del mes de junio, el mismo Cano y Moctezuma denunció a las autoridades que en el tecpan de Santiago se habían llevado a cabo unas juntas clandestinas, a las que había sido invitado a asistir junto con el anterior gobernador de San Juan, Francisco Antonio Galicia. Estas juntas, promovidas por un colegial indio de Oaxaca, Mariano Paz Carrión, se celebraron con la presencia del exgobernador de Santiago Manuel Santos Vargas Machuca y el propio Cano y Moctezuma. Según registraron las autoridades, en ellas se había hablado de que "se reuniesen los pueblos para tratar de independencia como en Caracas, de instalar Cortes y pedir armas al gobierno . . . a pretexto de industriar a los indios en el manejo de ellas" y que se impidiera el envío de dinero a España, "aunque al efecto se derramara sangre". La oportuna denuncia de Cano y Moctezuma ocasionó que se procesara a Carrión, se amonestara a Vargas Machuca y se diera las gracias a los naturales de San Juan, los que, una vez más, habían demostrado su fidelidad al régimen.[8]

Al estallar en septiembre de 1810 la insurrección de Hidalgo, "el gobernador, alcalde presidente, gobernadores pasados y toda la república de la parcialidad de San Juan" definieron claramente su postura en cuanto al movimiento insurgente. El 27 de ese mes enviaron una representación al virrey Francisco Xavier Venegas en la que, además de repetir las ofertas de siempre, condenaban enérgicamente a la insurrección y expresaban su pesar porque tomaban parte en ella algunos indios, reiteraban su fidelidad a la casa de Borbón y manifestaban saber que debían vivir sujetos a las legítimas potestades. Pedían se elevara su representación al Supremo Consejo de Regencia para que el rey supiera que los indios de México no se habían dejado seducir. Las firmas aparecen encabezadas por el gobernador Dionisio Cano y Moctezuma y por el exgobernador Francisco Antonio Galicia. Asimismo firmaba el alcalde Miguel Rivera, entre otros. El día 5 del mes siguiente los principales de Santiago imitaron la conducta de los de San Juan y expusieron por escrito al virrey que se encontraban "movidos por los mismos sentimientos de religión, lealtad y patriotismo que aquéllos". Esta exposición, la que también pedían se elevara al Supremo Consejo de

[7]Dionisio Cano y Moctezuma al virrey Francisco Xavier de Lizana y Beaumont, Real Tecpan de San Juan, 27 de abril de 1810, en AGN, *Operaciones de Guerra*, v. 410, y el virrey Francisco Xavier de Lizana y Beaumont a Dionisio Cano y Moctezuma, México, 4 de mayo de 1810, en AGN, *Operaciones de Guerra*, v. 410.

[8]Certificación de Julián Roldán, México, 2 de marzo de 1814, en AGN, *Infidencias*, v. 64; declaración de Dionisio Cano y Moctezuma, México, 2 de marzo de 1814, en AGN, *Infidencias*, v. 86, y declaración de Julián Roldán, México, 25 de agosto de 1814, en AGN, *Infidencias*, v. 64.

Regencia, estaba firmada, entre otros, por el gobernador Mateo Angel Alvarado y por Manuel Santos Vargas Machuca, exgobernador.[9]

A diferencia de lo ocurrido en ocasiones anteriores, y ante la amenaza que significaba la presencia de Hidalgo en las afueras de la capital, esta vez el virrey se decidió a aprovechar las reiteradas ofertas de San Juan y de Santiago. Mandó que 408 naturales de ambas parcialidades formaran dos piquetes de lanceros que darían servicio en las garitas de Vallejo y Peralvillo. Los gobernadores debían ocuparse de su cuidado y de su pago, para lo cual servirían como tenientes.[10] Esta inusitada medida de permitir a los indios de la ciudad servir militarmente se debió en gran parte a que Hidalgo amenazaba por entonces la capital. También se debió a que con ella se daba satisfacción a los deseos de los funcionarios indígenas de ver reconocida su lealtad al régimen y de saber que sus servicios le eran de utilidad. Sin embargo, al mismo tiempo se dictó otra medida que iba a causar inquietud entre los, hasta entonces, tranquilos funcionarios de las parcialidades. Por bando publicado el mismo día en que los naturales de Santiago dirigieron al virrey su exposición, éste dio a conocer el decreto de la Regencia del 26 de mayo de ese año que abolía el tributo indígena, gracia que el virrey de la Nueva España hizo extensiva a las castas.[11] Esta disposición, que se suponía debía atraer al régimen colonial las simpatías de los naturales, vino a provocar a los funcionarios de las parcialidades un serio problema, como bien lo ha señalado Andrés Lira, puesto que al entrar en vigor dejarían de percibir el 5 por ciento de los tributos que cobraban y que les estaba asignado por el desempeño de ese trabajo. Además, afectaría seriamente la vida de sus comunidades, ya que las dejaba sin algunos de los recursos necesarios para su regular funcionamiento.[12]

La creación de los cuerpos de lanceros indígenas y su inclusión en el servicio de vigilancia de las garitas no serían las únicas innovaciones provocadas por el estado de guerra en que se hallaba el virreinato. La seguridad de la capital exigía un mayor control sobre sus habitantes. También exigía un riguroso control en cuanto a su acceso a ella. En agosto de 1811, después de haberse descubierto en la capital dos conspiraciones contra el virrey Venegas, éste emitió un *Reglamento de Policía* en el que

[9]Exposición de la parcialidad de San Juan, México, 27 de septiembre de 1810, en Juan E. Hernández y Dávalos, *Colección de documentos para la historia de la guerra de independencia de México de 1808 a 1821*, 6 vols. (México: José María Sandoval, Impresor, 1878), II:115–116, y Exposición de la parcialidad de Santiago, Real Tecpan de Santiago, 5 de octubre de 1810, en J. E. Hernández y Dávalos, *Colección*, II:142.

[10]Véase Virginia Guedea, "Los indios voluntarios de Fernando VII", en *Estudios de Historia Moderna y Contemporánea de México* 10 (1986): 36–37.

[11]Bando del virrey Francisco Xavier Venegas, México, 5 de octubre de 1810, en Hernández y Dávalos, *Colección*, II:137–139.

[12]Lira, *Comunidades*, 52.

entre otras medidas se hacía obligatorio el uso de pasaportes para entrar y salir de la ciudad de México. Los gobernadores de las parcialidades fueron los encargados de su distribución tanto en los barrios de la capital que caían bajo su jurisdicción como en los pueblos de fuera de ella que les estaban sujetos. Dado que muchos de los indígenas de las parcialidades se ocupaban de producir alimentos y otros efectos para el consumo de la ciudad, así como de su introducción y venta dentro de ella, el que hubiera mayor vigilancia y el tener que utilizar un pasaporte para el desempeño de su diaria actividad se convirtió para ellos en un serio obstáculo. Quedaron más expuestos a ser víctimas de vejaciones y despojos por parte de quienes se ocupaban del orden dentro de la ciudad así como de la entrada y salida de ella. Esta situación provocaría la inconformidad de los naturales y el que dejaran de entrar a la ciudad para vender sus productos. El desabasto que por ello se comenzó a sentir en los mercados capitalinos, al que también contribuía el que la ciudad estuviera rodeada de partidas de insurgentes que estorbaban la entrada en ella de distintos efectos, llevó al virrey y a la Junta de Policía a disponer a fines de ese año una serie de medidas para cortar tales abusos. Por los informes de los gobernadores de entonces, Francisco Antonio Galicia y Cristóbal Rojas, se puede ver que los que los sufrían eran los naturales de San Juan; al parecer, los de Santiago no tuvieron por entonces queja alguna que elevar a las autoridades.[13]

Las formas de vida de los indígenas no sólo se vieron afectadas por la insurrección. Asimismo lo serían por las disposiciones de las Cortes españolas y sobre todo por el nuevo orden constitucional. El empeño de los diputados liberales que desde Cádiz pretendían hacer desaparecer las diferencias que existían entre indios y españoles, equiparándolos en cuanto a su status jurídico, no sólo no alcanzaría a verse plenamente realizado sino que, además, tendría en muchos de los casos efectos negativos para los primeros, como ya vimos al hablar de la abolición del tributo. También tendría consecuencias negativas para el régimen colonial. La desaparición de esa peculiar forma de organización social y política que eran las comunidades indígenas, ordenada por las autoridades superiores, sería vista en muchos de los casos por los naturales, y en particular por sus funcionarios, como un desconocimiento unilateral del pacto social hasta entonces en vigor. Y esto provocaría, a su vez, la pérdida de credibilidad de muchos de los indígenas en el régimen.

Si bien para las autoridades superiores de la colonia la Constitución de Cádiz venía a mermar sus facultades y a abrir a todos los novohispanos, incluyendo a los descontentos con el régimen, nuevos caminos de participación política justo al tiempo en que la insurrección armada parecía

---

[13]Véase "Representación dirigida al virrey de Nueva España por la junta de policía y tranquilidad pública de la ciudad de México, a 31 de diciembre del año último", en Hernández y Dávalos, *Colección*, IV:714–760.

más fuerte que nunca, no pudieron dejar de ponerla en vigor aunque fuera tan sólo en algunos de sus aspectos. Uno de ellos fue la elección de los ayuntamientos constitucionales. En el caso particular de la ciudad de México, esto afectaría directamente a las parcialidades y a sus funcionarios, puesto que el nuevo Ayuntamiento capitalino debía ocuparse de la administración y gobierno de toda ella, incluyendo los barrios indígenas, y varios de los pueblos que les estaban sujetos debían, a su vez, elegir su propio Ayuntamiento. Sus principales se dieron bien cuenta de que estaba en juego su posición de autoridad y de inmediato decidieron formar parte del nuevo orden de cosas. Por ello fue que en las elecciones populares celebradas en noviembre de 1812 para designar a los electores que a su vez debían nombrar al nuevo Ayuntamiento de México resultaron electos dos exgobernadores de San Juan: Galicia por la parroquia de Santa Cruz Acatlán y Cano y Moctezuma por la de Santo Tomás la Palma.[14]

En estas elecciones, que tanto disgustaron a las autoridades superiores por la forma en que se llevaron a cabo y porque en ellas resultaron electos únicamente individuos nacidos en la Nueva España, los principales indígenas y el antiguo Ayuntamiento de México actuaron de manera muy semejante, en un esfuerzo conjunto y llevados de un mismo propósito: mantener, e incluso incrementar, su control sobre el espacio urbano. Aun cuando el virrey Venegas suspendió la integración del nuevo Ayuntamiento capitalino, la participación de los indígenas en éste quedaría asegurada en abril del año siguiente, cuando su sucesor Félix María Calleja ordenó a los electores procedieran a su designación. Este nuevo Ayuntamiento, del que no formaría parte ningún español europeo, contaría con dos regidores indígenas: el mismo Galicia y Santos Vargas Machuca, exgobernador de Santiago. La abierta, y exitosa, participación de los funcionarios indígenas en el proceso electoral y su incorporación al Ayuntamiento constitucional mostraron el grado de coincidencia que en ese momento se daba ya entre ellos y los americanos autonomistas, lo que provocó la desconfianza de las autoridades superiores.[15] Esta desconfianza pronto aumentaría ante la conducta obervada por Galicia y otros principales de San Juan.

[14]Véase Virginia Guedea, "Las primeras elecciones populares en la ciudad de México, 1812–1813", *Mexican Studies/Estudios Mexicanos* 7, no. 1 (Winter 1991): 1–28.

[15]Comunicación del virrey Félix María Calleja al ministro de Gobernación de Ultramar, México, 22 de junio de 1813, en Ernesto de la Torre, ed., *Los Guadalupes y la Independencia* (México: Editorial Porrúa, 1985), 38–39.

Don Francisco Antonio Galicia, regidor constitucional

Por declaración de Gertrudis del Castillo, esposa del insurgente Miguel Gallardo, el 29 de junio de 1813 se supo que en Tlalpujahua había habido gran alegría a fines de diciembre del año anterior o principios de enero siguiente por haber recibido Ignacio López Rayón un pliego que enviaban los gobernadores de las parcialidades de México. En él se daba cuenta del descontento capitalino por no haberse designado todavía su nuevo Ayuntamiento constitucional y se ofrecía a aquel jefe insurgente que con su auxilio se podían tomar presas a todas las autoridades, ya que los gobernadores tenían catorce mil indios preparados para ello. Aunque, según la declarante, Rayón no había mencionado los nombres de los autores de dicho pliego, su conductor, el alcalde de San Juan José Miguel Rivera, le había hecho mención del de Galicia.[16] Con esta declaración de Gertrudis del Castillo se inició causa reservada a quien no sólo había sido gobernador de San Juan y era por entonces regidor constitucional sino que, además, era el principal más distinguido de esa parcialidad. A pesar de que Rivera—quien desde antes se encontraba preso por servir de correo entre los insurgentes y Leona Vicario—declaró haber escrito él mismo el pliego en cuestión, utilizando para ello uno de los papeles que traía firmado en blanco por Galicia, de los que se usaban para pasaportes,[17] las sospechas sobre el regidor no se desvanecieron, ya que pocos días después se añadió a su causa copia de una carta supuestamente escrita por él a Rayón y que le fuera quitada a José Sixto Verduzco en Puruándiro el mes de abril anterior. En esta carta, fechada el 3 de enero de ese año, su autor informaba a Rayón sobre la situación de la ciudad de México, en la que crecía y se hacía cada vez más público "el movimiento patriótico". Le manifestaba, además, la inquietud que en ella se sentía por no haberse llevado a cabo la elección de los miembros del Ayuntamiento constitucional y le expresaba que tanto él como sus hijos ansiaban sacudirse "el tirano yugo, que ya nos priva aun de la respiración", por lo que en cuanto se acercaran los insurgentes a la capital darían ellos "el grito".[18] Como la declaración de Rivera ponía en duda que el autor del pliego recibido por Rayón fuese el regidor, y como la carta tomada a Verduzco era tan sólo una copia, Galicia no fue detenido por entonces.

Mientras se hacían estas diligencias, el virrey recibió un escrito, fechado en México el 11 de julio de 1813, que no lleva firma pero que por su contenido pretende dar la impresión de haber sido redactado por varios

---

[16]Declaración de Gertrudis del Castillo, México, 29 de junio de 1813, en AGN, *Infidencias*, v. 23, f. 18–18v.

[17]Declaración de José Miguel Rivera, México, 30 de junio de 1813, en AGN, *Infidencias*, v. 64, f. 8.

[18]Carta de Francisco Antonio Galicia a Ignacio López Rayón, México, 3 de enero de 1813, en Hernández y Dávalos, *Colección*, IV:821.

indígenas vecinos de la parcialidad de San Juan. Se iniciaba con una denuncia de la conducta que habían observado los "infames criollos" contrarios al gobierno y a los gachupines, sobre todo durante las elecciones celebradas en la capital para proceder a designar su Ayuntamiento constitucional. Entre los individuos que habían intervenido en ellas se mencionaba a Dionisio Cano y Moctezuma, a quien se le daba el nombre de Lionisio Torres, del que se decía que había salido elector por Santo Tomás la Palma aunque apenas llevaba cuatro días de vecino de dicha parroquia. Se informaba también que su hermano se había pasado a los insurgentes y que Dionisio, "para tomarse el apelativo de Cano y Moctezuma para nombrarse noble", había comprado algunos papeles. Según el anónimo, Galicia conocía bien todo esto y al entrar Cano y Moctezuma de gobernador trataba de procesarlo; sin embargo, éste regaló 500 pesos a Galicia y a Guzmán, otro exgobernador de la parcialidad, por lo que no se le procesó, y Cano y Moctezuma reciprocó el favor nombrando regidor a Galicia.

El escrito proseguía denunciando la conducta del regidor:

> de este hombre nos quejamos criminosísimamente porque [en] lo material por su causa se va acabando el pueblo y barrios, pereciendo los pobres mexicanos honrados y asimismo perdiendo nuestra conducta y opinión entre nuestros hermanos los europeos y asimismo entre nuestro feliz gobierno, no tanto de esta capital como de España,

ya que Galicia se había declarado públicamente por enemigo de los europeos y quería que el pueblo hiciese lo mismo. Desde su nombramiento como regidor, llamaba a los regatones en las plazas y les decía que ya no tenían que obedecer a nadie más que a los criollos, porque "ya se acabó el incauto gobierno de gachupines". También les informaba que el objeto de su gobierno era separar a los europeos de la capital porque tenían que "pagársela"—Gabriel de Yermo el primero por haber apresado a Iturrigaray—, y que él contaba con todos los pueblos de indios a su favor, expresiones que ocasionaron que varias veces se le echaran vivas en las plazas. Para acabar de atraerse a su partido a todo el populacho hacía que en su presencia las cosas se vendieran más baratas; entonces familiares suyos y de su compañero Vargas Machuca las compraban para después revenderlas a mayor precio. En fin, Galicia quería entender en todos los ramos de justicia, "sea civil o criminal", y sostenía que ni el virrey podía desmandar lo que él ordenaba y que "ningún tribunal gobierna ni puede hacer nada sin el parecer del ilustre Ayuntamiento, porque dicho Ayuntamiento está hecho por la Santa Constitución y pedido por todo el pueblo". El escrito terminaba solicitando a Calleja se tomaran las medidas necesarias para remediar todo esto, ya que de continuar tales injusticias se acabarían la honradez y la religión, "pues aun por ejemplo se puede publicar que el día cuatro de abril del presente año se hizo la elección de regidores, y el día 5 inmediatamente entró la peste en esta ciudad y tal que vez [*sic*] fue permisión del Señor para que en este pueblo no hubiera habido algún derrame de sangre". Finalmente, en una nota, daba los nombres de varias personas que podían corroborar lo que en él se afirmaba.[19]

Para las autoridades superiores, en particular para el virrey, no dejaba de ser altamente preocupante el que un exgobernador indígena del prestigio y de la influencia de Galicia hiciera causa común con los americanos descontentos con el régimen, como claramente señalaba el anónimo, por lo que se iniciaron las averiguaciones pertinentes. Las declaraciones de varios de los testigos, incluidos los mencionados en el anónimo, coincidieron en señalar que su conducta como regidor encargado de vigilar plazas y mercados había sido correcta. De lo dicho por ellos se desprende que Galicia había hecho recoger algunos artículos, como el carbón, con el fin de evitar su acaparamiento por los regatones y la consecuente alza en los precios y no para lucrar con ellos, lo que había redundado en beneficio del pueblo.

Hubo, no obstante, un testigo que le fue particularmente contrario, llamado Pedro Salazar, español natural de México que era alcalde de los zapateros y estaba encargado de cobrarles el medio semanario y el real llamado para el ángel, en lo que había cometido algunos abusos, por lo que Galicia había tenido con él problemas en el desempeño de sus funciones como regidor. Salazar declaró que en la plazuela de Jesús Galicia había quitado el sello que el gremio establecía debían llevar los zapatos, lo que motivó que se le echaran vivas, se quemaran cohetes y se tocara un tambor. El regidor expresó entonces "que ahora él mandaba, que ya era otro tiempo, pues se había acabado el incauto gobierno". Sin embargo del anónimo y de la declaración de Salazar, el que parece haber sido su autor, el Ayuntamiento constitucional respaldó en este caso—como era natural—las acciones del regidor, y el parecer del conde de Colombini, sargento mayor de la plaza, sobre su actuación con los regatones fue asimismo favorable a Galicia.[20]

Se hicieron también por entonces, aunque en forma muy somera, algunas averiguaciones respecto a Dionisio Cano y Moctezuma y a su hermano Rafael, quien, en efecto, se había pasado "a los insurgentes con una mujer casada que llevó consigo".[21] Con la debida oportunidad se habían hecho desde su fuga varias diligencias extraoficiales para averiguar si había correspondencia entre ambos, ya que por entonces don Dionisio era gobernador de San Juan, y una mujer había denunciado que Rafael le había escrito a su hermano por medio de un indio cargador que se ocupaba del

[19] Anónimo dirigido al virrey Félix María Calleja, México, 11 de julio de 1813, en AGN, *Infidencias*, v. 64, cuad. 2, f. 30–31v.

[20] Véase las distintas declaraciones contenidas en la causa seguida a Francisco Antonio Galicia, en AGN, *Infidencias*, v. 64, cuad. 2, f. 32–45v.

[21] Oficio de Miguel Bataller a José Ignacio Berazueta, México, 4 de agosto de 1813, en AGN, *Infidencias*, v. 64, cuad. 2, f. 38v–39.

cuidado de las canoas y vivía en casa de una frutera.[22] Sin embargo, esta denuncia no había podido probarse, por lo que no se procedió contra el gobernador en aquella ocasión. Dado que para julio de 1813 Rafael había sido muerto ya en acción por las tropas realistas, hasta allí llegaron por entonces las averiguaciones en cuanto a Cano y Moctezuma.

En octubre de ese mismo año la conducta de Galicia atrajo nuevamente la atención de las autoridades coloniales. El regidor no sólo se ocupaba del cumplido desempeño de su nuevo cargo sino que, además, dedicaba su constante atención a los indios de su parcialidad, necesitados entonces más que nunca de sus cuidados a causa de la peste que los afligía, sobre los que seguía ejerciendo un poderoso ascendiente. Como atinadamente señalaba el anónimo enviado a Calleja, el exgobernador quería entender—y de hecho lo hacía—en todo, fuera civil o criminal. El día 9 de ese mes, dos granaderos pertenecientes al Regimiento de Zamora causaron un alboroto entre los indios del pueblo de Santa Cruz Tultenco, quienes los apedrearon e hirieron a uno de ellos. A causa de este alboroto y de la intervención en él de Galicia, se iniciaron las diligencias del caso.

De las averiguaciones hechas resultó que los soldados apedreados eran Nicolás Velasco, natural de Asturias, y José Otero, natural de Galicia, ambos de veintidós años. Según sus declaraciones, habían ido a pasear por La Viga la tarde de ese día; durante su paseo, Velasco había entrado en una casa a prender un cigarro y, al ver en ella una guitarra, la había pedido prestada. Cuando la devolvió, ambos vieron que todo el pueblo estaba alborotado y les tiraba con piedras; un paisano que montaba a caballo los lazó a los dos y, ya amarrados, una de las piedras hirió a Otero en la ceja.[23] Llegó entonces un granadero del Comercio, de los que estaban de guardia en la garita de La Viga, quien recogió a los indios dos bayonetas y un cuchillo y se llevó a los dos soldados a la garita, a donde los siguieron aquéllos.[24] En eso se había presentado Galicia y hecho cargo de la situación. Ante las súplicas de los detenidos, que pedían ser puestos en libertad o que se les remitiera a su cuerpo, se negó terminantemente, molesto porque, según manifestó entonces, los soldados se aprovechaban de su condición para cometer desmanes con la población civil. Señaló, además, que la noche anterior había muerto un indígena que era fiscal de barrio, herido por "los soldados gachupines", y que quizá alguno de los detenidos fuera de los

---

[22]Oficio de Julián Roldán a Segundo Fernández de Gamboa, en AGN, *Infidencias*, v. 64, cuad. 4, f. 163–164.

[23]Declaración de Nicolás Velasco, México, 22 de octubre de 1813, y declaración de José Otero, México, 22 de octubre de 1813, en AGN, *Infidencias*, v. 64, cuad. 3, f. 58–60v.

[24]Declaración de Domingo García, México, 5 de noviembre de 1813, en AGN, *Infidencias*, v. 64, cuad. 3, f. 67–68v.

asesinos.[25] Según el testigo Pascual Segura, natural de Castilla, Galicia no había accedido a lo que le pedían los soldados porque

> de ese modo acreditaba a su Exa. lo que había escrito el día anterior, añadiendo las siguientes expresiones, poco más o menos: ni las tropas patricias han hecho lo que ustedes están haciendo metiéndose en las casas cometiendo iniquidades, pueden dar ustedes gracias a mí porque los indios están en la mejor disposición para acabar con todos ustedes (hablando de las tropas europeas).

Segura declaró, además, que los indios que allí se encontraban se habían expresado en forma injuriosa contra los soldados europeos.[26]

A pesar de las declaraciones dadas por los granaderos aprehendidos en el sentido de que no habían hecho nada indebido ni molestado a nadie, es más que probable que el enojo del vecindario se debiera a una conducta abusiva por parte de los soldados; de hecho, se dijo que habían entrado en la casa a robar. Las tropas que por entonces se hallaban dentro de la capital cometían no pocos excesos con la población civil, en especial con los indígenas.[27] El mismo Galicia se había quejado ya por escrito a Ramón Gutiérrez del Mazo, intendente de México y jefe político de su Ayuntamiento constitucional, de que los soldados europeos se apoderaban de los artículos que los naturales traían a vender en los mercados y robaban también a quienes transitaban por las calzadas, escrito al que se refirió al negarles la libertad a los soldados detenidos.

Aun cuando una vez efectuadas las averiguaciones quedó claro que Galicia no había hecho nada indebido durante el alboroto, no terminaron allí los problemas del regidor motivados por los soldados europeos. El 11 de octubre, a dos días de la detención de los granaderos de Zamora, envió un nuevo escrito a Gutiérrez del Mazo en el que hacía referencia al oficio que le había remitido a su vez el intendente sobre las providencias dictadas por el virrey para evitar los atropellos de las tropas, atropellos que no habían cesado. En él le hacía saber que, dado que las órdenes emitidas no habían sido suficientes para contenerlos, el pueblo se hallaba incómodo y, como continuaban desobedeciéndolas quienes más debían acatarlas y así seguían los perjuicios, "desespera ya el vecindario de estas inmediaciones y no podré contenerlos". Galicia proseguía exponiendo a Gutiérrez del Mazo que los vecinos que entraban y salían de la ciudad a vender sus cosas o a alguna diligencia lo debían hacer por la calzada, y a su regreso por la noche se exponían en ella a algún accidente. El mismo regidor había estado a punto de

---

[25]Declaración de José Girón, México, 5 de noviembre de 1813, en AGN, *Infidencias*, v. 64, cuad. 3, f. 65–65v.

[26]Declaración de Pascual Segura, México, 16 de octubre de 1813, en AGN, *Infidencias*, v. 64, cuad. 3, f. 54v–55v.

[27]Christon I. Archer, *The Army in Bourbon Mexico, 1760–1810* (Albuquerque: University of New Mexico Press, 1977), 251.

sufrir un atentado hacía pocos días, "y no siendo conforme al buen gobierno" el que se expusiera a ello, se vería precisado a "resguardar la calzada con gente de los propios vecinos para asegurarlos, y que acaben con el soldado o soldados que encuentren allí". El fiscal del barrio de la Magdalena Macuitlapilco, Mateo Romero, había sido asesinado por dos soldados europeos que le dieron dieciséis puñaladas porque se resistió cuando pretendieron quitarle la vara de fiscal con cruz de plata que llevaba. Y terminaba pidiendo al intendente comunicara todo esto al virrey para que éste, a su vez, tomara las providencias oportunas.[28]

Gutiérrez del Mazo pasó a Calleja el oficio de Galicia. El virrey contestó al intendente haber mandado ya se hiciesen desde luego las diligencias necesarias para averiguar lo ocurrido en el asesinato de Romero y castigar a los culpables, y añadió que tomaría las medidas más enérgicas para contener este tipo de excesos. Pero, además, Calleja hacía saber a Gutiérrez del Mazo que las expresiones vertidas por Galicia en su oficio acerca de que el pueblo se hallaba incómodo y que, a pesar de las providencias tomadas, desesperaba ya y que el regidor no podría contenerlo, no habían podido menos que llamar su atención. Por lo tanto, el regidor debía ampliar su exposición "expresando sobre qué datos o especies oídas al público o individuos en particular se funda para explicarse en aquellos términos por acontecimientos que son comunes y frecuentes en todas las plazas de armas donde concurren tropas", para así poder tomar las medidas más convenientes.[29]

En su escrito aclaratorio, fechado el 28 de ese mismo mes y que dirigió nuevamente a Gutiérrez del Mazo, Galicia invocaba en su descargo el dolor que le había causado la muerte de Romero. Para explicar su proposición y remover de ella todo equívoco, como lo ordenaba el virrey, aclaraba que el pueblo se hallaba incómodo "por las atrocidades e insultos de la tropa", los que había tolerado sin resistirlos con las armas debido a que confiaba en las disposiciones del gobierno. Sin embargo, desesperaba ya de que estas disposiciones fueran suficientes para su protección; los vecinos andaban armados, lo que multiplicaría los asesinatos y desgracias, y ya no podría contenerlos de que tomaran venganza por sí mismos. La proposición "se dirigía a manifestar mis temores, no relativos a un levantamiento o tumulto general sino precisamente a la multiplicación de asesinatos particulares por traspasar los vecinos los límites de la justicia, haciéndosela por sí mismos", lo que vendría a trastornar el orden social y ocasionaría un fermento general.

Galicia señalaba también que los desórdenes cometidos por las tropas eran bien conocidos por el virrey, y aunque éste aseguraba que eran comunes

---

[28]Francisco Antonio Galicia a Ramón Gutiérrez del Mazo, México, 11 de octubre de 1813, en AGN, *Infidencias*, v. 64, cuad. 4, f. 74–77.

[29]El virrey Félix María Calleja a Ramón Gutiérrez del Mazo, México, 11 de octubre de 1813, en AGN, *Infidencias*, v. 64, cuad. 4, f. 78–79v.

y corrientes en las plazas donde concurrieran tropas, como en la de México no se habían visto nunca habían sido piedra de escándalo y causado descontento en el vecindario, no contra el gobierno sino contra los soldados, descontento que el virrey debía conocer. Los ciudadanos, que antes no llevaban consigo ni un alfiler y transitaban solos y confiadamente a todas horas, en los últimos días permanecían encerrados o salían acompañados o armados. El mismo regidor había tenido que valerse de varios vecinos amigos suyos para que lo esperasen en la calzada y lo defendiesen de algún posible ataque de los soldados. En Santa Cruz Tultenco, "a las solas voces de una criada", los naturales habían apresado a dos soldados, a los que condujeron a la garita. Todo lo anterior probaba que existía un descontento general contra las tropas, y "el descontento ¿no es la primera causa de fermento?". ¿No debió sobresaltarse y temer que el pueblo cometiese asesinatos con los soldados y que esto hiciera que la tropa multiplicara sus atentados? Este temor fue el que lo había movido a escribir su oficio anterior. Y daba fin a su nuevo escrito manifestando no haber oído nada sobre levantamiento o alboroto, aclarando que de haberlo hecho hubiera dado parte al virrey.[30]

Las explicaciones del regidor parecieron, de momento, suficientes para tranquilizar a las autoridades, aunque el encargado de la causa, Nemesio Ferriz, dictaminó se le quitara el empleo de regidor y se le pusiera preso por seis meses en un castillo.[31] De hecho, no había sido Galicia el único en quejarse de la conducta de los soldados europeos ni los incidentes en que se vio envuelto los únicos ocurridos en la ciudad de México. El propio virrey emitió a fines de octubre dos bandos, uno que prohibía a los militares alejarse de sus guardias y patrullas, así como cometer actos violentos contra los paisanos, y otro que prohibía que éstos anduvieran a caballo sin licencia del virrey y que utilizaran el lazo, portaran armas y ofendieran o insultaran a los militares.[32] Sin embargo, como se trataba, según palabras del nuevo encargado de la causa, José Ignacio Berazueta, de decidir si se había cometido "crimen de infidencia y espionaje", la causa se mantuvo abierta. Simplemente se suspendió su curso debido a las delicadas circunstancias en que por ese entonces se encontraba la capital y al gran ascendiente que el regidor tenía en ella, en particular entre los indios.[33]

[30]Francisco Antonio Galicia a Ramón Gutiérrez del Mazo, México, 28 de octubre de 1813, en AGN, *Infidencias*, v. 64, cuad. 4, f. 82–89.

[31]Declaración de Nemesio Ferriz, México, 27 de agosto de 1814, en AGN, *Infidencias*, v. 64, cuad. 4, f. 131.

[32]Lucas Alamán, *Historia de Méjico desde los primeros movimientos que prepararon su independencia en el año de 1808 hasta la época presente*, 5 vols. (México: Imprenta de J. M. Lara, 1850), III:510.

[33]José Ignacio Berazueta al virrey Félix María Calleja, México, 28 de noviembre de 1813, en AGN, *Infidencias*, v. 64, cuad. 2, f. 49–50v.

El comandante don Eleuterio Severino Guzmán

La militarización de que era objeto la vida novohispana durante aquellos años a causa del estado de guerra en que se hallaba la colonia no sólo daría lugar a los abusos que las tropas realistas cometían con los indígenas en la ciudad. También sería responsable de un problema de mucho mayor importancia y que afectaría seriamente la vida de las parcialidades: la leva forzosa. Para combatir en forma adecuada al movimiento insurgente el régimen colonial debía contar con las tropas suficientes para hacerle frente. Sin embargo, dado que el servicio militar no atraía voluntariamente al número de individuos que se necesitaba, desde los inicios de la insurrección las autoridades coloniales recurrieron a la leva forzosa, la que se hizo sentir sobre todo en los centros urbanos con mayor densidad de población, muy en particular en la ciudad de México. A pesar de que los indígenas se hallaban exentos de prestar el servicio militar, la crónica escasez de individuos que estuvieran en condiciones de servir militarmente hizo que muchos de ellos fueran incorporados a las filas realistas, entre los que fueron numerosos los procedentes de las parcialidades capitalinas.

Por otra parte, el nuevo orden derivado de la Constitución de 1812 no sólo implicaba el establecimiento de los ayuntamientos constitucionales. También implicaba, como ya señalé, la desaparición del viejo sistema de gobierno económico y político que representaban las comunidades indígenas. Si bien las parcialidades de San Juan y de Santiago no fueron extinguidas inmediatamente después de establecerse el Ayuntamiento constitucional capitalino, su desaparición era cosa de poco tiempo. Esto afectaría, sin duda, a todos sus habitantes, pero sobre todo a sus principales, los que perderían desde luego su posición de poder. Y aunque dentro del Ayuntamiento constitucional de la ciudad de México habían tenido cabida dos de ellos—los que, si bien en condiciones diferentes, podrían mantener de cierta manera esa posición e incluso ampliarla a otros ámbitos—, el resto de la élite indígena quedaría del todo fuera del juego político.

Esto lo comprendería muy bien el entonces gobernador de San Juan, Eleuterio Severino Guzmán. Ante la inminente desaparición de su cargo y preocupado por los efectos que entre sus gobernados producía una leva masiva, se decidió a organizar cuerpos militares con los indios de su parcialidad que, por un lado, los protegieran de la leva y que, por otro, al estar directamente bajo su mando, le confirieran autoridad sobre los indígenas.[34]

Desde marzo de 1813, en que Calleja subiera al poder, Guzmán había hecho al nuevo virrey la consabida oferta de los naturales de la parcialidad, la

[34]Para las actividades de Guzmán véase V. Guedea, "Los indios voluntarios", 50–70.

que, a su vez, mereció de aquél las consabidas gracias. Pocos días después, el gobernador solicitó a Calleja se concediera un resguardo a cada uno de los pueblos de San Juan para que sus habitantes no fueran detenidos por la leva.[35] Sin embargo de habérsele concedido lo que pedía, el gobernador no volvió a ocuparse de los resguardos sino hasta octubre de ese año, en que por disposición del virrey debían alistarse todos los vecinos de la capital. De inmediato dirigió un nuevo escrito a Calleja, fechado el 12 de octubre. Después de reiterar la fidelidad y patriotismo de los naturales y de recordarle al virrey, y revalidar, todas las ofertas hechas por sus antecesores y por él mismo, insistía una vez más en que los indígenas de su jurisdicción eran los más adecuados para defender la capital, sus autoridades y la justa causa. Para "formar un respetable ejército" sólo aguardaba sus órdenes y que le entregara los fusiles necesarios, así como que ordenara que los indios no se alistaran en otras compañías, ya que "la gente unida hace más resistencia que dividida, como bien lo sabe V.E.".[36] A pesar de que la respuesta de Calleja, además de dar las gracias y señalar la satisfacción que le producía la ininterrumpida fidelidad de las parcialidades, fue en el sentido de que utilizaría las fuerzas que el gobernador le ofrecía cuando las circunstancias así lo exigieran,[37] Guzmán decidió interpretarla como favorable a su propuesta. De hecho, desde mes y medio antes el gobernador había iniciado los trabajos preparatorios para el alistamiento de los naturales, para lo cual había mandado actualizar las listas de los habitantes de la parcialidad que había ordenado elaborar desde 1808, lo que prueba que la oferta nuevamente hecha al virrey buscaba tan sólo justificar su intento.[38]

Guzmán no sólo procedió a actualizar estas listas sino que además elaboró un borrador de resguardo para los naturales de San Juan—el que más bien parecía un nombramiento—que mandó imprimir y que, aparentemente, fue aprobado por el sargento mayor de la plaza y revisado por el virrey. Asimismo entró en pláticas con Guadalupe Velasco, gobernador de Santiago, al que convenció de tomar parte en el asunto, por lo que se imprimió un nuevo resguardo en el que se hacía referencia a las dos parcialidades. De inmediato se comenzaron a repartir estos resguardos o nombramientos, por los que se cobraba a los naturales determinada cantidad. Además de enlistarlos se comenzó su adiestramiento, para lo que se efectuaron asambleas y ejercicios en distintos barrios, y se comenzaron a organizar los

[35] Eleuterio Severino Guzmán al virrey Félix María Calleja, México, marzo de 1813, en AGN, *Infidencias*, v. 82, exp. 4, cuad. 1, f. 76–76v.

[36] Eleuterio Severino Guzmán al virrey Félix María Calleja, Tecpan y parcialidad de San Juan, 12 de octubre de 1813, en AGN, *Infidencias*, v. 82, exp. 4, cuad. 1, f. 17–17v.

[37] El virrey Félix María Calleja a Eleuterio Severino Guzmán, México, 22 de octubre de 1813, en AGN, *Infidencias*, v. 82, exp. 4, cuad. 1, f. 18.

[38] "Cuaderno de listas de los militares patriotas de esta Parcialidad de San Juan", en AGN, *Infidencias*, v. 82, exp. 4, cuad. 2, f. 59–60v.

batallones y compañías que debían componer el "Cuerpo Nacional de Patriotas Voluntarios del Sr. D. Fernando VII".

En todas estas tareas, además de Guzmán, tomaron parte varios funcionarios de San Juan, entre los que destacó el alcalde supernumerario José Salazar, español natural de México que desde hacía varios años había estado ligado a la parcialidad de San Juan, el que se ocuparía de coordinar y dirigir los trabajos. También participaron el alcalde de Santa María Miguel Nava, indio cacique natural de Temascalcingo, quien fue encargado de alistar a los indios de su barrio, y los alcaldes de Santa Cruz y Soledad, Eusebio Antonio Dávila, y de San Pablo, Bonifacio Antonio Campos, ambos también indígenas. Algunos individuos ajenos a la parcialidad sirvieron de escribientes o para enseñar a los naturales el ejercicio de patriotas, entre ellos "gente de razón", incluido un español peninsular. Salvo Guzmán y Salazar, todos los demás se hallaban convencidos de que lo que estaban haciendo contaba con el conocimiento y aprobación del virrey.

Hacia fines de noviembre, en un oficio en que un tanto de pasada se refería a que instruía a los lanceros y a otros voluntarios indígenas en la disciplina militar, Guzmán solicitó de Calleja lo nombrara comandante de los lanceros y demás compañías que se formaran en su parcialidad, así como que se diera un nombramiento a Salazar.[39] La respuesta del virrey fue muy clara. Sin tomarse la molestia de negarle lo que pedía, le ordenaba suspender los alistamientos para dejar a los indios en libertad de remediar su miserable situación, agravada particularmente por la peste que habían sufrido.[40] No obstante la decisión de Calleja y de que a fines de diciembre recibiera del intendente de México la orden en que quedaba suspendido en su cargo de gobernador por así decretarlo la Constitución, Guzmán continuó con los alistamientos, las asambleas e, incluso, nombró a algunos oficiales. Al parecer, la decisión del virrey sí fue acatada de inmediato por los funcionarios de Santiago.

Ante la conducta seguida por Guzmán, el 13 de enero de 1814 nuevamente se dio orden para la suspensión de los alistamientos en ambas parcialidades. El gobernador de Santiago aclaró haberlo hecho así desde antes y que, además, había procurado que Guzmán también lo hiciera, pero que éste, "encaprichado o seducido", había seguido adelante. También Guzmán respondió dándose por enterado de que debían cesar alistamientos y asambleas, y explicó que con ello había creído "hacer un servicio fiel a la patria, religión y soberano".[41] De hecho, no quiso, o no pudo, detener lo que

[39]Oficio de Eleuterio Severino Guzmán al virrey Félix María Calleja, s.f., AGN, *Infidencias*, v. 82, exp. 4, cuad. 1, f. 16v.

[40]Oficio del virrey Félix María Calleja a Eleuterio Severino Guzmán, s.f., AGN, *Infidencias*, v. 82, exp. 4, cuad. 1, f. 17–17v.

[41]Respuesta de Guadalupe Velasco a José Mendívil, México, 13 de enero de 1814, en AGN, *Infidencias*, v. 82, exp. 4, cuad. 1, f. 5–5v, y respuesta de

había iniciado, por lo que se celebró una asamblea más, amén de proseguirse con el reparto de resguardos a las guardias que se habían establecido en el tecpan, las que tanto a Guzmán como a Salazar rendían honores militares. Las cosas se complicaron para Guzmán porque Ramón Elizalde, alcalde presidente de la parcialidad y quien debía haberlo sucedido en el cargo de gobernador, disgustado por haberse extinguido ese puesto y celoso del poder que Guzmán iba adquiriendo con motivo de los alistamientos, lo acusó ante el administrador de las parcialidades José Francisco de Villanueva de malos manejos de los fondos de los lanceros. Villanueva, con el que también tenía problemas Guzmán porque aquél le adeudaba desde hacía tiempo los sueldos de los funcionarios de la parcialidad, informó de todo esto a Calleja, así como de que proseguían los alistamientos.[42]

Para el 3 de febrero se había agotado la paciencia del virrey. Ordenó entonces que se llamara a declarar a Guzmán para que explicara, entre otras cosas, el haber desobedecido sus órdenes, el porqué se seguía nombrando gobernador y quién lo había autorizado a nombrarse comandante.[43] Con ello se dio inicio a su causa de infidencia. Recogiéronsele sus papeles y se le arrestó, al igual que a Salazar. Se detuvo también a los demás implicados en el asunto. De las numerosas deligencias efectuadas con motivo de la causa, quedó un tanto en claro que Salazar había sido el principal promotor y reponsable de alistamientos, asambleas, guardias, nombramientos y demás. A ello ayudó mucho la habilidad de Guzmán, quien a todo lo largo del proceso insistió en que todas sus acciones obedecían a su preocupación, como gobernador, por evitar que los indios sufrieran los efectos de la leva, y que los extremos a que en todo ello se había llegado se debían a los empeños de Salazar, que había logrado alucinarlo al punto de casi volverlo loco. Si había firmado los nombramientos había sido por su "buena fe y simplicidad", puesto que siempre había procurado dirigirse por hombres más instruidos que él.[44]

A pesar de que Salazar negó haberlo seducido, arguyendo atinadamente que un individuo que había sido dos veces gobernador no podía dejar de darse

Eleuterio Severino Guzmán a José Mendívil, México, 15 de enero de 1814, en AGN, *Infidencias*, v. 82, exp. 4, cuad. 1, f. 6.

[42]Oficio de José Francisco de Villanueva al virrey Félix María Calleja, México, 25 de enero de 1814, en AGN, *Infidencias*, v. 82, exp. 4, cuad. 2.

[43]Oficio del virrey Félix María Calleja a José Mendívil, México, 3 de febrero de 1814, en AGN, *Infidencias*, v. 82, exp. 4, cuad. 2, f. 1–2v.

[44]Ampliación de la declaración de Eleuterio Severino Guzmán, México, 10 de febrero de 1814, en AGN, *Infidencias*, v. 82, exp. 4, cuad. 1, f. 46–49v; escrito de Eleuterio Severino Guzmán al virrey Félix María Calleja, s.f., en AGN, *Infidencias*, v. 82, exp. 4, cuad. 1, f. 3–3v y confesión de Eleuterio Severino Guzmán, México, 5 de marzo de 1814, en AGN, *Infidencias*, v. 82, exp. 4, cuad. 1, f. 126v–130.

cuenta de lo que estaba pasando,[45] Guzmán salió bien librado de su enfrentamiento con las autoridades coloniales. Para fines de marzo de ese año fue puesto en libertad. Según el parecer del auditor general, Melchor de Foncerrada, aunque la causa era de infidencia, en realidad no encontraba indicios de ésta. También fueron puestos en libertad los demás implicados, salvo Salazar, el que fue condenado a tres meses de cárcel, no por el delito de infidencia sino por abusar de la sencillez de los indios y haber hecho "el papelón principal" en todo este asunto.[46]

Don Dionisio Cano y Moctezuma, el Coronel de San Pedro de México

En enero de 1814, pocos días antes de que se le iniciara a Guzmán proceso por infidencia, tropas realistas quitaron parte de su equipaje al insurgente José Antonio Arroyo. Entre sus papeles se encontró una esquela que Dionisio Cano y Moctezuma había dirigido a Mariano Matamoros a fines de 1813, en la que le recomendaba a un compañero suyo, Francisco Ledesma, el que podía ser útil para seducir algunos pueblos, y le informaba haberle mandado unos dulces como obsequio con un tal Isidoro Abarca, la que firmaba como "El Coronel de San Pedro de México".[47] Como Cano y Moctezuma había sido gobernador de San Juan y era sujeto pudiente, esta carta llegó hasta el virrey. A causa de que había dudas respecto a si la firma era o no de Cano y Moctezuma, se le mandó comparecer el 1° de febrero, pero no se le encontró en su casa, ya que pocos días antes el exgobernador había salido de la ciudad para visitar su rancho en Cuautzozonco. Con todas las precauciones del caso, se mandó al comandante de armas de Chalco que lo detuviera y remitiera a la capital, pero no se le encontró en su rancho. Se llamó entonces a declarar a su esposa, Manuela Sánchez, la que sólo pudo decir que su marido había salido a su rancho para recoger el maíz, pero que por el mayordomo sabía que ya no estaba en él.[48] Asimismo se mandó reconocer los papeles de Cano y Moctezuma, lo que tampoco arrojó mucha claridad sobre el asunto, ya que no se encontró ninguno comprometedor.

Unos cuantos días después, el 15 de febrero, el exgobernador dirigió al virrey Calleja un escrito por medio de su esposa. En él le explicaba con toda claridad que al saber que su carta a Matamoros había caído en manos de las

[45]Confesión de José Salazar, México, 9 de marzo de 1814, en AGN, *Infidencias*, v. 82, exp. 4, cuad. 1, f. 135v–140.

[46]Oficio de Melchor de Foncerrada al virrey Félix María Calleja, México, 21 de marzo de 1814, en AGN, *Infidencias*, v. 82, exp. 4, cuad. 1, f. 143.

[47]Carta de Dionisio Cano y Moctezuma a Mariano Matamoros, s.f., en AGN, *Infidencias*, v. 86, exp. 5.

[48]Declaración de Manuela Sánchez, México, 7 de febrero de 1814, en AGN, *Infidencias*, v. 86, exp. 5.

autoridades se había ocultado para evitar su ruina y la de su familia. Le manifestaba que jamás había tenido nada que ver con los rebeldes y que siempre había servido celosamente al gobierno, como lo podía probar por los oficios del arzobispo y del virrey que tenía en su poder, en los que se daban por satisfechos de su fidelidad y patriotismo. Sin embargo, aceptaba que la carta era suya, la que, en un momento en que quizá se había excedido en la bebida, había escrito para evitar que los insurgentes le dañaran sus siembras o robaran sus canoas. Reconocía, pues, haber cometido un delito y, arrepentido, recurría a la piedad y clemencia del virrey, por lo que le suplicaba la gracia del indulto.[49] Además de esta solicitud, Calleja recibió también la de la abadesa del convento de descalzas de Corpus Christi, para indias caciques, a quien Cano y Moctezuma había pedido interviniera en su favor.[50]

El juez de la causa, José Antonio de Noriega, opinó que podía accederse a su petición, ya que "la piedad del gobierno siempre ha deseado la edificación del vasallo y no su exterminio", a pesar de que la representación de Cano y Moctezuma no satisfacía el grave cargo que le resultaba de su acción. Para alcanzar la gracia del indulto, el exgobernador debía presentarse a declarar y descubrir a sus cómplices, ya que las autoridades debían proceder a detener a aquellos delincuentes que llevaban y traían a la capital la correspondencia de los rebeldes.[51] Así lo hizo Cano y Moctezuma el 2 de marzo, y en su declaración insistió una vez más en su fidelidad y patriotismo, recordando a las autoridades su oportuna denuncia de las juntas clandestinas celebradas en 1810 en la parcialidad de Santiago. Por otra parte, aclaró que la recomendación que de Ledesma hacía en su carta a Matamoros era sólo para conseguir de éste el título de coronel de San Pedro de México, título que quería presentar al insurgente José Francisco Osorno, a quien le había dicho que tenía tal cargo para evadirse de las gabelas que había impuesto a su rancho.[52] Después de su declaración, aparentemente sin mayores problemas, Dionisio Cano y Moctezuma, exgobernador de San Juan, quedó indultado.

Pero la carta enviada por Cano y Moctezuma a Matamoros no fue la única que el exgobernador enviara a los insurgentes. En febrero de 1814 José María Morelos fue derrotado en Tlacotepec, y en esta acción sus papeles cayeron en manos de los realistas. Aparecieron entonces una carta que "el

---

[49]Oficio de Dionisio Cano y Moctezuma al virrey Félix María Calleja, 15 de febrero de 1814, en AGN, *Infidencias*, v. 86, exp. 5.

[50]Sor María Vicenta de S. A. al virrey Félix María Calleja, México, 17 de febrero de 1814, en AGN, *Infidencias*, v. 86, exp. 5.

[51]Oficio de José Antonio de Noriega al virrey Félix María Calleja, México, 26 de febrero de 1814, en AGN, *Infidencias*, v. 86, exp. 5.

[52]Declaración de Dionisio Cano y Moctezuma, México, 2 de marzo de 1814, en AGN, *Infidencias*, v. 86, exp. 5.

coronel de San Pedro de México" dirigiera a Morelos y también varias cartas que la sociedad llamada de Los Guadalupes remitiera desde la capital a este jefe insurgente, las que daban cuenta de los trabajos emprendidos por ella en favor del movimiento. Además, en una carta tomada poco antes a Mariano Matamoros, enviada por Morelos, se incluía una lista de los Guadalupes y el nombre de Cano y Moctezuma aparecía en ella. Por otra parte, el insurgente José Osorio, que fuera secretario de Matamoros, al pedir el indulto, había declarado en Puebla que cuatro individuos se habían presentado a este jefe insurgente cuando iba camino a Valladolid llevando cartas de recomendación del exgobernador y un pasaporte expedido por éste como "coronel del regimiento de dragones distinguidos de San Pedro de México". Por último, y también en Puebla, Manuel Sáenz de Enciso, al solicitar asimismo el indulto, había manifestado que Cano y Moctezuma era uno de los Guadalupes.[53] Las sospechas que las autoridades abrigaban sobre el exgobernador en cuanto a sus relaciones con los insurgentes parecieron encontrar nuevas, y contundentes, pruebas en que apoyarse.

La carta que Morelos recibiera del coronel de San Pedro de México estaba fechada en México de 18 de noviembre de 1813 y desbordaba entusiasmo por la causa insurgente. Su autor le comunicaba haber recibido carta del coronel José Rodríguez de la Barrera en que lo nombrada jefe de los barrios de la Palma, San Sebastián y Santa Ana, nombramiento que llevaba el *cúmplase* del mismo Morelos. Le informaba que desde hacía tiempo sus sentimientos de patriotismo lo habían llevado a planear la forma de facilitarle a este jefe insurgente la entrada en la ciudad de México. Ahora, que tenía un doble incentivo, lucharía por todos los medios posibles para alcanzar la libertad de la Nación y no cesaría en sus esfuerzos y fatigas "hasta no ver vengada la sangre ilustre de mis antecesores y la de mis amados hermanos". Y terminaba señalando que para lograr sus propósitos era necesario quedaran cerca de la capital el comandante Vicente Vargas y el capitán Manuel González, los que podrían servir para comunicarle a Morelos "los oportunos avisos a la seguridad de la empresa y su feliz éxito".[54]

Si bien en la carta no aparecía el nombre de Cano y Moctezuma, como éste había utilizado el título de coronel de San Pedro de México en su carta a Matamoros, y como era obvio que el autor de ella era un indígena importante, fue llamado a declarar. De entrada negó conocer la carta, aunque aclaró que había un regimiento llamado de San Pedro, el que se hallaba en

[53]Certificación de Julián Roldán, México, 5 de mayo de 1814, en AGN, *Infidencias*, v. 86, exp. 5, cuad. 2, f. 1–1v, y otra certificación de Julián Roldán, México, 5 de mayo de 1814, en AGN, *Infidencias*, v. 86, exp. 5, cuad. 2, f. 2–2v. Sobre los Guadalupes, véase Virginia Guedea, *En busca de un gobierno alterno: Los Guadalupes de México* (México: UNAM, 1992).

[54]El coronel de San Pedro de México a José María Morelos, México, 18 de noviembre de 1813, en AGN, *Infidencias*, v. 86, exp. 5, cuad. 1, f. 2–4.

tierra caliente a cargo de Matamoros, pero que no conocía ninguno de ese nombre en la ciudad de México. Posiblemente el que se titulaba coronel de él era un tal Parra, asentista de los gallos a quien los insurgentes que iban al rancho de Cano y Moctezuma le rendían obediencia. Aunque negó haber utilizado tal título, manifestó que quizá excedido de pulque, como cuando escribió a Matamoros, pudo haberlo comunicado a alguna persona. Negó también saber quiénes eran los Guadalupes, si bien había oído hablar de ellos a los insurgentes que ocurrían a su rancho, los que tampoco sabían quiénes eran aquéllos, ya que sólo estaban enterados los principales jefes insurgentes, "y que Dios lo ampare de que él fuera uno de ellos". De haber sido así, hubiera firmado su carta a Matamoros como tal y, además, los insurgentes no lo hubieran tratado de robar, e incluso matar, cuando comerciaba con sus canoas, por lo que se le había concedido una guardia de diez soldados y un sargento que lo acompañaban en el camino de Chalco.[55]

Tanto el parecer de los peritos que examinaron la carta en cuestión y la cotejaron con la letra de Cano y Moctezuma, como la declaración de Francisco Díaz, uno de los supuestos recomendados por aquél a Matamoros, fueron favorables al exgobernador. La letra de la carta se encontró ser diferente a la suya y Díaz manifestó no haber llevado ningún papel de recomendación ni pasaporte expedidos por Cano y Moctezuma.[56] Los informes del comandante de armas de Chalco, Manuel Torres, y del capitán José Francisco Yarnos, comandante de Tetelco, también abonaron la conducta del exgobernador. Por ellos se puede ver, además, que Cano y Moctezuma acudía a Chalco una vez por semana a comprar frutas y semillas y que tanto él como su madre "Andrea la frutera" y su pariente Martín Martínez eran de los principales del comercio de aquella población. Como "estos tres individuos en los tianguis del pueblo de Chalco suponen para su comercio por todos los demás juntos", se les había concedido escolta de tropas para custodiar sus canoas, y Cano y Moctezuma gratificaba bien estos servicios, lo que no era de extrañar, ya "que suele ser de mucha consideración la plata que trae para emplear en fruta y semillas".[57]

Debido a que Cano y Moctezuma se hallaba ya indultado y a que no se le pudo probar nada en forma definitiva, el 29 de mayo de 1814 se le puso en libertad bajo fianza, aunque debía guardar detención en su casa mientras se

[55]Declaración de Dionisio Cano y Moctezuma, México, 7 de mayo de 1814, en AGN, *Infidencias*, v. 86, exp. 5, cuad. 1, f. 5v–8v.

[56]Diligencias hechas con los maestros de primeras letras José Joaquín Maya y Anacleto Caballero, México, 10 de mayo de 1814, en AGN, *Infidencias*, v. 86, exp. 5, cuad. 1, f. 9v–10, y declaración de Francisco Díaz, México, 12 de mayo de 1814, en AGN, *Infidencias*, v. 86, exp. 5, cuad. 1, f. 10v–12.

[57]Oficio de Manuel Torres al virrey Félix María Calleja, Chalco, 26 de mayo de 1814, en AGN, *Infidencias*, v. 86, exp. 5, cuad. 1, f. 13–13v. y oficio de Francisco Xavier de Yarnos, Tetelco, 21 de mayo de 1814, en AGN, *Infidencias*, v. 86, exp. 5, cuad. 1, f. 14–14v.

aclaraba si era o no Guadalupe, "siendo esto lo más importante para saber quiénes son todos los Guadalupes".[58] Su causa permaneció abierta. Todavía el 19 de junio de ese año se llamó a declarar a otro de sus supuestos recomendados, Domingo González Díaz, el que también negó haber dado a Matamoros ningún papel de Cano y Moctezuma, al que dijo que ni siquiera conocía.[59]

La criminal osadía de un funcionario indígena

El regreso de Fernando VII a España y el consecuente retorno al antiguo régimen no significó para los principales indígenas el fin de sus problemas con el régimen colonial. Por un lado, debían volver a sus antiguas formas de vida comunal, lo que implicaba la restitución de los órganos de gobierno de las repúblicas de naturales y que parecía abrirles de nuevo la oportunidad de ejercer cargos de importancia en sus parcialidades. Pero, por otro, su posición de autoridad había quedado en buena medida vulnerada por habérseles seguido causa de infidencia a varios de ellos y porque las autoridades coloniales, una vez que se vieron libres de las ataduras que les había significado el régimen constitucional, buscarían no sólo recuperar el control que anteriormente tenían sobre los funcionarios indígenas sino ejercerlo de una manera más rigurosa.

Desde el 18 de marzo de 1814, antes de que se volviera al viejo orden de cosas, Calleja ordenó que la causa de Galicia, suspendida "por las delicadas circunstancias en que se hallaba esta capital al tiempo de su formación", siguiera nuevamente su curso.[60] El 2 de agosto de ese año, casi cinco meses después, el oidor José de Galilea, encargado de ella, una vez aclarado que no había dictaminado hasta pasado el plazo en que Galicia hubiera podido acogerse al indulto, en un oficio dirigido al virrey señaló que había bastantes méritos para arrestarlo y hacerle los cargos correspondientes.[61] Galicia fue arrestado el día 6 de ese mes en el mercado mayor de la capital, a pleno medio día, cuando desempeñaba sus funciones de regidor como juez de plaza, lo que provocó, naturalmente, las protestas del Ayuntamiento, cuyos integrantes solicitaron su libertad, de la que se ofrecían como fiadores, o su

---

[58]José Antonio de Noriega, México, 29 de mayo de 1814, en AGN, *Infidencias*, v. 86, exp. 5, cuad. 1, f. 20v.

[59]Declaración de Domingo González Díaz, México, 19 de junio de 1814, en AGN, *Infidencias*, v. 86, exp. 5, cuad. 1, f. 22v–23v.

[60]Nota del virrey Félix María Calleja, México, 18 de marzo de 1814, en AGN, *Infidencias*, v. 64, cuad. 2, f. 50v.

[61]Oficio de José Galilea al virrey Félix María Calleja, México, 2 de agosto de 1814, en AGN, *Infidencias*, v. 64, cuad. 2, f. 51.

detención en las casas del Cabildo; en todo caso precisaban que debían guardársele sus fueros de regidor.[62]

Después de decidirse que Galicia debía ser juzgado en consejo de guerra, el teniente Segundo Fernández de Gamboa, juez fiscal encargado de seguir su causa, decidió no sólo llamar a declarar nuevamente a los testigos ya examinados sino a otros más. Se volvió a analizar punto por punto la actuación de Galicia, desde su pleito con Pedro Salazar, alcalde del gremio de los zapateros, y su conducta en las plazas como regidor constitucional, hasta sus supuestas cartas a los insurgentes, pasando por si había asistido o no a las juntas clandestinas de la parcialidad de Santiago, sus escritos protestando por la conducta de los soldados europeos, su conducta al ser detenidos dos de éstos por los indios de Santa Cruz Tultenco y su posible participación en el asunto de los alistamientos y asambleas celebrados en San Juan. Salvo precisar mayores detalles sobre algunos de estos incidentes, lo que en varios de los casos más fue muestra de los resentimientos que algunos de los testigos guardaban al regidor que de que se hubiera mejorado su memoria, sus declaraciones y careos con el acusado no cambiaron sustancialmente la información con que las autoridades contaban. Todas estas diligencias, incluidas las repetidas solicitudes de los hijos de Galicia de que se acelerara su causa y se aliviaran un tanto los rigores de su prisión, ya que por hallarse incomunicado y no salir ni a tomar el sol se encontraba sumamente enfermo, se prolongaron durante muchos meses.

En su larga confesión, hecha el 24 de octubre de 1814, Galicia se defendió con gran habilidad de los cargos que se le hacían.[63] Según parecer que el auditor de guerra, Miguel Bataller, emitiera después de revisada su causa, el delito principal de que se acusaba a Galicia era la carta dirigida a Rayón, cuyo original había sido encontrado en Zacatlán por las tropas realistas en octubre de 1814. Ni la letra ni la firma parecían ser de Galicia; en su opinión todo este asunto era una intriga de Rayón con Verduzco.[64] Pedro Nolasco Valdés, defensor del exgobernador, hizo por su parte un muy buen trabajo. En su larguísimo alegato analizó y desvaneció uno a uno los cargos, tanto de "hecho", como de "dicho" y como de "afectos" hechos a Galicia. Por ello pedía que se le declarase inocente, se le indemnizase y se le restituyese "al goce de su buena opinión", de su libertad y de sus bienes.[65]

[62]Oficio del Ayuntamiento de México al virrey Félix María Calleja, México, 8 de agosto de 1814, en AGN, *Infidencias*, v. 151, f. 361–360v.

[63]Confesión de Francisco Antonio Galicia, México, 24 de octubre de 1814, en AGN, *Infidencias*, v. 64, cuad. 4, f. 177–183.

[64]Parecer de Miguel Bataller, México, 13 de enero de 1815, en AGN, *Infidencias*, v. 64, cuad. 4, f. 200–203.

[65]Oficio de Pedro Nolasco Valdés al presidente y vocales del Consejo, México, 13 de marzo de 1815, en AGN, *Infidencias*, v. 64, cuad. 4, f. 253–284.

El dictamen del juez fiscal coincidió con el parecer del defensor en cuanto a no encontrarlo culpable de ciertos cargos. Sin embargo, sí lo encontraba en cuanto a los de dicho por las expresiones vertidas tanto oralmente como por escrito. En su opinión, aunque no se podía probarle nada a Galicia en cuanto a hechos de infidencia, "siempre se le encuentra por lo actuado en la causa un sí es no es de oculta adhesión a ella", por lo que pedía se le pusiera en libertad y plena posesión de sus bienes, siempre y cuando se le enviara a la península o a alguna otra parte.[66]

El Consejo de Guerra fue mucho más contundente. A pesar de no haber encontrado ninguno de sus siete integrantes justificado el delito de infidencia, lo condenaron unánimemente a ocho años de presidio en las Islas Marianas sin que pudiera regresar a estos dominios sin anuencia y permiso del gobierno y sin que pudiera obtener jamás empleo público.[67] Y no obstante que el auditor Bataller encontró que esta sentencia era demasiado severa, la del oidor acompañado Miguel Bachiller y Mena fue en el sentido de que si bien Galicia había sido tan sólo un instrumento de los enemigos de la paz para apoderarse de la capital, la insolencia con que había amenazado por escrito al virrey no tenía paralelo. Excusaba en parte su "criminal osadía" por el efecto que había producido "la Constitución y demás decretos de las Cortes, que fue el de hacer perder de todo punto el temor y el respeto a las autoridades establecidas", por lo que pedía que su sentencia se moderara, variando el presidio, y se rebajara a seis años.[68] Más drástico aún fue el parecer de Juan Antonio de la Riva, el que además de llamar bárbaros a los indios señalaba que la "sospechosa criminal conducta" de Galicia obligaba a considerarlo adicto a la insurrección, en la que había hecho cuando menos "el papel de encubridor, sabedor o instrumento activo o pasivo a favor de ella", por lo que pedía se confirmara la sentencia del Consejo de Guerra, y por si esto fuera poco, se le condenara a pagar las costas.[69] La sentencia del virrey, emitida el 30 de mayo de 1815, coincidió con la propuesta de Bachiller.[70]

Galicia no llegaría jamás a su nuevo destino. Enfermo de "una considerable debilidad nerviosa" y de "reumatismo crónico", que en opinión de los médicos que lo revisaron lo incapacitaban de viajar, "y mucho menos en la temporada de aguas que rematarían su estado", saldría de la ciudad en

[66]Dictamen de Segundo Fernández de Gamboa, México, 14 de marzo de 1815, en AGN, *Infidencias*, v. 64, cuad. 4, f. 249v.

[67]Sentencia del Consejo de Guerra, México, 20 de marzo de 1815, en AGN, *Infidencias*, v. 64, cuad. 4, f. 292.

[68]Parecer de Miguel Bataller, México, 29 de marzo de 1815, en AGN, *Infidencias*, v. 64, cuad. 4, f. 295, y parecer de Miguel Bachiller y Mena, México, 29 de abril de 1815, en AGN, *Infidencias*, v. 64, cuad. 4, f. 295v–296.

[69]Parecer de José Antonio de la Riva, México, 25 de mayo de 1815, en AGN, *Infidencias*, v. 64, cuad. 4, f. 299–300.

[70]El virrey Félix María Calleja a José Mendívil, México, 30 de mayo de 1815, en AGN, *Infidencias*, v. 64, cuad. 4, f. 302.

una litera, "acompañándolo hasta la garita muchos indios".[71] Llegó al puerto de Acapulco cargado de prisiones, donde empeoró su condición. Sus hijos solicitaron del virrey el indulto hacia fines de septiembre de 1816, ya que había sido juzgado ilegalmente por un consejo de guerra, pero no se le concedió,[72] y moriría antes de embarcarse. Su causa se mandó archivar hasta enero de 1821.

El rigor extremado con que se castigó a Galicia y la indulgencia con que fueron tratados Guzmán y Cano y Moctezuma se justificaban plenamente para las autoridades coloniales. Si bien la conducta de los tres exgobernadores de San Juan les había dado motivos para seguirles causa de infidencia, lo que cada uno de ellos había pretendido, y alcanzado, con sus acciones era ciertamente bien diferente y de consecuencias bien diferentes también para el régimen colonial.

Don Eleuterio Severino Guzmán había alistado y movilizado a cientos, si no es que a miles, de indígenas en su empeño por crear cuerpos de patriotas que estuvieran bajo su mando. Había intentado crear, además, una especie de estructura de poder alterna dentro de las parcialidades sujeta directamente a su persona, para lo cual había emitido distintos nombramientos y se había autonombrado comandante. Por último, había intentado obtener ganancias con todo ello. Sin embargo, aunque había procedido en un principio sin permiso del gobierno y en abierta desobediencia a sus expresas órdenes después, en sus actividades y en sus intereses y propósitos Guzmán no había rebasado ni el escenario ni el papel que como principal indígena le correspondían. Incluso la justificación que de sus acciones intentaría hacer durante su proceso correspondió a la característica postura asumida desde siempre por los principales indígenas: se había dejado llevar por sus sentimientos de fidelidad al régimen y por sus deseos de serle útil en algo. Asimismo aceptó haberse equivocado, pero en su descargo invocó la característica defensa utilizada desde siempre por los naturales: la de no ser plenamente responsable por su inherente simplicidad y candor.

Don Dionisio Cano y Moctezuma, hermano de un insurgente, no sólo había cometido el grave delito de estar en correspondencia con dos de los principales jefes rebeldes, sino el de pedir, además, un nombramiento militar insurgente. Había tomado parte activa y resultado elector en las elecciones para designar el Ayuntamiento constitucional, en las que salieron electos individuos descontentos con el régimen colonial e incluso partidarios de la insurrección. Por si esto fuera poco, había sido acusado de pertenecer a un grupo, el de los Guadalupes, que compuesto principalmente de criollos

---

[71] Certificación de los doctores Antonio Ares y José María Amable, México, 1 de julio de 1815, en AGN, *Infidencias*, v. 64, cuad. 4, f. 392.

[72] Los hijos de Francisco Antonio Galicia al virrey Félix María Calleja, s. f. en AGN, *Infidencia*, v. 151.

capitalinos prestaba sus auxilios a la insurgencia. Como además de ser principal entre los indígenas era un hombre que controlaba parte importante del abasto de la capital y que contaba con amplios recursos económicos, su influencia se extendía más allá de los límites de la parcialidad. Todo lo anterior podía representar un serio peligro para el régimen si se decidía a actuar abiertamente en su contra. Pero no sucedió así. Cano y Moctezuma reconoció sin rodeos haber cometido un delito digno de severo castigo al corresponderse con los insurgentes—que fue el único que se le pudo probar—y negó enfáticamente todas las otras acusaciones en su contra. Para justificar en parte su acción adujo un motivo: defender sus propiedades de los ataques insurgentes, y una excusa: haberlo hecho cuando se encontraba excedido de pulque. Había actuado, pues, en un nivel meramente personal y no como principal. Por último, dando muestras de su arrepentimiento y recordando sus anteriores y leales servicios, solicitó y obtuvo el indulto, manifestando así su clara sumisión al régimen.

Don Francisco Antonio Galicia fue acusado de corresponderse con uno de los principales jefes insurgentes y de ofrecerle su ayuda y la de los indígenas para su entrada en la capital. Por otra parte, había participado activamente en las elecciones para el Ayuntamiento constitucional y resultado no sólo elector sino también regidor. Además, se le había acusado de vertir públicamente expresiones contra los soldados europeos y de criticar por escrito al gobierno. Por último, se denunció su conducta como regidor encargado de vigilar los mercados y por expresarse en público contra el gobierno de los peninsulares. Si bien ninguno de los cargos pudo ser probado plenamente, se le condenó por sospechoso de infidencia a una severísima pena.

Esto se debió, a mi entender, a que Galicia, a diferencia de Guzmán, rebasó su ámbito natural de acción y asumió un papel distinto al que tradicionalmente le correspondía como principal indígena. Sus actividades y sus intereses y propósitos no se centraron tan sólo en mantener su autoridad sobre los naturales, sino que pasó a ocuparse también de alcanzar, y ejercer, un control sobre todo el espacio urbano. El más prestigiado y respetado de los principales indígenas, sin perder sus bases originarias de poder, supo aprovechar la oportunidad que le brindaba la Constitución de Cádiz para integrarse mediante un proceso electoral al Ayuntamiento capitalino e incorporarse así plenamente a la vida política de la ciudad de México. Asimismo se debió a que Galicia, a diferencia de Cano y Moctezuma, no aceptó haber culpa en sus acciones o haber procedido por motivos personales; tampoco solicitó el perdón. Finalmente se debió a que las autoridades coloniales, conociendo que no podían demostrar su culpabilidad y decididas a castigarlo por "su criminal osadía", supieron medir muy bien sus tiempos y esperaron pacientemente la vuelta al antiguo régimen y el debilitamiento de la insurgencia organizada para proceder de manera abierta en su contra.

Y es que, en mi opinión, el régimen colonial podía permitirle muchas cosas a un funcionario indígena. Después de todo, se vivían tiempos difíciles y circunstancias inusitadas. Lo que no podía permitirle era que dejara de pensar y de actuar como tal. El crimen cometido por Galicia no fue el de integrarse formalmente al Ayuntamiento constitucional capitalino sino el haber hecho suyos en buena medida sus intereses y sus formas de pensar y de actuar. Dejó de ser un vasallo indígena para convertirse en un ciudadano español en plenitud de sus derechos. Tengo para mí que no les faltaba razón a las autoridades superiores. La desaparición de los límites entre las dos repúblicas, la de naturales y la de la "gente de razón", provocada en mucho por el estado de guerra y el régimen constitucional, significaba también en cierta forma la desaparición de la antigua estructura social y política en que se sustentaba el régimen colonial.

Reflections of Contention

Indian caciques (ca. 1780)

Indian commoners (ca. 1780)

The port of Veracruz with the fortress of San Juan de Ulúa (ca. 1830)

Soldiers from the highlands (ca. 1830)

The road from Veracruz to Mexico: The region around Jalapa (ca. 1830)

The road to Mexico City: The fountain of Tlaxpana (ca. 1830)

Mexico City (ca. 1850)

Troops in the Plaza de Armas in Mexico City (ca. 1850)

The Viga Promenade, Mexico City (ca. 1850)

Hidalgo.

Curé des Dolores. Dans son costume de guerre, proclamant l'indépendance du Mexique (Fusillé le 1.ᵉʳ Août 1811.)
d'après un tableau original.

Miguel Hidalgo: The Cura of Dolores

General Manuel
Gómez Pedraza

General Anastasio
Bustamante

General Antonio López
de Santa Anna

Carlos María
de Bustamante

COSTUMES MEXICAINS.
Miliciens provinciaux de Guazacualco.
Les oreilles des chevaux sont rongées par les garapatas.

Provincial militia from Guazacualco (ca. 1830)

The Battle of Tampico (1834)

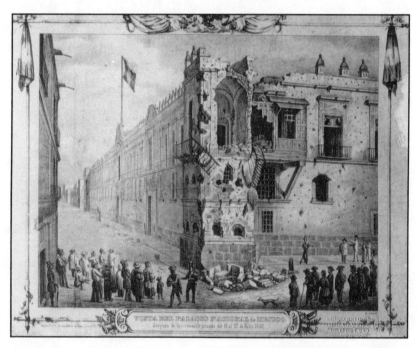

The National Palace in Mexico City after the *pronunciamiento* of July 1840

The Army and the Rural Police in the 1890s

Porfirian society celebrates the telephone with an outing in the woods

Teresita Urruea, the "Saint from Cabora"

General José M. Rangel, commander of the Tomochic campaign

The struggle for Tomochic (two views)

Mounted police (ca. 1911)

II

The National Period

The Origins of the 1832 Rebellion

Jaime E. Rodríguez O.

ON JANUARY 2, 1832, GENERAL CIRIACO VAZQUEZ, commander of the Veracruz garrison, met with his senior officers to discuss the "political situation of the Republic." Concluding that the government's "ominous oppression" and the "horrors of anarchy" threatened the federation, the officers promulgated the Plan of Veracruz, which called for changes in the government of Vice President Anastasio Bustamante and invited General Antonio López de Santa Anna to assume command of the movement.[1] The Veracruz *pronunciamiento* precipitated a bloody conflict that not only overthrew the Bustamante government but also ultimately elevated Santa Anna to the presidency in 1833.

Historians as diverse as Lucas Alamán and Michael Costeloe have argued that Santa Anna engineered the 1832 movement to obtain power; they have considered the upheaval as typical of the many *pronunciamientos* that plagued early nineteenth-century Mexico.[2] Yet the Plan of Veracruz, and the struggle that ensued, were but parts of a broader opposition against the Bustamante administration. The success of the Veracruz *caudillo* has obscured the actions of a clandestine group of Mexico City politicians who also sought to oust a government that they characterized as oppressive and

AUTHOR'S NOTE: I am grateful to the Rockefeller Foundation for an opportunity to revise and expand this work at Villa Serbelloni, its study and conference center in Bellagio, Italy.

[1]"Plan de Veracruz," *El Fénix de la libertad* I, no. 11 (January 11, 1832): 46.

[2]Lucas Alamán, *Historia de Méjico desde los primeros movimientos que prepararon su independencia en el año de 1808 hasta la época presente*, 5 vols. (Mexico: Fondo de Cultura Económica, 1985), IV:854–855; Michael P. Costeloe, *La Primera República Federal de México (1824–1835)* (Mexico: Fondo de Cultura Económica, 1975), 327–328.

illegitimate. Moreover, these men followed a pattern of opposition politics that had emerged during the Independence period.[3]

Although the nature of early national politics in Mexico remains obscure, we have a glimpse of its origins as a result of Virginia Guedea's work on the Independence.[4] As Guedea explains, when prominent criollos in Mexico City proposed to establish a form of local government for the viceroyalty in September 1808, the European Spaniards residing in Mexico resisted violently. Overthrowing Viceroy José Iturrigaray, who appeared to favor the American Spaniards, they seized the government of New Spain. Viceroys Francisco Xavier Venegas and Félix María Calleja, who succeeded them, not only ruled with an iron hand but also prevented the criollos from exercising the rights granted them by the Spanish Cortes. As a result, the American Spaniards resorted to conspiracy to obtain what they considered to be their proper rights.

Because the viceregal government used its coercive powers to hamstring the opposition, criollos had to work in secret and loosely organized groups. Creole activists flirted both with the insurgents and with the liberal regime in Spain, but in the end they were frustrated by the repressive power of the authorities. Consequently, they developed a pattern of opposition politics based on shifting coalitions formed to attain specific purposes. Since these groups were, by their very nature, secret, and since membership in these coalitions varied, depending on the time and the issue involved, it is difficult or perhaps impossible to identify all the participants and futile to assign to them a consistent political role. When their interests diverged, they either withdrew from the group or changed sides. These shifting coalitions performed better in opposition than in authority. Since no major political leaders emerged from this clandestine system, they proved unable to govern effectively when they gained power in 1821.

The political patterns that emerged in the Independence period continued in the 1820s. During that decade political groups coalesced around Masonic lodges. The *escoceses*, in the Scottish-rite lodge, generally represented the conservative faction, while the *yorkinos*, in the York-rite lodge, attracted liberal and radical members. These groups, of course, only reflected tendencies; they did not constitute embryonic political parties. Like their counterparts in previous years, the early national coalitions constantly

[3] I am grateful to Virginia Guedea for information on the difference between colonial politics and the modern politics that emerged during the Independence period. Personal communication, November 23, 1989.

[4] Virginia Guedea, *En busca de un gobierno alterno: Los Guadalupes de México* (Mexico: UNAM, 1992). See also her "Los Guadalupes de México," *Relaciones: Estudios de Historia y Sociedad*, no. 23 (1985): 71–91; and her "Las sociedades secretas durante el movimiento de independencia," in *The Independence of Mexico and the Creation of the New Nation*, ed. Jaime E. Rodríguez O. (Los Angeles: UCLA Latin American Center, 1989), 45–62.

shifted, depending on the issues involved, making it impossible to identify their members.

Thus, to understand early national politics we must study these ephemeral alliances during specific periods. This essay applies Guedea's model of the nature of clandestine politics in Mexico to the early 1830s. It examines the activities of a secret group that emerged in the capital in 1831 in opposition to the Bustamante regime. Since the activities of the group led to military uprisings in 1832, this work also analyzes the origins of the 1832 revolt.

The roots of Mexican politics in the early 1830s can be found in the 1828 presidential succession, whose elections occurred in the midst of a major political and constitutional crisis. A number of questions, from national finances to Church-state relations, concerned the federal government, but it was the expulsion of the Spaniards that most preoccupied public opinion. After months of heated debate, the *yorkinos* enacted federal laws to expel the Spaniards from Mexico.[5] On December 23, 1827, three days after the passage of the expulsion law, Manuel Montaño rebelled. Soon, leading *escoceses*, including Vice President Nicolás Bravo, joined his revolt. The government reacted decisively, dispatching a large army under General Vicente Guerrero, a prominent *yorkino*, to quell the rebellion. Although the rebels were guilty of lèse majesté, the victorious President Guadalupe Victoria chose to exile them rather than have them tried and executed.[6]

---

[5]Much of the politics of post-Independence Mexico remains unclear. This discussion is based upon 1) works by the participants: Alamán, *Historia de Méjico*, V:832–870; Lorenzo de Zavala, *Ensayo histórico de las revoluciones de México desde 1808 hasta 1830* (Mexico: Fondo de Cultura Económica, 1985), 153–281; Carlos María de Bustamante, *Continuación del cuadro histórico de la revolución mexicana*, 4 vols. (Mexico: Biblioteca Nacional and Instituto Nacional de Antropología e Historia, 1953–1963), III:365–459, IV:11–129; José María Tornel y Mendivil, *Breve reseña histórica de los acontecimientos más notables de la nación mexicana* (Mexico: Instituto Nacional de Estudios Históricos de la Revolución Mexicana, 1985), 178–357; and 2) the following modern works: Romeo Flores Caballero, *La contrarrevolución en la independencia: Los españoles en la vida política, social y económica de México, 1804–1838* (Mexico: El Colegio de México, 1969), 139–173; Costeloe, *La Primera República Federal*, 217–325; Barbara A. Tenenbaum, *The Politics of Penury: Debts and Taxes in Mexico, 1821–1856* (Albuquerque: University of New Mexico Press, 1986), 22–40; and Charles W. Macune, Jr., *El Estado de México y la federación mexicana* (Mexico: Fondo de Cultura Económica, 1978), 127–172.

[6]The Montaño revolt appears to have been a nationwide conspiracy by "aristocratic" groups to regain political control from the "populist" *yorkinos*. The revolt deserves more detailed study because it was an important watershed in Mexican politics. The presidential amnesty and exile of the principal leaders of the revolt provoked national indignation. See the extensive documentation in

The defeat of the *escoceses* left the *yorkinos* to dispute the presidency among themselves. Two factions emerged: the moderates, who championed Minister of War Manuel Gómez Pedraza, and the radicals, who favored General Guerrero. After a heated campaign in which secret societies played an important role, Gómez Pedraza won eleven states to Guerrero's seven in the elections of September 1828. The electoral campaign, however, polarized the politically active population. Moderates feared the new "populism" of the radicals, while the latter were alarmed by the "elitism" of the former.[7] Ultimately, the radicals aroused popular sentiment by arguing that Gómez Pedraza would not enforce the expulsion laws. Before the congress could ratify the election, various military leaders, among them General Santa Anna, rebelled in favor of Guerrero.

Although the national government responded immediately, revolt spread throughout the nation, and mass demonstrations in Mexico City demanded that the elections be annulled. When General Guerrero joined the rebels, President-elect Gómez Pedraza resigned on December 4, fleeing the country rather than precipitate a bloody civil war. Nonetheless, popular demonstrations continued in the capital, ultimately resulting in a riot that destroyed the Parían, the city's principal market.[8] To the moderates, the upheaval became a clear example of the dangers of mass politics.

In January 1829 the congress annulled Gómez Pedraza's election, selecting as president Guerrero, who had received the second highest number of votes, and Bustamante, who placed third, as vice president. Although the congress believed that it had resolved the nation's political crisis, its actions only set the stage for future conflict. The president and the vice president represented opposing political tendencies: while Guerrero championed populist forces, Bustamante became the paladin of more conservative elements.

The Guerrero administration, facing both internal and external crises, collapsed within a short time. Forced to cope with mass politics and high public expectations at a time when the government was virtually bankrupt, the new president in the summer of 1829 also confronted a Spanish attempt to reconquer Mexico. Poor leadership, bad luck, and disease defeated the Spanish invading force, which surrendered on September 11, but the victory provided Guerrero's administration only a short respite. In November,

---

Archivo General de la Nación (hereafter cited as AGN), *Gobernación*, legajo 2064, particularly expedientes 25 and 16.

[7]The extensive correspondence to Vicente Guerrero in the AGN demonstrates his nationwide popularity. The correspondence also documents the hostility to the aristocratic faction that his supporters possessed. See AGN, *Gobernación*, legajo 72.

[8]Silvia M. Arrom, "Popular Politics in Mexico City: The Parian Riot, 1828," *Hispanic American Historical Review* 68, no. 2 (May 1988): 245–268.

discontented groups rebelled against the government. Guerrero's attempts to negotiate with the rebels failed when Vice President Bustamante joined the insurgents on December 4, alleging that the administration had failed to maintain order. Thus, for the second time in as many years, a vice president took up arms against his chief executive. On this occasion, however, the president proved incapable of quelling the uprising and eventually abandoned his office.

Once again, the congress ratified the change, recognizing Vice President Bustamante as the new chief executive. Many moderates and conservatives, who deplored insurrection in principle, nonetheless accepted the transfer of power because they believed that Guerrero had abused his office by favoring "popular democracy" and because they hoped that the new government would restore order and tranquility.

It soon became evident that the price of stability would be high. Not content merely to purge radical *yorkinos* and alleged malcontents from public life, in the months that followed the new regime became authoritarian, elitist, and proclerical. More important, it sought to replace the federal system with a rigid centralism. Predictably, the states opposed such tendencies. Regional insurrections occurred, but most were rapidly overwhelmed. In February 1831 the government captured and executed ex-President Guerrero; the following month Juan Alvarez, the last remaining insurgent, surrendered, agreeing to cooperate with the Bustamante administration. By mid-1831 the opposition seemed defeated.

Only a small group of congressmen in the capital continued to oppose the regime. Led by Senators Antonio Pacheco Leál and Manuel Crescencio Rejón and Deputies Andrés Quintana Roo and Juan de Dios Cañedo, the legislators braved threats and assaults to criticize the government. In articles and pamphlets, they attacked the administration, insisting that only the return of Gómez Pedraza to the presidency would restore constitutional government to Mexico.[9] Angered by these statements, the regime fined opposition papers for violating press laws, thus driving many antigovernment periodicals out of business. In an effort to curb pamphleteering, the administration indicted Vicente Rocafuerte, a prominent dissident, on the charge that his *Essay on Religious Toleration* was seditious, although the attempt backfired when a jury acquitted the essayist.[10] Despite the setback, the Bustamante regime continued the campaign to silence its critics. In the ensuing months, the government imprisoned or exiled countless newspapermen and critics. Such tactics were

[9]Jaime E. Rodríguez O., "Oposición a Bustamante," *Historia Mexicana* 20, no. 2 (1970): 199–208.

[10]On this point consult Jaime E. Rodríguez O., *The Emergence of Spanish America: Vicente Rocafuerte and Spanish Americanism, 1808–1832* (Berkeley: University of California Press, 1975), 203–209.

used primarily against lower middle-class opponents; in the case of wealthy and powerful critics, the regime resorted to more discreet methods, such as the appointment of Deputy Cañedo to the post of minister to the nations of South America. Cañedo, fearing for his life, accepted the move, thereby ridding the government of a vocal opposition leader.[11]

As arrests and repression increased, moderates began to protest; the price of stability became too high. In August 1831, Carlos María de Bustamante's *Voz de la patria* demanded that no one be held without trial, insisting that the state dispense prompt and impartial justice. He also held Minister of War José Antonio Facio responsible for the government's harsh policies. The minister did not reply, but one of his officers published veiled threats against the author in the government-controlled *El Sol*.[12] The administration applied economic sanctions against the *Voz de la patria*, forcing the newspaper to cease publication on October 18, 1831. The antigovernment journal did not disappear passively; the final issue carried a demand that the government end its despotism.[13]

The demise of Carlos María de Bustamante's paper did not signify an end to press opposition. Senator Rejón founded *El Tribuno del pueblo mexicano*, a paper devoted to "legal opposition." The periodical inflamed public opinion in the capital when it reported that the federal government had concentrated an army of two thousand men in Orizaba, assembled other soldiers in Veracruz, and planned further troop concentrations. Since no external enemy threatened the republic, Rejón demanded to know why the Bustamante regime had mobilized national armies. Was it, he asked, to attack the states? The administration let it be known unofficially that it planned to use the troops to liberate Cuba, but, as Richard Pakenham, the British minister, reported to his government, the news leak failed to dispel the fears of the opposition. Many continued to believe that the national government was preparing to destroy the federal system.[14]

Rejón's accusations angered many army officers. On October 29, soldiers ransacked the offices of *El Tribuno*. On November 4, recognizing

[11]Lucas Alamán to Juan de Dios Cañedo, Mexico, June 3, 1831, in Francisco Cuevas Cansino, *El pacto de familia* (Mexico: Secretaría de Relaciones Exteriores, 1962), 160–161; Robert I. Ward, "Juan de Dios Cañedo: Político y diplomático" (licenciatura tesis, Universidad Iberoamericana, 1968), 171–172.

[12]*Voz de la patria* V, no. 22 (August 31, 1831): 7–8; Felipe Codallos to Editors, *El Sol* III, no. 799 (September 7, 1831).

[13]*Voz de la patria* V, Supplement no. 14 (October 18, 1831): 1–8.

[14]Vicente Rocafuerte, *Observaciones sobre la carta inserta en el Registro oficial del 4 de octubre, del célebre Obispo Flechier sobre la ilicitud de los matrimonios entre los católicos y los protestantes* (Mexico: Imprenta de Rivera, 1831); Richard Pakenham to Henry Palmerston, Mexico, October 6, 1831, Public Record Office, Foreign Office Papers (hereafter cited as FO), Kew, England, 50/56, ff. 224–226.

that their tactics had failed to prevent the paper's publication, several officers attacked Rejón with drawn sabers. The senator escaped; when an outraged congress demanded to know why the military had violated the legislator's immunity, Minister of Interior and Foreign Relations Alamán "appeared in Congress . . . to say that Rejón's senatorial immunity had not been violated, since the soldiers assaulted Rejón the writer, not Rejón the senator."[15] Although Minister of War Facio assured the congress that the government would apprehend the culprits, the case remained unsolved. Fearing further attacks, Rejón ceased publication of *El Tribuno*.[16]

The continuing excesses of the Bustamante regime, and its ill-treatment of the congress, convinced a growing number of influential moderates that they could no longer tolerate the progressive destruction of civil liberties. Following traditional political practices, they formed a secret society. In mid-November, Quintana Roo, Rejón, Pacheco Leál, Mariano Riva Palacios (son-in-law of the late Vicente Guerrero), and Juan Rodríguez Puebla founded a committee to unite former moderate *escoceses*, *yorkinos*, and other antigovernment forces. Believing that the nation's constitutional process could not survive unless the constitution was strictly enforced, committee members decided to demand the return of Gómez Pedraza to the presidency. They also agreed to coordinate congressional opposition with antigovernment activities in the states.

Once they had decided on a plan of action, the committee sought new members. They recruited Rocafuerte, among others, convincing him to edit an antigovernment newspaper, *El Fénix de la libertad*. They also purchased a press to publish the *Fénix* and opposition pamphlets.[17] In November and December 1831 the pugnacious Rocafuerte challenged the government in three pamphlets entitled *General Considerations on the Goodness of Governments*.[18] Because the chief executive had little power in the Mexican

---

[15]Carlos María de Bustamante, "Diario histórico," XIX (November 4, 1831): f. 230, Biblioteca Pública de Zacatecas; Bustamante, *Continuación del cuadro histórico*, IV:24–27; Rocafuerte, *Observaciones sobre la carta*, 8; *El Fénix de la libertad* I, no. 3 (December 14, 1831): 13–14.

[16]Rocafuerte, *Observaciones sobre la carta*, 3–20.

[17]Bustamante, "Diario," XIX (November 30, 1831): ff. 245–246; Anthony Butler to Livingston, Mexico, November 23, 1831, National Archives, Washington, DC (hereafter cited as NA, DUSMM), Dispatches from United States' Ministers to Mexico; *El Sol*, IV no. 1,113 (August 27, 1832); Vicente Rocafuerte, *A la nación* (Quito: Tipografía de la Escuela de Artes y Oficios, 1908), 304–306; Un Español, *Dos años en México, o memorias críticas sobre los principales sucesos de la República de los Estados Unidos Mexicanos, desde la invasión de Barradas, hasta la declaración del Puerto de Tampico, contra el gobierno del gral. Bustamante* (Valencia: Imprenta de Cabrerizo, 1838), 110; Tornel, *Breve reseña*, 295; *Fénix de la libertad* I, no. 1 (December 7, 1831): 1.

[18]Vicente Rocafuerte, *Consideraciones generales sobre la bondad de un buen gobierno aplicadas a las actuales circunstancias de la República de México* [in

political system, the author attacked the ministers for failing to fight for the
country's independence, for being lackeys of foreign interests, and for
destroying the nation's civil liberties. The cabinet, however, was not the
only target of Rocafuerte's caustic pen. He declared, moreover, that the
Bustamante regime sought to abolish federalism, and concluded by exhorting
the people to imitate the independence leaders Miguel Hidalgo y Costilla and
José María Morelos in defending their liberties and even to die for their
country "in the new struggle against tyranny."

The publications caused a sensation in Mexico, pleasing moderates,
such as Carlos María de Bustamante. "The ministers never expected to have
this kind of enemy," he wrote in his diary. "They took the *Voz de la patria*,
but now I have been avenged."[19] So many state and local newspapers
reprinted Rocafuerte's diatribes against the government that the Bustamante
regime dared not retaliate against the author. Instead, it contented itself with
replies in its newspapers and in anonymous pamphlets.[20] While Rocafuerte
preoccupied the government, other members of the Mexico City committee
of opposition sought to gain support in the states. This task proved
particularly difficult because state politicians seemed loath to act, and no
leader or cause had appeared to weld their discontent into an organized
struggle against the national government. Finally, an incident in
Guadalajara, Jalisco, provided the committee with a cause.

On November 22, 1831, General Ignacio Inclán, the commander of the
federal forces in Jalisco, ordered the arrest and execution of Juan Brambillas
for printing pamphlets critical of the Bustamante regime. Clearly, Inclán
wished to intimidate the state government because Brambillas was the
printer of the state of Jalisco's publications. Important dignitaries of
Guadalajara, among them the bishop, implored the federal commander to
spare the printer. Although they eventually won Brambillas's pardon,
Inclán's insolent actions and disdain for state authority convinced many
moderates in the states that they had to defend local government. The state
legislature fled to the city of Lagos, and Governor Anastasio Cañedo asked
other states to assist Jalisco. Fearful that Inclán's act constituted the first
step in a campaign to crush the federal system, other states rallied to
Jalisco's defense. The legislature of Zacatecas offered to provide the Jalisco

---

three parts with continuous pagination] (Mexico: Imprenta de las Escalerillas,
1831).

[19]Bustamante, "Diario," XIX (December 16, 1831): ff. 299–308. The *Voz de
la patria*, the "Voice of the Fatherland," was Bustamante's paper. Thus, he is
referring both to freedom of the press and to his defunct newspaper.

[20]*El Censor* VIII, no. 1,302 (March 7, 1832): 2–3; ibid., no. 1,303
(March 8, 1832): 1–2; Bustamante, "Diario," XIX (December 16, 1831):
ff. 299–308; ibid. (December 24, 1831): f. 331; *Fénix de la libertad* I, no. 6
(December 24, 1831): 28; ibid., no. 9 (January 4, 1832): 40; ibid., no. 10
(January 7, 1832): 43–44.

government a haven until the federal regime removed General Inclán and guaranteed the states' rights. Guanajuato and San Luis Potosí also pledged their support. Although the minister of war relieved Inclán of his command, the Bustamante administration refused to punish him as the states demanded.[21] Consequently, the Brambillas incident became a symbol of the national government's attempt to destroy the states.

The Mexico City committee moved immediately to capitalize on the discontent precipitated by General Inclán. Through contacts with regional leaders including Valentín Gómez Farías of Zacatecas and Sebastián Camacho of Veracruz, the committee urged the states to raise forces to fight the Bustamante regime. Although some states, such as Zacatecas, had formed powerful militias, it became evident that the dissidents would have to win the support of a number of regular army commanders before they could overthrow the government. A few committee members hesitated to take such a step, fearing that once involved the military might seize the presidency. The 1829 coup against Guerrero had already demonstrated that the army could force the federal and state governments to accept a military-backed regime. In spite of these fears, however, most committee members believed that Bustamante could not be removed without the assistance of the leading army commanders; therefore they decided to approach key officers in the hope of winning them to their side. In an effort to control the military men who joined it, the committee insisted that the primary aim of the rebellion was the return to constitutional government through the restoration of Gómez Pedraza to the presidency.[22]

While the committee plotted secretly, *El Fénix de la libertad* challenged the government openly. The first issue, which appeared on December 7, 1831, declared that press censorship was incompatible with a free society. Only an unfettered press, *El Fénix* insisted, could defend a free people. When that liberty did not exist, as in Mexico, the government could imprison, exile, or execute ordinary citizens at its whim, while robbers, bandits, and assassins went unpunished. Accordingly, *El Fénix* pledged to restore and defend the freedoms Mexico had lost.[23] The paper's open attacks and the committee's secret activities convinced some observers that the government was in danger. The U.S. minister, Anthony Butler, believed that the Bustamante regime would fall within six months. Disturbed by growing rumors of a conspiracy, Minister of Interior Alamán ordered secret

---

[21]*Fénix de la libertad* I, no. 2 (December 10, 1831): 5–7; ibid., no. 10 (December 21, 1831): 17–18; ibid., no. 14 (January 18, 1832): 56.

[22]Butler to Livingston, Mexico, December 6, 1831, NA, DUSMM; Andrés Quintana Roo to [Valentín Gómez Farías], Mexico, June 13, 1832, GF 67 F44A, Gómez Farías Papers, Nettie Lee Benson Collection, University of Texas, Austin.

[23]*Fénix de la libertad* I, no. 1 (December 7, 1831): 1–2, 4.

agents to follow the presumed opposition leaders: Rejón, Pacheco Leál, and Rocafuerte. Other spies haunted the markets, portals, and cafés, hoping to unearth subversive activities.[24]

The administration, however, could not stem the growing discontent. Encouraged by the success of *El Fénix*, other clandestine newspapers began to appear. Printed on portable presses, these papers evaded the government's attempts to destroy them. Unable to stop the clandestine press, the government attempted to silence the "legal" opposition papers with heavy fines. The Bustamante administration decided to make an example of *El Fénix* because it published openly from a fixed location. On December 20, 1831, it charged Rocafuerte with violating press laws. After obtaining a conviction from a progovernment court, the regime fined *El Fénix* once a month in an attempt to drive it out of circulation.

El Fénix managed to survive because its wealthy backers could afford the fines, but other newspapers lacked its financial resources. The relatively civilized tactic of large fines, however, was reserved principally for upper-class critics of the regime. Less influential journalists fared worse. On February 25, 1832, the government charged Pablo Villavicencio, who as the influential editor of the clandestine *El Duende* wrote under the pseudonym El Payo del Rosario, with sedition, then jailed and later exiled him fifty miles from the capital. When he continued to criticize the government and to distribute *El Duende* in Mexico City, the administration dispatched soldiers to destroy his press. Villavicencio, however, learned of the attack in time to flee with his equipment to Veracruz.

By March 1832 the newspapers in the states had become highly critical of the government. In an effort to keep the population of the Federal District ignorant of the discontent in the states, the administration banned the circulation of out-of-town newspapers in Mexico City.[25] The regime's repressive actions, however, only increased dissatisfaction. Even in the state of Mexico, *El Conservador de Toluca* echoed the Mexico City committee

[24]"Sumaria averiguación instruida contra el Presbitero Ignacio Gervet y socios, acusado de infidencia, por conducir contestaciones del enemigo dichas en el portal de Agustinos, October 17, 1832," AGN, Archivo de Guerra, 197, 1992, ff. 166–210. Butler to Livingston, Mexico, December 6, 1831, NA, DUSMM; Bustamante, "Diario," XIX (December 16, 1831): ff. 299–308; Rocafuerte, *A la nación*, 297–298; Mexico, Cámara de Diputados, *Proceso instructivo formado por la sección del Gran Jurado de la Cámara de Diputados del Congreso General en averiguación de los ex-ministros D. Lucas Alamán, D. Rafael Mangino, D. José Antonio Facio, y D. José Ignacio Espinosa* (Mexico: Imprenta de Ignacio Cumplido, 1833), 44.

[25]*Fénix de la libertad* I, no. 7 (December 28, 1831): 29–32; ibid., no. 11 (January 11, 1832): 49–50; ibid., no. 20 (February 11, 1832): 89; ibid., no. 24 (February 25, 1832): 104; ibid., no. 33 (March 28, 1832): 141; ibid., no. 34 (March 31, 1832): 145; ibid., no. 36 (April 7, 1832): 153; ibid., no. 46 (May 12, 1832): 194.

when it criticized the minister of war and exhorted the congress to defend the nation's civil liberties.[26]

Although successful in arousing antigovernment hostility, the committee failed to convince any of the leading military men to rebel. Fortunately for the conspirators, the regime played into the hands of the opposition. Fearful that the growing discontent in Veracruz might induce the senior commanders to betray the administration, the minister of war made moves to change the state's military hierarchy. The Mexico City committee used this information to convince Colonel Pedro Landero and other senior officers in Veracruz to oppose the government. On January 2, 1832, the rebellious officers invited General Santa Anna to lead the insurrection.

After assuming command of the Veracruz movement, Santa Anna tried to compromise with the national government, informing Vice President Bustamante that the army demanded that the government rescind orders modifying the Veracruz command structure and that it restructure the cabinet. Santa Anna suggested Camacho for the Ministry of Interior and Foreign Affairs, Gómez Farías for Justice and Ecclesiastic Affairs, Melchor Múzquiz for War, and Francisco García—the governor of Zacatecas—for Treasury. The proposed changes in the cabinet implied a fundamental transformation of the regime, because the Mexican political system was characterized by a weak chief executive.

Santa Anna appears to have believed that changing the ministers would satisfy the opposition in the capital. Although the vice president's cabinet presented its resignation to provide the chief executive freedom of action, the gesture proved meaningless because, despite the distinguished new cabinet proposed by General Santa Anna, the members of the Mexico City committee refused to accept any solution that would allow Bustamante to remain in office. Their intransigence convinced Santa Anna that no compromise was possible, and in February 1832 a reluctant Santa Anna prepared to battle the Bustamante administration.[27]

The prospect of an armed conflict, particularly one led by Santa Anna, alienated some moderates in Mexico City. Carlos María de Bustamante maintained that Santa Anna was an adventurer who would surely seek the presidency. When other moderates proved willing to run that risk, Carlos

[26]*El Conservador de Toluca*, December 3, 1831.

[27]Antonio López de Santa Anna to [Anastasio Bustamante], Veracruz, January 4, 1832 (letters 1 & 2); [Bustamante] to Santa Anna, Mexico, January 12, 1832; Santa Anna to [Bustamante], Veracruz, January 25, 1832, Mariano Riva Palacio Papers, Nettie Lee Benson Collection, University of Texas, Austin. Juan Antonio Mateos, ed., *Historia parlamentaria de los congresos mexicanos de 1821 a 1857*, 25 vols. (Mexico: V.S. Reyes, 1877–1912), VIII:13–16; *Fénix de la libertad* I, no. 19 (February 8, 1832): 82–84.

María de Bustamante broke with them, deciding to defend the existing government as the lesser of the two evils. He founded a new paper, *La Marimba*, which criticized the Veracruz insurrection. The committee, on the other hand, increased its harassment of the regime, waging an intensive press campaign depicting the Veracruz officer as the champion of liberty.[28] To their dismay, government forces defeated Santa Anna on March 3, 1832. Despite this setback, the opposition press refused to mute its criticism. *El Fénix* published a special edition containing the general's pledge to continue the struggle.

Shortly thereafter, the committee learned that in Tamaulipas General Francisco Moctezuma, one of Guerrero's former ministers, had joined the struggle against the government. Hoping to encourage the rebellion, the opposition papers escalated their criticism of the administration, openly endorsing armed resistance. The government responded by increasing pressure on the press, redoubling its surveillance of the opposition leaders, arresting dozens of persons, and executing countless "criminals." *El Fénix* estimated that in March alone twenty "patriots" had perished.[29]

Realizing that its harsh tactics were alienating moderates and even conservatives, the regime initiated a propaganda campaign of its own. In April the *Registro oficial* reported that captured rebel documents indicated that, if he returned to office, Gómez Pedraza would appoint Santa Anna minister of war, Gómez Farías minister of foreign and internal affairs, Rocafuerte minister of justice and ecclesiastic affairs, and García minister of the treasury. The disclosure preyed upon the fears of moderates and conservatives who considered Santa Anna an adventurer and Rocafuerte an atheist or, even worse, a Protestant. The suggestion that Gómez Farías and García of Zacatecas, noted federalists, would also be cabinet ministers frightened those conservatives who considered the federal system to be the first step toward anarchy.[30] The tactic temporarily halted the erosion of government support and even converted a few former enemies into administration adherents.

The progovernment press centered its attacks on Rocafuerte because the committee of opposition worked covertly while he challenged the regime openly through *El Fénix*. Government papers sought to ridicule the opposition by portraying Rocafuerte as the high priest of a heretical

---

[28]*La Marimba* I, no. 3 (January 28, 1832): 1–11; Andrés Quintana Roo, *Ampliación que el C. . . . hace a la acusación que formalizó ante la Cámara de Diputados contra el Ministro de Guerra D. José Antonio Facio por haber atropellado la inviolabilidad de la representación nacional* (Mexico: Imprenta de Rivera, 1832).

[29]*Fénix de la libertad* I, no. 27 (March 7, 1832): 117; ibid., Alcance al no. 28 (March 17, 1832), 139–140; *El Duende* I, no. 16 (March 17, 1832): 64; Bustamante, "Diario," XX (March 11, 1832): f. 100.

[30]*El Duende* I, no. 31 (April 27, 1832): 124.

Protestant cult, who had convinced his disciples—Rejón, Pacheco Leál, Quintana Roo, Villavicencio, and others—to destroy the nation. By criticizing a few men the Bustamante administration attempted to convince the public that only a handful of malcontents opposed the government.[31]

As late as May 1832 the Bustamante regime still hoped to defeat the rebels; despite widespread disaffection, most states had not openly taken the field against the vice president. In fact, only in the coastal states of Veracruz and Tamaulipas did insurgents fight the national government. The administration recognized, however, that it would not be safe until it established control over those two states, because the rebels there dominated the nation's two principal ports, allowing them to divert customs revenues from Veracruz and Tampico to finance the insurrection. Bustamante dispatched two large federal armies to combat the rebels. Initially, it appeared that these forces would crush Veracruz and Tamaulipas, as they had other rebellious states, but the government's hopes for an easy triumph collapsed on May 13, 1832, when General Moctezuma won the first major antigovernment victory by defeating the federal army at Tampico. Threatened by the debacle in the north, the other federal forces abandoned the siege of Veracruz.

The events on the coast ended the government's hopes of a quick victory, prompting Bustamante to seek to negotiate with the opposition. No one, however, would accommodate him. In an effort to permit him to form a more acceptable cabinet the ministers resigned en masse. The members of the committee of opposition were not appeased; *El Fénix* declared that they would continue to oppose Bustamante until he vacated the executive office and restored Gómez Pedraza to the presidency. Since the government would not accept these terms, the struggle continued. Santa Anna's forces marched inland, while Moctezuma advanced to San Luis Potosí.[32]

In the following weeks, the Mexico City press intensified its opposition campaign as the government began to lose the power to restrain papers through application of the press laws because juries refused to convict journalists. In May the government lost eight out of nine cases brought to trial. Consequently, a group of moderates founded a second opposition paper in the capital, *La Columna de la Constitución Federal de la República Mexicana*. Until then only *El Fénix* had operated openly; all other opposition sheets had published clandestinely. In its first issue, *La Columna* declared that it would work to restore Gómez Pedraza, the lawful

---

[31]*El Toro*, May 5, 1832, 1–8; May 9, 1832, 9–16; May 12, 1832, 17–24; May 16, 1832, 25–32; May 19, 1832, 33–40; *La Marimba* I, no. 19 (May 11, 1832): 153; *El Sol* IV, no. 1,113 (August 27, 1832): 4,463.

[32]*Fénix de la libertad* I, no. 49 (May 23, 1832): 205–207; Bustamante, "Diario," XX (May 25, 1832): f. 223.

president of Mexico, to office.[33] The growing open opposition of the moderates placed the Bustamante regime in a difficult situation. Although it had used threats and force against most journalists, it could not employ the same tactics against their upper-class counterparts without alienating conservative supporters. Earlier the government had relied upon docile courts to control wealthy critics. Once juries refused to convict journalists, the government either had to permit freedom of the press or use force against the upper class. Either alternative alienated important groups.

In an effort to counter the increasingly hostile opposition press, the Bustamante regime raised its subsidies to progovernment newspapers. In June 1832 there were six proadministration papers in the Federal District: the *Registro oficial*, *El Sol*, and *Los Amigos del pueblo*, which were directly under Alamán's control, and Francisco Ibar's *El Genio de la libertad*, Carlos María de Bustamante's *La Marimba*, and Rafael Dávila's *El Toro* which, although not government run, were officially financed. These papers attacked the "anarchists," as they labeled the opposition, describing as treasonous their criticism of the government.[34]

As armed resistance spread throughout the country, Bustamante again attempted to mollify the opposition by proposing to change his cabinet. First, he removed Facio and Alamán, the most hated ministers. Then he offered Camacho, the governor of Veracruz and one of the important opposition leaders, the Ministry of Interior and Foreign Affairs; General José María Calderón, the governor of Puebla, the Ministry of War; and José María Bocanegra, a former cabinet minister under Guerrero, the Ministry of Justice and Ecclesiastic Affairs. Only Rafael Mangino, the least controversial member of the cabinet, would remain. Despite Bustamante's entreaties, the three men refused the appointments when the committee of opposition insisted that Gómez Pedraza return to office as a precondition to holding elections.[35] Unable to placate his opponents, Bustamante renewed pressure against the "anarchists" in the capital. Rumors spread that the government would seek either to imprison or to murder the leaders of the opposition.

The defeat of rebel Colonel Pedro Pantoja on June 8, 1832, provided the government an opportunity to establish a case against its antagonists.

---

[33]*La Marimba* I, no. 21 (May 29, 1832): 205–216; ibid., no. 22 (June 2, 1832): 223–231; *Fénix de la libertad* I, no. 55 (June 13, 1832): 231; *La Columna de la Constitución Federal de la República Mexicana* I, no. 1 (June 1, 1832): 1–3; ibid., no. 4 (June 11, 1832): 15.

[34]José Joaquín Rincón to Valentín Gómez Farías, Huastuco, September 7, 1847, GF 1737, Gómez Farías Papers; *El Toro* (June 13, 1832): 101–102; ibid. (June 16, 1832): 109–120. *La Columna* provides an interesting analysis of these papers in vol. I, no. 8 (June 20, 1832): 20.

[35]*Fénix de la libertad* I, no. 57 (June 20, 1832): 239; Quintana Roo to [Gómez Farías], [Mexico], June 13, 1832, GF 44A, Gómez Farías Papers.

Announcing that captured documents proved that Rejón and Rocafuerte had instigated and financed the insurrection, the regime ordered the arrest of the two men.[36] Although Rejón successfully eluded capture, the authorities arrested Rocafuerte on July 12, charging him with inciting, sustaining, and directing revolts against the government.[37] While news of the imprisonment elated the progovernment press, throughout the country the opposition newspapers demanded that the government release him unharmed.[38]

Rocafuerte's arrest was only one aspect of the renewed campaign to destroy the opposition in the capital. In addition, the government ordered the detention of hundreds of persons, and both secret police and uniformed guards roamed the city arresting suspected subversives. On August 1 a group of soldiers beat Santa Anna's sister when she attended Sunday Mass. No charges were brought against her, but she was imprisoned and held incommunicado. Although legally protected because of their congressional immunity, Rejón and Quintana Roo went into hiding to avoid imprisonment. José Rincón, who had collaborated with the committee, fled to Veracruz.

On August 6, to everyone's astonishment, the government released political prisoners, among them Rocafuerte, a move that resulted from cabinet changes that took place early in August. The position of the Bustamante regime had deteriorated immensely in July. Veracruz, Tamaulipas, Jalisco, Zacatecas, and Durango were in open revolt; other states, such as Puebla, were on the verge of joining them. When General Moctezuma occupied San Luis Potosí, Vice President Bustamante decided to take personal command of the federal armies, leaving Múzquiz as acting chief executive. In an attempt to end the civil war, Múzquiz invited leading moderates Francisco Fagoaga, Juan Ignacio Godoy, Ignacio Alas, and Ignacio Iberri to form a new cabinet. Before accepting the post of minister

[36]*La Columna* I, no. 25 (July 31, 1832): 100; *Fénix de la libertad* I, no. 63 (July 11, 1832): 260–263; Gabriel Durán to Minister of War, Hacienda Atlapango, June 8, 1832, *El Sol* III, no. 1,036 (June 9, 1832): 4,148; Bustamante, "Diario," XX (June 9, 1832): ff. 324–325; ibid. (June 25, 1832): f. 368.

[37]Bustamante, "Diario," XXI (June 12, 1832): f. 10; ibid. (July 13, 1832): f. 10. "Instancia del Comandante General de México, para que se designe interprete que reconosca la documentación recogida a Vicente Rocafuerte" [July 12, 1832], Archivo Histórico de la Secretaría de Defensa Nacional, Mexico, XI/481.3/947(1832).

[38]*La Marimba* I, no. 28 (July 13, 1832): 296; *El Sol* III, no. 1,071 (July 18, 1832): 218; ibid., no. 1,076 (July 28, 1832): 258; *La Columna* I, no. 18 (July 14, 1832): 72; ibid., no. 30 (August 11, 1832): 120; *Fénix de la libertad* I, no. 64 (July 14, 1832): 266–267; ibid., no. 66 (July 18, 1832): 275; ibid., no. 65 (July 16, 1832): 217 [*sic* (in error for 271)]; ibid., no. 67 (July 21, 1832): 278; ibid., no. 69 (July 25, 1832): 284–285; ibid., no. 71 (July 30, 1832): 295; ibid., no. 72 (August 1, 1832): 299.

of foreign and internal affairs, Fagoaga had demanded the release of important political prisoners and an end to government repression.[39]

The cabinet changes did not satisfy the committee of opposition, which privately pressured Fagoaga and the others to resign. Fagoaga complied on September 12, and the others imitated his actions shortly thereafter.[40] Outraged by the intransigence of the opposition, the regime returned to the tactics of repression. The administration issued orders for the arrest of countless "anarchists" and instructed the police and the army to apprehend the principal leaders of the opposition: Rejón, Quintana Roo, Pacheco Leál, Rocafuerte, and Villavicencio. Privately, the police were ordered to shoot them on sight. The search parties of soldiers and police who roamed through the city failed to locate the leaders, who had hidden in the houses of friends and sympathizers.[41] It was widely rumored that the conspirators were in contact with Gómez Pedraza, who had recently returned to Veracruz from Europe. On the night of October 12, soldiers surprised Rejón, Rocafuerte, and Villavicencio "conspiring" in a square in Mexico City. Although fired upon, they managed to escape. To avoid detention, the wanted opposition leaders moved about continuously for the next couple of months, sleeping in a different house every night. Despite such precautions the police discovered and killed Villavicencio.[42]

Although the government maintained rigid authority in the capital, it had lost control of the states. The insurgent armies converged on Mexico City. Santa Anna's forces advanced from the east, Moctezuma from the northeast, García from the north, and Alvarez from the southwest. On September 18 the situation appeared to change, as Bustamante crushed Moctezuma's civic militia in the bloody Battle of Gallinero, an hacienda near San Miguel Allende. The government's recovery, however, was short-lived. Santa Anna defeated Facio's forces in Puebla at the end of the month

[39]Rincón to Gómez Farías, Huastuco, September 7, 1847, GF 1737, F50, Gómez Farías Papers. *La Columna* I, no. 25 (July 31, 1832): 100; ibid., no. 26 (August 1, 1832): 104. *Fénix de la libertad* I, no. 70 (July 28, 1832): 289–290; ibid., no. 74 (August 6, 1832): 307; ibid., no. 76 (August 11, 1832): 315. *El Sol* IV, no. 1,090 (August 3, 1832): 4,372; ibid., no. 1,106 (August 20, 1832): 4,436; ibid., no. 1,112 (August 26, 1832): 4,459–4,460. *El Toro* (August 1, 1832): 273–284.

[40]*Fénix de la libertad* I, no. 88 (September 8, 1832): 362–363; ibid., no. 90 (September 12, 1832): 373.

[41]*El Sol* IV, no. 1,108 (August 22, 1832): 4,444; ibid., no. 1,118 (September 1, 1832): 4,483–4,484; ibid., no. 1,120 (September 3, 1832): 4,491; *El Toro* (September 12, 1832): 478–479; *Fénix de la libertad* II, no. 1 (October 1, 1832).

[42]Bustamante, "Diario," XXI (September 25, 1832): f. 205; ibid. (October 12, 1832): ff. 300–301. *El Sol* IV, no. 1,444 (September 27, 1832): 4,600; ibid., no. 1,666 (October 18, 1832): 4,688; ibid., no. 1,820 (November 1, 1832): 4,879–4,880; *Fénix de la libertad* II, no. 16 (January 13, 1833): 4.

and accepted the surrender of the city of Puebla on October 5. Unable to fight on all fronts, Bustamante concentrated his forces in the states of Puebla and Mexico. His tactic failed; on December 5 he was decisively defeated. Three days later he sued for peace. Bustamante and his leading officers met with Santa Anna, Gómez Pedraza, José Miguel Ramos Arizpe, and Bernardo González Angulo at Zavaleta, an hacienda near the city of Puebla. They reached an agreement on December 23, whereby Bustamante and his officers would go into exile while Gómez Pedraza assumed the presidency in order to supervise state and national elections.[43]

The Treaty of Zavaleta resulted in an ambiguous victory for the Mexico City committee of opposition. Since the agreement returned Gómez Pedraza to the presidency, the group believed that they had restored political legitimacy to the office. In reality, however, the commitment to legal succession had been broken when Gómez Pedraza was forced into exile in 1828, and it could not be restored merely by his return. Furthermore, the victory over Bustamante had been won by force of arms, with General Santa Anna erroneously receiving most of the credit. The Mexico City committee had gambled that it could control the military, once constitutional government had been restored, but, even though some of its members had become highly publicized leaders of the opposition, the committee itself constituted a secret group that remained unknown to the public. In addition, the peace was signed without either the consent or the presence of the principal leaders of the committee, a fact that diminished their power, influence, and prestige. Despite the presence of men such as Gómez Pedraza and Ramos Arizpe at the negotiations, contemporaries as well as later historians generally assumed that Santa Anna himself had overthrown the Bustamante regime, because the committee's propaganda depicted him as a hero. As some had feared, this made him one of the most popular men in Mexico. In 1833 he was elected president.

The success of Santa Anna has obscured the nature of the Mexican political system in the early national period. Regrettably, many scholars have tended to treat Santa Anna as the leitmotif of the political life of early national Mexico, reducing the political process of the time to a strongman, or *caudillo*, capriciously seizing the presidency. One historian, Wilfred H. Calcott, entitled a biography of the general *Santa Anna: The Story of an*

[43]"Convenio de armisticio entre las fuerzas del General Antonio López de Santa Anna y del General Anastasio Bustamante, December 11, 1832," Instituto Nacional de Antropología e Historia, Colección Bustamante, vol. 26, ff. 198–199. Manuel Gómez Pedraza to Gómez Farías, Puebla, December 14, 1832, GF 85, F 44 A, Gómez Farías Papers. José María Bocanegra, *Memorias para la historia de México independiente, 1822–1846*, 3 vols. (Mexico: Fondo de Cultura Económica, 1986), II:322–330.

Enigma Who Once Was Mexico.[44] Such a view, however, is no more than the discredited great man theory in disguise; it ignores the complex nature of Mexico's political system and the fact that various interest groups have always participated in the political process. Military politicians were indeed important in Mexico, but, as Richard Herr remarks about the same phenomenon in Spain:

> This did not mean that Spain had become a plaything of the army or that parliamentary government had ceased to exist. It meant that generals made better political leaders than most men. They could capture the popular imagination. . . . But the issues were between political parties based on different social groups, not between the army and society. The army was not monolithic. Almost every shade of opinion found a general to turn to who could rally some troops to his side.[45]

The political role of military men in Mexico followed a similar pattern. All sides could, and did, find a general to lead them. Anastasio Bustamante, after all, was also a general. The political system that evolved in Mexico during the Independence period, however, differed from that of Spain. Mexicans favored clandestine coalitions rather than political parties, but such groups, while effective in opposition, proved unable to govern when they achieved power. Their failure often resulted in *pronunciamientos* in which military men played prominent roles. But as this essay demonstrates, Mexican military politicians were not autonomous actors. Generals such as Bustamante and Santa Anna, who could attract popular attention and controlled military forces, emerged as rivals for the government. But, while the officers enjoyed enormous popularity, they did not constitute the only political force. The competing policies of civilian groups also urged other generals to rebel. Hence, the military often became an instrument of civilian political groups.

The 1832 revolt is instructive in this regard. Santa Anna initially preferred compromise rather than conflict. It was the intransigence of the Mexico City committee that forced the general to fight. In that respect, the frequency of extralegal transformations in the nineteenth century is an indication of the inability of Mexicans to agree upon a suitable political system.

[44]Wilfred H. Calcott, *Santa Anna: The Story of an Enigma Who Once Was Mexico* (Norman: University of Oklahoma Press, 1936).
[45]Richard Herr, *Spain* (Englewood Cliffs: Prentice Hall, 1971), 88.

Los pronunciamientos de 1832: Aspirantismo político e ideología

Josefina Zoraida Vázquez

EL DIA 2 DE ENERO DE 1832, los jefes y oficiales de la guarnición de Veracruz y de la fortaleza de Ulúa se reunían en la casa del coronel Pedro Landero, citados por el Comandante General Ciriaco Vázquez, para discutir la situación de la república mexicana, amagada por la tiranía o la anarquía, y concluyeron: "que es constante la protección dispensada por el ministerio, ya en sus periódicos, y ya de otros modos ostensibles a los atentados cometidos contra la Constitución y garantias públicas individuales, y que muy pronto consumaran la ruina del sistema ".

Afirmaban que la revolución que se preparaba en diversos estados de la república era peligrosa, por lo que protestaban "sostener a toda costa la Constitución y las Leyes proclamadas en el Plan de Jalapa,[1] y al actual Vicepresidente". De acuerdo al articulo 4° del aquél, pedían la remoción del gabinete "contra quien se ha pronunciado la opinión pública". También decidían invitar al general Antonio López de Santa Anna, mencionado por los descontentos de todos los estados, a ponerse a la cabeza de esta guarnición, para calmarlos y evitar que precipitasen al país a la anarquía. El "héroe de Tampico" no tardó en aceptar y todo el mundo quedó convencido que había sido la fuerza detrás del no tan inesperado movimiento.

Este pronunciamiento tendría unas consecuencias desastrosas para la república. Por un lado sellaría la bancarrota hacendaria al dilapidar cuantiosas sumas custodiadas en Veracruz y ocupar ese puerto y después el de Tampico, privando al gobierno de las entradas aduanales por un año, al tiempo que causaba enormes gastos para combatir la rebelión. Por otro, permitiría consolidar el poder del ejército gracias a la colaboración de los estados, que

---

[1]Fue el pronunciado por el ejército de reserva en diciembre de 1829, que derrocó al general Vicente Guerrero y elevó al poder a don Anastasio Bustamante.

ratificaron el uso de las armas para reconquistar la "legitimidad", de hecho se traduciría en el principio del fin del federalismo. Además, al coincidir con el primer estallido de descontento de los colonos texanos, el movimiento iba a permitir que se disimularan las verdaderas intenciones, perdiéndose la última oportunidad de salvar la provincia.

Es curioso que este pronunciamiento, el más extenso antes del de Ayutla, no haya merecido más atención que como causa del derrocamiento del vicepresidente Anastasio Bustamante. Jaime E. Rodríguez en un viejo artículo[2] analizó el contexto de la lucha en panfletos y periódicos y, en especial, la participación de Vicente Rocafuerte. Michael Costeloe[3] ha hecho una buena reseña de los principales acontecimientos, pero sin reparar en algunas de las consecuencias. Por un lado produjo un reacomodo en el ejército, tanto por los ascensos concedidos por los dos bandos, como por sangría que causó en la tropa permanente y en la milicia. El triunfo del movimiento también significó la verdadera entrada a la escena nacional de don Antonio López de Santa Anna, que venía intentando saltar al primer lugar desde 1822, pero que no lo había logrado.

José María Bocanegra[4], Juan Suárez y Navarro[5] y el Diario de don Carlos María de Bustamante proporcionan muchos datos. Los documentos del Archivo Histórico de la Secretaría de la Defensa proporcionan información invaluable para percibir la incapacidad del gobierno para capitalizar las victorias sobre el enemigo y la lealtad de la mayor parte del ejército al vicepresidente Bustamante, quien sin duda contaba con su respeto y supo mantenerlo repartiendo ascensos.[6] Este trabajo es un primer intento por explicar algunos de los procesos que tenían lugar.

El contexto: una era de cambios

Sabemos muy poco de la vida política novohispana, lo que dificulta el estudio de la constitución de las diversas facciones provinciales, actores fundamentales de la vida política de los primeros años de la república. Sabemos que en las ciudades donde había ayuntamientos, las elecciones

[2]Jaime E. Rodríguez O., "Oposición a Bustamante", *Historia Mexicana* 20, no. 2 (1970): 199–234.
[3]Michael Costeloe, *La Primera República Federal de México (1824–1835)* (México: Fondo de Cultura Económica, 1975).
[4]José María Bocanegra, *Memorias para la historia de México independiente, 1822–1846*, 3 vols. (México: Fondo de Cultura Económica, 1987–1988).
[5]Juan Suárez y Navarro, *Historia de México y del general Antonio López de Santa Anna* (México: INEHRM, 1987).
[6]Bocanegra, *Memorias*, II:297: "El último acto de la administración de Bustamante fue el crear y dar empleos militares, desde la mas superior hasta la más inferior clase".

fueron un factor importante, y es muy posible que las realizadas con motivo de las Cortes en 1811 y 1820 y para elegir Diputaciones Provinciales en 1820–1824, fueran las que agruparan intereses de acuerdo a las nuevas circunstancias. La llegada de las sociedades secretas, sin duda, influyó la organización de grupos que tal vez se habían generado en las instituciones de educación superior en Guadalajara y en México, donde sabemos que muchos de ellos coincidieron.

Lo que sí sabemos es que la Nueva España presenció grandes cambios a partir de la segunda mitad del siglo XVIII, pues aunque no alcanzaran su objetivo de modernizar y centralizar la administración de la colonia,[7] sin duda debilitaron las fuentes tradicionales de autoridad: la Iglesia, el Virrey y la Audiencia. El reino se vió afectado también por el estado de guerra constante en el Imperio Español[8] y por la crisis de 1808, que los grupos autonomistas criollos trataron de utilizar para convocar una junta de representantes del Reino, semejante a las españolas intento que, coartado por la violencia de los peninsulares, canceló las posibilidades de un autonomismo pacífico. La convocatoria a Cortes y las elecciones para elegir a los diputados novohispanos proporcionó un motivo más de inquietud, al igual que la promulgación de la Constitución de 1812 y el establecimiento de nuevos organismos de representación provincial—las Diputaciones—, y la extensión de los Ayuntamientos a todos los poblados de más de mil almas, que posibilitaron la participación política de amplios grupos de población. Sabemos que el objetivo de las Diputaciones era centralizador, pero en la práctica fortalecieron el regionalismo. La previsión constitucional para que anualmente se efectuaran elecciones municipales, politizó a la población y creó las expectativas de participación tan característica del período, que haría exclamar a don Carlos María de Bustamante en 1834, que hasta el más mísero pueblo se consideraba con derecho a opinar sobre la conveniencia del cambio de sistema de gobierno.[9]

La debilidad de la lucha insurgente incidió en el regionalismo que el tamaño del reino y su orografía había generado. La lucha se fragmentó por

---

[7]Marcello Carmagnani, "Territorialidad y federalismo en la formación del Estado mexicano", en *Problemas de la formación del Estado y la Nación en Hispanoamérica*, ed. Inge Buisson et al. (Köln, Wien: Böhlau Verlag, 1984), 289–317, arguye que "la información seriada [de gastos] disponible, desdibuja la imagen generalmente positiva, elaborada por la historiografía tradicional, que ve en la reformas borbónicas un momento de reorganización del Estado colonial. Nuestra información sugiere en cambio la imagen de una continuidad profunda entre el Estado colonial de los Austrias y el Estado colonial de los Borbones" (p. 295).

[8]Barbara A. Tenenbaum, *The Politics of Penury: Debts and Taxes in Mexico, 1821–1856* (Albuquerque: University of New Mexico Press, 1986).

[9]Carlos María de Bustamante, "Diario de lo especialmente ocurrido en México", junio de 1834.

regiones. Los líderes lograron agrupar una "clientela" leal, que más tarde se convirtió en el dolor de cabeza de los diversos gobiernos nacionales, pues probaron difíciles de doblegar una vez involucradas las rebeliones. Tal el caso de Juan Alvarez, el sucesor de Vicente Guerrero en el sur del estado de México y el de Gordiano Guzmán en el sur de Michoacán. Pero la lucha también provocó una migración hacia las ciudades, en donde se concentraron amplios grupos de recién llegados, sin adscripción social y sin empleo, y por ende proclives a sumarse a cualquier desorden. Esta población marginada sería blanco favorito de las reglamentaciones tendientes a lograr reemplazos para el ejército.

Se inicia la era de los pronunciamientos

La necesidad de combatir a los insurgentes, no sólo fortaleció al pequeño ejército existente con la llegada de tropas de la metrópoli, sino por la extensión de las milicias provinciales, ordenada por Jefe Político Superior Calleja. Independientemente de las convicciones originales que dividieron a los criollos entre independentistas, autonomistas y *equilibristas*,[10] la mayoría para 1820 favorecía la separación de la colonia. El proyecto del coronel Agustín de Iturbide debe haberse inspirado en el ejemplo de los oficiales españoles, quiénes desde 1814 venían intentando pronunciarse contra el absolutismo[11] y que en enero de 1820 lograron éxito, aprovechando el malestar existente entre las tropas que iban a ser embarcadas para Sudamérica. No es difícil imaginar que el hecho hubiera inspirado a algunos espíritus ambiciosos a seguir ese ejemplo en la Nueva España, sobre todo después de tantos años de incertidumbre e inseguridad, de la que todos estaban cansados. Para octubre de 1820, sabemos que el coronel Iturbide había madurado un plan de independencia y buscaba tener mando—como base de fuerza—, dentro de la Ciudadela. Según don Manuel Gómez Pedraza,[12] fue él el que lo convenció de las ventajas de proceder de la periferia hacia la capital—ruta que en adelante seguirían los movimientos exitosos— y lo puso en contacto con varios jefes del ejército, entre ellos Anastasio Bustamante, Joaquín Parres y José Antonio Echávarri. Conseguido el mando del sur, el plan se afinó de manera que al tiempo del pronunciamiento de

[10]Jaime E. Rodríguez O., "From Royal Subject to Republican Citizen: The Role of the Autonomists in the Independence of Mexico", *The Independence of Mexico and the Creation of the New Nation*, ed. Jaime E. Rodríguez O. (Los Angeles: UCLA Latin American Center, 1989), 36.

[11]Guadalupe Jiménez Codinach, ed., *Planes en la Nación Mexicana* (México: Senado de la República, 1987) I:32–33.

[12]Manuel Gómez Pedraza, *Manifiesto que Manuel Gómez Pedraza, ciudadano de la República de Méjico dedica a sus compatriotas o sea una reseña de su vida pública* (Nueva Orleans: Imprenta de Benjamín Levy, 1831), 8.

Iturbide, los diputados elegidos para representar a la Nueva España en las Cortes, al llegar a Veracruz se constituirían en Congreso. El fracaso de los diputados en verificarlos obligó a Iturbide a cambiar el plan. Dadas las circunstancias buscó la colaboración de los insurgentes, lo que le permitía no sólo dar fin a la lucha, sino aumentar su fuerza.

Iturbide también se percató de la necesidad de atraer a los diversos grupos de la sociedad novohispana y conjugarlos en alguna forma de alianza. Con maestría discurrió ofrecer algo a cada uno: igualdad para las castas, *unión* para los peninsulares, privilegios y empleos para el alto y bajo clero, burocracia y ejército, independencia para todos. De esa manera las tres "garantías": religión, unión e independencia se convirtieron en un denominador común que, temporalmente, reconcilió a la sociedad.

Una vez que Vicente Guerrero aceptó suscribir el Plan, hubo que hacer cientos de copias para enviarlas a las supremas autoridades del reino, Jefe Político Superior y Arzobispo, obispos y jefes militares, Diputaciones Provinciales y Ayuntamientos. El *pacto* garantizado por el ejército se convirtió en fundamento de la nueva nación y sentó las bases para que se sintiera con derecho a intervenir en todo momento en que se discutieran cuestiones fundamentales.

Las adhesiones al Plan de Iguala distaron de ser inmediatas. El Jefe Político Superior del Reino al recibir el Plan de Iguala ordenó a todas las autoridades abstenerse de leer el documento. La circulación del Plan la había limitado en un principio a la carencia de imprenta, hasta que por "error", el periódico poblano *La Abeja* lo imprimió. De esa manera durante el primer mes la respuesta fue decepcionante, hasta que Anastansio Bustamante y Luis de Cortázar decidieron jurarlo el 18 de marzo, asegurando que lo secundara todo el Bajío. A partir de ese momento y con el anuncio de ascensos para los que lo juraran, se aceleró su aceptación en el ejército.

El Plan tropezó con la resistencia de diputaciones y ayuntamientos que debían su existencia a la Constitución de 1812, cuya vigencia no se garantizaba. El peso de estas instituciones hizo que al entrar en Cuernavaca el 23 de junio de 1821, Iturbide declarara que "la Constitución española, en la parte que no contradice nuestro sistema de independencia, arregle provisionalmente nuestro gobierno mientras los diputados de nuestras provinciales se reunan y dicten las que más convengan a nuestra felicidad social".[13]

Las dotes políticas de Iturbide le permitieron ganar para su causa a no pocos soldados españoles y lograr la consumación, casi sin derramamiento de sangre. Pero como los altos jefes se mantuvieron leales, tuvo que desvertebrar el ejército, formado siete divisiones de las cuales dos quedaron al mando de los exinsurgentes Nicolás Bravo y Vicente Guerrero y las otras

---

[13]Citado por Jiménez Codinach, *Planes*, I:46.

cinco al mando de *peninsulares*. El golpe maestro de Iturbide fue lograr la colaboración del último jefe político superior español, Juan O'Donojú, lo que aseguró la capitulación de las tropas peninsulares de la capital. De esa manera, el éxito de la estrategia de proceder de la periferia hacia la capital se convertiría en modelo para los movimientos mas importantes: de 1832, 1841 y 1845.

Dado que el ejército había hecho posible la independencia, la corporación se encumbró. Los otros grupos habían sufrido los efectos de las reformas y de la lucha independentista, en especial la iglesia, que antaño era el grupo dominante. Esta debilidad general facilitó la conquista del poder para el ejército.

Pero el movimiento de Iguala había dado origen a una contradicción que debilitaba su disciplina, pues si bien su artículo 17 insistía en que la corporación quedaba sujeta a su Ordenanza "a la letra", favoreció su incumplimiento al declarar que "sus jefes y oficiales continuan en el pie que están con la *expectativa*, no obstante, a los empleos vacantes y a los que se estimen de necesidad o conveniencia". De acuerdo a esa promesa, muchos empleos importantes pasaron a ser monopolizados por el ejército. La premiación de deserciones con uno, dos y, por excepción, tres ascensos en un año, sentó un precendente nefasto. Los pocos enfrentamientos que tuvieron lugar generaron asimismo otra práctica que se hizo común en adelante: el que las tropas vencidas se sumaran a las vencedoras, lo que determinó que después de toda contienda se declarara "un olvido total". El espíritu de cuerpo permitió también que los inconformes pudieran retirarse sin ser molestados.

Aunque casi siempre se ha subrayado el carácter reaccionario del movimiento de Iturbide, en realidad se trató de una coalición de diversas fuerzas. Doris Ladd ha hecho notar,[14] el cambio en la definición de autonomía que existe entre el Plan de Iguala y la Declaración de Independencia, producto sin duda de los compromisos adquiridos por Iturbide con otras fuerzas. El Plan de Iguala se refería a que por trescientos años, la América Septentrional había estado "bajo la tutela de la Nación más católica y piadosa . . . ", mientras la Declaración de Independencia hablaba de que salía "hoy de la opresión en que ha vivido".

Dada la heterogeneidad de la sociedad mexicana, las alianzas eran temporales, pues muchas veces se establecían ante problemas circunstanciales que al desaparecer, las disolvían. De esa manera, la noticia de que las Cortes no habían aprobado los Tratados de Córdoba suscritos por O'Donojú, resquebrajó la coalición de fuerzas negociada por Iturbide. Parte del alto clero, sobre todo el Arzobispo y el Obispo de Oaxaca, de inmediato

---

[14]Doris M. Ladd, *The Mexican Nobility at Independence, 1780–1826* (Austin: Institute of Latin American Studies, The University of Texas, 1974), 124.

la desertaron. El empeño autoritario de Iturbide, su encumbramiento como emperador y la disolución del Congreso Constituyente, terminaron por minar la vulnerable alianza.

Para fines de 1822, los ambiciosos y las logias sabían que el malestar estaba listo para promover una nueva coalición. El pronunciamiento de Santa Anna por la república en Veracruz no alcanzó a tener eco, pero permitió que el jefe enviado a combatirlo, Echávarri, respaldado por la masonería escocesa, a la que pertenecía la mayoría de los oficiales, iniciara un acuerdo del ejército en Casamata (1 de febrero de 1823) que capitalizó el descontento provincial para lograr el apoyo de sus autoridades civiles. Reunidos los oficiales y uno por clase del ejército en el alojamiento del general en jefe para tratar de "los peligros que amenazan a la Patria por la falta de representación nacional", acordaron que la soberanía residía en la nación y que era imperativo instalar un nuevo congreso. Esta cláusula satisfacía el malestar general por la ineficiencia del constituyente. Era posible reelegir a los que "por sus ideas liberales y firmeza de carácter" lo merecían y sustituir a los diputados ligados al viejo régimen, que ya no eran necesarios para la nueva coalición, toda vez que la relación con España estaba totalmente rota. El plan previó el envío de copias al supremo gobierno, al de Veracruz y, al igual que había hecho Iturbide, a todos los comandantes generales, ayuntamientos y diputaciones. Esta vez se contaba con imprenta, lo que facilitó la tarea. La prensa se había convertido en el mejor vehículo de difusión, pues hasta los periódicos oficiales publicaban los planes políticos aunque trataban de neutralizarlos con notas al pie. La declaración del artículo 9 del Plan de Casamata aseguró el apoyo de las provincias: "En el interín contesta el Supremo Gobierno *de lo acordado por el ejército*, la Diputación Provincial de esta Provincia, será la que delibere en la parte administrativa, *si aquélla resolución fuese de acuerdo con su opinión*".

El plan declaraba su adhesión al Emperador en el artículo 10, pero éste no pudo menos que darse cuenta de que carecía de base para gobernar y prefirió abdicar, mientras el Plan lograba el apoyo de las diputaciones provinciales, satisfechas con el importante papel que se les otorgaba en el concierto nacional. El nuevo orden casi provocó que la nación se fragmentara en las diversas provincias, al declararse "estados libres y soberanos", pero se salvó gracias a un nuevo pacto con la garantía en un gobierno *federal*, y sólo tuvo que sentirse la separación definitiva de Centroamérica.

Diversos intentos de pronunciamentos fracasaron al carecer de un consenso. La coalición lograda por las provincias, los ayuntamientos y la mayor parte del ejército permitió el establecimiento de una república que aunque se denominaba *federal*, era más bien *confederal*, pues el gobierno nacional tenía un poder muy restringido, tanto por las amplias facultades del Congreso, como su dependencia económica de los estados.

La nueva coalición favoreció la movilidad de los exinsurgentes. El movimiento de Iguala sólo había acomodado a los principales jefes. La Junta Provisional Gubernativa otorgó reconocimiento de grados concedidos en las filas insurgentes, dando lugar a abusos como el del hijo de Morelos, Juan Nepomuceno Almonte, que pidió se le reconociera el grado de coronel, que aseguró haber obtenido a los diez años de edad.[15] Es posible que la alianza existente la debilitara el presidente Guadalupe Victoria, al patrocinar la fundación de una nueva logia para neutralizar el poder de la escocesa. Esta, introducida por los oficiales españoles, a partir de 1821 había constituido una rama mexicana bajo la dirección de Bravo. Los escoceses pertenecían a las clases privilegiadas y gracias a su organización lograron influir en las elecciones. La nueva logia de York afilió a exinsurgentes y radicales, que favorecían la expulsión de los españoles; su fuerza se atribuyó al acceso directo al presidente y a la influencia del ministro norteamericano Joel R. Poinsett, lo que motivaría al vicepresidente y gran Maestre escocés, Nicolás Bravo, a rebelarse, sin contar con una alianza que garantizara el éxito. El Plan de Montaño (23 de diciembre, 1827) pedía "la exterminación . . . de toda clase de reuniones secretas", la renovación de las secretarías de despacho, el retiro de Poinsett y el cumplimiento de la Constitución y las leyes.[16] El fracaso fue total, sólo el comandante de Veracruz, Miguel Barragán y la Legislatura del mismo estado se le adhirieron. Parece que Santa Anna estuvo a punto de hacerlo, pero recibió a tiempo la noticia de su fracaso.

El general Guerrero sofocó la rebelión y aprehendió a Bravo, exiliado junto a Barragán. Los yorkinos parecieron dueños de la situación, pero en realidad, al haber debilitado las alianzas no pudieron lograr que fuera elegido su candidato Guerrero. Muchos yorkinos descontentos con las prácticas de las logias las abandonaron, y aliados a escoceses e iturbidistas, favorecieron la candidatura del general Manuel Gómez Pedraza, sostenida por el propio Victoria, Miguel Ramos Arizpe, Francisco García y Valentín Gómez Farías. Los yorkinos no se resignaron y recurrieron a la violencia, lo que intimidó al candidato victorioso, que decidió fugarse y renunciar. El Congreso, sin facultades expresas para ello, declaró presidente a Vicente Guerrero y vicepresidente a Anastasio Bustamante, considerados por buena parte del país como autoridades ilegítimas.

El corto período gubernamental de Guerrero tuvo que enfrentar la bancarrota hacendaria, el intento de reconquista española y la penosa obligación de expulsar españoles. El descontento general se fortaleció ante la falta de paga y gestó la idea en el ejército de apoyar un cambio al centralismo. El 6 de noviembre de 1829, jefes y oficiales de la guarnición de Campeche, más la *marina y empleados de la federación*, reunidos en la

---

[15]Archivo de Cancelados de la Secretaría de la Defensa Nacional (en adelante, ACDN), exp. XI/III/1–8.
[16]Jiménez Codinach, *Planes*, I:215.

habitación del señor comandante, decidieron pronunciarse por el sistema central y "la reunión del mando político y militar en lo que actualmente se denominan Estados".[17] La mayoría de las fuerzas políticas rechazaron la pretendida solución pero el malestar sirvió de pretexto para que los grupos descontentos se acercaran en una alianza negativa. Ante un mal inmediato común, las fuerzas progresistas estatales aceptaron la solución temporal que ofreció la División de Reserva. El vicepresidente Anastasio Bustamante, federalista respetado en el ejército y en amplios círculos del país, incluyendo el clero, aseguró una coalición viable.

El Plan de Jalapa fue suscrito el 4 de diciembre de 1829[18] por jefes y un representante de cada clase del Ejército de Reserva que, de acuerdo a la mecánica acostumbrada, expresaron su voluntad de garantizar el orden federal y eliminar los abusos de la administración del general Guerrero, ofreciendo el mando a los generales Bustamante y Santa Anna. Copia del documento se remitió de inmediato al Supremo Gobierno y a las autoridades estatales, así como a los jefes principales del ejército que no tardaron en suscribirlo. Santa Anna se decidió por la lealtad a Guerrero, pero las amplias redes de las sociedades secretas y las jerarquías del ejército, ligadas con ayuntamientos y autoridades estatales, consiguieron la adhesión de guarniciones y el beneplácito de legislaturas. Radicales como Juan Pablo Anaya y Esteban Moctezuma colaboraron activamente y José María Luis Mora expresó su satisfacción en su *Correo de la Federación*.

Después del visto bueno de la guarnición de México el día 29,[19] el vicepresidente Bustamante se hizo cargo del ejecutivo, Lucas Alamán fue nombrado Secretario de Relaciones y José Antonio Facio, de Guerra. El Congreso declaró "justo" el movimiento y más tarde, la incapacidad de Guerrero para gobernar. Estas medidas no lograron purgar la ilegitimidad y algunas voces pidieron que tomara la presidencia Gómez Pedraza.

Alamán y Facio, con una buena red de espías y agentes y el uso del artículo 4 del Plan de Jalapa, lograron la sustitución de autoridades hostiles. La resistencia se centró en el sur del estado de México y en la tierra caliente de Michoacán, por lo que enviaron al viejo insurgente de esa región, Francisco Hernández, para "rectificar la opinión de los pueblos"; además se persiguió con saña a los inconformes, fusilando a los líderes, entre ellos al general Guerrero, medida inusitada en el medio mexicano.

La administración de Bustamante logró poner orden en la hacienda, combatir el contrabado e impulsar la industrialización, la agricultura y la ganadería, a lo que se le hizo tan efectiva publicidad que ha pasado hasta nuestros días. La verdad es que la inestabilidad fue su nota más constante. A

---

[17]Un intento semejante fracasó en Jalisco y otro tuvo lugar en Tabasco el 29 de noviembre de 1829.

[18]Suárez y Navarro, *Historia de México*, 172–173.

[19]Ibid., 180–181.

pesar de haber aglutinado un amplio grupo de yorkinos y escoseses partidarios del progreso, sus medidas impolíticas no tardaron en vulnerar la alianza. Para fines de 1831 la oposición era general, pero los hombres del progreso, enemigos del desorden, decidieron preparar un candidato viable para las elecciones de septiembre de 1832, que resultó ser el general Manuel Mier y Terán, exinsurgente, exministro de guerra y héroe de la victoria contra los españoles en Tampico, como Santa Anna.

Desde noviembre de 1830, el general Barragán se había percatado del desequilibrio ocasionado por el Plan de Jalapa al sustituír el influjo de los radicales yorkinos por una combinación de ejército permanente, clero y propietarios una nueva coalición, como la lograda en Casamata. Barragán buscaba mediante la constitución "una junta extraordinaria compuesta por 18 personas", distribuída en tres grupos: seis gobernadores de estados, seis gobernadores eclesiásticos y seis generales, entre ellos, Guerrero, Bustamante, Bravo y Santa Anna.[20] Para legitimarla, el Congreso la convocaría e intentó salvar a Guerrero y a su partido mediante un compromiso. El escaso apoyo con que contaba Guerrero, aseguró que el gobierno prestara oídos sordos.

Durante 1831 el deterioro de la alianza promovida por el Plan de Jalapa fue constante. El desempeño de Facio y de Alamán despertaron agravios, al impedir la entrada de Gómez Pedraza al país, violar la libertad de expresión, hacer golpear a dos senadores de la oposición, y consentir la conducta insolente del Comandante Ignacio Inclán en Jalisco que dió origen a la protesta del gobierno de estado, apoyada por los de Zacatecas, San Luis Potosí y Tamaulipas. Para fines de 1831 no era secreto pues que el país hervía en descontento, circunstancia que no iba a dejar pasar al ambicioso Santa Anna.

En busca de una nueva coalición: 1832

Los insurgentes habían gozado de movilidad entre 1823 y 1829. Las vacantes dejadas por los españoles expulsados, fueron utilizadas por Guerrero para premiar a los autores de la victoria de Tampico. Santa Anna fue ascendido a general de división y una media docena a tenientes coroneles o a coroneles. Al ascender al poder, Bustamante no ocultó su intención de fortalecer al ejército y ofreció a los "mejores oficiales", ascensos y las comandancias generales, acto que la prensa calificó de favoritismo inconstitucional y que sobresaturó los altos rangos del ejército.[21] Además,

[20]Bocanegra, *Memorias*, II:163, 261.
[21]Carlos Maria de Bustamante, *En todas partes se cuecen habas y en mi casa a calderadas* (México: Imprenta de las Escalerillas, 1831): "Tenemos 12 generales de división, 18 de brigada, 72 coroneles, 20 comandantes generales, 2

Facio inició la publicación de un periódico militar, *El Gladiador* y constituyó una especie de "guardia pretoriana"[22] con dos regimientos al mando de los coroneles Arista y Durán, lo que despertó la preocupación de las provincias, temerosas de la influencia del ejército como gran institución nacional; con organización jerarquía y a sueldo de la federación, traducida en influencia del Ministro de la Guerra, ya probada como recordaba el caso de Gómez Pedraza y su conquista de la elección de 1828.

Santa Anna había hecho carrera en el ejército realista y gracias al movimiento de Iguala había saltado de teniente coronel a general de brigada y para 1829, a los treinta y cinco años de edad, era general de división.[23] Ahora ansiaba el poder y como no figuraba entre los favoritos para las elecciones de 1832, no le quedaba otro recurso que capitalizar el malestar general.

Era obvio que la coalición comprometida en el Plan de Jalapa se había roto. Hasta el clero, favorecido por Alamán, tenía causas de agravio. Facio había logrado que se negara el visto bueno a la bula que autorizaba al Obispo Vázquez a arreglar al clero regular y el enojoso tema del Patronato había resurgido con motivo del permiso del Congreso Nacional para que la iglesia ocupara, por *una vez*, las canongías vacantes.[24]

La mayoría de los políticos de los estados adoptaron la posición de oposición "legal", dispuesta a resistir las medidas arbitrarias de la administración de Bustamante, pero interesada en reconquistar la legitimidad en las elecciones de 1832. Sin embargo, algunos diputados y senadores progresistas, como Manuel Crecencio Rejón y Andrés Quintana Roo, eran pesimistas y temían que esas elecciones en septiembre de 1832 fueran manipuladas por la facción en el poder, con sus agentes poderosos, por lo que favorecían una revolución. De esa manera existían tres grupos, los partidarios del gobierno, los avocados a un movimiento armado y los que preferían el tránsito pacífico al orden constitucional.

El pronunciamiento se preparó con tiempo, pues después de la proposición del general Barragán al Congreso en noviembre de 1830, que nunca obtuvo respuesta, Francisco García había sido invitado a una conspiración en la que estaban involucrados Barragán y Santa Anna.[25] García

---

inspecciones. . . . Se ha llegado al extremo de quitar a los oficiales efectivos de los cuerpos, para llenar sus vacantes con nuevos ascensos y de ascender a los aún no tienen vacantes con nombrarlos sueltos".

[22]Un Español, *Dos años en México, o memorias críticas sobre los principales sucesos de la República de los Estados Unidos Mexicanos, desde la invasión de Barradas, hasta la declaración del Puerto de Tampico, contra el gobierno del gral. Bustamante* (México: Reimpreso por J. Uribe, 1840), 39.

[23]ACDN, exp. XI/III/1–116.

[24]*El Despertador de Tamaulipas*, 26 de enero de 1832.

[25]Francisco García a V. Gómez Farías. Zacatecas, 7 de diciembre de 1830. Archivo Valentín Gómez Farías (en adelante, AVGF), Benson Latin American Collection (en adelante, BLAC), 44A, 4: "el plan envuelve miras muy avanzadas

temió el costo del desorden y mantuvo su apoyo a Bustamante y Alamán, opinión generalizada que obstaculizó el progreso del movimiento. Un escollo mayor era que casi todo el ejército era leal a Bustamante, lo que imposibilitaba articular una nueva coalición. Más Santa Anna era famoso por tomar riesgos y el tono de la prensa durante la segunda mitad del 1831[26] y la firme protesta de tres estados por la conducta de Inclán en Jalisco, deben haberle parecido base suficiente para forzar una nueva coalición. No contaba sino con la división de Veracruz, pues aunque sus agentes habían llegado hasta la costa del Pacífico,[27] no habían logrado apoyo, lo que determinó la lentitud con que se desarrolló.

El plan afinó la mecánica establecida. La elección de Veracruz, era natural, era su base natural cerca de su hacienda y le daba acceso a las entradas aduanales y al apoyo extranjero, pues los comerciantes siempre conseguian de los rebeldes descuentos extraordinarios para sus importaciones.

Las circunstancias obligaron a Santa Anna a reunir a la práctica insurgente, de convocar al pueblo aceptando en su ejército a "la jarochada" y a las milicias locales, marginadas por Facio, que se negaron a servir en las tropas del Estado de Veracruz.[28] Esto además de despertar la desconfianza de las "clases propietarias, le dió al ejéricto de Santa Anna el aspecto de "banda de ladrones", al decir del capitan Eduard Harkort,[29] y que Santa Anna trató de subsanar enganchando extranjeros.[30]

El plan dejaba en manos de Santa Anna el envío del documento a las autoridades de la federación y de los estados, y éste al hacerlo se atribuyó el

---

hasta querer que la junta que propone sea una verdadera convención que trastorne la Constitución a su arbitrio . . . se me ha hablado al efecto y se me ha querido ganar diciéndome que yo seré lo que quiera en el nuevo orden de cosas y que Zacatecas será lo que yo quisiese. Barragán, Parres, Santana y Cortázar son los principales de esta *nueva revolución*. El gobierno está de *buena fe contra ellos y decididos a sostener el sistema*: lo puedo asegurar a lo menos con respecto a Bustamante y Alamán. Procuré U. relacionarse con este último".

[26]Véase Rodríguez, "La oposición".

[27]Guerra a los coroneles Gil Pérez, Ortiz de la Peña, Alcorta, 7 de enero de 1832. Archivo Histórico de la Secretaría de la Defensa Nacional (en adelante, AHDN), IX/481.3/775,65: "evitar la seducción que pueden intentar en las tropas de su mando los agentes del mismo general Santa Anna . . . siendo muy probable que este general haya excitado al coronel Juan Alvarez y a otros individuos de la costa".

[28]Juan Andrade a Guerra, 8 de enero de 1832, ADHN, XI/481.3/775, 35.

[29]Louis E. Brister, *In Mexican Prisons: The Journal of Eduard Harkort, 1832–1834* (College Station: Texas A & M, 1986), 51–52.

[30]Josefina Z. Vázquez, "Soldados alemanes en las huestes santanistas", *Jahrbuch für Geschichte von Staat, Wirtschaft und Gesellschaft Lateinamerikas* (1988), 415–436.

simple papel de mediador,[31] al tiempo que se cubría de un posible fracaso, con una cínica carta a los ministros en la que les aconsejaba no renunciar.[32]

La reacción del gobierno era previsible: se destituyó a los oficiales rebeldes, no sin ofrecerles la oportunidad de arrepentirse. Alamán y Facio enviaron agentes y circulares a las autoridades civiles y militares y ordenaron interceptar los correos.[33] Oganizaron asimismo una intensa publicidad,[34] subrayando la intromisión extranjera y la dilapidación de 400,000 pesos de la Aduana. El Congreso desaprobó el movimiento e instó al vicepresidente a no aceptar la renuncia presentada por los ministros.

La respuesta al Plan de Veracruz fue desalentadora, sólo la guarnición de Alvarado se adhirió al Plan. Los estados reiteraron su lealtad al "orden federal" y como una prueba de la desconfianza hacia Santa Anna, cuando el Ayuntamiento de Guadalajara se dirigió a la Legislatura de Jalisco el 16 de enero para protestar porque el general Inclán no hubiera recibido castigo del gobierno general, sugería que "para *evitar los males* que anunciaba la revolución de Veracruz, se removieran los ministros".[35] Los representantes jalisienses dirigieron entonces una exposición al vicepresidente, solicitando la remoción y advertían "ni crea V.E. que el pronunciamento del Sr. general Santana ha movido esta medida . . . *se ha decidido antes del movimiento de Veracruz*".[36]

El gobierno de Tamaulipas había dado muestras de intranquilidad con motivo de la ocupación de vacantes en los cabildos catedralicios y en Matamoros hubo un intento de pronunciamiento pero el gobierno nacional pareció imponerse, lo que lo hizo intentar una conciliación, que Santa Anna rechazó. Alamán recurrió a su contacto con el obispo Vázquez, cuya autoridad se extendía a las tierras rebeladas, y éste ordenó a los curas abstenerse de participar.[37] Los agentes oficiales actuaron con efectividad y una nueva circular de la Secretaría de Guerra advertía a los Comandantes el 28 de enero, evitar "se divulgaran especies en favor del centralismo", para no

---

[31]Santa Anna a gobernadores y comandantes generales, Veracruz, 4 de enero de 1832; *El Censor*, 5 de enero de 1832; AHDN, IX/481.3/ 775, 10.

[32]Bustamante, "Diario", 7 de enero de 1832.

[33]AHDN, XI/481.3/779, 30.

[34]Es evidente que *La Marimba* publicada por Carlos María de Bustamante era pagada por Alamán, no los folletos que parecen haber sido buen negocio, pues según don Carlos, gracias a la venta de *Al pueblo mexicano sólo una vez se le engaña*, le había permitido sobrevivir a la suspensión de pago de dietas a causa del movimiento santanista.

[35]AHDN, XI/481.3/777, 95–96; Josefina Z. Vázquez, ed., *Planes en la Nación Mexicana* (México: Senado de la República, 1987) II:78–79.

[36]AHDN, XI/481.3/777, 94; Vázquez, *Planes*, II:78–81.

[37]F.P. Vázquez a Alamán, Puebla, 21 de febrero de 1832, en Lucas Alamán, *Documentos diversos (inéditos o muy raros)* (México: Editorial Jus, 1945), II:173–187.

dar pretextos a los revoltosos.[38] Facio no dudó de ofrecer dinero, ascensos y empleos al comandante de Ulúa, si traicionaba a Santa Anna.[39] El temor al inmanejable sur, condujo a volver a hacer uso del exinsurgente Francisco Hernández para "rectificar la opinión" en tierra de Guerrero, donde corría el rumor de que el movimiento santanista pretendía vengar su muerte.[40] El general Hernández, conocedor de los pueblos, logró una buena cosecha de actas de adhesión de los Ayuntamientos y vecinos al gobierno.[41]

Santa Anna por su parte, también utilizó la compra de adhesiones[42] y personalmente invitó a los comandantes a secundarlo, variando los argumentos de acuerdo con los interlocutores. Así a Mier y Terán le insistía en que su objeto principal, al pedir la remoción, era quitar "pretexto a los *anarquistas* para promover trastornos y aumentar al ejército la fuerza moral".[43] Su fracaso con los comandantes fue completo. Mier, preocupado por la delicada situación de Texas, se dedicó en cuerpo y alma a impedir la extensión de la revolución en los estados de oriente, con el apoyo efectivo del coronel Mariano Paredes y Arrillaga, quien pudo evitar el pronunciamiento de Matamoros el 25 de febrero, organizado por dos tenientes coroneles en conjunción con el Ayuntamiento y los vecinos.[44]

Al principio de marzo el aislamiento de Santa Anna era evidente, por lo que la derrota de Tolomé el día 3, fue interpretada por el gobierno como el fin de la revolución. El general José María Calderón, el jefe de las tropas del gobierno, en su parte señalaba "solo Santa Anna no está en nuestro poder",[45] sin contar seguramente con la capacidad de convocación que tenía el veracruzano en la costa. Esta actitud impediría capitalizar la victoria y

[38]Circular a los Comandantes Generales de los Estados, 28 de enero de 1832, AHDN, IX/481.3/835, 2.

[39]*El Censor de Veracruz*, 30 de enero de 1832; Suárez y Navarro, *Historia de México*, 274–275.

[40]Mariano Ortiz de la Peña a Guerra, 10 de febrero de 1832, AHDN, IX/481.3/780, 33–34.

[41]Vázquez, *Planes*, II:86–104; AHDN, IX/481.3/exp. 781 y 783.

[42]José Miguel Rojas al Comandante Quintanar, México, 21 de octubre de 1832. AHDN, XI/481.3/812, 25: "Faltaría a mis deberes de militar honrado si en esta vez remitiera al silencio las perfidias de uno de los principales anarquistas. . . . Tengo la mayor complacencia de poner en manos de U. cien pesos que el Sr. Reyes Veramendi me ha dado con sólo el objeto de seducir a la tropa de mi cuerpo, haciéndome además la despreciable oferta del ascenso inmediato, como asimismo de mis compañeros".

[43]Santa Anna a Mier y Terán, Veracruz, 7 de enero de 1832, AHDN, XI/481.3/781, 144–145; Santa Anna a Francisco Palomino, ibid., 782, 15–16.

[44]Mier a Guerra, Matamoros, 27 de enero de 1832, AHDN, XI/481.3/782, 95–97.

[45]Recompensas concedidas al personal de tropas que concurrió a la acción de Tolomé, Ver. Recompensas concedidas a los jefes, oficiales y tropa que concurrieron a la acción de Tolomé, Ver. AHDN, XI/481.3/916 y 918.

recuperar el puerto, en lugar de hacer alarde de fuerza y otorgar ascensos y premios.[46]

Favorecido por la inactividad del ejército federal, Santa Anna se recobró e inició una nueva correspondencia para convencer a políticos influyentes como García, Vital Fernández y de la Cruz, ya que consideraba que "Tamaulipas, Zacatecas y Jalisco eran vigías de la libertad".[47]

Aunque Mier era imposible de convencer por la amenaza texana, y García era reacio a aceptar la violencia, en Zacatecas existía un partido que apoyaba la proposición de Luis de la Rosa a la Legislatura de que "Zacatecas se separara de la Confederación mejicana mientras durasen las disensiones que la agitan y que permaneciese en un estado de neutralidad armada . . . hasta la reorganización de la república".[48] Aunque no se impuso en Zacatecas, el gobernador Vital logró que la Comisión Permanente y el Consejo de Gobierno de Tamaulipas la adoptara el 19 de marzo.[49] Para entonces Tampico y Pueblo Viejo se habían adherido a la revolución el 10 y 13 de ese mes.

Tampico significaba no sólo la pérdida de las entradas del segundo puerto de la república, sino apoyo extranjero, pero además conllevó la defección del segundo de Mier, Esteban Moctezuma que se declaró también "mediador".[50] Su influencia sobre las milicias de la Huasteca le permitieron levantar un ejército de 2,000 hombres para defender Tampico.[51]

Los dos eventos debilitaban a Mier, quien perdía recursos para el ejército que respondía por la tranquilidad de Coahuila y Texas, Nuevo León y Tamaulipas. Cuando Mier recibió la comunicación de la comisión permanente contestó que violaba el orden constitucional.[52] Sus contactos con los congresistas permitieron que un mes más tarde la Legislatura desautoriazara el decreto, aunque solicitando al gobierno que se admitiera la renuncia de los ministros.[53] El gobernador Vital Fernández decidió huir y la Legislatura lo sustituyó.

---

[46]Calderón a Guerra, Campo de Tolomé, 3 de marzo de 1832, AHDN, XI/481.3, 913, 3.

[47]Santa Anna a García, Veracruz, 16 de marzo de 1832, García Papers, BLAC, folder 36, 3.

[48]*El Despertador de Tamaulipas*, 8 de marzo de 1832.

[49]Decreto de la Comisión Permanente, Ciudad Victoria, 19 de marzo de 1832, AHDN, XI/481.3/899, 7.

[50]Moctezuma a Bustamante, Tampico, 17 de marzo de 1832, AHDN, IX/481.3/784, 35–39.

[51]Mier a Guerra, 24 de abril de 1832, ibid., 98.

[52]Representación del general Manuel Mier y Terán a la H. Legislatura del Estado de Tamaulipas, Matamoros, 24 de marzo de 1832, ibid., 8.

[53]Acta. Ciudad Victoria, 11 de abril de 1832, ibid., 19. Decreto del Congreso de Tamaulipas, Ciudad Victoria, 25 de abril de 1832, ibid., 1857, 104.

Desde principios de febrero, Zacatecas había sugerido la conveniencia de aceptar la renuncia de los ministros para mantener la tranquilidad, pero el 2 de abril el Congreso de Zacatecas, en términos enérgicos, advirtió a Bustamante que "los estados no están obligados a contribuir . . . a la prolongación de una guerra en que se vierte inútilmente la sangre mexicana", por lo que consideraba necesaria la remoción, el olvido absoluto de lo sucedido y la reposición de empleos y sueldos.[54] Según don Carlos María de Bustamante, el acuerdo se había tomado en ausencia de García.[55] De todas formas, la legislatura de Jalisco no tardó en imitar a Zacatecas, con lo que la oposición legal ganó visibilidad y rompió el apoyo al gobierno.

Apenas unas semanas de la victoria de Tolomé el gobierno se hallaba en una lucha de dos frentes, con la defección de Moctezuma y bajo presión diplomática,[56] y la descarada ingerencia extranjera. El gobierno logró que se aprobara una ley que autorizaba la expulsión de "extranjeros no naturalizados, cuya permanencia . . . se califique de perjudicial",[57] y protestó por la indiscreta participación del cónsul británico Welsh en favor de Santa Anna, el que fue destituído.[58]

Todo parecía ir mal, pues el general Calderón retiró el sitio de Veracruz a causa de las fiebres y a pesar de su evidente superioridad militar quedó reducido a la defensiva. La debilidad gubernamental fue evidente y la prensa de oposición la aprovechó. El gobierno buscó una salida mediante una limitada ley de amnistía, que nadie aceptó.

Los políticos estatales se percataron de la necesidad de una alternativa lo que según Suárez y Navarro, condujo a García y Gómez Farías a discurrir que se pidiera la venida de Gómez Pedraza a la presidencia, para recobrar la legitimidad. Lo curioso es que se escogiera al excomandante de Jalisco, Ignacio Inclán, a pesar de que "estaba siendo procesado",[59] para llevar a cabo el pronunciamiento, El plan, diseñado por Luis de la Rosa, "diputado y confidente de Gómez Farías",[60] fue publicado por Inclán en Lerma, en connivencia con cívicos de la ciudad de México y de Toluca.[61] En él se acusaba al gobierno de ilegitimidad y se advertía a Santa Anna: "Si el caudillo de Veracruz es sincero en sus protestas, convendrá en la necesidad de legitimar al gobierno de la república, que es el único medio de volver al

[54]Congreso del Estado de Zacatecas al Vicepresidente, Zacatecas, 2 de abril de 1832, AHDN, XI/481.3/ 1857, 8–19.

[55]Bustamante, "Diario", 9 de abril de 1832.

[56]Encargado de Negocios de S.M.B. al Ministro de Relaciones. México, 2 de febrero de 1832, transcrito a Guerra el 8 de febrero, AHDN, XI/481.3/781, 117.

[57]Primera Secretaría de Estado, Circular a los gobernadores, 25 de febrero de 1832, ibid., 140.

[58]*Registro oficial*, 20 de marzo de 1832.

[59]Bustamante, "Diario", 28 de abril de 1832.

[60]Suárez y Navarro, *Historia de México*, 284.

[61]Ibid., 30 de abril de 1932.

camino del orden; más si como suponen sus enemigos, es sólo movido por miras personales, ésta es la mejor ocasión de descubrirlo".[62]

El gobernador del Estado de México, Melchor Múzquiz, y el coronel Mariano Arista lograron controlar a los rebeldes, pero Bustamante, incapaz de una actitud decidida, trató de evadirse y solicitó permiso para mandar el ejército. De esa manera, al ser elegido un presidente interino, se cambiaría el gabinete. Pero el Congreso le negó el permiso,[63] y, presionado por Múzquiz, y por las circunstancias, comunicó a tres de los ministros, que "condescendía" a su separación.[64] A Facio, además se le ordenó sustituir al general Calderón.

Consolidado como candidato de una mayoría, el general Mier se encontró en situación difícil. Por un lado, estaba convencido de que "el que es general, se debe sacrificar por el gobierno al que sirve",[65] y por el otro, su gran preocupación por la situación de Texas. Su correspondencia lo muestra ajeno a la importancia que jugaba en la arena política. Mora lo había puesto en contacto con García, al que prometía el 22 de mayo:

> voy a trabajar sobre un plan para estar en disposición de sostener a las representaciones nacionales: las particulares de los estados y la general *in statu quo*: porque no se borre la forma constitucional, lo que si sucede somos perdidos. . . . No cuento con conexiones particulares: crea U. que es el único gobernador con quien me explico . . . en las legislaturas no tengo ni aun conocido, fuera de la de Tamaulipas. . . . No me meto a juzgar si el gobierno pudo o no evitar que llegase a este término terrible . . . éste mal no es un pronunciamiento en la voz común, es una revolución que no admite aquel medio de transacción.[66]

Enterado del cese de los ministros, no consideró que fuera solución, "quizá porque no es un cambio verdadero".[67] Al igual que los zacatecanos y otros hombres de progreso, pensaba que la única solución era declarar vacante el ejecutivo y conforme al artículo 97 de la Constitución se le encargara al presidente de la Suprema Corte de Justicia junto a dos individuos, uno de los cuales debía ser García.[68]

---

[62]Vázquez, *Planes*, II:120.
[63]Bustamante, "Diario", 12 de mayo de 1832.
[64]Ibid., 18 de mayo de 1832.
[65]Mier y Terán a García, Hacienda del Cojo, 28 de mayo de 1832, en José María Luis Mora, *Revista política* (México: Guaranía, s.f.), 343–344.
[66]Mier a García, Altamira, 22 de mayo de 1832, en Mora, *Revista política*, 345–346.
[67]Mier a Guerra, Buena Vista, 17 de junio de 1832, en Mora, *Revista política*, 348–349.
[68]Terán a García, Hacienda del Cojo, 7 de junio de 1832, en Mora, *Revista política*, 346.

Santa Anna, por su parte, tampoco gozaba de una situación alentadora, pues las adhesiones recibidas eran neutralizadas por "despronunciamientos".[69] Para ganar tiempo aceptó la oferta de armisticio que le ofreció el gobierno, pero este retuvo tanto las condiciones, que dió tiempo para que Jalisco y Zacatecas convencieran a Santa Anna de la importancia de "legitimar" el movimiento.[70] El 5 de julio levantaban una nueva acta en donde las guarniciones de Ulúa y Veracruz exigían el retiro de Bustamante y el reconocimiento de Gómez Pedraza como legítimo presidente desde 1828.[71] Con esa base, Santa Anna en lugar de paz hizo firmar un acta de desavenencia.[72]

De todas formas fue la desaparición del candidato de la oposición legal lo que cambió el curso de la revolución. El general rebelde José Antonio Mexía había desembarcado el 26 de junio en Brazo de Santiago, lo que parece haber convencido a Mier y Terán de la inutilidad de sus esfuerzos por contener la revolución y defender los derechos nacionales. Sumido en una profunda depresión por su situación tan comprometida, y tal vez incapacitado para satisfacer las esperanzas de sus partidarios, Mier optó por el suicidio el 3 de julio. La noticia de su muerte rompió la alianza entre yorkinos y escoceses partidarios del progreso. Los primeros consumaron alianza con el santanismo, mientras los escoceses se inclinaron hacia Bustamante, como mal menor.

El 10 de julio, el Congreso de Zacatecas declaraba que la guerra no podía cesar a menos que se reconociera a Gómez Pedraza legítimo presidente: "Este reconocimiento subsistirá aun cuando la cámara de diputados del congreso general no haga la calificación de los votos emitidos por las legislaturas de los Estados del año 28, por ser incuestionable que el general [Gómez] Pedraza reunió la mayoría absoluta de dichos votos . . . y por considerar a los representantes actuales de la nación sin la libertad necesaria para ocuparse de este asunto".[73]

La declaración de Zacatecas planteaba problemas graves, pues como comentaron Melchor Múzquiz[74] y Luis Gordoa,[75] usurpaba las facultades del Congreso. Para ellos, la solución era el artículo 96, es decir nombrar un presidente interino, mientras el Congreso volvía a hacer el recuento. Para Gordoa, el punto más delicado era el papel preponderante que los estados empezaban a jugar en detrimento de la federación, lo cual era cierto.

[69]Vázquez, *Planes*, II:124–126.
[70]Suárez y Navarro, *Historia de México*, 308.
[71]Vázquez, *Planes*, II:129.
[72]Ibid., II:132–133.
[73]Ibid., II:131.
[74]Múzquiz a De la Cuesta, Toluca, 28 de julio de 1832, AHDN, XI/481.3/790, 1045.
[75]Luis Gordoa a García, San Luis Potosí, 16 de julio de 1832, AVGF, 44A, 68.

El lideraje de Zacatecas probó ser efectivo. En San Luis Potosí convergieron la milicia zacatecana y las tropas de Moctezuma, adhiriéndose de inmediato a la declaración del 10 de julio. En Jalisco, Tamaulipas y Durango los federalistas lograron controlar la situación y se adhirieron a Zacatecas. El 1 de agosto los diputados de Jalisco y Zacatecas presentaron un plan de pacificación, e invitaron a los otros estados a coaligarse, enviando sus comisionados a Lagos. Este era un paso más en la dirección temida por Gordoa, ya que la fracción 5 del artículo 162 prohibía las coaliciones, a menos que el Congreso las autorizara.

Bajo la influencia de Cortázar Guanajuato propuso un plan de conciliación para suspender las hostilidades y envió un comisionado a los gobiernos de Zacatecas y Jalisco y a Bustamante y Moctezuma,[76] pero como fracasara, se declaró neutral.

El avance de la revolución fue constante, como también el deterioro de la reputación de Bustamante y la autoridad del gobierno, a tal grado que el Consejo de Gobierno decidió convocar a sesiones extraorinarias del Congreso y declarar a Bustamante "moralmente impedido".[77] El ejército denunció la conspiración para sustituir al vicepresidente por el presidente de la Suprema Corte, junto a Miguel Ramos Arizpe y a Santa Anna, el 19 de julio, en el amenazante folleto *Pronto México verá sangre, guerra y mortandad.* De todas formas la situación era demasiado incómoda para el propio Bustamante, quien aceptó el permiso que le otorgó el Congreso para salir a tomar el mando del ejército. Se elegió a Múzquiz interino y el 10 de agosto tomó posesión. Bustamante sintió la necesidad de obtener una victoria decisiva y para ello concentró lo mejor del ejército en Guanajuato, a costa de la división de Facio, quien recibió órdenes de no atacar a Santa Anna, sino de mantenerse a la defensiva.[78]

Mientras tenía lugar esta campaña, las negociaciones y los acomodos estuvieron a la orden del día. Los correos extraordinarios iban y venían, lo mismo que los espías de los contendientes. Mientras los zacatecanos discurrían la manera de controlar a Santa Anna, éste se preocupaba por la total renovación del Senado para evitar "otra cámara . . . plagada de sotanillas y de otros igualmente exaltados".[79]

---

[76]Legislatura de Guanajuato a Bustamante, Guanajuato, 27 de agosto de 1832, AHDN, XI/481.3/785, 78.

[77]Bustamante, "Diario", 16 de julio de 1832.

[78]Gómez Farías a García, México, 11 de agosto de 1832, BLAC, AVGF, 44A, 67.

[79]Santa Anna a García, 2 de agosto de 1832, BLAC, Garcia Papers, folder 36, 4.

En la capital había toda clase de reuniones, una junta de militares promovía una conciliación y trataba de acercarse a García,[80] y algunos diputados y senadores, buscaban acomodo en la nueva situación. Los líderes de los estados rebelados decidieron abstenerse de participar en las elecciones convocadas para el 1 de septiembre,[81] pero les preocupaban las posibles consecuencias y el financiamiento de la revolución. Zacatecas parece haber contribuído en gran medida a su sostenimiento, pues Alvarez agradecía más tarde la ayuda recibida[82] y García pedía a Gómez Farías negociar la ayuda de Moctezuma, que contaba con los recursos de la aduana de Tampico.[83]

Las elecciones tuvieron lugar y Zacatecas, Jalisco, Durango, San Luis Potosí, Tamaulipas y Tabasco se abstuvieron. Seis estados votaron por Bravo para la presidencia, lo que tal vez facilitó que Alvarez pactara con él el reconocimiento de Múzquiz[84] el 13 de septiembre, antecedente de la alianza que los dos firmarían en Tixtla el 18 de diciembre,[85] a favor de intereses regionales.

La presencia de Bustamante en el Bajío permitió recuperar San Luis Potosí y la división de Cortázar, situada cerca de Lagos, impidió la invasión de Guanajuato. No obstante, en Durango triunfaron los revolucionarios, y en los alrededores de la capital se multiplicaron los pronunciamientos que Guerra interpretó como simple medio de "llamar la atención".[86] El general Gabriel Valencia se pronunció el 4 de septiembre, y debilitó la defensa de Puebla. El Plan era ambiguo y pedía la reunión "de un número de yndividuos que no baje de cuarenta . . . para que arreglen el dar término a los males de la Patria".[87] No tardó en sumarse a la lucha a favor de la revolución.

Dentro de ese complejo marco, tuvo lugar la sangrienta batalla de Gallinero el 18 de septiembre. Bustamante derrotó aparatosamente a los cívicos de Moctezuma.[88] De inmediato, adentrado en Zacatecas, Bustamante

---

[80]Véase "Plan para un pronunciamiento alternativo al triunfo de Santa Anna, dirigido al gobierno de San Luis Potosí", posiblemente de Gordoa, AHDN, IX/481.3/834, 192.

[81]Gómez Farías a García, México, 11 de agosto de 1832, BLAC, AVGF, 44A, 75.

[82]Alvarez a García, La Providencia, 27 de febrero de 1833, BLAC, García Papers, 33, 5.

[83]García a Gómez Farías, Zacatecas, 15 de agosto de 1832, BLAC, AVGF, 44A, 2.

[84]AHDN, XI/481.3/803, 143; Vázquez, *Planes*, II:152.

[85]Ibid., 164.

[86]Guerra a Facio, 14 de septiembre de 1832, AHDN, XI/481.3/803, 138.

[87]Ibid., 135; Vázquez, *Planes*, II:149.

[88]Parte de Bustamante, Villa de Hidalgo, 25 de septiembre de 1832, AHDN, XI/481.3/940, 112–119.

inició una correspondencia intensa con García[89] lo que hizo flaquear al gobernador y a algunos congresistas.[90] Pero la victoria de Santa Anna sobre Facio en San Agustín del Parmar, a fines del mes, que le abrió las puertas de Puebla y el camino de la capital, iba a decidir el resultado de la revolución. La balanza se inclinó definitivamente a favor de Santa Anna, pues de nuevo Bustamante no supo aprovechar la victoria, que sólo tradujo en ascensos y premios.

El gobierno luchaba por sobrevivir y ordenó a Bustamante acudir hacia la capital, lo que salvó a Zacatecas. Para evadir responsabilidades, el Congreso invistió con facultades extraordinarias al presidente y se disolvió.

Santa Anna y el gobierno intercambiaron emisarios. El veracruzano exigía que el Congreso anulara la renuncia de Gómez Pedraza, mientras el gobierno insistía en la regularización de las elecciones en los estados que se habían abstenido. El arreglo fracasó y ante un callejón sin salida Santa Anna decidió aplicar la fórmula de Iturbide: reunió una junta de notables en Puebla que anuló la renuncia que Gómez Pedraza había hecho en 1829. El 5 de noviembre llegó Gómez Pedraza a Veracruz y su presencia determinó el curso de los acontecimientos finales, pues fue reconocido por la mayoría de la nación como legítimo presidente.

Bustamante todavía intentó atacar a Santa Anna en busca de otra victoria decisiva, pero su estrella se había eclipsado y fue derrotado. La derrota aceleró las claudicaciones. En muchas partes reinstalaron las autoridades desbancadas por Alamán en 1830. El gobierno seguía contando con buena parte del ejército permanente, pero las autoridades civiles de todo el país lo habían desertado a excepción de Michoacán, Oaxaca y Chihuahua. Cortázar solicitó una entrevista con Gómez Pedraza y Santa Anna y de ella resultó una junta de jefes del ejéricto con Bustamante, en la que presentaría el "proyecto para la pacificación sólida y estable de los Estados Unidos Mexicanos por el establecimiento de un gobierno verdaderamente nacional y federal",[91] bosquejado por Gómez Pedraza y Santa Anna, y que sirvió de base para el armisticio de Puente Nacional.[92] El plan proponía amnistía y olvido de las diferencias existentes desde 1828, la renovación de las legislaturas y señalaba fechas en que se efectuarían las elecciones. Los dos documentos fueron enviados al gobierno para someterlos al Congreso. Este se había atrincherado en la defensa de la Constitución y mostró una marcada inflexibilidad, sobre todo ante el desprecio de que fue objeto de parte de los revolucionarios, obvia en el artículo 6 del armisticio: "Aún cuando el gobierno y las cámaras reprueben el proyecto de paz . . . no por eso se

---

[89]Bustamante a García, San Luis Potosí, 9 de octubre, Salinas, 16 y 18 de octubre, García Papers, BLAC, 36, 5, 6, 8.
[90]Bocanegra, *Memorias*, II:300–301.
[91]Vázquez, *Planes*, II:161.
[92]Ibid., 162.

romperán las hostilidades, y antes bien, entonces lo *tomará en consideración el ejército de S.E. el general Bustamante"*.

Fue comprensible que el Congreso rechazará el artículo y el proyecto, cuyo espíritu era sustituirlo, como lo expresó más tarde Gómez Pedraza: "La conducta de nuestros congresos desde 829 hasta la fecha y la del poder ejecutivo han sido de tal naturalezaa que *precisaron a la nación a reasumir el poder que le había conferido* y a encargarse por sí misma de *reedificar* el edificio social desplomado. La declaración de casi todas las legislaturas y el voto unificado de los pueblos, ha desconocido a aquellos funcionarios".[93]

A pesar de no ser ya más que un general a las órdenes del gobierno, Bustamante se decidió por cortar el nudo gordiano y, reunido con los otros jefes, aprobó el 23 los Convenios de Zavaleta que reconocían como presidente a Gómez Pedraza hasta el 1 de abril de 1833. A pesar de que había sido el apoyo decidido de los estados el que había conquistado el triunfo, el plan era esencialmente militar y suplantaba el orden constitucional, al sustituir a la ley para instaurar el orden. Las autoridades de San Luis Potosí y Zacatecas expresaron su desacuerdo y junto a Querétaro, Durango y Jalisco insistieron en la convocación de una Convención de representantes de las legislaturas que, con el presidente, acordaran las medidas para la reorganización política de la república, primer problema que tendría que sortear el presidente Gómez Pedraza después de tomar posesión el 26 de diciembre.

De acuerdo a la mecánica usual, los convenios se enviaron a todas las autoridades eclesiásticas, civiles y militares y a los principales oficiales, invitándolos a pronunciarse.[94] Entre las autoridades religiosas se incluían cabildos, gobernadores y provinciales de las órdenes regulares y entre las civiles se ampliaron a oficiales de hacienda, correos, rentas aduanas y montepío, además de gobernadores, legisladores y ayuntamientos.

Múzquiz que había renunciado varias veces al interinato, se encontraba en una posición insostenible de la cual lo rescató, en cierta forma, la adhesión del comandante de la guarnición de México al Plan de Zavaleta el 27, que dió fin a la contienda y permitió la entrada triunfal de Gómez Pedraza, Santa Anna y Bustamante, el 3 de enero de 1833.

El ejército santanista, la milicia y las autoridades de los estados habían logrado el éxito, pero era claro que al terminar la revolución existían dos grupos que convivían difícilmente, pues el ejército, dividido durante la lucha, se unía en el triunfo y volvía a poner en peligro el federalismo radical sostenido por los estados. El ejército había luchado la mayor parte del

[93]"Circular que el presidente de la República pasó a los gobernadores de los Estados, incluyéndoles el plan de pacificación en que convino el general Bustamante", 18 de diciembre de 1832, en Vázquez, *Planes*, II:166–167.
[94]AHDN, IX/481.3/944, 99.

tiempo del lado de la administración vencida, enfrentado a las milicias en dos batallas sangrientas, en las que también tuvo pérdidas importantes, según Alamán algunas verdaderamente profesionales. Sólo cuando el desmoronamiento del gobierno fue evidente se pasó al lado vencedor, con logros tangibles. Al mejoramiento conquistado por la administración de Bustamante, sumó los premios por la campaña de 1832. Aún a punto de negociar la paz, Bustamante insistió en que era "conveniente en política, el que se otorguen cuanto antes, las recompensas conferidas por la victoria de Gallinero".[95] Santa Anna también confirió ascensos, y a pesar de la "reserva de lo que disponga el Supremo Poder Ejecutivo general cuando se halle legítimamente constituido".[96] En general, fue más generoso y en algunos casos concedió dos ascensos consecutivos.[97] Alvarez, De la Cuesta, Basadre, Mejía, Ventura Mora, Tornel, Toro, Valencia y Vital Fernández fueron ascendidos a generales de brigada, Mariano Martínez saltó de capitán a coronel y no fue el único; a algunos se les concedieron retiros con goce de sueldo "y uniforme".[98] Casi todos los ascensos concedidos en campaña fueron reconocidos por el Senado en 1833. Los nuevos comandantes generales pertenecían, por supuesto, a las filas revolucionarias y los nueve generales que se negaron a jurar el plan de Zavaleta fueron dados de baja, de acuerdo con el decreto de febrero 23, 1833, entre ellos Múzquiz y Calderón. Para julio, la famosa "ley del caso" rompería los acuerdos de Zavaleta y "su olvido total" de las diferencias, y muchos oficiales antirrevolucionarios, serían desterrados, entre ellos Bustamante.

Los ascensos logrados en 1830–1832 sólo rivalizaban con los concedidos con motivo del Plan de Iguala. Pero Zavaleta superó a Iguala, Casamata y Jalapa, pues las condiciones las dictó el ejército solo, sin arbitraje de ninguna instancia civil. González Angulo y Ramos Arizpe habían participado en la elaboración del Convenio de Zavaleta, pero sólo fue suscrito por los jefes y un individuo por cada cuerpo del ejército.

---

[95]Bustamante a Guerra, Puebla, 11 de diciembre de 1832, AHDN, XI/481.3/807, 134.

[96]Expediente de José de la Cuesta, ACDN, XI/III/2-190, 65.

[97]Véase por ejemplo el caso de Mariano Martínez que fue ascendido a Tte. Coronel y a Coronel en 1832.

[98]Relación de ascensos, licencias y retiros expedidos durante el gobierno del general Manuel Gómez Pedraza, 1832, AHDN, XI/481.3/823, 1–44. Recompensas concedidas al personal de tropa que concurrió a la acción de Tolomé, 1832, ibid., 916. Recompensas concedidas a los jefes, oficiales y tropa que concurrieron a la acción de Tolomé y a la campaña del sur, 1832, ibid., 918. Premios dados por el E. S. Vicepresidente Gral. D. Anastasio Bustamante por la campaña del año de 32 a varios individuos del cuerpo de artillería, 1832, ibid., 804, 1–4. Recompensas concedidas a los Jefes, oficiales y tropa que tomaron parte en la acción efectuada en Gallinero, 1832, ibid., 941.

El gabinete nombrado por Gómez Pedraza se integró con Miguel Ramos Arizpe, Bernardo González Angulo, Valentín Gómez Farías y Joaquín Parres, un eclesiástico, un militar y dos civiles. Pero el grupo triunfante parecía dividido en dos: los civilistas, que defendían los derechos estatales y las reformas a la Constitución y los militares que favorecían la dictadura. Los estados habían puesto sus milicias y recursos al servicio de la revolución y se volvían a ver obligados a confiar, en que la ruptura de la Constitución, garantizara la vuelta al orden constitucional.

El estado de Zacatecas que hasta entonces, según Mora, no había padecido faccionalismo,[99] además de debilitarse, se dividió por las ambiciones gubernamentales de Gómez Farías y las diferencias entre éste y García,[100] que explican la falta de apoyo de ese estado al vicepresidente, ante el antirreformismo de Santa Anna en 1834.

En la reunión que los representantes de los estados tuvieron con el nuevo gobierno, el 19 de enero de 1833, Gómez Pedraza y Santa Anna tuvieron dificultades para convencerlos de la necesidad de renovar totalmente las legislaturas. La legislatura de Zacatecas se negó a disolverse, pero reconoció al nuevo gobierno, fisura que anunciaba las dificultades que se generarían más adelante. Los estados, sobre todo Zacatecas, Jalisco, Veracruz y Tamaulipas, que llevaron el mayor peso de la luchas, se habían debilitado, tanto por los gastos extraordinarios, como por la pérdida casi total de sus milicias en Gallinero y en otros enfrentamientos contra el ejército federal. Pero además, tal como temía Gordoa en julio, los estados habian debilitado al gobierno nacional y fortalecido al ejército.

En las elecciones de marzo resultó electo como vicepresidente Gómez Farías, el paladín del federalismo, junto a Santa Anna, lo que despertó la ilusión de haber consolidado la supremacía estatal; esta se mantuvo hasta mayo de 1834, pero a partir de ese momento la erosión del federalismo sería constante y año y medio después se establecería el centralismo, que serviría de pretexto para la separación de Texas.

[99]Mora, *Revista política.*
[100]García a Urrea, Zacatecas, diciembre 1832, BLAC, AVGF, 44A.

"They Went Thataway":
The Evolution of the *Pronunciamiento*,
1821–1856

Barbara A. Tenenbaum

SCHOLARS OF NINETEENTH-CENTURY MEXICO generally have ignored the phenomenon of the *pronunciamiento*, or political revolt, during the years from 1826 to 1856. Now, however, due to the publication of a very welcome collection of the plans that accompanied the revolts of the period, historians are in a better position to analyze those movements within a broader context and to assess their significance.[1]

The politics of federalism and centralism (as, indeed, many aspects of Mexico's nineteenth-century political culture) reflect the legacy of Spanish colonialism and the adoption by the country's notables of constitutional liberalism as the remedy for its lingering ills.[2] Specifically, four of the Bourbon reforms promulgated under colonial administration significantly influenced the institutions and groups prominent during the centralist period. The creation of a colonial army in 1764 laid the foundation for the Mexican military. The development of the colonial tobacco monopoly two years later enraged the populace and marked the beginning of a complete overhaul of

---

[1]See, for example, Michael P. Costeloe, "A Pronunciamiento in Nineteenth Century Mexico: '15 de julio de 1840,' " *Mexican Studies/Estudios Mexicanos* 4, no. 2 (Summer 1988): 245–264; Josefina Z. Vázquez, "Introducción," in *Planes en la Nación Mexicana* (Mexico: El Colegio de México, 1988) 2:5–71; Cecilia Noriega Elío, *El Constituyente de 1842* (Mexico City: UNAM, 1986).

[2]For a fascinating summary of the Church's role in Mexican life, see Anne Staples, "Secularización: Estado e iglesia en tiempos de Gómez Farías," *Estudios de historia moderna y contemporánea de México* (Mexico: UNAM, Instituto de Investigaciones Históricas, 1986), X:109–123.

the fiscal structure.[3] The expulsion of the Jesuits in 1767 both prompted years of popular protest and showed that the state acting independently could alter its relationship with the Church.[4] Finally, the establishment of a network of intendants probably accelerated a process toward regionalization within the viceroyalty of New Spain that would continue well into the Porfiriato.

As the colonial period drew to a close and the nations of western Europe struggled among themselves for supremacy across the ocean, Spanish demands on the revenue collections of New Spain took their toll. Starting in the 1780s, fiscal officials began draining monies from the treasury that had been accumulated for special purposes. Soon they began borrowing funds, which were never repaid, from wealthy members of the colonial elite.[5] Finally, in 1804 the Crown issued the Laws of Consolidation that forced the Church to call in its mortgages and buy government bonds.

When the struggle for independence began in 1810, the territory that would become Mexico had already undergone significant, if subtle, changes as a result of the Bourbon reforms. The Spanish Crown had created a national army and had successfully forced the Church to make important modifications in its personnel and financial holdings. It had installed a tax system that wrung more money than ever out of its subjects and borrowed heavily from them in addition. It accelerated a process toward regionalism that was confirmed by the establishment of new *consulados* in Guadalajara and elsewhere. Nevertheless, Mexicans had come to bathe in a nostalgic glow all that had taken place as they looked back on "the blissful calm" of the twilight of the colonial period.[6]

The wars of independence accelerated the transformations already well under way. The military gained battlefield experience, and individual leaders came to control their own pieces of territory.[7] The Church, split over the

[3]Herbert Ingram Priestley, *José de Gálvez, Visitor-General of New Spain, 1765–1771* (Berkeley: University of California Press, 1916), 135–150.

[4]Jacques Lafaye, *Quetzalcóatl and Guadalupe: The Formation of Mexican National Consciousness, 1531–1813*, trans. Benjamin Keen (Chicago: University of Chicago Press, 1976), 99–112.

[5]John TePaske, "The Financial Disintegration of the Royal Government of Mexico during the Epoch of Independence," in *The Independence of Mexico and the Creation of the New Nation*, ed. Jaime E. Rodríguez O. (Los Angeles: UCLA Latin American Center, 1989), 63–83.

[6]No one more successfully exploited such nostalgia than Lucas Alamán. For a look at similar feelings throughout the region, see Tulio Halperin-Donghi, *The Aftermath of Revolution in Latin America* (New York: Harper and Row, 1973), 111–140.

[7]Christon I. Archer, "Where Did All the Royalists Go? New Light on the Military Collapse of New Spain, 1810–1822," in *The Mexican and Mexican American Experience in the 19th Century*, ed. Jaime E. Rodríguez O. (Tempe, AZ: Bilingual Press, 1989), 24–43.

issue of independence, gained more adherents for local priests and fewer for the hierarchy.[8] Wealthy *peninsulares* left the country with their cash, placing the ever-growing burden of loans to the Crown still unpaid and increasing taxation squarely on their creole brethren, those few *peninsulares* who remained, and, of course, the Indians and *castas*, who had always borne a heavy share.[9] Regions became more and more estranged from Mexico City, resorting eventually to keeping their tax collections in their own intendencies rather than sending them to the Real Hacienda in the viceregal capital.[10] Furthermore, and perhaps the most devastating of all, the wars of independence seriously damaged mines and other property, crippling the export economy for decades to come.[11]

These trends already had created vast unspoken expectations when Agustín de Iturbide and his Army of the Three Guarantees marched into Mexico City in September 1821. Mexicans at the time naturally enough allowed themselves to be caught up in the euphoria of the moment, conveniently forgetting that their most serious problems lay ahead of them.[12] Simply put, they had to fashion a system that would satisfy enough of these newly formed interests to create a viable consensus for self-government.

When Iturbide took power, Mexicans were unaware of the extent to which the colonial fiscal structure had deteriorated. Throughout much of the first federalist period, those who governed Mexico assumed that the tax structure that had worked so well for so long would regenerate itself once the wars of independence were concluded.[13] Furthermore, they believed that most right-thinking Mexicans would naturally agree about the best way to solve whatever difficulties would arise. And, finally, they assumed that the new government would inherit the legitimacy the Spanish Crown had won through conquest, and that its authority would be enough to maintain the social structure much as before.

In addition, the regime of Iturbide was, in fact, confronted with serious challenges, which, like most of its successors, it was unable to surmount. The liberator of Mexico was unaware of the extent to which his followers

---

[8]Many bishops and other high officials left Mexico during the wars of Independence. Their sees remained vacant until 1836 when the Holy See signed a concordat with the Mexican Republic.

[9]Richard B. Lindley, *Haciendas and Economic Development: Guadalajara, Mexico, at Independence* (Austin: University of Texas Press, 1983), 95–111.

[10]TePaske, "Financial Disintegration," 68–69.

[11]Despite British investment, the mines did not begin to produce again until the 1850s. See Robert W. Randall, *Real del Monte, A British Mining Venture in Mexico* (Austin: University of Texas Press, 1972).

[12]Timothy E. Anna, "The Role of Agustín de Iturbide: A Reappraisal," *Journal of Latin American Studies* 17 (1985): 86–95.

[13]México, Secretaría de Hacienda, *Memoria de Hacienda 1822*, 5–8.

expected him to find ways to pay for a government without taxing them.[14] Conversely, they were unhappily surprised by his determination to run a government despite their lack of cooperation and by his willingness to close the congress and imprison his opponents.[15] Thus, two of the most pressing problems to affect Mexico during those years—empty treasuries and the discrepancy between the notables' expectations and reality—made themselves felt very early.

Following the end of Iturbide's monarchical experiment, Mexicans had an opportunity to hammer out a constitution with which to govern themselves. As could have been expected, the overenthusiastic imagination of the most powerful citizens, coupled with their continuing refusal to accept certain kinds of fiscal responsibilities, led to the federalist system adopted in 1824. The federalist constitution gave each of the four groups under discussion enough rewards to foster reasonable harmony. The Church was confirmed as the sole religion of the nation and retained its control over the tithe and its property while giving up its exclusive monopoly over education. The army was retained without significant reduction. The states were permitted to establish their own militias, manage their own affairs, and control 46 percent of whatever remained of the colonial tax system in exchange for the *contingente*, a yearly payment to the national government.[16]

The concession to the wealthy, however, upset the delicate balance of the entire system. In order that the elites would not have to pay taxes to support the republic, the congress pinned its hopes for raising revenue on taxes levied on foreign trade. Mexico could not, however, realistically expect substantial and growing revenues from that area because of the unforeseen but persistent collapse of its mining sector. Furthermore, trade taxes are naturally unpredictable and subject to a vast array of impediments ranging from contraband to hurricanes. The legislators, in short, erected a republican government on a flimsy and inadequate fiscal foundation. That unpalatable reality, however, was briefly covered over by the funds received through substantial loans raised from selling bonds to European investors.[17]

Nevertheless, controversies were bound to arise. Politicos argued among themselves in the halls of the congress, while military men, stationed in local garrisons, discussed their ideas with the notables there. They

[14]Barbara A. Tenenbaum, "Taxation and Tyranny: Public Finance during the Iturbide Regime, 1821–1823," in Rodríguez, *The Independence*, 207–211.

[15]This was the standard complaint used as a rallying cry in the call for the overthrow of the Iturbide regime.

[16]Barbara A. Tenenbaum, *The Politics of Penury: Debts and Taxes in Mexico, 1821–1856* (Albuquerque: University of New Mexico Press, 1986), 22–24.

[17]For more on this point, see Jaime E. Rodríguez O., "Mexico's First Foreign Loans," in Rodríguez, *The Independence*, 215–235.

maintained their voice by developing their own method of registering dissatisfaction with the regime. Many belonged to secret societies that had developed at the onset of the struggle for independence, and some openly joined Masonic lodges.[18] Still others expressed their dissatisfaction with the government through the adoption of the *pronunciamiento* and its accompanying plan.

Plans and *Pronunciamientos*

When the impassioned Father Miguel Hidalgo y Costilla addressed his hastily gathered following in front of the parish church in Dolores, on September 16, 1810, he inadvertently issued the first Mexican plan. In the beginning, insurgents such as Ignacio López Rayón and Dr. José María Cos used the plan as a document for expressing theories and ideas for the conception and organization of a future Mexican state.

According to Carlos María de Bustamante, it was Iturbide "[who] taught his enemies to make plans to coordinate uprisings" with his Plan of Iguala. With the acceptance of that document, Mexicans began to understand the concept of a "plan" as a statement that was to "build the nation, give it foundations, [and] protect its institutions."[19] After independence, the plan became a vehicle of protest through which military officers, local political officials, or both asked for ratification from other groups, each with its own plan that might adopt the message of the first and rise up in its support. José María Lobato issued the first such plan on January 23, 1824; it was subsequently echoed in six other *pronunciamientos*, although the ensuing revolt failed to topple the government. Mexicans did not follow Lobato's example immediately by issuing additional plans, but instead, during the years from 1824 to 1827, busied themselves writing constitutions and handling disagreements by gathering around one or the other of the Masonic lodges dedicated to political discussion.[20]

When Padre Arenas issued his progachupín plan on January 12, 1827, his revolt reflected more than the Spaniards' fears of expulsion. By that time the governing structure as established in the Constitution of 1824 already had begun to collapse. The Arenas conspiracy to restore Spanish power in Mexico occurred at the very moment when Mexicans started to sense that

[18]Virginia Guedea, "Las sociedades secretas durante el movimiento de independencia," in Rodríguez, *The Independence*, 45–62.

[19]Guadalupe Jiménez Codinach, "Introducción," in *Planes en la Nación Mexicana*, ed. Guadalupe Jiménez Codinach (Mexico: El Colegio de México, 1987), 1:35–55.

[20]Michael P. Costeloe, *La Primera República Federal de México (1824–1835)* (Mexico: Fondo de Cultura Económica, 1975), 63–86.

something was amiss. The states were not able to contribute their *contingente* payment to the national treasury, and the supplemental funds garnered by the foreign loans were almost gone. By August the inadequate revenue structure based on trade taxes had fully revealed its weaknesses. After several years of good collections due to British eagerness to supply a virtually "virgin" market, the value of imports declined $4,941,189 or 33.2 percent in 1827–1828. As a result, revenues from customs collections fell precipitously to $5,912,126, down from the $8,049,399 gathered in the previous year, a loss of $2,137,273 or 26.6 percent. Consequently, in October 1827, Mexico failed to pay its bondholders their dividends and defaulted on its loan obligations.[21]

The default made it impossible for Mexico to borrow in capital markets abroad even though its treasury desperately needed the funds. As a short-term expedient necessary until the colonial tax structure began to work again, the administration of President Guadalupe Victoria decided to borrow money from individual lenders within the country. The government authorized its first major internal loan in the amount of $8,000,000, half in cash and half in credits (accepted at 50 to 60 percent of face value) on November 21, 1827, just seven weeks after its default on the British debt.

In effect, the leaders of the Mexican republic were fast forced to adopt the techniques of their Spanish predecessors, but whereas the Spanish Crown could count on the loyalty or the fears of the creole and *peninsular* population to supply it with loans never to be repaid, the new republican government had no such reservoir of goodwill and cash from which to draw. Only those with sufficient resources and a predilection for taking risks could avail themselves of the opportunity to become *agiotistas* (moneylenders) to the government by supplying it with short-term loans at very high interest rates. Five days after the loan was authorized several deputies introduced a bill calling for the expulsion of all Spanish-born residents from Mexico. Curiously, those *peninsulares* who chose to demonstrate their loyalty to their adopted homeland by supplying cash loans to the government were exempted from its provisions.[22]

The following year, Manuel Gómez Pedraza defeated Vicente Guerrero in the presidential elections. Some of Guerrero's supporters led by General

---

[21]Jaime E. Rodríguez O., *The Emergence of Spanish America: Vicente Rocafuerte and Spanish Americanism, 1808–1832* (Berkeley: University of California Press, 1975), 127.

[22]México, *Memoria de Hacienda 1870*, 68–71; *El Sol* (November 28, 1827), 3690–91, and *El Sol* (November 29, 1827), 3693, as cited in Romeo Flores Caballero, *Counterrevolution: The Role of the Spaniards in the Independence of Mexico, 1804–1838*, trans. Jaime E. Rodríguez O. (Lincoln: University of Nebraska Press, 1974), 103–129. As for the *agiotista* loans, see México, *Memoria de Hacienda 1844*, chart 7, for the figures on internal loans. These should be considered as indicative rather than strictly exact.

Antonio López de Santa Anna issued the Plan of Perote calling for the elevation of Guerrero to the presidency and the expulsion of all remaining Spaniards. The government defeated the rebels, but on November 30, 1828, Lobato, the author of the 1824 plan, and Lorenzo Zavala led an uprising in Mexico City proclaiming a modification of the Plan of Perote that they had issued on November 5. The government crushed this rebellion as well and incarcerated those who took part in the Acordada jail, until fellow pro-Guerrero forces banded together and released them. During the festivities, however, the homeless of Mexico City looted and burned the Parían, a shopping arcade that housed stores owned mostly by Spaniards.[23] This time the revolt succeeded and Guerrero became president.

Guerrero's succession to the presidency through violence threatened cherished constitutionality and jeopardized the social order. For the first time in the short life of independent Mexico, the opposition had overthrown an elected government. The revolt at the Parían, moreover, like the Caste War in Yucatán and the War of the Sierra Gorda in the Huasteca two decades later, reminded the elites of the dangers of "anarchy," by which they meant the introduction of mass rule.[24]

In 1829 the government of Vicente Guerrero was forced to levy new taxes to pay for the expenses of defending Mexico against the forthcoming invasion by Spanish troops led by General Barradas. From May 22 until September 15, Treasury Minister Zavala imposed income taxes, business taxes, property taxes, reduced salaries and pensions for civil and military employees, and demanded a forced loan from the states of $2,818,313. Within six weeks he was forced to resign and some of the laws were repealed.[25]

The wealthy responded to these threats by supporting the Plan of Jalapa issued by General Anastasio Bustamante on December 4, 1829, which prompted only six expressions of support but took power nevertheless. His administration promised to cut treasury deficits through efficient management of collections and disbursements rather than new taxes. Indeed, it did not initiate a single new tax program. In addition to a spectacular leap in customs collections from a low of $4,986,575 (1829–1830) to $8,483,006 (1830–1831), it spent more on the army ($10,450,251) than any of its predecessors. Yet, although it claimed a $645,544 surplus for 1831–1832, it secretly borrowed $3,734,566 from *agiotistas*. When the

[23]Silvia M. Arrom, "Popular Politics in Mexico City: The Parian Riot, 1828," *Hispanic American Historical Review* 68, no. 2 (1988): 245–268.

[24]Charles A. Hale, *Mexican Liberalism in the Age of Mora, 1821–1853* (New Haven: Yale University Press, 1968), 215–247. On the effect of the Guerrero movement on Mexican politics, see Jaime E. Rodríguez O., "The Origins of the 1832 Rebellion," in this volume.

[25]México, *Memoria de Hacienda 1870*, 97–98, 100–102.

Bustamante government was overthrown in August 1832, it left a debt of $11,244,567 to its successors.[26]

It left another serious problem for them as well. On February 14, 1831, former President Guerrero was executed by a hired assassin. The action against Guerrero was part of a concerted campaign unleashed by the vice president and his minister of foreign relations, Lucas Alamán, to punish their enemies and was one of the most compelling reasons for the overthrow of their government.[27] Nevertheless, the murder of Guerrero and threats to various members of the congress created a powerful constituency calling for justice even after a new government had appeared to take its place.

During the next year, opposition forces mobilized despite heavy press censorship and the suppression of civil liberties. Since the *yorkino* Masonic lodge could not function openly, those who wanted to restore legitimacy to the political process formed a clandestine group known as the Mexico City Committee of Opposition. Its activities, described by Jaime Rodríguez in this volume, led to a swift   transformation of the plan as a political instrument,[28] changes that began to be seen when General Ciricao Vázquez pronounced against the government with the Plan of Veracruz on January 2, 1832. Between Vázquez's pronouncement and the Pact of Zavaleta, formulated on December 23, 1832, to end the fighting and create a new government, eighty-three separate plans or adhesions had been issued throughout the country, a sharp contrast with the mere six that had surfaced in support of Bustamante's original Plan of Jalapa.[29] This change in the use of the plan as a civic instrument to organize and demonstrate support, in an atmosphere where straightforward political organization was impossible, would have important results in the years to come.

The Bustamante regime left two additional legacies—large internal obligations owed to *agiotistas*, in addition to a foreign debt still unpaid, and an urge for revenge—that helped shape the administration led by Santa Anna

[26]Juan Antonio de Unzueta, *Informe presentado al Exmo. Señor Presidente de los Estados Unidos Mexicanos por el contador mayor jefe de la oficina que le confirió S. E. para que le manifestase el manejo, y estado que guardó la Hacienda Pública en los años de 1830–1831 y 1832* (Mexico: Imprenta de Aguila, 1833), 10.

[27]For an analysis of this movement, see Jaime E. Rodríguez O., "The Origins of the 1832 Rebellion," in this volume as well as his "Oposición a Bustamante," in *Historia Mexicana*, 20, no. 2 (1970): 230.

[28]Since the collection of *planes* regrettably fails to include those from 1830 to 1831, the process might have occurred earlier. Yet given the repressive nature of the Bustamante regime and the fact that there do not appear to have been many armed risings in those years, the assigning of 1832 as the year when the plan changed its character seems like a reasonable assumption until new data appear to the contrary.

[29]For complete texts of these documents, see Vázquez, *Planes en la Nación Mexicana*, II:73–170.

and Valentín Gómez Farías that came to power on April 1, 1833. On January 4, 1834, President Santa Anna, asserting the obvious, wrote to his vice president, Valentín Gómez Farías, asking him to reform the fiscal system in order to end the chronic shortage of funds.[30] Given that the wealthy still refused to pay taxes and the mining economy had yet to recover, the solution lay in only one direction: the forced sale of Church wealth.

There is no doubt that there were liberals in Mexico who would have favored a reduced role for the Church even if the country had had plenty of money in its coffers. But financial difficulties gave added impetus to the drive to create a more secular state. Between August and December 1833 the government issued a series of laws that confiscated the properties of the Philippine missionaries, ordered them sold at public auction, and ended the tithe.[31] In an economy measure the government also ordered the army to be reduced and its *fueros* revoked. Meanwhile, in April 1833 the Gómez Farías government had instituted proceedings against Alamán, former Minister of War José Antonio Facio, and the rest of Bustamante's cabinet for the assassination of Guerrero. Two months later the government issued the famous *Ley de caso*, which ordered that fifty-one individuals be expelled from Mexico for six years, and set the same punishment for any other person "en el mismo caso." While several newspapers noted the legislation with equanimity, others commented that one of the fifty-one already had died and several were too frail to travel.[32]

Although the supporters of the government did not murder Alamán or Bustamante, still the trial itself in conjunction with the *Ley de caso* made political life in Mexico more much dangerous. Taken together with the attacks on the Church and the army during 1833, revolts were inevitable. In fact, far from luxuriating at his hacienda during that year, as some historians would have us believe, President Santa Anna spent much of his time suppressing *pronunciamientos* in one form or another. Goméz Farías took power on April 1; on May 26, Captain Ignacio Escalada and the troops stationed in Morelia "pronounced" to champion religion and the army and called upon Santa Anna, "the illustrious conqueror of the Spaniards," to protect their cause. The final clause of the plan promised that "no one will be bothered for the political opinions he adopts and consequently individual

[30]Antonio López de Santa Anna to Valentín Gómez Farías, January 4, 1834, file 45, no. 231, Gómez Farías Papers, as cited in Costeloe, *Primera República*, 414.

[31]For a list of anticlerical legislation, see Costeloe, *Primera República*, 414. In addition, Staples, "Secularización," provides a good look at other non-legislative remedies to clerical influence.

[32]*El Telégrafo* and *El Fénix de la libertad* (June 24, 1833), as cited in Costeloe, *Primera República*, 392.

security and property will be scrupulously respected."[33] According to José Ramón Malo, no friend of the government or of Santa Anna, the president returned to Mexico City immediately from the gambling fiestas at nearby San Agustín de las Cuevas.[34]

The Plan of Escalada was followed, although not seconded, on June 1 with a plan and a letter to Santa Anna from General Gabriel Dúran. In beautiful sentences, Dúran protested the attacks on the *fueros* of the Church and the army and disavowed all actions of the always controversial governor of Mexico state, Lorenzo Zavala. Although he agreed to respect others' political opinions, Durán pledged that should events lead to war, any commandant who did not support him would be killed. Nevertheless, he welcomed the service of any enlisted man, excepting deserters.[35] When the congress met in extraordinary session on June 1, it immediately confirmed President Santa Anna as commander in chief of the army. The next day he left Mexico City with fifteen hundred men to travel to General Durán's headquarters at Tlalpam.[36] One week later, General Mariano Arista proclaimed the Plan of Huejotzingo, which protested the same abuses as did that of General Durán.[37] It was in this atmosphere that the government proclaimed the *Ley de caso.*

The local aristocrats, reeling from the effects of a vicious cholera epidemic, received the plans of Escalada, Durán, and Arista with great ambivalence. For example, while the ayuntamiento of Texcoco supported Duran's plan and the troops in Matamoros endorsed that of Escalada, the Mineral de Nieves rejected the latter, as did the troops stationed in Campeche who came out instead in favor of one of their own.[38] Santa Anna was unable to quell the Arista revolt until October. Even then the uprisings continued. On November 27 military officers in San Cristóbal de las Casas pronounced for "los fueros y privilegios eclesiásticos y militares."[39] The year closed with a "plan of conciliation" from Nicolás Bravo, vice president in the Victoria government, who urged that an assembly be called with one military officer, one priest, one lawyer, and one property holder per state to solve the nation's ills, following the precedent established with the Pact of Zavaleta and advocating the kind of corporate approach used nearly a decade later in connection with the Constitution of the *Bases Organícas.*[40]

[33]Vázquez, *Planes*, II:178.
[34]José Ramón Malo, *Diario de los sucesos notables (1832–1853)* (Mexico: Editorial Patria, 1948), I:62.
[35]Vázquez, *Planes*, II:182–183.
[36]Malo, *Diario*, I:63.
[37]Vázquez, *Planes*, II:184–185.
[38]Ibid., 186–192.
[39]Ibid., 204.
[40]Ibid., 205–207.

Gómez Farías, however, still had a treasury to fill. In February 1834 the congress passed Father José María Luis Mora's proposal to force the Church to sell its nonessential property and pay a sales tax of 6 percent of the value to the government.[41] The conflagration was ignited once more; by April the population was so agitated that Santa Anna returned to Mexico City and took the reins of government from Gómez Farías, who resigned and asked for his passport.[42] Historians, as well as scholars who have followed them, have excoriated Santa Anna for "overthrowing his own government."[43] Yet, as the plans issued subsequent to his ouster of Gómez Farías and assumption of power clearly show, there is good reason to view him in this particular instance as a champion of the popular will. There is little evidence, in fact, to suggest that the general personally supported Gómez Farías's radical version of anticlericalism. Santa Anna wanted a sound fiscal system, not necessarily a secularized state.

The Plans of 1834 to 1836

Following the dismissal of Gómez Farías, Mexicans issued three major plans that purported to be against the government: the Plan of Jalapa, the Plan of Cuernavaca, and the Plan of Toluca. Regrettably, although many *pronunciamientos* refer to them, we do not possess copies as yet of two others published at about the same time: the Plan of Orizaba and the Plan of Córdoba.[44]

Michael Costeloe has noted that the overthrow of the Gómez Farías regime was part of a large-scale and well-oiled machine devised by the opposition in response to that which had overthrown them in 1832.[45] The Plans of Jalapa, Cuernavaca, and Toluca, however, differ significantly from Vázquez's Plan of Veracruz. Unlike that document, which began the movement, or those of Lobato or Dúran that had attempted to ignite resistance to the government, these later plans merely approved what already had taken place, despite the fact that they read as if they were advocating that such changes be made in the future. In effect, then, these plans resembled an audience shouting bravo after a concert.

[41]Costeloe, *Primera República*, 419, 422–423.

[42]Ibid., 425.

[43]See, for example, Michael C. Meyer and William L. Sherman, *The Course of Mexican History* (New York: Oxford University Press, 1987), 327.

[44]For reference to that of Orizaba in "Plan de Jalapa," in Vázquez, *Planes*, II:211–212. For both, see "Plan de Tlacotepec," in ibid., II:223.

[45]Costeloe, *Primera República*, 423–426. The existence of an opposition campaign of such magnitude indicates that the centralists had formed clandestine groups as well, which at this time still remain to be studied.

The Plan of Jalapa, made public on May 15, 1834, appeared just four days after the garrison of Puebla had issued a *pronunciamiento* proclaiming its determination to preserve the Church and federalism and stop "the torrent of ecclesiastical innovations."[46] This plan, however, went further, calling on Santa Anna as protector of the Church to fulfill his role and revoke all anticlerical decrees. In addition, it denounced any law attacking clerical prerogatives, as well as those who had advocated such restrictions. Although it specifically mentioned the need to maintain public order, it omitted any reference to federalism.[47]

The Plan of Cuernavaca, issued on May 25, took a different stance. Using sophisticated and inflammatory language, it appeared first in *El Telégrafo*, rather than through proclamation. Its anonymous author used such phrases as "in the most awful chaos of confusion and disorder" and characterized the period as one of "blood and tears." The text began with an attack on Masonic lodges, which, it said, "are at the root of [our] internal divisions." It followed with a list of the crimes of the government, such as proscription of political leaders, religious reforms, and tolerance for the Masons, and a demand that all such legislation be nullified. As with its predecessor, the Plan of Jalapa, it called upon President Santa Anna to protect the people and throw the authors of the new and objectionable reforms out of office, volunteering to supply the president with "the efficient cooperation of the military force which is gathered here." Even though the Plan of Cuernavaca contained strong language, particularly with respect to the Masons, it, too, said nothing about eliminating federalism and adopting a new system of government.[48]

Colonel José Vicente González, chief commandant of the troops stationed in Mexico state, issued the last important political manifesto of the period, the Plan of Toluca, on May 31, 1834. Its major points were largely the same as that of the Plan of Jalapa. He, too, asked for the protection of Santa Anna, the nullification of all of the detested legislation, and the removal of the deputies who supported it, and he offered his troops to help carry out such actions. Furthermore, he demanded the ouster from state offices of those who did not support his plan. Unlike the Plan of Cuernavaca, the Plan of Toluca said nothing about the Masons.[49]

Within the next month alone, Mexicans throughout the country had issued a total of 112 plans. The Plan of Cuernavaca won support from 70 of them, that of Toluca gathered the endorsement of another 14, and that of Jalapa 2; the other 26 simply issued plans of their own or did not mention which of the choices they preferred.

[46]Vázquez, *Planes*, II:210.
[47]Ibid., 211–212.
[48]Ibid., 214.
[49]Ibid., 224–225.

These documents indicate that, during June 1834, Mexicans throughout the country gathered in juntas, studied the *pronunciamientos*, and then decided to second one or sometimes two of those currently making the rounds. Although they may have disagreed with some of the points articulated in the approved plans, presumably the grievances outlined corresponded well enough with their own to merit approval. Moreover, they adapted both the language and the demands of the plans to suit their own particular situation. For example, some specifically protested the exile of Francisco Pablo Vázquez, bishop of Puebla,[50] while others did not mention him at all. Various documents made a point of linking Santa Anna and federalism (as in that of the ayuntamiento of Tuxpan, issued on June 2),[51] but other quite similar plans hardly mentioned him in this connection.[52]

Although historians should not look at these plans as some subtle form of representative democracy in action, local elites used them as a vehicle to pour out their political frustrations. In the Mexico of the 1830s, a revolt complete with its plan had some commonalities with a mass demonstration today, where people principally gather to protest some event and listen to a great number of speeches with which they may agree in whole or in part. Nevertheless, as a thorough reading of the plans conclusively shows, Mexicans throughout the country were passionately interested in politics and in political ideas. It would be a serious error to dismiss their obvious involvement in such questions as meaningless.

The plans changed tone in July. While they continued most often to adhere to the Plan of Cuernavaca, they began to call for the resignation of Vice President Gómez Farías, who had already left office.[53] On July 13 the town of Acámbaro in the state of Michoacán became the first to call for the elimination of the federal system, although without supplying any specifics about the nature of its replacement.[54] Few, however, rallied to that battle cry in 1834; it took six months for editorials to begin to appear in prominent Mexico City newspapers advocating an end to federalism. When the congress began to discuss reducing state militias, some of the old guard, such as Juan Alvarez in then Mexico state, rapidly issued plans and rose in defense of their prerogatives. They were joined by other states; on March 30, 1835, Zacatecas rose in revolt.[55]

[50]"Plan de Ayuntamiento y vecinos del pueblo de San Ildefonso Hueyotlipam" (June 5, 1834), in Vázquez, *Planes*, II:253–254.

[51]Vázquez, *Planes*, II:242.

[52]Ibid., 213.

[53]See, for example, "Plan de los ciudadanos de Santo Domingo" (July 16, 1834) or "Plan de los barrios El Alto, La Luz y Analco de la ciudad de Puebla" (July 23, 1834), in Vázquez, *Planes*, II:396, 410.

[54]Vázquez, *Planes*, II:373.

[55]Ibid., III:12.

Yet as contemporary editorials and countless documents bear witness, Zacatecas received relatively little support. Government forces led by Santa Anna repressed the revolt in early May. By the end of the month, Toluca issued a *pronunciamiento* amending the original wording of the Plan of Orizaba (made public on May 19) to specify exactly how the federalist system would be changed: "Conforming its desires to those of the Nation manifested already in an unequivocal manner, it [Toluca] desires [to point out] that the form of Government most conducive to [national] happiness is Popular, Representative, Central."[56] It is also worth noting that the Plan of Toluca, like many others, mentioned the necessity of changing the fiscal structure.

Following Toluca's addition to the debate, the ayuntamiento of the capital of Zacatecas issued its own *pronunciamiento* that was, in effect, the opposite of a call for revolt. In almost pathetic terms, the city fathers called for the reform of the Constitution of 1824 in accordance with its Article 171, "excluding the federal form which so clearly repels the people by the innumerable evils it has produced."[57] From that time until October 3, when the government officially declared itself centralist, redrew the states into departments, and ordered all state treasury accounts closed, various Mexican localities issued a total of seventy plans.[58]

Yet the centralist bandwagon did not carry the day until rather later in June, almost one month after the localities began to call for change in the governmental structure. Indeed, during that time, at least eighteen separate areas seconded the Plan of Zacatecas, which only called for a change in the federal system and never mentioned the words "centralism" and "central" at all. When those adherents to the Plan of Orizaba, which also made no reference to centralism, are added, the total amounts to a minimum of twenty-three, or approximately one third of the total.[59] After June 21, however, a total of twenty-four plans called for not only reformulation of the constitution but also its replacement by a "popular central government." Nevertheless, the proponents of federalism were not entirely squelched:

---

[56]"Exposición y Plan de la ciudad de Toluca sobre que se establezca en la Nación el sistema popular, representativo, central" (May 29, 1835), in Vázquez, *Planes*, III:20.

[57]"Acta del pronunciamiento del Ayuntamiento de Zacatecas" (May 30, 1835), in ibid., III:21.

[58]Vázquez, *Planes*, III:20–74.

[59]For adherence to the Acta de Zacatecas, see, for example, those of Jerez and Mineral de Pinos (May 31, 1835), Mineral de Veta Grande, Sombrerete, Ayuntamiento de Fresnillo, Saín Alto, San Luis Potosí (June 1, 1835), San Juan Bautista del Teúl, Tlaltenango, San Juan Bautista de Tepengo, Tepechitlán, Altlonza, Guadalupe, and Momax (June 2, 1835). Mineral de Pánuco, Oaxaca, Santa Anna Chiautempam (June 1, 1835), among others, supported the Plan of Orizaba. Vázquez, *Planes*, III:27–41.

Jalapa, Coahuila/Texas, and Oaxaca all issued plans in support of the Constitution of 1824.[60]

Centralism and Its Discontents

The victory of centralism reflects the development of a new governing formula acceptable to the Church, the former states, the military, and the wealthy, whereby the Mexican nation could survive and each institution could function reasonably well without altering the essential aspects of the others. Political leaders, both civilian and military, spent from May 25, 1834, when the Plan of Cuernavaca was issued, through June 1836, when Texas successfully seceded from the republic, until January 1837, when a new fiscal system was articulated, to work out the compromise that most contemporaries and historians have called centralism.

Its outlines in practice were very different from what scholars have assumed them to be. In exchange for the revocation of federalism, the Church agreed to accept the legislation eliminating the tithe, and the confiscation of some of its properties. In addition, it pledged a certain amount of revenue each month to the national government.[61] The states for their part agreed to relinquish their militias in exchange for a revocation of the requirement to contribute to the national government. They also accepted a new revenue structure in which the national government stationed officials in their capitals to preside over collections and disbursements. This was acceptable because the states spent the funds that would ordinarily be taken by a real centralist government to supply army units mostly stationed in their own territory. Therefore they retained considerable control over their own funds, regardless of what any budget might say.[62]

The national army agreed to stop its revolts in order to win the elimination of state militias and the guarantee of state financial support. And, most important of all, in exchange for social and political peace, the wealthy finally agreed to pay taxes. In 1836 the government decreed a series of duties on urban and rural property and income taxes on urban businesses,

[60]"Exposición de los vecinos de Jalapa" (June 29, 1835), "Pronunciamiento del estado libre de Coahuila y Tejas" (July 15, 1835), "Representación de los ciudadanos de Oaxaca" (August 23, 1835), in Vázquez, *Planes*, III:60–61, 68, 73–74.

[61]Costeloe, *Primera República*, 425–429.

[62]For more on the details of this arrangement, see Barbara A. Tenenbaum, "Liberals without Money," paper presented at the meeting of the American Historical Association, San Francisco, December 30, 1989.

the first since the adoption of the Constitution of 1824.[63] These were followed by a myriad of other imposts, rather unevenly collected.[64]

It was, however, fifteen years too late. Fiscal inadequacy spawned by the unwillingness of the wealthy to support their own government had created a substantial new internal debt, to be repaid to *agiotistas*, in addition to the money still owed from colonial times and that due foreign bondholders. Furthermore, the "centralist" years saw an inordinate amount of military activity, starting from the Texas revolt, to the Pastry War against the French and various profederalist movements, and culminating with the Mexican-American War.[65]

The process of moneylender repayment began with the creation of the Fifteen Percent Fund on January 20, 1836, which pledged 15 percent of customs revenues to pay "all the orders issued by the [national] government on loans on contracts and those of the *vales de amortización* [government debt paper]" and gave preference to *agiotista* loans. By September, the moneylenders had compelled the government to agree to repay 85 percent of its debts in cash, a greater percentage than they themselves usually gave.[66] During the subsequent second Bustamante administration, the Fifteen Percent Fund was followed by the creation of the Seventeen Percent Fund, the Ten Percent Fund, and the Eight Percent Fund.[67] According to Treasury Minister Manuel Canseco, in 1840 the treasury spent more than four pesos for debt payments for every one spent for genuine administrative costs.[68]

From 1841 to 1846, Mexicans issued more plans than ever before. By 1841, as taxes increased, almost everyone in Mexico realized that the Pax Bustamantiana was coming to an end.[69] In August 1841, General Mariano Paredes y Arrillaga issued a *pronunciamiento* against the government, which included the tax structure in its litany of complaints: "Taxes now crush the people: every day they cause suffering with new insufficient levies; trade, industry, property, everything gets crushed under the weight of

[63]México, *Memoria de Hacienda 1870*, 152–154, 162–163.

[64]Tenenbaum, *Politics of Penury*, 49–53.

[65]The genuine contribution of war to the financial problems of the Mexican state should not be overlooked or dismissed lightly. See Barbara A. Tenenbaum, "The Creation of the Internal Debt in Mexico, 1827–1854," paper given at the Conference of the International Debt in Historical Perspective, Ibero-Amerikanisches Institut, Berlin, November 16, 1989.

[66]México, *Memoria de Hacienda 1870*, 154; Manuel Dublán and J. M. Lozano, *Legislación mexicana o colección completa de las disposiciones legislativas espedidas desde la independencia de la república*, 34 vols. (Mexico: Dublán y Lozano Hijos, 1876–1904), III:124–126.

[67]Tenenbaum, *Politics of Penury*, 61–66.

[68]México, *Memoria de Hacienda 1841*, 14.

[69]Frances Calderón de la Barca, *Life in Mexico: The Letters of Fanny Calderón de la Barca*, ed. Howard T. Fisher and Marion Hall Fisher (Garden City: Doubleday Books, 1966), 268–274, 454–460.

taxes."[70] Paredes called for a new constitution that would straighten out the treasury, end monopolies, terminate moneylending, and abolish the *consumo* (domestic sales taxes).[71]

Paredes, however, did not become president. The *agiotistas*, their power swollen with the new wealth garnered from the various funds, helped install Santa Anna instead. During the centralist years, the moneylenders had become a fifth interest group. By 1842 they appear to have been in charge of collecting the *contribución directa* and the forced loan for funds to pay a settlement with the United States for damage from Indian raids as well as a host of other tasks.[72] In addition, they were routinely involved in transporting revenue through their "banking network" from departmental treasuries to Mexico City. Given the hazardous state of the roads, the *agiotistas* were the only group that could guarantee the safe transport of funds. For their pains, the merchant houses received a 5 or 6 percent discount.[73]

During this presidency, Santa Anna devised a new modus vivendi in maneuvering among the interest groups. He suspended payment on all the funds specifically earmarked for debts owed to moneylenders, and preferentially honored only those due to the clique surrounding his friend Manuel Escandón. He also increased expenditures on the army substantially,[74] at the same time he was forced to bow to public pressure and eliminate the 15 percent *consumo* and modify the tax on urban and rural property. But the costs of strengthening the army and repaying *agiotista* loans forced new taxes on "industrial establishments," wages and salaries, professions and occupations, and luxuries, and a head tax of one half real per person per month. The system in place by April 7, 1842, taxed every person living in Mexico over the age of sixteen.[75]

Santa Anna needed the extra funds because the government was called upon to subdue serious revolts in Puebla and Oaxaca, while Yucatán virtually became independent from the dictates of Mexico City.[76] Nevertheless, the regime maintained its control until Treasury Minister Ignacio Trigueros proclaimed a supplement to the rural property tax, a new impost on the appraised value of cloth and thread factories, a special levy on

---

[70]Vázquez, *Planes*, IV:58–59.

[71]Noriega Elío, *El Constituyente de 1842*, 162.

[72]See, for example, documents in Administración de rentas, t. 16, f. 63 & 66, Archivo General de la Nación, Mexico (hereafter AGN).

[73]Certificado del pago hecho a la compañía de Serment y Fort, Mexico, September 22, 1843, Administración de rentas, t. 16, f. 173, AGN.

[74]Dublán, *Legislación mexicana*, 4:36, 43, 60–62, 66–67, 106–107.

[75]Ibid., 134–150.

[76]Hubert Howe Bancroft, *History of Mexico* (San Francisco: A. L. Bancroft and Co., 1885), 5:240–245.

bonds, and a payment on investments.[77] Such a blatant attack on capital gains and the *agiotistas'* cloth factories led to Santa Anna's downfall. On November 2, 1844, General Paredes pronounced against the dictatorship; it fell on December 6, 1844.

Postwar Mexico: The End of the Plan

The final years of centralism were marked by an extreme instability occasioned by the Mexican-American War. On September 17, 1846, Santa Anna, once more in power, reestablished the federalist Constitution of 1824. The move had little effect, as the war had destroyed whatever remained of the Spanish colonial fiscal system. When troops from the United States occupied Veracruz, Puebla, and Mexico City in 1847, they abolished some taxes, most notably the *alcabala* in the capital, and demanded monthly "tribute" payments.[78] Although the national government received an indemnity of fifteen million pesos from the United States in 1848 for the loss of more than half of its territory, this windfall only disguised the breakdown of the federalist revenue system, which produced decidedly smaller sums than its "centralist" predecessor.

In 1851, Minister of Finance Manuel Piña y Cuevas insisted that the states meet with him to discuss the future of Mexican federalism. Few prominent leaders attended the gathering in Mexico City, and those who did flatly refused to contribute more to the national treasury. This was hardly surprising since, as in the first federalist period, they were unable to pay their *contingente* in full.[79] As a consequence of the leaders' resistance, Mexican federalism in 1852, when the government had spent all the funds from the U.S. indemnity, displayed all of the same flaws that had been present in 1827 when the income from foreign loans had run out. Unfortunately, the fiscal situation was made even worse by the failure of Mexican treasury ministries, perhaps because of the retirement of officials from the colonial period or the allotment of staff time to the resolution of debt questions, to produce skillful or accurate reports.[80]

In response, beginning in July 1852, Mexicans issued a series of plans that continued almost until Santa Anna had been installed in his last

---

[77]México, *Memoria de Hacienda 1870*, 255–256.

[78]Dennis Berge, "A Mexican Dilemma: The Mexico City Ayuntamiento and the Question of Loyalty, 1846–1848," *Hispanic American Historical Review* 50 (1970): 229–256.

[79]*Documentos relativos a la reunión en esta capital de los gobernadores de los estados convocados para proveer a las exigencias del erario federal* (Mexico: J.M. Lara, 1851), 6–8, 19–53.

[80]See México, *Memoria de Hacienda 1852*, for example.

presidency in April 1853. These were perhaps the last genuine plans that called either for serious changes in the Mexican governmental system and asked for seconding or were themselves seconds or gestures of support for what had already occurred. Although Juan Alvarez issued the Plan of Ayutla on March 1, 1854, he would receive no obvious response via *pronunciamientos* and plans although the situation was quite similar to that surrounding the publication of the Plan of Veracruz in 1832.

The federalists of the 1850s adopted the solution proposed by their predecessors and ordered the Church to sell its property, but the fiscal system was still unable to collect enough revenue. After this period, few military leaders bothered to issue plans or even *actas*. By the time of the Pax Porfiriana, from 1892 to 1909 Mexicans wrote a mere sixteen plans, or manifestos as they had come to be known. And so, when Francisco Madero finally issued the Plan of San Luis on October 5, 1910, all that remained of the plan as a vehicle for expressing local responses to political realities was the first word in the title.

La Guardia Nacional y movilización política de los pueblos

Alicia Hernández Chávez

POR LO GENERAL, se tiende a identificar los dos primeros tercios del siglo XIX con militarismo, lo cual históricamente es falso. Por lo contrario, estamos en presencia de múltiples formas de liderazgos, de carácter primordialmente político, sustentados por diversos actores sociales. A lo largo del siglo, éstos se encadenan y forman alianzas regionales, dinámicas, cambiantes, cuyos móviles fueron el control de su zona, la dirección política del país o en el caso de los pueblos, una nueva forma de legitimidad y representación política. La violencia y el recurso a la presión armada no fueron sino una de sus diversas manifestaciones. No obstante, la movilización o el levantamiento armado, se identificó erróneamente con militarismo. Considero que sería preciso analizar históricamente estas prácticas como un recurso alternativo de carácter político, del cual se valen las élites de una región o los notables de los pueblos para ocupar cotos de poder.

Al independizarse México de España se fracturó la organización política colonial desencadenando un proceso de atomización de las múltiples regiones que conformaban el territorio. La fragmentación e inestabilidad del país y de sus gobiernos, durante los primeros dos tercios del siglo XIX, provocaron un sinnúmero de cambios políticos, guerras entre diversas facciones, sumándose a ello dos invasiones extranjeras. En ese primer período, el ejército o estado fue una ficción.[1] Los poderes locales y su representación notabiliaria mantuvieron a flote al país, en la medida en que fortalecieron de inmediato sus cotos económicos, sociales y vacíos de poder en sus zonas. Simultáneamente, el nuevo contexto histórico permitió que los caudillos,

---

[1]Cf. Alicia Hernández Chávez, "Origen y ocaso del ejército porfiriano", *Historia Mexicana* 39, no. 1 (julio-septiembre, 1989).

liberales, conservadores o realistas, proliferaran utilizando su capacidad para movilizar a sus clientelas.

Las regiones o territorios funcionaron con singular eficacia con base en una representación notabiliaria cuyo poder se sustentaba en la organización comunitaria de un sistema de pueblos con carácter jurídico propio, y en una estructura antigua de la sociedad compuesta por unidades familiares extendidas, lazos de compadrazgo, fidelidades e intereses comunes. El poder de estos notables y "gente del común" rebasaba el ámbito de su pueblo y cubría una amplia y diversa extensión territorial. El liderazgo y representatividad de éstos notables, a partir de la Constitución de Cádiz de 1812, se expresa básicamente en una doble función: como síndicos o regidores de los ayuntamientos, y/o como jefes de milicias. En 1846 asumen el cargo de jefes de Guardia Nacional de sus pueblos.

La Guardia Nacional fue el vehículo de organización política-militar básico de las élites locales y regionales así como de los pueblos. Me propongo analizar aquí el vínculo entre: pueblos, Guardia Nacional[2] e interlocutores externos en los distritos de Cuernavaca y Cuautla Amilpas.[3]

Antecedentes

Con la desintegración del sistema colonial y las luchas internas proliferaron múltiples grupos armados: ya fueran realistas, insurgentes republicanos; todos movilizaron a las comunidades locales, debilitando el poder central al grado de volverlo casi nulo. Las decenas de gobiernos que se sucedieron en la Presidencia de la República se limitaron a tomar la ciudad de México e intentar gobernar con un pseudo ejército y una burocracia administrativa sin arraigo territorial en el resto del país. La duración de cada caudillo en el poder se redujo al tiempo y a las posibilidades de establecer alianzas con otros grupos regionales. En ese sentido, el poder ejecutivo que se estableció en la ciudad de México al carecer de recursos financieros y legitimidad, gobernó sin territorio.[4] Con la nueva constitución emanada de

---

[2]Acerca de la Guardia Nacional, véase Hernández Chávez, "Origen y ocaso". El antecedente de ella fue la milicia cívica que nace con la Constitución de Cádiz de 1812. En el período previo, la defensa armada local emanó de una conducta histórica que admitía el que un encomendero, un hacendado, los vecinos de un pueblo, colonias militares o presidios u otra autoridad convocaran a la población local que acudía con armas y caballo propio. Con motivo de la guerra con Texas en 1836, pero sobre todo a partir de la invasión norteamericana en 1847, se reglamenta y consolida la Guardia Nacional.

[3]Los dos distritos comprenden el actual Estado de Morelos que se creó en 1869.

[4]Cf. Marcello Carmagnani, "Finanzas y Estado en México 1820–1880", *Ibero-Amerikanisches Archiv* 9 (1983): 279–317; Carmagnani, "Territorialidad

las Cortes de Cádiz en 1812, cobró vida en México una nueva legitimidad, reforzando las autonomías regionales. Bajo ese contexto la organización armada ciudadana nació como una institución representativa y legal de los dos poderes locales, con la facultad de asumir la defensa armada del territorio, del "hogar". En ese sentido el empuñar las armas deja de ser un acto subversivo; reconociéndose como un derecho constitucional.[5] La doble representación:—política y militar—de los notables locales, sólo es comprensible a partir de los antecedentes históricos que la legitiman y la jurisdicción político-territorial sólo se puede entender a partir de la organización social de los pueblos.

Un caso concreto: los pueblos de Zapata

En los distritos de Morelos y Cuernavaca, el conflicto social se planteó desde el período colonial.[6] Con el propósito de analizar un largo y complejo proceso distingo tres momentos básicos. En el siglo XVI los títulos primordiales de dotación se otorgaron a la cabecera de la República de Indios y el gobernador de ella, a su vez, redistribuyó los recursos territoriales a los pueblos bajo su jurisdicción. La cabecera acordaba con los representantes de los naturales de barrios y sujetos respecto a la redistribución de tierras, aguas y bienes de la república. A su vez a las autoridades de la cabecera correspondía la redistribución del excedente y el pago del tributo que exigía la administración central colonial. Como se puede observar en la gráfica de tributarios durante el siglo XVI y XVII la población indígena se redujo dramáticamente, iniciando su recuperación a la vuelta del siglo XVIII.

---

y federalismo en la formación del Estado mexicano", en *Problemas de la formación del Estado y la Nación en Hispanoamérica*, ed. Inge Buisson, Günther Kahle et al. (Köln, Wien: Böhlau Verlag, 1984). Sostiene que en las primeras décadas del México independiente el Estado carecía de medios administrativos para gobernar los estados de la república. Vía el análisis de los impuestos, Carmagnani muestra que el gobierno dejó de captar el impuesto fiscal de los estados que con anterioridad obtenía el Estado colonial. Esto fortaleció las finanzas locales, a la vez que se generó un gobierno central "sin territorio".

[5]Constitución de Cádiz [artículo acerca de milicia ciudadana].

[6]Alicia Hernández Orive, "Haciendas y pueblos en el estado de Morelos, 1535–1810" (Tésis de Maestría, El Colegio de México, 1973). El análisis de la propiedad y posesión de la tierra de indios a lo largo de los tres siglos y el conflicto social a que condujo se sustenta en dicho trabajo. Como la primera parte de este ensayo se apoya en dicha tesis se optó por reducir a un mínimo las notas remitiendo al lector al trabajo mismo.

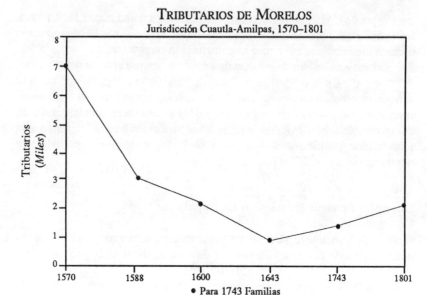

TRIBUTARIOS DE MORELOS
Jurisdicción Cuautla-Amilpas, 1570–1801

• Para 1743 Familias

Fuente: Peter Gerhard, *Geografía histórica de la Nueva España, 1519–1821* (Mexico: UNAM, 1986), 95, 101.

El descenso demográfico ocasionó el que cada pueblo o sujeto de una cabecera o República de Indios se viera imposibilitado para cumplir con el tributo original asignado. Ante tal situación los gobernadores de las repúblicas comenzaron a arrendar tierras, por un período determinado, o ceder en censo enfiteútico[7] las mismas. De esta manera pudieron conservar el título de propiedad original en lugar de vender o perder sus tierras originales por ociosas, y a la vez, percibir una renta que les permitió cumplir con el tributo obligatorio. La situación anterior dio cabida a una serie de litigios y confusión en la propiedad de la tierra sentando las bases del futuro conflicto social. Las tierras arrendadas, o cedidas en censo enfiteútico, *de jure* pertenecían a la República de Indios, sin embargo, los dueños de una hacienda al vender su propiedad incluían en el traslado de los títulos de propiedad el censo o los contratos de arrendamiento de las tierras de indios. Fue así que el nuevo dueño, adquirió la hacienda con sus "usos y

---

[7]El censo enfiteútico es una figura jurídica por lo cual el dueño de la tierra reservándose el dominio directo, entregaba a cultivadores el dominio útil, y los que recibían este dominio se comprometían a pagar una pensión que no era considerada como renta, pues no guardaba proporción alguna con el beneficio que del aprovechamiento de la tierra pudiera derivar. Era una pensión que significaba principalmente un reconocimiento de señorío.

costumbres". A la vuelta del siglo XVIII, ante una nueva presión demográfica, después de ocurridos múltiples traspasos de propiedad, los pueblos iniciaron el proceso de restitución de aquellas propiedades arrendadas.[8]

En las primeras décadas del siglo XVIII, numerosos pueblos sujetos ubicados en el Plan de Cuautla-Amilpas y Cañada de Cuernavaca solicitaron la separación legal de su cabecera y ser dotados de tierras y fundo legal. Los afectados se quejaban de haber perdido sus tierras, por culpa de los gobernadores de las Repúblicas de Indios y de contar con una población mayor carente de sitios de cultivo; o de pueblos sin fundo legal. La nueva situación histórica generó—ante los tribunales coloniales—múltiples demandas entre las cuales los pueblos exigían constituirse "en repúblicas en sí". Al parecer no sólo se trata de una nueva reorganización de las Repúblicas de Indios; por el contrario, el pueblo de manera autónoma pide su reconocimiento como entidad jurídica, con gobierno, leyes y patrimonio propio. Es esencial destacar que este fenómeno es diferente a las múltiples reorganizaciones que se sucedieron en las Repúblicas de Indios en el período anterior.[9] Ahora estamos en presencia de una situación histórica en la cual pareciera que, la unidad territorial y política de la República de Indios se factura para dar cabida al *pueblo* que se convierte en el sujeto histórico primordial. La solicitud de un pueblo de ser reconocido como "república en sí" no incluye una reubicación de pueblos sujetos bajo su jurisdicción, sino su reconocimiento individual con derechos políticos propios.

Esta mutación histórica y la consiguiente división interna acontecen en un momento de dinamismo y auge comercial de la hacienda, y del azúcar que en ellas se produce. Por otra parte, la legislación colonial que durante dos siglos procuró la protección del patrimonio de las Repúblicas de Indios, aun antes de las reformas borbónicas, se relaja en la región adaptándose a las nuevas políticas y necesidades económicas del Imperio y de los productores y comerciantes del azúcar. Por ello, sus tribunales comienzan a fallar en contra de los juicios de contradicción que interponen gobernadores, principales de indios y representantes de los pueblos. Los movimientos por autonomía y demandas de restitución de "derechos y privilegios" se desatan en el momento en que los pueblos son más vulnerables. Por ejemplo, el Tribunal

---

[8]Hernández Orive, "Haciendas y pueblos".

[9]Cf. Marcello Carmagnani, *El regreso de los dioses: El proceso de reconstitución de la identidad étnica en Oaxaca, siglos XVII y XVIII* (Mexico: Fondo de Cultura Económica, 1988). Muestra que en Oaxaca la recuperación e reintegración del territorio indígena sufrió múltiples y diversas mutaciones sin que por ello se debilitara su cohesión étnica, económica y territorial. Peter Gerhard, *Geografía histórica de la Nueva España, 1519–1821* (México: UNAM, 1986), también relata brevemente los reajustes de los territorios indios. No obstante el caso de Cuernavaca y las Amilpas tiene características peculiares en el período colonial tardío.

de la Santa Inquisición, en su ramo del real fisco, fue uno de los principales bancos de avío de los hacendados de Morelos y sus funcionarios—dueños de haciendas—conforman un grupo de presión en alianza con las órdenes religiosas, hacendados y comerciantes de la región y de la ciudad de México, quienes aprovecharon al máximo la nueva situación.[10]

El proceso legal por restitución de derechos antiguos, a lo largo de los siglos XVI y XVII, lógicamente produjo una tensión social permanente. A pesar de que el litigio duraba a veces décadas, por lo general las tierras en litigio permanecían en poder de quienes las poseían: la hacienda. Sin embargo, es fundamental destacar que las autoridades virreinales al no resolver el problema, tampoco cancelaron la esperanza de los pueblos de ser restituidos en sus tierras a través de peticiones de carácter jurídico.

En cambio, durante el período 1714 a 1770, veinticuatro pueblos[11] interponen juicios de amparo y quince de ellos pierden, seis quedan pendientes de resolución, y tres de las demandas interpuestas reciben un fallo favorable restituyéndose uno ó dos sitios de los solicitados. Aún en estos casos al pueblo sólo se le dota de fundo legal, pero no se le regresan las tierras de cultivo en posesión de la hacienda.[12]

Para 1800, los pueblos de la región se quejan de estar cercados hasta sus fundos legales y de no tener ni siquiera salidas para sus productos. Mas aún, la alianza entre autoridades españoles—civiles y eclesiásticas—con los hacendados, vuelve más angustiosa la defensa de sus derechos tradicionales.

Crisis de legitimidad del estado colonial

A la vuelta del siglo, y sobre todo a partir de las reformas borbónicas se transforma el carácter del estado colonial protector por el de un estado administrador, moderno, de fuerte carácter mercantil. Los pueblos de la región responden con actos de violencia espontánea y simultánea. En 1801 Cuautla y Cuatlixco, dicen estar "sin tierras y privados de agua y *que nada quieren porque conocen que todo ha de ser en perjuicio de su interés, honra y vida"*.[13] Los pobladores de Jiutepec en 1806 invaden tierras que reclaman como propias que estaban en posesión de la hacienda de San Gaspar "porque *ya han agotado los tribunales sin resultado alguno"*. Don Alejo

---

[10]Hernández Orive, "Haciendas y pueblos".

[11]Ibid. Los veinticuatro pueblos estudiados, a lo largo de los tres siglos de la colonia por ser cabeceras incluyeron por lo menos seis o siete pueblos sujetos. Por lo tanto estamos hablando de aproximadamente una centena de pueblos. El censo de 1900 registra 105.

[12]Ibid., 87, 150 y cuadro 89–91, "Pleitos Judiciales".

[13]Cf. DAAC, 23:2965, local F30, Vol. 1801; Hernández Orive, "Haciendas y pueblos" (subrayado es mío).

Antonio, gobernador del pueblo de Jiutepec, mandó a los naturales de su pueblo a que sembraran parte de las tierras que poseía don Francisco Gutiérrez, dueño de la hacienda aludida, quien los obtuvo por permuta de los antiguos moradores de Jiutepec.[14] Como consecuencia de esta acción, se entabló un largo y costoso litigio y, en 1808, después de tres años de pleito, el asunto quedó pendiente y las tierras en poder del dueño de San Gaspar.

En ese mismo año, ciento cincuenta indios del pueblo de Atlacholoaya, vecinos de Jiutepec, se amotinaron contra los empleados de la hacienda de Chiconcuac por despojo de aguas. La hacienda habiéndose apropiado de las aguas que abastecían al pueblo los dejó sin la indispensable para el uso doméstico. Como los indios iban desarmados, los dependientes de la hacienda, advertidos de ello, se presentaron con armas y dispararon. Los indios, indignados cogieron palos y arremetieron contra los españoles hasta ponerlos en fuga. En ese mismo año, el pueblo de Ocotepec también se amotinó para defender sus tierras del reparto que de ellas quería hacer—entre los mulatos y gente de toda casta—el alcalde mayor de Cuernavaca, Rafael Sánchez Carbajal. El gobernador y oficiales de esa república fueron perseguidos y encarcelados por haberse opuesto a tal repartimiento. Se abrió causa criminal contra los indios, y el juicio se envió a la Real Audiencia donde se acusó a los naturales como "seductores tumultuarios".[15]

Con estos ejemplos se destaca, por una parte, una mayor agresividad y frustración por parte de los pueblos frente a las autoridades, hacendados y alcaldes. Y, por la otra, con los fallos en contra de litigios por restitución de "antiguos derechos", la gradual extinción del estado protector. En síntesis, en la región, se perfila un proceso de mutación acelerado del antiguo poder y control territorial que tenían las Repúblicas de Indios.

El movimiento de independencia de México, 1810–1821 y las décadas subsecuentes detienen o interrumpen ese deterioro. La legislación que emana de las Cortes de Cádiz favorece la reconstrucción de la representación política y territorial de las antiguas Repúblicas de Indios, pero en un contexto distinto. Lo que parece acontecer en el primer período del México independiente es que élites y notables de villas y pueblos así como gobernadores de Repúblicas de Indios gozaron de un espacio político que favoreció una alianza entre ellos. Estos actores políticos locales se fortalecieron al ocupar cargos en los nuevos ayuntamientos o en las milicias surgidas a partir de la constitución gaditana. De hecho se acelera la movilidad política de los rangos intermedios, es decir, de aquellos que ya contaban con una posición de mando local en el período tardío colonial. Por ejemplo, Francisco Ayala, dueño de la Hacienda de Mapachtlán, desempeñó el cargo de

[14]Cf. Hernández Orive, "Haciendas y pueblos". Apéndices Pueblos, XII (subrayado es mío).
[15]Véase Manuel Mazari, *Bosquejo histórico del Estado de Morelos* (México: Edición los hijos del autor, 1966), 139.

Capitán de la Acordada.[16] Ayala abrazó la causa insurgente al negarse a formar parte de la fuerzas que los españoles organizaban en las Amilpas; él y dos de sus hijos mayores se unieron en Chilapa, Guerrero con José María Morelos, donde con base al contingente que aportó se le concedió el grado de coronel.[17] Don Valerio Trujano, en 1811, encabezó fuerzas insurgentes de Jojutla, Amacuzac, Tetecala, Yautepec, Temilpa, Tlatizapan, Anenecuilco, Jantetelco, Cuautla, Totolapan y Yecapixtla.[18] El cura de Jantetelco, Mariano Matamoros, enarboló la causa insurgente convirtiéndose en el brazo derecho de Morelos. Víctor González y Samuel de los Santos levantaron contingente en Tepoztlán. Juan Antonio Tlachcoapan, indígena y regidor de Jojutla, asistió con su gente en el sitio de Cuautla. De Jantetelco y sus pueblos acompañaron a Mariano Matamoros en dicho sitio más de cuarenta y dos jefes de pueblos.[19] Estos y otros jefes insurgentes de los pueblos de la región llevaron a una situación de aguda tensión entre hacendados, adictos a la causa realista y los liberales encabezados por notables locales.

La alianza entre políticos intermedios y caudillos regionales con los pueblos se facilitó por dos razones básicas: la base electoral y el contingente para las milicias. Por una parte, el carácter indirecto de las elecciones para alcaldes y diputados obligó a las élites locales a buscar apoyo en los pueblos para controlar o consolidar su representación política. Por la otra, los pueblos ganaron representación política pues en décadas previas exigían su reconocimiento como "repúblicas en sí" y ahora bajo un nuevo régimen algunos pueblos adquirieron el *status* de Ayuntamiento, otros establecieron pactos con los Ayuntamientos o, simplemente *de facto* invadieron el vacío político.

Mas aún, la necesidad política de los diferentes caudillos surianos de ampliar sus clientelas y bases de reclutamiento para librar la guerra de la independencia los lleva a movilizar a las poblaciones de la región. A cambio del apoyo de los pueblos y su aceptación de formar parte de las milicias que acaudillaban, José María Morelos, Juan Alvarez y otros surianos ofrecen derechos políticos, restitución de tierras y de aguas. El contraste es notable pues apenas veinte años antes cuando se levantó el padrón de Revillagigedo, los habitantes sintiéndose amenazados por la leva optaron por abandonar poblados enteros.[20] Ahora bajo un nuevo contexto histórico la reacción es la opuesta, los pueblos como Tepoztlán, Jantetelco, Mapaxtlan, Xochitepec,

---

[16]El Tribunal de la Acordada se creó en 1710 y en el Distrito de Morelos se estableció en 1785, se suprimió en 1812.

[17]Mazari, *Bosquejo histórico*, 154–156, 164. Ayala fue fusilado en 1812 y colgado con sus dos hijos. En 1834, la congregación de Mapaxtlan, de donde Ayala reclutó personal para su milicia, adquirió la categoría de pueblo.

[18]Ibid., 156.

[19]Ibid., 163.

[20]Archivo General de la Nación de México, Fondo Secretaría de Cámara, Sección Gobierno Superior, Serie Padrones, v. 98, f. 7, 11 de marzo de 1790.

Tetecala y otros se organizaron bajo sus propias autoridades y aportaron su contingente a la causa liberal; con ello se refuerza una nueva solidaridad y se reorganiza el poder local. Ahora sus representantes se fortalecen básicamente por una doble representación: como jefes de milicias locales y como representantes en los nuevos ayuntamientos y tanto las milicias locales como el Ayuntamiento se convirtieron en el eje organizador del espacio político-económico. Son estos espacios políticos y las formas en que se reorganizan los que permiten que se interrumpa el proceso de fractura del poder territorial de los pueblos. Peter Guardino en los avances de su investigación sobre el cacicazgo de Juan Alvarez en el actual estado de Guerrero, encuentra la continuidad entre los Cabildos de indios y los Ayuntamientos constitucionales. Para el actual Estado de Morelos, el censo de 1837, registra diecinueve ayuntamientos municipales que corresponden a la jurisdicción territorial de las Repúblicas de Indios; para el año de 1888 el número se incrementó a veintisiete ayuntamientos.[21] Es decir, los antiguos pueblos-cabecera obtuvieron el rango de Ayuntamiento y así desarrollaron intereses comunes y alianzas que explican en gran medida la lucha y vitalidad de los movimientos rurales en los dos primeros tercios del siglo XIX.

En 1847, con motivo de la invasión norteamericana, las milicias locales cobran nueva fuerza al ser reorganizadas centralmente en base a una forma que se denominó Guardia Nacional.[22] Fue la invasión norteamericana la que generó las condiciones para centralizar el poder político-militar. El presidente de la República y los gobiernos estatales, aprovecharon de inmediato la oportunidad y por decreto procedieron a centralizar las milicias locales; reclutando, entrenando y armando a la población local con el propósito de integrarla en cuerpos de ejército más amplios. La razón política del gobierno fue obvia: centralizar los grupos armados autónomos y paulatinamente liquidar la base militar de una infinidad de poderes locales. Sin embargo la medida tomó diversos cauces y tardó cerca de tres décadas en obtenerse la centralización buscada. Por una parte de la Guardia Nacional surgió el núcleo político-militar del ejército porfiriano del periodo 1876–1885.[23] Y a nivel local—el de los pueblos—la Guardia Nacional se adoptó como la forma *ad hoc* de defensa y presión frente a todo intento de minar derechos tradicionalmente ejercidos.[24] De 1847 hasta la década de los sesenta, las dos

[21]Cf. Juan N. Rodríguez de San Miguel, *Pandectas Hispano-mexicanas*, 3 vols. (México: UNAM, 1980), III:908–909; Antonio García Cubas, *Diccionario geográfico, histórico y biográfico de los Estados Unidos Mexicanos*, 5 vols. (México: Antigua Imprenta Murgía, 1888).

[22]Acerca de la importancia de la Guardia Nacional como fuerza organizadora de pueblos, élites locales y grupos regionales, véase Hernández Chávez, "Origen y ocaso".

[23]Cf. ibid.

[24]Acerca de la Guardia Nacional como vehículo de defensa de los pueblos véase ibid. y Alicia Hernández Chávez "Lozada no muere", en *De Séptimo Cantón*

formas de Guardia Nacional se ven obligadas a coexistir en base a pactos de ayuda mutua para poder combatir al enemigo externo: dos invasiones extranjeras—la norteamericana y francesa—y un gobierno de ocupación: el de Maximiliano. Ante esta situación los gobiernos centrales concedieron determinadas prerrogativas a los pueblos a cambio de su adhesión.

La disposición del Gobierno de otorgar a los pueblos ciertas concesiones en materia de restitución de derechos coincide con el decreto de 1846 mediante el cual se faculta al Archivo General para expedir las copias certificadas de títulos de los pueblos. Por ello, encontramos instrucciones completas y un fenómeno histórico importante que vincula el movimiento de los pueblos con un sector de abogados o "huizacheros" quienes asumen la defensa legal de los pueblos.[25] La relación entre abogados y demandas que se entablan en estos años son un elemento más de cohesión entre las comunidades agrarias, dado que estos abogados de los pueblos fungen también como enlace y vía de comunicación entre pueblos. Por ejemplo el alegato por restitución de tierras de Jiutepec y Anenecuilco lo integra el licenciado Francisco Rosales en 1853[26] o el Lic. Noriega quien también fue asesor legal de pueblos y ayuntamientos en Morelos.[27] En la década de los cuarenta se ha reforzado la red de comunidad y pueblos en base a la participación miliciana, las alianzas entre pueblos, ayuntamientos y caudillos surianos, y a un *corpus* legal que legitima sus derechos.

Durante los años 1847–1848 las guardias nacionales de los pueblos amagan a las tropas invasoras, pero las más de las veces, se aprovechan de la dispersión política y el vacío de poder para avanzar en sus demandas. Por ejemplo en 1848, durante la ocupación de la ciudad de México por tropas norteamericanas, Juan Alvarez nombra a José Manuel Arellano, jefe de un batallón de Guardias Nacionales de Tetecala. Este, en lugar de movilizar a su gente contra los invasores norteamericanos, lo hace contra las haciendas del valle de Cuernavaca. Su intención fue modificar linderos en favor de reclamaciones de los pueblos y de pequeños propietarios.[28] En ese mismo año, el pueblo de Xochitepec atacó y ocupó tierras de la hacienda de Chiconcuac y se dice que "pretende matar a toda la gente decente". Las

---

a Estado de Nayarit, 5 vols. (México: Centre d'Etudes Mexicaines et Centroamericaines y Universidad de Guadalajara, 1990), tomo 5.

[25]Cf. Hernández Orive, "Haciendas y pueblos," 5.

[26]Ibid.

[27]Gildardo Magaña, *Emiliano Zapata y el agrarismo mexicano* (México: Editorial Ruta, 1951), I:80.

[28]Carta de Juan Alvarez al teniente coronel Arellano exigiéndole responsabilidad militar por distraer su batallón alarmando a las haciendas y trastornando el orden de los pueblos, en lugar de defender el distrito invadido por el enemigo. Archivo Histórico de la Secretaría de Defensa Nacional (en adelante AHSDN), XI.481.3-2775, en Leticia Reina, *Las rebeliones campesinas en México, 1819–1906* (México: Siglo XXI, 1980), 161.

haciendas vecinas y el comandante de las tropas norteamericanas que ocupan Cuernavaca envían tropas para "liberar" a la hacienda sitiada. Los del pueblo se dispersan mientras el ejército norteamericano custodia las haciendas. Sus dueños dicen temer que en el momento en que se retiren las tropas, se repetirá la invasión de tierras.[29] En 1849 se habla de la inminencia de una guerra de castas. Los levantamientos de Sierra Gorda y Yucatán coinciden con connatos de sublevación dentro del mismo estado de México, causando gran alarma entre los propietarios. Los distritos de Acapulco, Chilapa, Cuernavaca, Huejutla, Sultepec, Taxco, Tula y Tulancingo, que han sido fuertemente movilizados en el período anterior por los caudillos surianos mostraron gran agitación. Y al inicio de ese año se habla de que la guerra de castas está por estallar en el distrito de Chilapa, estado de Guerrero.[30]

En efecto, a los pocos meses, en abril, tres mil indios de Chilapa, acaudillados por Felipe Santiago se declararon en abierta rebeldía y se dedicaron a expropiar tierras.[31] En Acambay, estado de México hubo un levantamiento de indígenas porque no les querían devolver sus tierras[32] y el 11 de julio en el partido de Ixtlahuaca, estado de México, se descubrió un pronunciamiento encabezado por Mariano Esquivel y Luis Zamora. El 23 del mismo mes se envió tropa de Jacala, distrito de Tula, estado de México para rechazar una fuerza de doscientos hombres al mando del cabecilla Francisco Bueno cuyo propósito era apoderarse de la población de Jacala. El prefecto de Cuernavaca comunicó de inmediato a las autoridades que también en Jantetelco estaba por estallar una sublevación y que pese a haberse aprehendido a algunos de sus promotores, el principal de ellos se fugó. El movimiento decía el prefecto, estaba bastante ramificado y como comprobación de ello remitió el plan de los pronunciados de diversos pueblos. El objetivo del movimiento según el prefecto era recuperar los terrenos de fundo legal.

El mismo informó que "en junio de 1849 hubo un levantamiento en Tlayacac, que obedeció a un plan para la repartición de las tierras, movimiento que fue sofocado no sin dejar la idea hondamente arraigada. Más alarmante fue el que cuatrocientos hombres de la Guardia Nacional, encabezados por el alcalde Sisto Sosa del pueblo de Tlayacac con gente de

[29]Lucas Alamán, *Documentos diversos (inéditos o muy raros)* (México: Editorial Jus, 1945–1947) IV:266; Ward Barrett, *The Sugar Hacienda of the Marqueses del Valle* (Minneapolis: University of Minnesota Press, 1970), 30.
[30]Cf. Hemeroteca Nacional, *El Siglo XIX*, 24 de enero de 1849 y 26 de febrero de 1849.
[31]Cf. Jesús Sotelo Inclán, *Raíz y razón de Zapata* (México: Comisión Federal de Electricidad, 1970), 255. Cf. Reina, *Las rebeliones.*
[32]Cf. ibid., 257.

los pueblos del partido de Morelos, se reunieran para reclamar a los hacendados de la región tierras y mejoría de jornal".[33]

El gobierno actuó con dureza, reprimió y encarceló a diversos dirigentes de los pueblos y a los abogados que los asesoraban: "el gobierno ha tomado providencias para impedir que los apoderados de los pueblos, abusando de su encargo comprometan a sus ponderantes en pleitos injustos y crean en ellos odios reconcentrados con sus contrarios que les inclinan a ejercer crueles venganzas con detrimento de la paz y tranquilidad pública".[34]

Al mes siguiente los hacendados denunciaron la actitud conciliadora del gobernador Ariscoreta. Decían estar escandalizados pues el gobernador propuso:

> que los terrenos que están actualmente litigándose por los pueblos y los propietarios y que en consecuencia son dudosos los derechos de unos y de otros en los que facilmente podía tener lugar una transacción en que se hiciesen concesiones por parte de los propietarios, al menos de la esperanza de su total triunfo en la contienda. Se comprenderá igualmente que si se atiende a que en el distrito de Cuernavaca principalmente hay varias haciendas que tienen aumentados sus terrenos productivos y de labor con algunos otros que tienen arrendados y son pertenecientes a los pueblos contiguos . . . y estando quejosos los pueblos de no tener en que hacer sus siembras, podrían fácilmente aquellos, o prescindir en todo o en parte de esos terrenos arrendados o aumentar lo que pagaban de renta para que los pobres pudiesen mejorar su suerte. Mucho más si se fija la consideración en que la mayor parte de esos arrendamientos están celebrados sin los requisitos legales; a precios demasiado ínfimos o por términos muy dilatados y algunos sin ceder en beneficio público por invertirse sus productos en el particular de algún consejal o agente subalterno que hizo el contrato de la ignorancia de otros.[35]

La repulsa de los hacendados a la propuesta de conciliación del gobernador Ariscoreta se dejó sentir de inmediato

> no bastaba con el triste ejemplo de Yucatán ni lo que actualmente pasa a las haciendas y pueblos del estado de San Luis y Querétaro donde a pretexto de que los hacendados han usurpado las tierras a los pueblos, una multitud de fascinerosos roban, devastan e incendian los campos y las fincas; era preciso un escándalo mayor, cual es el mismo que el

[33]Mariano Ariscoreta, *Manifestación que hace al público el licenciado* . . . *contra la comunicación dirigida a los propietarios de fincas rústicas del Estado de México* (Toluca: Tipografía de Juan Quijano, 1849).

[34]En Hernández Orive, "Haciendas y pueblos". Cf. también H.N., *El Siglo XIX*, 19 de julio de 1849, 76.

[35]Hernández Orive, "Haciendas y pueblos"; Ariscoreta, *Manifestación*, 8. Comunicación dirigida a los demás propietarios de haciendas del estado.

mismo gobernador del estado con su alarmante e inpolítica circular diese pábulo al incendio que nos amenaza.[36]

Mas aún—decían los hacendados—de estallar la sublevación las primeras víctimas serían los dueños o administradores de las haciendas contiguas a esos pueblos y éstas las primeras fincas arruinadas y desoladas en la sublevación. La circular de Ariscoreta "atiza la flama de la insurrección, ha difundido una alarma espantosa entre todas las clases de la sociedad y especialmente en aquellas, cuyos intereses y bienestar están más directamente amenazados con esta intempestuosa excitación a la discordia social".[37]

El gobernador—bajo esa presión—renunció a su puesto el 16 de agosto de 1849, pero la agresividad y prepotencia de los hacendados no se quedó en eso, lanzaron una advertencia a los otros gobernadores: "el ejemplo dado por el gobernador del estado de México ha sido peligrosísimo, confíamos en que no lo imitarán las autoridades de los otros estados".[38]

El licenciado Alejandro Villaseñor ocupó el cargo de Ariscoreta. En la memoria política y administrativa de la prefectura se denota un cambio radical: "la palabra tierras, es aquí la piedra de escándalos, el alimento más enérgico para un trastorno, y el recurso fácil del que quiere hacerse la multitud . . . es también necesaria una ley agraria que moralice a los trabajadores de las haciendas concediéndose a los dueños o administradores facultades correccionales sobre sus dependientes y penas muy severas a los que excedan de la corrección".[39]

Los hacendados y sus administradores tomaron la justicia y la hacienda pública en sus manos. Comenzaron por incitar a un motín en enero de 1849 en contra del administrador de contribuciones directas "aseverándose que por haber cotizado excesivamente algunas haciendas y fábricas se reunieron las autoridades y más de 400 vecinos y obligaron a dicho recaudador a recoger sus boletas . . . no estamos por lo mismo enteramente conformes en que se obre con tal prudencia, que a esas autoridades y demás revoltosos se les deje impunes, pues hasta ese extremo se consiente en la relajación del vínculo social. Mucho menos debemos estarlo en circunstancias en que esos señores de Cuernavaca creen haberse sobrepuesto al gobierno mismo de que dependen".[40]

[36]Ibid.
[37]Ibid.; H.N., *El Siglo XIX*, miércoles 22 de agosto de 1849, f. 212.
[38]Cf. ibid.; *El Siglo XIX*, 12 de agosto de 1849, acta de la junta celebrada el 6 de agosto con motivo de la circular del 18 de julio de 1849.
[39]Cf. Domingo Diez, *Bibliografía del Estado de Morelos* (México: Secretaría de Relaciones Exteriores, 1933), cxxix.
[40]Ver H.N., *El Siglo XIX*, 24 de enero de 1849, f. 94–95, firman el manifiesto "Los intolerantes".

Los propietarios de haciendas del Distrito de Morelos a su vez se organizaron militarmente tomando el ejemplo de los hacendados de Sierra Gorda quienes en enero de 1849 hicieron frente a la sublevación de indios de la zona. En agosto del 1849 "formando una asociación con el objecto de perseguir y evitar banderías que cometan los malhechores que recorran aquellos distritos. Esta junta ha nombrado una comisión central que resida en México y ha acordado el mantenimiento de hombres que persigan a esos bandidos. La comisión central la componen el señor Payno, ministro de hacienda, presidente; vocales los señores don Felipe Neri del Barrio, don Ignacio Peña, don Joaquín García Icazbalceta y don Miguel Mozo y como secretario don Marino Campos".[41]

El acuerdo para la defensa común de las haciendas se firmó bajo las siguientes cláusulas:

1) Todas las fincas rústicas se armarán para su propia seguridad y para auxiliarse mutuamente en caso necesario.

2) Los hombres que pongan cada finca serán armados, equipados y municionados a expensas de su dueño y también mantenidos cuando dejen su trabajo por el servicio de defensa.

3) Los hombres armados en las fincas no serán mandados sino por el respectivo propietario que inmediatamente la maneje o por el administrador de la misma designados por aquellos a su vez.

4) Unas a otras fincas se prestan auxilio en su caso reclamándoselo mutuamente.

5) La gente armada de cada hacienda por sí sola o reunida a la de otros aprehenderá ladrones y malhechores, infraganti, y repelerá todo ataque armado contra la propiedad de las fincas rústicas.

6) Los que manden a los hombres armados de las haciendas, tendrán presente que la defensa que deben hacer es la permitida por las leyes.[42]

La violencia y la represión tuvieron su reacción inmediata: las haciendas de los distritos de Morelos y Cuernavaca fueron asediadas y atacadas; se habla de gavillas cada vez más numerosas, algunas contaban con más de doscientos miembros. Los barrios indios en la ciudad de Cuautla invadieron, en 1850, tierras de la hacienda de Santa Inés y cuando el comandante local ordenó a la Guardia Nacional que reprimiera la rebelión, ésta se negó. Argumentó que las tierras de los pueblos les pertenecían y que habían sido usurpadas por los hacendados. Los soldados de la Guardia Nacional escribieron un manifiesto diciendo que no había habido crimen porque el pueblo tenía derecho a rebelarse cuando la ley no era efectiva y cuando las

[41]Cf. H.N., *El Siglo XIX*, 18 de agosto de 1849, no. 230.
[42]Cf. ibid.

autoridades ya no escuchaban y que de ninguna manera tomarían armas en contra de sus hermanos o en contra de sus propios derechos "ya que todos pertenecemos—dicen—a la clase popular". Que solamente obedecerían a la autoridad cuando se trate de reprimir un "verdadero desorden".[43] Faustino Villalva, uno de los dirigentes más respetados de la región se pronunció en favor de los pueblos y con un batallón de Guardia Nacional reclutado en Guerrero avanzó hacia el distrito.[44] De inmediato las autoridades militares disolvieron la Guardia Nacional. Al perder esta forma de organización su carácter legal todo grupo de ciudadanos armados podía ser atacado y considerado como rebelde. El movimiento acabó por subyugarse con una combinación de guardias rurales y tropa federal que se trajo de otras partes del estado.

En 1854, las necesidades de las Guerras de Reforma forzaron a Juan Alvarez a convocar de nuevo a los antiguos comandantes de Guardia Nacional de los pueblos. Este distribuyó mil armas en los distritos de Morelos y Cuernavaca y organizó una vez más la Guardia Nacional bajo el mando de los comandantes antiguos, José Manuel Arellano de Tetecala; Guadalupe Rubio del pueblo de Coatlán; Isidoro Carrillo, labrador de Xochitepec, y Agustín Trejo de Tepoztlán, retomaron el mando de su gente y colaboraron en el ataque sobre la ciudad de México, sólo que cuando el caudillo suriano se repliega al sur en 1855, autoridades del pueblo como milicianos armados permanecen en sus pueblos conservando su carácter de soldados de Guardia Nacional.[45]

Como ya se dijo, la colaboración entre autoridades intermedias y los pueblos reforzó, en algunos casos, la cohesión política local. Por ejemplo, la legislación estatal dio cabida a que el Ayuntamiento representara a las comunidades o pueblos en la adjudicación de terrenos. José María Medina, sub-prefecto de Tetecala encabezó el movimiento en 1856 para repartir tierras y aguas. Saqueó la hacienda de Miacatlán y de Acatzingo, tomó los caballos y animales de los potreros, armas, dinero, efectos de las tiendas y la caja de hierro de guardar caudales y acabó por posesionarse de las haciendas. Inmediatamente nombró encargados y alcaldes de los pueblos para levantar y comercializar la producción, además de imponer contribuciones forzosas a las otras haciendas.[46] Antonio Francisco—de raza india—del pueblo de

[43]Cf. AHSDN XI.481.3, en Reina, *Las rebeliones*, 162; Florencia Mallon, "Peasants and State Formation in Nineteenth Century Mexico" (Paper presented at the 12th International Congress of the Latin American Studies Association, October 1987); AHSDN, XI.481.3-3119, oficio del subprefecto de Morelos al prefecto del distrito, 17 de octubre de 1850, 24–25.

[44]Reina, *Las rebeliones*, 163.

[45]Cf. AHSDN: "Lista de atacantes de la Hacienda de Chiconcuac" en *Cancelados*, Francisco Leyva; Mallon, "Peasants and State Formation," 32–33.

[46]Hernández Orive, "Haciendas y pueblos", 137, citado por Sotelo Inclán, *Raíz y razón*.

Tepalcingo, distrito de Jonacatepec, como notable de su pueblo desde mediados del siglo, ocupó "cargos concejales que por unanimidad de votos le daban los electores en los comicios. Cuando no era Regidor del Ayuntamiento era Presidente Municipal".[47]

Los años 1855–1869 fueron particularmente violentos. El vizconde de Garbriac, enviado extraordinario y ministro del emperador de Francia encargado de la protección de los súdbitos españoles informa de la revuelta de los terroneros, y de la liga que han formado.[48] Las noticias en torno a la matanza de Chiconcuac dejan ver que en el ataque participaron labradores, porteros, jornaleros, cañeros de las mismas haciendas. Todos con profundos agravios contra sus dueños y administradores. El jefe de Guardia Nacional de Xochitepec, Isidoro Arellano quien se incorporó al cuerpo de ejército de Alvarez en 1855, fue uno de los que dirigieron el saqueo de las Haciendas de San Vicente y Chiconcuac donde resultaron asesinados varios españoles. La mujer de Carrillo dejó asentado ante la 3a. sala de la Suprema Corte de Justicia "que a su marido le habían quitado las tierras y que su consuelo era que los españoles dueños de ellas se habían de revolcar en su sangre".[49]

En abril de 1860 se repitió un incidente similar con gente que había participado en el ataque cinco años antes. El jefe al mando en esta ocasión fue Francisco Leyva, quien se convertiría en el líder nato de la región. Leyva, natural de Xilotepec[50] estado de México, inició su carrera militar bajo Juan Alvarez en 1854. Militó directamente bajo el mando de Jesús Villalva y, a la muerte de éste recibió en herencia su brigada. El país y la región atravesaban períodos críticos debido a la pérdida y asesinato de los jefes liberales de las primeras épocas y a lo cruento de las Guerras de Reforma. Leyva, en un corto tiempo, y con apoyos importantes recuperó el liderazgo liberal en la zona. A nivel federal fue una persona ligada estrechamente a Benito Juárez y Sebastián Lerdo de Tejada y en la entidad contó con el mecenato político del Lic. Ignacio Peña y Barragán. Este último era originario de Tepoztlán y diputado por el estado de México al Congreso Constituyente y firmante de la Constitución de 1857.

Con motivo del desembarco de tropas extranjeras por el Puerto de Veracruz, en diciembre de 1861, el gobierno de Benito Juárez nombró a

[47]Magaña, *Emiliano Zapata*, I:79.

[48]Ibid., 138.

[49]Citado en Hernández Orive, "Haciendas y pueblos," 138. Cf. Mallon, "Peasants and State Formation," acerca del significado de los ataques y asesinatos de Chiconcuac. En un brillante ensayo analiza los diferentes actores que intervinieron: un estado nacional incipiente, una clase dominante dividida, la intervención de poderes europeos con ambiciones neo-coloniales y un movimiento popular diverso con profundas raíces en el campo. Mallon enfatiza el proceso de formación del estado a partir de los pueblos.

[50]AHSDN, *Cancelados*, XI:III 2-405, Francisco Leyva [Hoja de Servicios, legajos anexos].

Gabriel Leyva, Comandante Militar de los Distritos de Cuernavaca, Tetecala, Yautepec, Cuautla, Morelos y Jonacatepec. Su misión fue reclutar la Guardia Nacional, organizarla y disciplinarla para combatir las numerosas bandas reaccionarias quienes, aliadas a las tropas invasoras, asolaban esos distritos. Una vez cumplida la misión y habiendo derrotado a su principal cabecilla, Buitrón, en las inmediaciones de Jantelteco en junio de 1862, regresó a los distritos mencionados para aumentar sus tropas e incorporarlas al Cuerpo de Ejército de Oriente.

Leyva fue una figura clave para el proceso de pacificación de la región y en el logro de su reconocimiento como Estado de la Federación. Con Peña y Barragán como mentor intelectual, Leyva tomó el mando de la Brigada Villalva—cuyo núcleo fue el Batallón Tepoztlán—integrado por tepoztecos, que como afirma Peña y Barragán es el "pueblo que ha sostenido desde el pronunciamiento de Tacubaya la causa liberal".[51] Los demás miembros eran todos voluntarios de los diversos pueblos. Bajo la comandancia de Juan Alvarez, Leyva asumió la jefatura de los diversos jefes locales: Casales, Collados, García, Oñate y Felipe Pinzón.

En 1860, al grito de Viva Alvarez y Villalva!, exigieron forraje, alimentos y armas a los administradores de las haciendas de Pio Bermejillo. A Leyva le ordenó Diego Alvarez que avanzara con sus novecientos hombres a fortalecer la plaza de Iguala. Los administradores españoles de las haciendas de Chiconcuac y San Vicente, en combinación con "tropas reaccionarias" le presentaron resistencia armada.[52] Con ese motivo Leyva tomó presos a varios "súbditos españoles" y, en el camino, uno de sus subordinados, Oñate los mandó ejecutar. Ello dio origen a una orden de aprehensión contra Leyva y a la pretensión de destituírlo de su mando. El desarrollo del incidente merece atención porque demuestra la división interna entre élites nacionales y locales y sus alianzas con los pueblos. En primer lugar, cuando el Lic. Ignacio Peña y Barragán recibió órdenes del general Felipe Berriozábal, secretario de Guerra, de asumir la comandancia militar del Distrito de Cuautla y Morelos, de nombrar al coronel José Fandino, ranchero de Jojutla su segundo y de entregarle la Brigada Villalva, Peña alegó ser representante del pueblo en su carácter de diputado, y que sólo ocupaba cargos por nombramiento popular. Apoyó a Leyva para que no entregara la Brigada. Leyva alegó que el Batallón Tepoztlán tenía resentimientos personales contra Fandino y que tanto los tepoztecos como los otros voluntarios de los pueblos "prefieren ser perseguidos por el Gobierno antes que someterse a

---

[51]AHSDN, *Cancelados*, XI:III 2-405, Averiguación sobre juicios contra general Francisco Leyva: declaraciones de Lic. Ignacio Peña y Barragán. Cf., ibid., fojas 053–055.

[52]AHSDN, XI:III 2-405, Averiguación sobre sucesos, abril 1860 en Hacienda San Gaspar, San Vicente, Dolores y Chiconcuac, f. 0196-199.

Fandino".[53] Sin más dilación Leyva se apoderó de los fondos de la Aduana de Yautepec y marchó con su gente hacia el sur a refugiarse en territorio de Alvarez. Argumentaba que antes de entregarse al gobierno, su misión era evitar que se desbandara su fuerza y auxiliar a las tropas liberales, concentrándola sobre la ciudad de México. De octubre de 1861 a marzo de 1862, ya con la autorización de Benito Juárez reclutó, organizó y armó a la Guardia Nacional en los distritos de Cuernavaca, Tetecala, Yautepec y Cuautla-Morelos y participó en la defensa de la plaza de México contra tropas imperialistas. El presidente Juárez lo nombró Comandante Militar del Tercer Distrito (octubre 1863–diciembre 1867) convirtiendo el territorio en una región autónoma, y a Leyva en un gobernador militar *de facto*.

Cuando en 1869 el tercer Distrito Militar obtuvo su reconocimiento como Estado de la Federación, Leyva fue por su liderazgo entre grupos políticos intermedios y en los pueblos, el candidato natural a la gubernatura. Su contrincante para esa elección era Porfirio Díaz. Leyva resultó electo por una abrumadora mayoría permaneciendo como gobernador legítimo de la recién creada entidad de 1869 a 1876. Fue un período de concordia y acuerdos mutuos entre pueblos, ayuntamientos y autoridades estatales. Los pueblos seguramente vivieron la etapa de mayor estabilidad y paz en mucho tiempo. Una frase escueta del gobernador de Morelos, en 1871, pareciera iluminar el hecho "la resistencia tenaz de los pueblos ha impedido que se aplicara la ley de desamortización en el estado".

Con la llegada de Porfirio Díaz al poder y las nuevas condiciones del mercado, y del desarrollo económico mundial se vivirían en Morelos cambios súbitos, en la estructura productiva y en la forma del ejercicio del poder político. Leyva, al concluir su mandato fue "desterrado" al extremo norte de la república: a Sonora como Juez Instructor y, posteriormente, como Jefe de Armas en el mismo estado. Su lugar, como Gobernador de los morelenses, lo ocuparían sucesivamente Manuel Alarcón y Manuel Escandón, ambos gobernadores porfiristas impuestos por Díaz como resprentantes activos de los nuevos barones del azúcar.

La historia de veinticinco años de cambio acelerado en Morelos y la de sus pueblos tiene ya su narración magistral en la obra de John Womack.[54] El presente ensayo se detiene en la década de los setenta y muestra lo poco que conocemos acerca de los movimientos y rebeliones en los pueblos en los primeros dos tercios del siglo XIX. Aquí se destaca el uso de las milicias y sobre todo de la Guardia Nacional como vehículo organizador, de representación y resistencia de los pueblos, así como su vínculo con los pueblos, ayuntamientos y actores políticos intermedios. También se nota que a pesar de las leyes de desamortización y la Constitución de 1857 que

[53]Ibid., f. 052-055.
[54]John Womack, *Zapata and the Mexican Revolution* (New York: Random House, 1968).

desconocía la personalidad jurídica de los pueblos, éstos logran aprovechar los conflictos entre las élites, la situación de inestabilidad, producto de las invasiones extranjeras, para suspender su aplicación y recuperar terreno político. En el caso de Morelos esta historia es particularmente relevante. Muestra que a lo largo de los setenta años del siglo se desarrolló una organización campesina, la que sufrió el impacto del auge azucarero, de los finales del porfiriato y que vemos resurgir en 1911 bajo el movimiento zapatista.[55] La historia de los pueblos "de Zapata" analizados a lo largo del siglo "olvidado" y no sólo en función de su crisis y estallido, resalta nuevas dimensiones de la organización y de los proyectos políticos del movimiento campesino. Igualmente destaca que, a pesar de la versión oficial que insiste en presentar el "problema agrario" como un problema por tierras, su demanda fue por derechos políticos.

Es decir, estamos en presencia de un movimiento que presenta una alternativa política como pueblos confederados, por respeto a sus derechos "sagrados o tradicionales" y la restitución de los bienes patrimoniales de la comunidad. Ante la confrontación entre los dos proyectos políticos, el de un estatalismo "modernizador" y el de pueblos y regiones confederados, el primero se impuso por veinticinco años. La revolución de 1910–1920 estalló entre otras causas, por la imposibilidad del estado porfirista de incluír o armonizar una forma de representación política de comunidades y nuevos actores sociales emergentes con un estado federal capaz de reconocer sus autonomías.

[55]En el caso de los pueblos de Manuel Lozada en el Gran Nayar la historia de su evolución corre por caminos paralelos. Cf. Hernández Chávez, "Lozada no muere." En este artículo analicé la función de la Guardia Nacional desde el período 1856 con énfasis en el período posterior al asesinato de Manuel Lozada (1873). Demuestro que los antiguos comandantes lozadeños preservaron su liderazgo y legitimidad como jefes de esos pueblos gracias al poder organizador y bélico de la Guardia Nacional.

"None but the Justice of God": Tomochic, 1891–1892

Paul J. Vanderwood

PADRE MANUEL CASTELO, off on his regular round of parish visits, urged his horse over the familiar trails through the rugged Sierra Madre. When he arrived that November in 1891 at the lovely valley that cradled the village of Tomochic, he learned for the first time of the heresy. Some farmers there had been making pilgrimages to a fairly distant trail junction called Chopeque to venerate a bedraggled mountain traveler thought to be sacred, perhaps a prophet like Saint Joseph, or even Jesus Christ himself. A short time later while ministering at a place called Pachera down in the foothills of the Sierra, Father Castelo actually witnessed the believers from Tomochic passing by on their way to Chopeque. Such open manifestations of religiosity violated Mexican civil law of those times, and Pachera's municipal president wanted to arrest the believers. But the padre calmed the *presidente*: "As long as they do not disturb the public peace, let them go their way." So the believers, perhaps a dozen or so of them, proceeded on their mission unimpeded. However, when he later learned that the practitioners also worshipped as a saint a teenage girl named Teresa, who daily was attracting hundreds to her miraculous healings in the neighboring state of Sonora, Father Castelo determined to put an end to such blasphemy.[1]

[1] These events and those which immediately follow concerning the initial encounter at Tomochic were stitched together from numerous sources, including books by José Carlos Chávez, *Peleando en Tomochi* (Ciudad Juárez: Imprenta Moderna, 1955); Francisco R. Almada, *La Rebelión de Tomochi* (Chihuahua: La Sociedad Chihuahuense de Estudios Históricos, 1938); Plácido Chávez Calderón, *La defensa de Tomochi* (México: Editorial Jus, 1964); newspapers such as *El Monitor republicano* and *El Tiempo* (both Mexico City), November 1892; and documents for the years 1891 and 1892 in the Archivo Porfirio Díaz, Universidad

As per local custom, when the itinerant priest arrived in early December to say the Mass at Tomochic, the villagers assembled to hear his epistle. All were believers, although to varying degrees and in different ways. Castelo was not a strong-willed person, nor was he a great orator, but as he stood before the parishioners of Tomochic in their large adobe church, he sternly warned his listeners to stop their pilgrimages to Chopeque. He called the miserable man they worshipped, Carmen María López, no more than a beggar, certainly no reincarnation of Christ. Nor must they revere any longer the charlatan called Teresa. "She is not divine," thundered the priest. "But she is," came a shout from the gathering. A rather tall, thin man, bearded and with a full shock of unruly black hair above his dark, piercing eyes, stood up and repeated intensely, "She is a saint, and we believe in no one but her." And then the man—whose name, Cruz Chávez, is embedded in the textbook of every Mexican schoolchild—led a string of congregationalists from the church, pausing deliberately in front of the altar to assault the cowed priest with verbal indignities, and then out the huge wooden double doors at the back, into rebellion and history.

Castelo was stunned. A few parishioners remained behind to hear his counsel: the Medranos, among the better-off villagers and longtime residents who possessed much influence in the pueblo; also the family of Reyes Domínguez, aggressive and stubborn, likewise well-to-do in terms of land and say-so. The Ledesmas and Domingo López stayed in the church, as did Santiago Simonet, who, of French origin and the town's schoolteacher, lived in near poverty. It is not certain whether Tomochic's president was in the church during the confrontation. Probably not. He and Cruz Chávez had had previous run-ins over religious matters, and people knew that Chávez could be mean-tempered.

The priest asked Reyes Domínguez to defuse the tension and left Tomochic for the safety of his home in the mining center of Uruachic, deeper into the Sierra. Domínguez advised Chávez and his followers to settle down and to obey the law. "We will obey no one but Santa Teresa," came the steadfast reply. "We owe our allegiance to no one but La Santa de Cabora." This was a fateful declaration, as it confirmed to official authority that the faithful no longer adhered to constituted government and civil law. It is doubtful that the believers considered themselves seditious; they simply intended to follow the ministries, whatever their content, of this young mestiza, who for more than a year now had been curing the ill, counseling the distraught, and preaching visions of a better world to come. Chávez and his followers embraced that dream. They did not mean to deliberately

---

Iberoamericana, Mexico City, and the Archivo Municipal de Ciudad Guerrero, Chihuahua.

promote conflict with the state, but they vowed to defend their millenarian intentions against all intrusions.

As trouble brewed in Tomochic, Captain Joaquín Chávez (no relation to Cruz) prepared to escort a large shipment of high-quality silver bars from the mines around Pinos Altos, high up in the mountains, down the camino real through Tomochic and on to the mint at Chihuahua City. In fact, Chávez was more than a simple security policeman; he counted among the upper crust of the region, a "notable" to be sure, albeit of the nouveau riche variety rather than from a traditional elite family. Over the previous decade and more, Chávez had accumulated considerable landholdings, most of them in the rich Valley of Papigochic, a broad and beautiful stretch of land running along the eastern edge of the rising Sierra. The Papigochic was the region's political center and housed almost all of its population. Its dark, rich soil supported excellent farming and cattle raising, and beyond his agricultural interests Chávez owned and operated one of the most successful mercantile businesses in the area. His business relationships were everywhere; his political connections, important. Everyone knew of Chávez, and his reputation was that of a tough-minded, uncompromising power broker and entrepreneur. People in the Papigochic still blame him for a lot of the trouble that budded there in 1910 and blossomed into the Epic Revolution.

When he learned of the discord at Tomochic, Joaquín Chávez decided to circumvent the town and to escort the silver along a more southerly route to the state capital. A pack-mule train hauling silver had only the previous year been attacked by bandits near the village, and although the culprits were known and had been arrested, rumors persisted that some Tomochitecos had been involved. Chávez wanted to be careful, and on arrival in Chihuahua City he informed the governor's office and the federal military commander in town about the disturbances at Tomochic.

In response, Governor Lauro Carrillo ordered Silviano González, his appointed political chief in the Guerrero District, which included Tomochic, to investigate and resolve any problems among the villagers. There was some urgency to the governor's request, because he stood for reelection the following year and his political rivals had curried favor with the nation's powerful president, who could influence state elections from Mexico City. Governor Carrillo needed to prove that he could maintain tranquillity in the provinces, and González seemed especially fit for the task.

González was by no means a heavy-handed politico. Over the previous several decades his family had become quite wealthy in land, cattle, and merchant enterprise and at the same time enjoyed considerable political prestige. He had on other occasions been the district *jefe político*, when such posts were elective, and his personal popularity and political strength had not waned. Furthermore, members of the original González family had reached the Papigochic via Tomochic; Silviano had known the Chávezes in the village for a long time. So when he went to Tomochic in that cold December of 1891 to investigate the dispute, he had every expectation of resolving it without much discord. Hence his surprise when the rebels refused to budge: "Viva la Santa de Cabora." They would recognize no other authority, not even that of an old friend.

Responsible for public order in his region, the jefe found himself with little choice. He returned to the district seat at Guerrero City and ordered a squad of some thirty federal soldiers and state guardsmen to restore the peace in Tomochic. No reprisals, just a return to order. González figured that a small show of force would do the trick. Francisco Castro, an army infantry captain with experience fighting the Apaches and Comanches, commanded the contingent ordered to restore normalcy at Tomochic. There the soldiers rested on December 7, perched high above the village on the steep mountainsides that contained the pueblo to the east. In the valley below strange incantations emanated from the church. Captain Chávez ordered two scouts, posing as itinerant merchants, to reconnoiter the village, and in the church the spies witnessed a ceremony that for the participants might well have hearkened the coming of the millennium.

There at the altar, acting as high priest, stood Cruz Chávez; the scouts reported that he considered himself an *iluminado*, a divinely inspired individual. A table had been placed on the main altar, and as an aide to his left called out the names of villagers from a prepared list, adherents strode forward, rifle in hand, approaching their leader, who raised his hand to make a sign of the cross over the weapon, while whispering some seemingly broken words, perhaps a prayer, to the acolyte. Chávez then passed the rifle to an assistant on his right, who pressed copper tacks in the form of a cross (photographs indicate that some Tomochitecos arranged the tacks in the form of a T—apparently for "Teresita") into the wooden stock of the weapon. Throughout the ritual the owner of the rifle remained on his knees and under the solemn gaze of his fellow believers. When all had been so blessed, Cruz Chávez told the gathering of some thirty associates that federal soldiers awaited them on the mountains above the town, troops of the government there to impede their pursuit of the millennium. They must then do their moral duty, as they saw it.

The historical record has not provided us with a detailed description of the millenarian image held by the faithful at Tomochic; few of these movements are sufficiently well documented. However, some millenarians closely follow the Biblical instruction that an apocalypse will precede the Second Coming, a blissful world and the final judgment. The believers at Tomochic certainly expected the Second Coming; they were on the lookout for it, and they fought as if the apocalypse were upon them. They would not have been unique if they thought that they had to die in order to usher in their utopia.

At three o'clock that afternoon, December 7, the battle was joined: "Viva el poder de la Santisima Virgen y la Santa de Cabora." As always in incidents such as these, there is dispute afterward over who fired the first shot, but it does not matter. These forces did not intend to debate the issue. The soldiers had come to restore order in the name of the state. The rebels thought themselves invulnerable to the bullets of their adversary, and although the bloodletting that followed revealed that they were not, they proved determined to defend their new world-in-the-making.

This is not the place to detail all of the dramatic events that followed, nor to discuss specific antecedents to the rebellion, its so-called causes. Nor will its repercussions and aftermath be considered here, nor its meanings for Mexico and a larger world. All of this description and analysis deserves a book, and I plan to write it. But for now I mean only to examine the millenarian aspect of the rebellion, to consider its fit with theories of millenarianism, and to suggest an approach for understanding the motives and actions of the participants.

It took considerable research and thought for me to conclude that this rebellion was indeed millenarian. Others have found it fundamentally political, only embellished with a religious veneer. To them, political interference and economic deprivation ignited a bizarre, unreasoned, and religiously fanatical response at Tomochic.[2] I do not think so. I see the movement rooted as much in the religious beliefs of the villagers as triggered by their local concerns of the moment, not that such beliefs and concerns were ever separated in their minds. Certainly the activities of the participants echoed the utopian themes of justice and equality that underlie all millenarian movements, if not the thoughts of most of mankind, but their views and actions also reflected immediate concerns about the failed quality of their pueblo life. It was within this ongoing mental interplay between the spiritual, moral, and material concerns that the villagers weighed their future and decided the course to achieve it.

For many of us residing in a more modernized world, millenarianism is difficult to fathom because we have been raised, educated, live, and work in a largely demystified ambiance where secularism and rationality have been equated with progress and betterment. At the same time, strong spiritual conviction has been deprecated as superstition and magic. Scholars have only begun to analyze how we arrived at this state of mind, but by and large millenarian movements seem to us exotic, or even bizarre. A recent example concerns today's ongoing Holy Spirit Movement in Uganda. There, two years ago, a young prophetess named Alice, the Lakwena (messenger),

[2]For example see Almada, *La Rebelión de Tomochi.*

promised the imminence of a more just world for her followers. Blessed by her special prayers, smeared with ointments she assured would protect them against the firepower of their enemies, and armed with rocks she promised would explode as bombs when hurled at their foe, members of the Holy Spirit Movement launched massive attacks against the government. For her detractors and much of the Western press, here was a "voodoo princess" invoking black magic against established authority.

Modern weapons, of course, dictated the initial outcome of this rebellion on the battlefield, and Alice Lakwena was forced to seek asylum in neighboring Kenya, where she is today.[3] But her crusade, which even in her absence still sputters in Uganda, offers proof that the millenarian tradition continues to thrive in Africa. Moreover, there are striking similarities between the Lakwena rebellion and that which occurred a century earlier at Tomochic, just as suggestive parallels may be drawn between Tomochic and Sioux Indian ghost dancing, events at Canudos in Brazil, and other such movements that occurred in various parts of the world in the 1890s.

On further investigation none of this is surprising. In fact, millenarianism has been with mankind for a very long time; some would insist, all of the time. Millennial belief is by no means limited to the Judeo-Christian world as revealed through the Biblical Books of Daniel and Revelation; it existed before Christianity and has been found embedded in a great many societies. Nor is such thought only intuitive; it is part of the orthodox teachings of Judaism, Christianity, and Shiite Islam. John Phelan explains how the Franciscans brought such an apocalyptic message to the New World.[4] We must accustom ourselves to the reality that many human beings have believed and continue to believe in this eventuality, and that belief in the millennium orders their worldview and their lives.

Millenarianism posits the vision of a perfect age to come. It is not a wish or a hope; it is a credence that a perfect land will one day be accessible to believers. Some believers simply sit tight and await the arrival of the millennium; for them it will arrive without much fanfare and in its due course. Others expect a returning redeemer to be the catalyst, usually a cultural hero such as a just king, a warrior-chief or Phelan's messiah-emperor. The Aztecs had their Quetzalcoatl, the Mayas their Speaking Cross. Despite its many variants, the millenarian tradition embodies the vision of an evil world dominated by the Antichrist, which will be destroyed

---

[3]In March and April 1989 the author researched the Holy Spirit Movement in East Africa, where he interviewed participants and consulted appropriate archives, primarily in Nairobi, Kenya.

[4]John L. Phelan, *The Millennial Kingdom of the Franciscans in the New World: A Study of the Writings of Gerónimo Mendieta (1525–1604)* (Berkeley: University of California Press, 1956), 6, 13–17, 70–71.

by the hosts of God, to be followed by an epoch of peace, justice, happiness, and equality.

The millenarian message is a revolutionary one. Any vision that juxtaposes the promise of a better world against the reality of the here and now is bound to invite ferment. Yet millennial thought seems to have spawned relatively few uprisings. Why this is so—why human beings do not more actively seek the promise of a better world—is a question that has long vexed philosophers and social scientists alike. Still one suspects that strands of millenarianism have helped to generate and sustain many of the outbursts that have occurred. Hippolyte Adolphe Taine, for example, surveyed ten centuries of French revolts from 821 to the great Revolution of 1789 and declared them "spontaneous anarchy," but Max Weber soon reminded us that all of these rebellions were laden with traditional thoughts of primitive equalitarianism.[5] James Scott asserts the probability that humans perceive themselves as equals regardless of social stratification in any society and that persistent beliefs in a golden age or a just king have supported many rebellions.[6] And J. F. C. Harrison, author of *The Second Coming*, says that we would be hard pressed to find any popular uprising before 1850 that did not contain millenarian elements.[7] Nor need we take even that short step into history for examples. Popular Christianity has always maintained the possibility of a world without social class, and such thought now fuels liberation theology in Latin America. Islam and Buddhism contain similar strains actively at work in the Near East and Asia. One example for Africa, among many, is the Holy Spirit Movement.

The debate among scholars over the causes and goals of millenarian movements is a spirited one. The shortcomings of overarching explanations lie in the wide variety of such activities, which display strikingly different characteristics. Even while we speak of active millenarian movements, Brian Wilson reminds us that not all of these enterprises have been aggressive and threatened authority.[8] Most—those that have attracted the attention of contemporary governments and latter-day researchers—have been decidedly dynamic and, at least to authorities charged with keeping the peace, overtly aggressive. Tomochic is an example of such active millenarianism. But what sets the dream in action?

---

[5]James C. Scott, *Weapons of the Weak: Everyday Forms of Peasant Resistance* (New Haven: Yale University Press, 1985), 332.

[6]James C. Scott, "Protest and Profanation: Agrarian Revolt and the Little Tradition," pt. 1, *Theory and Society* 4 (1977): 17; Scott, *Weapons of the Weak*, 332.

[7]J. F. C. Harrison, *The Second Coming: Popular Millenarianism, 1780–1850* (New Brunswick: Rutgers University Press, 1979), 244.

[8]Brian Wilson, "Millennialism in Comparative Perspective," *Comparative Studies in Society and History* 6 (October 1963): 98–99.

The search for the causes of millenarian action plunges us into the same bog occupied by the causes of rebellion. There are advocates, such as Norman Cohn, of comparatively long-term causes, who believe that the process of social change itself creates stress that sooner or later manifests itself in conflict, often viewed as class struggle. As tension builds, rising expectations may become frustrated, traditional social groups may disintegrate, sharpened class divisions can occur, accustomed authority may lose its prestige or even disappear, or contact with outside cultures might challenge long-accepted values and viewpoints.[9] Kenelm Burridge would add money as a disruptive element, not that money necessarily triggers millenarian movements, but that money tends to measure a person's social status against one's moral stance.[10] Indeed, the faithful at Tomochic did just this, even though Santa Teresa had denounced money as a major worldly evil.

In his studies of millenarian movements, Wilson believes it "axiomatic" that disturbed social conditions generate religious inspiration.[11] For him, René Ribeiro, Vittorio Lanternari, and many others, such movements represent the response of ordinary, oppressed people who suffer anxiety and stress due to societal crisis and upheaval.[12] Such a theoretical position has been challenged, and it certainly suffers from its generality. Still, it properly points us toward the concept of *mentalidad*. Yes, we want to explore the material conditions under which the believers lived before they turned to millenarianism, but we would like to know how they perceived those conditions and how those thoughts mingled with others more rooted in spirituality and morality.

Consideration of *mentalidad* nudges us toward the theory of relative deprivation now so frequently applied to explain rebellion. David Aberle, who is the major exponent of this thesis, defines relative deprivation as "a negative discrepancy between legitimate expectation and reality."[13] In other words, individuals who do not receive what they think they deserve, when what they deserve is a reasonable expectation, can sense relative deprivation,

[9]Norman Cohn, *The Pursuit of the Millennium: Revolutionary Messianism in Medieval and Reformation Europe and Its Bearing on Modern Totalitarian Movements* (New York: Harper & Row, 1961), 313.

[10]Kenelm Burridge, *New Heaven, New Earth: A Study of Millenarian Activities* (New York: Schocken Books, 1969), 41–46.

[11]Wilson, "Millennialism in Comparative Perspective," 30.

[12]René Ribeiro, "Brazilian Messianic Movements," in *Millennial Dreams in Action: Studies in Revolutionary Religious Movements*, ed. Sylvia Thrupp (New York: Schocken Books, 1970), 59–69; Vittorio Lanternari, *The Religions of the Oppressed: A Study of Modern Messianic Cults* (New York: Knopf, 1965).

[13]David F. Aberle, "A Note on Relative Deprivation Theory as Applied to Millenarian and Other Cult Movements," in Thrupp, *Millennial Dreams*, 209–214.

sometimes strongly enough to drive them to active protest. We are not speaking here only of economic deprivation; it may also concern a loss of status or prestige. Dissatisfaction with one's relative position in a society can impel that individual to formulate another, more satisfactory society. And such individuals, according to Aberle and his followers, can be mobilized for rebellion.

Empirically oriented scholars naturally feel ill at ease with such emphasis upon psychology, thought, and emotions. Michael Barkun, for example, notes that the advent of industrialization and even colonization may reshuffle values and create a more tiered society, yet he questions that they cause serious stress.[14] And Sylvia Thrupp warns that "modern obsession with the themes of anxiety and stress should not be projected without good supporting evidence into the interpretation of millenarian movements."[15]

In fact, Barkun doubts that "social change qua social change" is sufficiently disruptive to ignite a millenarian movement. What is needed, he argues, is a hammer blow—a war, a series of natural disasters, or sharp and continuous cultural contact—that destroys or reshapes a physical or moral environment to the extent that its inhabitants seek to transform entirely their known world.[16] Scott disagrees; he has concluded that a simple break in the routine of daily life can be as important as material deprivation in creating millennial action.[17] Thrupp finds causation in an entirely different direction; for her, millennial movements are not necessarily the direct reflection of social or political situations. Religious thought itself might have provoked the action or protest.[18] And so we are back to belief systems.

What can be done with this circular debate that has scholars picking and choosing from one another even while they strive to formulate a new construct of their own? Karen Fields, who studies the Central African Watchtower movements, believes that our approach is clouding our concepts and causing us to misread millennial activity. She finds and deplores a tendency to think of millenarian movements as either political or cultural. The political, as represented by Eric Hobsbawm, views millenarian actions as a misstep toward the seizure of state power. That is, they are a phase of the class struggle, although there is disagreement over their effectiveness toward that end. Hobsbawm sees them as the activities of prepolitical people

---

[14]Michael Barkun, *Disaster and the Millennium* (New Haven: Yale University Press, 1974), 49.

[15]Thrupp, *Millennial Dreams*, 17.

[16]Barkun, *Disaster and the Millennium*, 6.

[17]Scott, *Weapons of the Weak*, 333.

[18]Thrupp, *Millennial Dreams*, 12.

who turn to religion for lack of a better way to express their discontent.[19] Reynaldo Ileto, concerned with popular movements in the Philippines, assures us that "no uprising fails." By that he means that no millenarian action lacks accomplishment, because they all forward the formation of a political consciousness.[20] Furthermore, Jean Comaroff warns that if we only scrutinize successful revolts, we negate a large part of human activity and evade, by teleological reasoning, the historical motors of change.[21]

While some see millennial movements largely as a secular attempt to seize political power, others view them as an effort to revitalize a society in cultural collapse. Most postcolonial activity has been interpreted in this vein.[22] Fields criticizes the political approach for its underestimation of practical political content in cultural activities such as ritual and healings, while she faults those who emphasize culture for their failure to recognize the pragmatic and immediate political goals of millenarians. Much of the controversy, however, between Fields and the others settles upon the issue of rationality.

Regardless of their approach to understanding these movements, Fields finds that to most analysts millenarian belief means superstitious thought about an unreal world. They find the content of millennial activity more mystical than practical.[23] In short, millenarians simply do not seem to understand the real world, and it takes academicians like us to tell them how deprived they were, or politically repressed, and explain to them why they futilely fought to revitalize their societies or to create a new one more to their liking. However, Fields contends, and convincingly so, that by taking millenarians at their word, and by considering their actions in the context of their circumstances, the participants not only emerge as rational but also right.

Indeed, when we listen to the millenarians at Tomochic and observe their actions within the context of their own reality as they must have envisioned it, we begin to understand why they did what they did. As much

---

[19]Karen E. Fields, *Revival and Rebellion in Colonial Central Africa* (Princeton: Princeton University Press, 1985), 14–21.

[20]Reynaldo C. Ileto, *Payson and Revolution: Popular Movements in the Philippines, 1840–1910* (Quezon City: Ateneo de Manila University Press, 1979), 7.

[21]Jean Comaroff, *Body of Power, Spirit of Resistance: The Culture and History of a South African People* (Chicago: University of Chicago Press, 1985), 261.

[22]Anthony Wallace, "Revitalization Movements," *American Anthropologist* 58 (1956): 264–281; Michael Adas, *Prophets of Rebellion: Millenarian Protest Movements Against the European Colonial Order* (Cambridge: Cambridge University Press, 1979); Peter Worsley, *The Trumpet Shall Sound: A Study of "Cargo" Cults in Melanesia* (New York: Schocken Books, 1968).

[23]Fields, *Revival and Rebellion*, 18–20.

as I feel conceptually pressured to weigh the impact of modernization on the pueblo, to ponder the new landholdings of José Yves Limantour that surrounded the village, to consider Chihuahua's new constitution of 1889, which curtailed municipal authority, I cannot but believe that I am imposing my findings on the thoughts of the townspeople. The faithful at Tomochic said nothing of these things. There is no evidence that they aimed to seize political power or hoped to bring down the state political system. They did not complain of land encroachment, and they certainly did not mean to reestablish community relations as known in any blissful past. Daily life in the Sierra Madre had never been easy; still, they intended to carry some of its contemporary features into their future world. The society they aimed to create may seem incredible or even supernatural to us, but it was entirely down-to-earth to them, and they were determined to bring it about—in fact, willing to die to make it materialize. As the millenarians at Tomochic spoke of their newly established daily routines in both a real and ethical sense, we may presume that these were among their pressing needs, and perhaps we can better explain their millenarian aspirations and expectations by comparing their village life in both a spiritual and material sense before the revolt with what we know about their utopian community.

We have noted that the expectation of a just world is commonplace among many peoples. Cruz Chávez and a coterie of believers appear to have been on the alert for the Second Coming. For how long, no one knows, but Chávez had previously raised questions of justice and morality in the community, although they seemed more personal at the time. He and his followers thought that the ragged itinerant who wandered into Chopeque with a pregnant woman in tow resembled the Biblical Joseph, or was perhaps God himself. The government so feared this nondescript man some revered as the Lord, or at least a prophet, that it had him shot.[24]

Then, about the same time in 1890, Santa Teresa appeared in Sonora. She admitted conversations with the Virgin Mary but advised that she, Teresa, was no saint. Teresa counseled godly love and equality among all mankind, even though she also railed against the institutionalized Church, including the Pope himself.[25] No wonder that Cruz Chávez bristled early in 1891 when Tomochic's municipal president interrupted his prayerful religious procession meant to induce rain in the area; Chávez and his followers obviously believed in an interventionist God, whom they addressed in both times of pain and plenty. The *presidente* charged that such an open religious manifestation violated civil law, but in a very petty way he was only asserting his authority. It is also not surprising that Chávez stomped from the church on the day that the visiting priest criticized the

[24]Presidencia, Comunicaciones de Inferiores, enero 1892, Rubio, Juzgado de Letras, al jefe político, 23 enero 1892, Archivo Municipal de Guerrero.
[25]*El Tiempo* (Las Cruces, NM), April 17, 1890.

worship of Teresa. Chávez did not only act in a pique of anger; his dramatic protest had practical purposes. He meant to confirm the moral authority of divine will for *his* movement in order to assure his followers and perhaps mobilize others. Furthermore, millenarian leaders frequently employ such demonstrative antics to strengthen their charisma.

Soon after their initial encounter with the faithful, the federal troops withdrew from Tomochic and the millenarians began to build their community. They knew it would be temporary. When negotiation failed, government repression became probable, and the believers said they would not flee, for they intended to die with their families fighting the enemies of God.[26] During the eight months that they remained unmolested at Tomochic, the millenarians ushered in their utopia. We know too little about it except that like other millennial dreams it harbored a morality they believed lacking in their previous world; moral regeneration is a fundamental goal of millenarians. At the same time, the Tomochitecos picked and chose elements of their former social existence for inclusion in their new community. Private property was respected—even that of those fellow villagers who had not joined the movement and now were cooperating with the military to destroy it. Some had more property than others; in times of shortage, resources were shared, but those who gave received receipts for the amounts delivered. Debts were paid off. If not, threats ensued, in one case, a death threat.[27]

The community had soldiers, well-paid ones at that, paid up to five times the district's going rate for military service. But everyone was paid equally; there were no ranks, no distinctions.[28] In fact, there was probably no soldiers' pay at all. If the millenarians had possessed the money, they would have bought food with it, as the previous year's harvest had largely failed and the new one was still several months from maturity. Most likely this imagined pay was meant to underline the moral quality and social status of the men, as they saw themselves, and to enhance their prestige. Burridge writes that the redemptive process involving millenarians weighs heavily on a prestige system that involves self-respect and integrity and in turn is related to power and economic well-being.[29] High wages represented what these people thought they were worth, and it placed them among, even above, the district's notables.

Chávez said that all members of his group were considered equals, but one might wonder if he included women and the few Tarahumara Indians

---

[26]Presidencia, Comunicaciones de Inferiores, enero 1892, B. Ledesma, comisario de Tomochic, al jefe político, 25 enero 1892, Archivo Municipal de Guerrero.

[27]*El Monitor republicano*, November 2, 1892.

[28]Ibid.

[29]Burridge, *New Heaven*, 13.

who were with him. Tomochic, like all other towns and villages in the state, had long protected an institution called *amo/sirviente* that linked masters to workers in a *patrón/peón* relationship confirmed by official contract and sanctioned by the state's constitution. It operated as a form of debt peonage and was the source of considerable strife in the pueblo. Chávez himself was an *amo*; he had *sirvientes* linked to him by law, and we cannot be sure that he abolished this practice in his short-lived utopia.[30]

So we begin to see and to ask additional questions about how millenarians build their communities; they are designed to meet their immediate moral and physical needs. Yes, to borrow Christopher Hill's phrase, they wish to turn the world upside down,[31] all right, but that does not necessarily mean that they reject out-of-hand all of their former existence. At Tomochic the millenarians preached egalitarianism, high wages, and private property all at the same time; whether they practiced those concepts is another question. Yaqui and Mayo Indians who also followed Santa Teresa presumedly had an entirely different outlook on their world to come, a complex Christian/nativistic religious world that incorporated their moral concerns along with their present material afflictions. The Yaquis, driven from their lands by private enterprise with government approval, wanted those lands back, and that goal may well have become part of their millennial perspective. For the Mayos, who had been devastated by the federal army, the objective could have emphasized cultural homogeneity.[32] Therefore, the utopian communities created by millenarians do not seem to be unreasonable or impractical at all; furthermore, they do grant us a glimpse of what the believers thought was wrong and right about their previous social system.

Because millenarian movements are based in belief systems subject to such myriad variations, their leaders are usually forced to devise innovative, but also meaningful, tactics to weld them together. For example, prior reference was made to the blessing of rifles at Tomochic, the pressing of tacks in the form of a cross into the stocks of the weapons before releasing them to their owners for use in the impending conflict with the army. To the military spies who saw and reported these events, and perhaps to all of us, this elaborate ritual seems untoward and irrational. But for Cruz Chávez, leader of the movement, the ceremony was a practical necessity.

[30]Presidencia, Comunicaciones de Inferiores, Memoriales presentados en los años 1869–1887, Archivo Municipal de Guerrero.

[31]Christopher Hill, *The World Turned Upside Down* (New York: Viking Press, 1972).

[32]Edward H. Spicer, "Contrasting Forms of Nativism among the Mayos and Yaquis of Sonora, Mexico," in *The Social Anthropology of Latin America: Essays in Honor of Ralph Leon Beals*, ed. Walter Goldschmidt and Harry Hoijer (Los Angeles: UCLA Latin American Center, 1970): 104–125. On syncretism see Brian Wilson, "Millennialism in Comparative Perspective," 104, 113.

Deep social fissures existed in Tomochic society before the rebellion of 1891, but this is not the place to explore and explain them. Suffice it to say, only half of the three hundred villagers revolted; the other half did not, and most of these had left the village to the millenarians before the final engagement with the army in October 1892.[33] There were, however, doubters even among those who joined Chávez. Some were apparently not strong believers; others had personal considerations—family, even ethnic. The Medranos looked to protect family business interests. Chávez, single-minded and strong-willed, was not beyond bullying and even threatening his hesitant followers into obedience and loyalty. Ritual was one of the pragmatic tools he used to mobilize a constituency and to form a community. Similar practices are noted in most millenarian movements, as well as in a good many nonmillenarian ones. Prophets use healings to galvanize a following; Santa Teresa did so.[34] Baptism is another such utilitarian tool, particularly because it carries such political force; baptism separates people from their former community and initiates them into a new one.[35] Teresa urged her followers to baptize themselves in order to disassociate them from the Catholic Church. As can be seen, there is nothing at all irrational about such practices among millenarians.

More can and will be said about the millenarian activities at Tomochic, but the purpose of this essay is simply to note their pragmatic nature and to underline the assertion that millenarians can be rational people, and that practical considerations lie behind much of their ritualistic and esoteric behavior. Furthermore, I mean to emphasize that millenarian movements can best be understood by carefully observing the actors and listening intently to their words. Facets of their utopias reflect their concerns with the world they have abandoned; their activities may have nothing to do with revitalization or with overturning the political system. Finally, I want to insist that in the study of historical causation and *mentalidad*, religion can be a crucial component despite its being often overlooked. Daniel Levine, who studies religion and politics, tells us that "religious ideas, structures, and practices have a logic of their own. Individual and group action may be governed as much by that logic as by adherence to social or political agendas."[36]

---

[33]Almada, *Tomochi*, Anexo 10, 163–171.

[34]The importance of healings is stressed in Thomas A. Kselman, *Miracles and Prophecies in Nineteenth Century France* (New Brunswick: Rutgers University Press, 1983). For Teresa's healings, see William C. Holden, *Teresita* (Owings Mills, MD: Stemmer House, 1978), passim.

[35]For examples of baptism as a political tool, see Fields, *Revival and Rebellion*, 264–269.

[36]Daniel H. Levine, "Religion and Politics in Comparative Historical Perspective," *Comparative Politics* 19 (October 1986): 96.

Of course, I do not believe that religion alone can explain the phenomenon of Tomochic or any other millenarian movement. There must have been other variables, some material and others cultural, at work. It is how they interacted, how they combined and related to one another, that must be studied and understood. No doubt, in explaining causality there is a dialectical relationship between the symbol system and social system. Yes, there were possibly disorienting material changes occurring in and around the village, but religious belief helped to provide the inhabitants with meanings and explanations for such happenings.

The Yale historian Jaroslav Pelikan has a fine sense of the prominence and permanence of religious sensibility in our world when he writes: "When, in a familiar epigram, Shirley Jackson Case declared that 'the sky hung low in the ancient world,' he was speaking about the first century, but he could as well have been describing every century since then—including, in some ways, our own, in which, despite the veneer of scientific sophistication, Dostoyevsky's triad of 'miracle, mystery, and authority' continues to dominate the outlook of millions of people, not only in the 'Third World' but in the industrialized West and in the supposedly atheistic East as well."[37] Simply said, the world is not as secularized and demystified as we may think. Humans everywhere still yearn for a promised golden age and from time to time they act to bring it about.

---

[37] Jaroslav Pelikan, in his review of David D. Hall, *Worlds of Wonder, Days of Judgement: Popular Religious Belief in Early New England* (New York: Alfred A. Knopf, 1989) for Book-of-the-Month Club, March 1989.

Jefes políticos y rebeliones campesinas: Uso y abuso del poder en el Estado de México

Romana Falcón

> Desde tiempo inmemorial hemos poseído colectivamente en unión de los demás vecinos de nuestro pueblo los terrenos que lo forman, y que son de los que la Ley denomina de común repartimiento, viviendo en imperturbable armonía con el fruto de ellos hasta que . . . en acatamiento debido á las diversas disposiciones tanto generales, como del Estado que prohiben la comunidad de bienes, era forzoso denunciar nuestros repetidos terrenos.[1]

DIFICILMENTE PODRIAN EXAGERARSE las consecuencias que tuvo para las comunidades campesinas la aplicación de la ideología liberal sobre su

NOTA DE LA AUTORA: Este trabajo forma parte de una investigación sobre poder local y la construcción de un Estado nacional en la segunda mitad del siglo XIX. El estudio hace hincapié en los jefes políticos y, con el fin de encontrar ejemplos contrastantes que enriquezcan el análisis comparativo toma como escenario el Estado de México y Coahuila.

Agradezco al Fondo de Estudios e Investigaciones Ricardo J. Zevada el apoyo que me otorgó para realizar este estudio; así como a María Larrazolo y Concepción Hernández, quienes me ayudaron a recopilar material.

También fueron de gran utilidad las valiosas sugerencias de Anne Staples, Jaime E. Rodríguez, así como de varios miembros del seminario sobre rebeliones y revoluciones en México del Instituto de Investigaciones Históricas de la Universidad Nacional Autónoma de México, a los que cito por orden alfabético: Rosa Camelo, Felipe Castro, Viginia Guedea, Teresa Lozano, José Luis Mirafuentes, y Carmen Vázquez.

[1]Indígenas de Xochitla, Sultepec, Estado de México al gobernador José Vicente Villada, 2 de octubre de 1891, Archivo Histórico del Estado de México (en adelante, AHEM), c. 078.0, v. 154, e. 51, 15 ff; Vecinos de Xochitla, Sultepec, cuyos nombres no aparecen en el documento por no saber firmar, al gobernador Villada, 2 de octubre de 1891.

estructura tradicional de la propiedad. En varios puntos del territorio del país, y a lo largo de todo el siglo XIX, se fue enraizando una certeza ideológica: que las corporaciones constituían un obstáculo importante para que México pudiese por fin entrar a una etapa de desarrollo y modernidad. De ahí el empeño por supeditar toda forma de propiedad raíz no privada a la supuesta libertad y energía individuales. Dichos anhelos se plasmaron, ya dentro de un ámbito nacional, en las leyes de reforma, en particular en la Ley Lerdo de 1856, que desamortizó todas las propiedades comunales.[2]

Al intentar la élite liberal poner en práctica su visión del mundo—verdadera revolución en un área vital para millones de mexicanos—se sucedieron a lo largo del país conflictos más o menos intensos entre pueblos—producto de la subsistencia de la tradición comunal prehispánica—y voraces haciendas o empresas agrícolas; al tiempo en que se exacerbaron las añejas tensiones entre pueblos vecinos y dentro de las propias comunidades campesinas. De tal manera cimbró la lucha en contra de las corporaciones a los cimientos de la tradición agraria que, en lo que restó del siglo XIX y hasta principios del XX, el campo mexicano fue escenario de frecuentes levantamientos de comunidades agrarias que consideraron agotadas las vías pacíficas para proteger su capacidad de subsistencia, y lo que consideraban sus recursos y derechos legítimos.

El objetivo de estas páginas no es ahondar en las huellas profundas y diversas que dejarán dichas políticas en el campo mexicano. Esta difícil tarea ha sido ya emprendida con éxito desde ángulos diversos.[3] El interés es más modesto y concreto: mostrar algunos de los mecanismos, quizá los principales, con que la élite liberal fue imponiendo su proyecto por sobre las resistencias de los intereses creados, en particular los de las comunidades campesinas.

Ello permitirá, a su vez, arrojar luz sobre cual era y como funcionaba la maquinaria de poder que, en especial a partir de la república restaurada, permitió dar inicio a difíciles e importantes procesos: ir supeditando camarillas y grupos regionales a los del centro, ir consolidando un aparato de gobierno dotado con una mínima capacidad para imponer sus decisiones, e ir integrando desde una perspectiva económica, política e ideológica a una nación. Se espera así, contribuir a un tema central en las condiciones actuales de la historiografía: el largo y accidentado proceso de conformar un Estado nacional moderno.

[2]Moisés González Navarro, "Tipología del liberalismo mexicano", *Historia Mexicana* 32, no. 2 (octubre-diciembre 1982): 126, 202.
[3]Moisés González Navarro, *El porfiriato: La vida social* (México: Editorial Hermes, 1957); González Navarro, *La reforma y el imperio* (México: Sepsetentas, 1971); T.G. Powell, *El liberalismo y el campesinado en el centro de México (1850 a 1876)* (México: Sepsetentas, 1974); Leticia Reina, *Las rebeliones campesinas en México (1819–1906)*, 2a. ed. (México: Siglo XXI, 1984).

La cadena política y burocrática que—en los muy diversos rincones del campo mexicano—intentó hacer desaparecer las formas de propiedad comunal de la tierra, era larga y compleja. Se iniciaba en el centro mismo del mando político nacional—el presidente y su gabinete; pasaba por zonas intermedias controladas principalmente, aunque no exclusivamente, por los gobernadores, jefes de armas, caciques, y notables; y descendía hasta las localidades a través de los presidentes municipales, legisladores, jueces y, sobre todo, de los jefes o prefectos políticos, cuyos títulos y prerrogativas formales fueron cambiando según la época y la localidad. En la práctica, el impulso por modernizar e individualizar la estructura de la propiedad recayó, en importante medida, sobre los hombros de éstos últimos funcionarios, piezas claves de la estructura del poder que rigió desde el México independiente hasta la Revolución Mexicana, y que por razones no muy claras no ha recibido la debida atención historiográfica.[4]

Los jefes políticos desempeñaban un papel medular en las relaciones de poder real que regían a las innumerables comunidades rurales que eran la célula del cuerpo social mexicano en el siglo pasado. La idea central que anima este trabajo es que existen nexos íntimos entre la forma como los jefes políticos pusieron en práctica los principios agrarios de la época—en especial la desamortización de los bienes comunales—y las rebeliones campesinas que entonces tuvieron lugar. Y la forma como estos funcionarios se comportaban con respecto a los diversos grupos de la sociedad rural no fue igual, debido a la existencia de una importante área de discrecionalidad en sus manos.

Este trabajo busca destacar en base a qué fundamentos legales, y de qué manera, las decisiones que tomaban los jefes políticos al imponer las metas liberales en el campo fueron, en muchos casos, fuentes alimentadoras de levantamientos agrarios. La razón básica es que el jefe político fue instancia fundamental en el proceso de deslinde de la propiedad comunal destinada a desaparecer, y entre ésta y la propiedad privada. La acción del jefe político era determinante en la distribución del recurso más importante para la sociedad agraria: la tierra. Estos funcionarios eran, además una instancia diseñada para prevenir, encauzar, contener, solucionar, o bien destruir, las reacciones defensivas de los campesinos. Estaban a su alcance varios mecanismos para

---

[4]Puede consultarse Lloyd Mecham, "The Jefe Político in Mexico", traducido en *Secuencia: Revista Americana de ciencias Sociales*, no. 4 (enero-abril 1986): 143–163. Una apreciación sobre jefes políticos que hace hincapié en su importancia política y en sus biografías generacionales puede verse en dos trabajos recientes: Ricardo Avila, *¿Revolución en el Estado de México?* (México: INAH, Gobierno del Estado de México, Colección Divulgación, 1988), 186–190; François-Xavier Guerra, *México del antiguo régimen a la revolución*, 2 tomos (México: Fondo de Cultura Económica, 1988), I:122–125.

el control de conflictos, y eran ellos los encargados de diseñar y poner en práctica las políticas de "pacificación" de los levantamientos y revueltas.

Vale pues la pena explorar estos nexos fundamentales entre los jefes políticos y las rebeliones agrarias; los que forman parte central del proceso político mexicano en el largo y accidentado paso de la sociedad colonial a un Estado nacional independiente, secular y no corporativo.

Dos advertencias antes de entrar en materia: a fin de lograr el debido detalle y concreción histórica que permitan avalar las hipótesis generales, el análisis se centrará en lo acontecido durante la república restaurada y el porfiriato en el Estado de México, y en particular en el distrito de Sultepec.

Más significativo es advertir que en este trabajo se presentará una visión básicamente derivada de las disposiciones legales y de documentos oficiales. De ahí que sólo se muestre una cara de la moneda. Sin duda que en el México decimonónico el juego político real se regía no tanto por atribuciones legales, como por las reglas informales del poder dictadas por lealtades antiguas, redes clientelísticas, amistades, compadrazgos, acuerdos verbales, ocultos y ajenos a aquellas disposiciones que contaban con firmas y sellos oficiales.[5]

Además, para adentrarse en la problemática de la política y de la propiedad en el campo en esa época, debe tomarse muy en cuenta el hecho de que quienes dominaban las diversas regiones del Estado de México—al igual que sucedía en casi todo el país—eran básicamente miembros de las élites económicas; caudillos y militares que gozaban de un poder derivado de las armas; ó bien de influencia delegada por quienes regían desde el centro del país, sobre todo, Porfirio Díaz.

Los jefes políticos fueron ejemplo preciso de estas reglas. De ahí que, por lo regular, sus preferencias y conveniencias estuviesen cargadas hacia el beneficio de estos intereses ya dominantes. Dichas inclinaciones tomaban cuerpo, precisamente, gracias a su amplio mando discrecional, a sus redes clientelísticas de poder. Analizar esta cara oculta de la realidad es indispensable para estudiar cualquier aspecto de la vida política mexicana de entonces, y especialmente valioso para llegar a una interpretación equilibrada de la actuación de los jefes políticos. Ese es un objetivo central de mi investigación general, pero no la meta central de estas páginas.

---

[5]Un estudio sobre jefes políticos avocado a estudiar estos mecanismos informales del poder puede verse en Romana Falcón, "La desaparición de jefes políticos en Coahuila. Una paradoja porfirista", *Historia Mexicana* 37, no. 3 (enero-marzo, 1988): 147.

Las semillas de la rebelión: fraccionamientos y baldíos

> La enagenación de los terrenos poseídos en común, envuelve
> consecuencias sociales de un orden muy superior y preferente, . . . es
> pues, una exigencia imperiosa de la ley, *dictada por la más clara y*
> *marcada conveniencia de los pueblos, los que en tanto no se dividan*
> *esos terrenos y sean de hecho propiedades de particulares, se verán*
> *envueltos en las insidiosas asechanzas de pretendidos protectores que*
> *sin conciencia y sin razón los instigan á promover sobre ellos litigios*
> *perjudiciales y ruinosos.*[6]

Las difíciles condiciones que privaron durante las primeras épocas del
México independiente, aunadas a la lucha frontal que entonces se libró en
contra de las corporaciones, dieron pie a enormes presiones sobre las
comunidades campesinas, ya de por sí cargadas de problemas. La debilidad
que abatía a las nuevas instituciones nacionales trozó los mecanismos—
como aquéllos que había ejercido el Estado colonial—capaces de mediar, con
cierta efectividad, entre campesinos y élite terrateniente. Por un largo tiempo
estos grandes vacíos del poder impidieron que quienes dominaban la escena
en la capital de la república tomasen en sus manos las riendas del mando en
el país.[7]

Desde que inició su existencia el vasto Estado de México hubo intensos
conflictos en torno a los derroteros que estaba tomando la estructura de la
propiedad. Sus gobernantes no tardaron en inquietarse y proponer reformas
en la tenencia de la propiedad raíz. Lorenzo de Zavala, el influyente
gobernador en 1827 y en 1833, formado en una tradición política
fuertemente liberal, hizo ver la necesidad de corregir "la mala distribución de
la tierra". Del pensamiento pasó a la acción repartiendo terrenos a cuarenta
pueblos en el Valle de Toluca, suprimiendo impuestos a los productos
indígenas, fijando un límite a la adquisición de tierras con el fin de evitar su
acumulación, y decretando su famosa "ley de ausentismo", que cargaba
impuestos a los propietarios que vivieran fuera de la república. También
desde estas tempranas fechas, el congreso del Estado de México fue
conociendo diversas peticiones agrarias de los pueblos.[8]

[6]*Memoria presentada a la H. Legislatura del Estado de México por el C.*
Gobernador Constitucional del mismo, Mariano Riva Palacio (Toluca: Tipografía
del Instituto Literario, 1871), 5 (cursivas mías).

[7]Las ideas siguientes están fuertemente influenciadas por el excelente
artículo de John Tutino, "Agrarian Social Change and Peasant Rebellion in
Nineteenth-Century Mexico: The Example of Chalco", en *Riot, Rebellion and*
Revolution: Rural Social Conflict in Mexico, comp. Friedrich Katz (Princeton:
Princeton University Press, 1988), 103 y ss.

[8]Sobre la formación ideológica de Lorenzo de Zavala y José María Luis Mora
véase el valioso trabajo de Mílada Bazant, *La desamortización de los bienes de la*
iglesia en Toluca durante La Reforma, 1856–1875 (México: Biblioteca

Por lo menos desde el inicio de la vida independiente, las tierras comunales de este amplio estado fueron objeto de ataques y controversias de tipo legal tendientes a su desaparición. Surguieron confusiones legales y políticas opuestas. Varias disposiciones, decretos y leyes—en ocasiones contradictorios entre sí—fueron produciendo desorden con respecto a la naturaleza y denominación de las tierras de repartimiento; que solían comprender terrenos "propios", "ejidos", "fundos legales" y bienes de la comunidad.

Fecha determinante fue mayo de 1833, cuando el gobierno estatal decretó que los terrenos realengos o baldíos que se encontraban dentro del territorio de las municipalidades, se adjudicarían a los ayuntamientos para sus propios, a fin de dividirlos y arrendarlos en pequeñas porciones. La medida propició que grandes extensiones pertenecientes a los bienes de comunidad, fueran consideradas baldías, y usurpadas a las comunidades. Para acallar el fuerte malestar indígena, dos años más tarde se derogó tal disposición, ordenándose la restitución de los terrenos adjudicados y dispóniendo que aquéllos dados en arrendamiento, se repartieran "conforme a las costumbres que estaban en uso en los pueblos antes de ellas, prefiriéndose los pobres á los ricos, los casados á los solteros y los que tienen familia a los que no la tienen".[9]

La acometida por los recursos vitales de los pueblos—tierra, agua y mano de obra—se acrecentó a mediados de siglo, con la modernización agrícola que emprendieron varios terratenientes. Ello agudizó sus conflictos con los pueblos vecinos, lo que puso de manifiesto la vitalidad y coherencia interna de las comunidades. Estas no aceptaron pasivamente la pérdida de sus bienes más esenciales. Muchas entablaron defensas legales para conservarlos o recuperarlos; y se opusieron físicamente a la expansión de las haciendas.

Pronto fueron rebasadas las vías de solución pacífica. Entre 1842 y 1845 una extendida zona del vasto Estado de México—que comprendía entonces a Guerrero, Morelos y el Distrito Federal—junto con regiones de Oaxaca, Puebla y Michoacán fue escenario de importantes y persistentes rebeliones campesinas. El crecimiento de la agricultura comercial de exportación, la competencia entre facciones rivales de la élite, los muchos y multifacéticos agravios que sufrían las comunidades, aunado a las facetas violentas del gobierno nacional, formaron parte del complejo de factores que

---

Enciclopédica del Estado de México, 1979), 26 y ss. En torno a estos temas véase además, Fernando Rosenzweig, "La formación y el desarrollo del Estado de México, 1821–1940", en *Breve historia del Estado de México*, comp. Fernando Rosenzweig, Rosaura Hernández, María T. Jarquín, y Manuel Miño (Toluca: El Colegio Mexiquense, Gobierno del Estado de México, 1987), 214.
[9]Decreto del 2 de junio de 1835 y decreto del 9 de mayo de 1833, citado en Antonio Huitrón, *Bienes comunales en el Estado de México* (Toluca: Ediciones Gobierno del Estado, Colección Estudios Históricos 2, 1972), 135, 136, 16 y ss y anexo II.

dieron cuenta del surgimiento, extensión y supresión de estas revueltas agrarias.[10]

Las élites terratenientes, horrorizadas por la violencia campesina, vieron como única solución el fortalecimiento de gobiernos afines a sus intereses y, a corto plazo, la creación de una policía rural. Precisamente en el Estado de México ello puso al desnudo la unión íntima entre aristocracia terrateniente y grupo gobernante. Desde fines de 1849 los prefectos y subprefectos políticos citaron a los hacendados y a sus administradores para que, conjuntamente, crearan y sufragaran cuerpos armados que se convirtieron en agentes directos de los intereses latifundistas, destinados a controlar las protestas campesinas.[11]

Pero la facción liberal del grupo gobernante tenía planes mucho más ambiciosos que, intencionalmente o no, acabarían por ir minando la capacidad de las comunidades para resistir el ataque económico y político a que se veían sujetas, así como la base de su solidaridad, y el poder de sus dirigentes. En 1856 lograron una dimensión nacional las variadas medidas y proyectos que en los más diversos rincones del país habían intentado ir despejando el camino al desarrollo mediante la destrucción de las corporaciones y de las tierras en "manos muertas". La Ley Lerdo fue al fondo de la cuestión aboliendo, en todo México, el derecho de propiedad de las comunidades, exigiendo que todas las corporaciones civiles y religiosas se deshicieran de sus bienes comunales.

Esta política nacional interesada en dinamizar y modernizar la estructura de la propiedad exacerbó la tendencia mediante la cual grandes superficies comunales—que solían beneficiar a todos los miembros del pueblo— acabaron en manos de una élite local, ya fuera indígena o de gente ajena al poblado. Los más agraciados sólo podían comprar una pequeña parcela; la mayoría nada. Esta distribución desigual de la tierra causó y agravó distinciones socio-económicas entre antiguos poseedores en común, debilitando la solidaridad comunitaria.

Además, la obligación de marcar linderos a las propiedades exacerbó y sucitó graves complicaciones entre comunidades y rancheros y hacendados por un lado, al tiempo en que vino a agravar los añejos conflictos entre comunidades contiguas. Todas estas tensiones también hicieron más frecuentes los enfrentamientos entre los habitantes del campo y autoridades

---

[10]John Hart, "The 1840s Southwestern Mexico Peasants' War: Conflict in a Transitional Society", en Katz, *Riot*, 261–264, 268.

[11]Tutino, "Agrarian Social Change", 117 y ss; Benson Latin American Collection, University of Texas, Austin, Archivo de Mariano Riva Palacio (en adelante, AMRP), un ejemplo en expediente 5701, Circular a las haciendas del Subprefecto de Chalco, 15 de junio de 1855, citado en Jack Autrey Dabbs, *The Mariano Riva Palacio Archives: A Guide* (México: University of Texas Library, Editorial Jus, 1967); Paul Vanderwood, *Los rurales mexicanos* (México: Fondo de Cultura Económica, 1981), 24 y ss.

de todo nivel. Encima, dicha ley empobreció la vida comunal de muchos pueblos que ya estaban al borde de la miseria, pues les prohibió poseer e incluso administrar inmuebles, ordenándoles vender los que tuviesen. Ello acabó con el tradicional alquiler que un buen número de pueblos indígenas hacían de parte de sus tierras.[12]

A partir de la república restaurada, una vez afianzada militarmente la facción liberal, las autoridades lograron, hasta cierto punto, irse robusteciendo, y empezar a funcionar de manera más ordenada. El anhelo de acabar con las propiedades no individuales cobró nuevos bríos. El Estado de México fue terreno especialmente fértil para aplicar las leyes de desamortización de los bienes comunales.[13] Mariano Riva Palacio, uno de los personajes más influyentes, y él mismo un gran terrateniente aseguró, cuando fue gobernador en 1871, que el decreto local para la adjudicación de terrenos de común repartimiento expedido en octubre de 1868, comprendía

> los altos fines sociales que . . . envuelve, . . . dividir y movilizar a la propiedad, procurando que el interés privado, infinitamente más activo y eficaz en el cuidado y progreso de aquella, se encargará de su incremento, tan benéfico al Estado y a los particulares, y procurando a la vez el gran bien de multiplicar el número de propietarios, bien que recaería precisamente entre los individuos de la clase más infelíz de la sociedad.[14]

Jefes políticos; acicates del reparto

Uno de los instrumentos fundamentales con que se fueron poniendo en práctica los preceptos del liberalismo en el campo no era nuevo: desde principios del siglo XIX, los jefes o prefectos políticos—hasta cierto punto herederos de los alcaldes mayores de la colonia—desempeñaron un papel determinante en la cuestión agraria. En el Estado de México se les concedieron, tempranamente, importantes atribuciones sobre la estructura de la propiedad. En el debatido decreto de mayo de 1833, mencionado anteriormente, se decidió que serían el prefecto de distrito y el juez de hacienda los encargados de hacer que los ayuntamientos adjudicaran en pequeñas porciones sus terrenos "realengos o valdíos".[15]

---

[12]Powell, *El liberalismo*, 78–79; Rosenzweig, "La formación", 218.

[13]Rosenzweig, "La formación", 215; Tutino "Agrarian Social Change", 121 y ss.

[14]*Memoria . . . Riva Palacio*, G. 4.

[15]Decreto 298, "Adjudicando a los ayuntamientos los terrenos realengos o valdios, que ecsistan en el territorio de sus municipalidades", 9 de mayo de 1833, citado en Huitrón, *Bienes*, 135.

La derrota militar de los conservadores, en la década de los sesenta, permitió ir reorganizando la estructura del poder a lo largo y ancho del territorio nacional. En el Estado de México, 1868 marcó un parteaguas en dicho proceso. En abril se expidió la ley para el gobierno y la administración interior de los distritos políticos que normaría hasta el final de la administración porfirista. Las atribuciones formales que amasaron los jefes políticos se extendían sobre un impresionante abanico de campos: entre otros, administración de justicia, instrucción y beneficiencia pública, asuntos municipales, policía, hacienda, gobierno interior de los pueblos, guardia nacional y rural. Si a ésto se agrega el vasto mando discrecional de que gozaban, su muy frecuente identificación con los adinerados y sus intereses, la constante posibilidad de corromper su mando, y su estilo político netamente clientelístico, elaborado en base a compromisos, componendas, alianzas y concesiones mutuas, se entiende por qué, tan frecuentemente, se convirtiesen en zares sobre los pueblos campesinos.

Este uso y abuso de su mando hizo que menudearan en todo México las protestas y quejas en su contra, desde el inicio de la vida independiente y hasta ya entrada la revolución, en que los jefes políticos fueron abolidos definitivamente. Un momento particularmente notable para conocer el odio y las quejas en contra de estos funcionarios fueron los últimos instantes del régimen porfirista y los inicios del revolucionario. En el Estado de México, se les responsabilizó entonces de los transtornos del orden, el caciquismo y "abusos intolerables". Típica fue la denuncia de vecinos del principal mineral de la entidad, "El Oro", quienes además de acusar de infidente a su jefe político, aseguraron al anciano presidente Díaz que,

> secundado en muchos de los empleos públicos por paisanos suyos, no ha hecho sino enriquecerse y enriquecer a sus colaboradores, cometiendo para lograrlo toda clase de abusos y arbitrariedades, desde el fusilamiento de dos infelices á quienes mató, haciendo creer al Gobierno del Estado, que eran necesarios esos actos de barbarie, hasta el robo ratero que consiste en despojar á un ebrio, de lo poco que lleva.[16]

Buena parte de dominio de estos funcionarios residía en sus amplias atribuciones formales. Según la ley que en 1868 organizó políticamente al Estado de México en los distritos de Toluca, Cuautitlán, Chalco, Ixtlahuaca, Jilotepec, Lerma, Otumba-Morelos, Sultepec, Tejupilco, Tenango, Tenancingo, Texcoco, Tlalnepantla, Valle de Bravo, y Zumpango, los jefes políticos—que serían nombrados y removidos al arbitrio del gobernador—constituirían el enlace "natural" de comunicación entre autoridades y pobladores. Sobre los ayuntamientos tenían atribuciones fundamentales:

[16]Colección Porfirio Díaz (en adelante, CPD), c. 12, leg. 36, doc. 5883, "Los Vecinos del Mineral" a Díaz, 17 de marzo de 1911, El Oro, Estado de México.

presidirían todas las sesiones de los cabildos; podían disolver cualquier ayuntamiento en estado de rebelión; suspender a sus miembros, e incluso la ejecución de sus órdenes. También deberían vigilar la recolección y uso de fondos públicos que hicieran los ayuntamientos. Sus facultades sobre el "régimen interior de los pueblos" eran igualmente importantes; les hacían responsables de que fuesen obedecidas las órdenes y leyes dictadas por instancias superiores; así como de conocer y resolver toda disputa electoral.

Sus nexos más íntimos con el clima de paz o intranquilidad en el campo provenían de sus importantes atribuciones sobre la estructura de la propiedad. El fundamento se basaba en una disposición nacional. La misma Ley Lerdo de 1856 les había deparado la capacidad de adjudicar al mejor postor las fincas rústicas y urbanas que no estuviesen arrendadas.[17] La ley estatal de 1868, ampliaba sus prerrogativas al encargarlos de poner en práctica las leyes de desamortización de las tierras comunales, es decir, de "conceder la adjudicación y espedir los títulos de los fundos municipales y terrenos de común repartimiento, valiosos hasta doscientos pesos, en los términos de la Suprema Circular del 9 de Octubre de 1856".[18]

En 1875, el gobernador Gumersindo Enriquez unió el ímpetu por arrasar las propiedades indivisas, con las atribuciones otorgadas a los jefes políticos en 1868. Según el decreto que entonces expidió, quienes poseyeran terrenos de común repartimiento derivarían la legalidad de su posesión de actos llevados a cabo por estos funcionarios. La legítima propiedad de terrenos poseídos con anterioridad, así como los "derechos preferentes" sobre los terrenos emanaban, precisamente, de los títulos expedidos por las jefaturas políticas. Esta ordenanza de 1875 se propuso hacer más expedito el fraccionamiento, acabando con ciertas confusiones legales, para lo cual clasificó detenidamente las propiedades no indivisas, utilizando por primera vez la denominación de "común repartimiento",[19] y estableciendo las siguientes reglas:

---

[17]Manuel Dublán y José María Lozano, *Legislación mexicana o colección completa de disposiciones legislativas expedidas desde la independencia de la república*, 34 vols. (México: Imprenta del Comercio, 1876–1912), VIII:197–201.

[18]Estado de México, *Ley orgánica para el gobierno y administración interior de los distritos políticos del estado, decretada por el Lic. Cayetano Gómez y Pérez, gobernador provisional del Estado libre y soberano de México*, 21 de abril de 1868 (México: s.p.i., 1868), 9 y ss.

[19]Desde entonces se reconoció a los terrenos de común repartimiento como todos aquellos predios adjudicados según la Ley de Desamortización de Bienes Eclesiásticos, su reglamento y la Circular del 9 de octubre de 1856. Por terrenos propiamente comunales o "bienes de comunidad" se entendieron aquellos bienes pertenecientes a los pueblos que no fueron divididos en fracciones de acuerdo con la ley de desamortización de junio de 1856 y cuya posesión en comunidad la tienen los núcleos de población indígena o mestiza. Huitrón, *Bienes*, 28.

Art. 1°. Los actuales poseedores con título de adjudicación de terrenos de común repartimiento, . . . cuyo valor no pase de doscientos pesos, . . . se tendrán como legítimos propietarios de ellos. . . . Para acreditar . . . esa propiedad bastará la exhibición del título espedido por las Gefaturas políticas.

Art. 2°. Los actuales poseedores de terrenos de repartimiento, sin título de adjudicación, pero con título antiguo de adquisición, espedido por las Gefaturas políticas o Prefectos con anterioridad a la Ley del 25 de junio de 1856 tendrían derecho preferente para la adjudicación de dichos terrenos.

El decreto era expedito: en sólo un mes se deberían dividir "los espresados terrenos", junto con aquéllos considerados como baldíos "entre los actuales poseedores y los vecinos más necesitados de los pueblos o barrios donde están ubicados, procediendo á verdad sabida y observando igualdad y equidad en el fraccionamiento". Serían las jefaturas políticas las encargadas de expedir—en término de treinta días—los títulos respectivos de adjudicación.[20]

Debe hacerse la salvedad de que el decreto del Estado de México de 1875 buscaba impedir el acaparamiento de tierras haciendo "nulo e ineficaz" todo título de adjudicación sobre dos ó mas terrenos de común repartimiento que valorizados colectivamente excediesen los doscientos pesos de valor. También exigía respetar como indivisos "los terrenos de uso público de los pueblos conocidos como dehesas ó ejidos".

Pero de mayor trascendencia resultó el que esta ordenanza no sólo obligaba a repartir los terrenos de común repartimiento, sino también los baldíos. Precisamente los baldíos serían la otra tenaza con que las autoridades porfiristas buscarían agilizar la estructura de la propiedad rural. En el Estado de México la oposición a los deslindes de baldíos desencadenó actos violentos por parte de los pueblos, por lo menos desde 1889, pues temían que las haciendas utilizaran esta política a fin de apoderarse de sus tierras con nuevos títulos de propiedad.[21]

Las extensas prerrogativas legales que sobre la estructura de la propiedad rural se otorgaron al jefe político del Estado de México, aunado al uso y abuso que éste hacía de su mando discrecional, fueron determinantes sobre los pueblos. No es de extrañar las repetidas quejas y demandas de amparo que varias comunidades levantaron en contra de las acciones agrarias de los jefes políticos. Así, por ejemplo, en contra del jefe político de Tenango por haber violado sus garantías constitucionales, fundando su juicio en que

---

[20]Decreto 78, "Sobre terrenos de común repartimiento", 12 de abril de 1875, citado en Huitrón, *Bienes*, 138 y ss.

[21]González Navarro, *El porfiriato*, 188–189.

Nuestras instituciones políticas . . . han querido extirpar por completo los fueros y privilegios de todas las clases, . . . como los particulares, las personas morales, los Ayuntamientos, el Estado y demás corporaciones civiles no son competentes para decidir de propia autoridad sus derechos . . . y que bajo el supuesto falso de que los Jefes Políticos fueran los representantes legítimos de aquéllos, carecen de esa competencia . . . luego el Jefe Político de Tenango no ha sido la autoridad competente para decidir acerca de la validez o nulidad de la adjudicación de terrenos llamados "Rancho Viejo" y "Alejandra" . . . .

Sería enteramente inútil que se buscara en la ley del 25 de junio de 1856 y en las circulares del 9 de octubre y 7 de noviembre del mismo año, un precepto que expresa a . . . conceder a la autoridad política facultad para reformar las operaciones de adjudicaciones, porque no existe.[22]

Como es sabido, la embestida en contra de los terrenos comunales continuó con energía durante la larga administración de Porfirio Díaz. En 1889 el gobierno federal dio aún mayor vigor al fraccionamiento de estas propiedades. La ley del 17 de junio definió qué debería entenderse por fundo legal, por ejido, por bienes comunales y por propios a fin de evitar la confusión existente; y dispuso que los ayuntamientos serían los representantes legítimos de fundos, ejidos y propios, debiendo adjudicarlos con preferencia a favor de los "terratenientes"; y prescribiendo también que las propiedades indivisas deberían dividirse entre cuantos miembros constituían las comunidades.[23]

Siguiéndo la tónica nacional, el gobernador del Estado de México, el poderoso coronel liberal José Vicente Villada, no tardó en impulsar aún más el fraccionamiento de terrenos poseídos en común. Sus medidas fueron arma de doble filo. No sólo individualizaron la propiedad, sino que también centralizaron el mando en el ejecutivo, y por ende en sus agentes: los jefes políticos. En octubre de ese mismo año de 1889, la legislatura local otorgó a Villada amplias prerrogativas sobre esta materia: autorizándolo a dictar "todas las disposiciones legislativas que juzgue conveniente, a fin de que cuanto antes se haga efectivo el fraccionamiento de la propiedad común de los pueblos", lo que incluía "aclarar, derogar o reformar las disposiciones vigentes sobre terrenos de común repartimiento". Un lustro después, se le volvieron a conceder al gobernador prerrogativas semejantes sobre las "leyes de fraccionamiento de la propiedad comunal de los pueblos".[24]

[22]*Alegato del Lic. Remigio Tellez, sostenido ante la Suprema Corte de Justicia. Los derechos de don Toribio Aguilar* (México: Imprenta de Francisco Díaz de León, 1893), 32.

[23]González Navarro, *El porfiriato*, 203–204.

[24]Decreto 57, 17 de octubre de 1889 y Decreto 56, 20 de octubre de 1894, citados en Huitrón, *Bienes*, 144.

Jefes políticos e impuestos

El otro hilo que va trenzando la relación íntima que unió a los jefes políticos con el clima de relativa paz ó intranquilidad en el campo, fueron sus atribuciones sobre uno de los ingredientes más frecuentes entre las causas de los levantamientos campesinos: los impuestos. En octubre de 1868 cuando en el Estado de México se establecieron nuevas reglas respecto de los adjudicatarios de terrenos de común repartimiento, se les eximió de toda prestación personal y del censo a que estaban obligados en virtud de la adjudicación. Pero, a cambio, se les impuso una muy elevada contribución municipal de 3 por ciento anual sobre el valor de estas propiedades. Encargados de "cuidar bajo su más estrecha responsabilidad, del cumplimiento de esta ley" quedaron, una vez más, los jefes políticos.[25]

Según este decreto de los gobernantes de la república restaurada en el Estado de México, los jefes políticos no sólo deberían cuidar la observancia de los deberes fiscales, sino que—a fin de imponer a los propietarios el impuesto correspondiente—estaban encargados de "valorizar" los predios ya divididos "tomando por base los cuartillos de sembradura de maíz que mida cada terreno, . . . y teniendo en cuenta si el terreno es de riego o temporal, su calidad, cercas, árboles, magueyes y nopaleras".

La calificación emitida por el jefe político era vital para el campesino. El decreto de abril de 1875 señaló que aquéllos adjudicatarios cuyo terreno no excediera en valor los cincuenta pesos quedarían exentos de impuestos. Quienes poseyeran terrenos valuados por el jefe político entre cincuenta y doscientos pesos se les cobraría lo mismo que a los propietarios privados en general: ocho al millar. Pero, para quienes poseyeran terrenos aún no redimidos, con un valor mayor de los doscientos pesos, se instituyó un alto impuesto del 3 por ciento anual, obligando a ciertos adjudicatarios de antiguos bienes comunales a pagar al fisco más del 300 por ciento de lo que daban el común de los hacendados, rancheros y pequeños propietarios.[26] En torno a estos abismos fiscales, fuentes de profundos desequilibrios y malestar en el campo del Estado de México llamó la atención Andrés Molina Enríquez.[27]

Muy frecuentemente en el Estado de México los gravámenes fueron factores decisivos en las rebeliones. Lo habían sido, y con gran fuerza, desde antes de expedidos estos decretos de los años sesenta. Por lo menos desde la

[25]Decreto 96, "Estableciendo varias reglas respecto de los adjudicatarios de terrenos de repartimiento", 20 de octubre de 1868, citado en Huitrón, *Bienes*, 137.

[26]Decreto 78, "Sobre terrenos de común repartimiento", 12 de abril de 1875, citado en Huitrón, *Bienes*, 139.

[27]Andrés Molina Enriquez, *Los grandes problemas nacionales* (México: Ediciones del Instituto Nacional de la Juventud Mexicana, 1964).

década de los cuarenta y cincuenta, un importante número de núcleos indígenas, por caso los de Chilapa, se habían alzado en armas en contra del pago de capitación.[28] El mismo Mariano Riva Palacio, en su calidad de gobernador, reconoció que los impuestos se habían convertido en una de las "más graves dificultades" en el reparto de terrenos comunales. La renuencia de los adjudicatarios al pago de la contribución del 3 por ciento sobre el valor de los terrenos adjudicados fue obstinada y eficaz en diversos frentes: la gubernatura, el congreso local, y los poderes de la unión. La presión en contra de esta "falta de equidad" fue suficientemente incisiva como para obligar a Riva Palacio a proponer una reforma al efecto e instruir a sus jefes políticos en como aplicarla.[29]

Los pagos al fisco como fuente de descontento y agitación perduraron en el porfiriato. Una prueba entre otras, tuvo lugar en 1882, cuando el gobernador José Zubieta se vio en la necesidad de permitir al ayuntamiento de Texcoco conceder a los adjudicatarios de terrenos de común repartimiento los plazos que estimara convenientes—siempre y cuando no fuesen mayores de seis meses—para el cobro de los adeudos debidos impuestos por la valorización que llevare a cabo la jefatura política.[30]

Jefes políticos y mecanismos de concertación

Si este asunto ha llegado hasta el superior conocimiento de este elevadísimo tribunal es solamente por la característica tenacidad de nuestras clases indígenas que, cuando de posesión de tierras se trata, no sejan en sus pretensiones, a pesar de que se les demuestre hasta la evidencia que carecen de razón.[31]

A fin de cuidar y canalizar el vigor con que las comunidades de este estado defendían sus tierras comunales—la base de su identidad y supervivencia—se colocó a los jefes políticos en un sitial de primera importancia. Ello los relacionó íntimamente con la posibilidad de mantener una paz relativa en el campo.

---

[28]AMRP, 3127, Juan Alvarez a Riva Palacio, 12 de septiembre de 1849.

[29]*Memoria . . . Riva Palacio*, g. 4 y ss. Un ejemplo de estas instrucciones en AMRP, 8218, José Gómez a Riva Palacio, 27 de octubre de 1869.

[30]Decreto 61, "Facultando al Ayuntamiento de Texcoco para que conceda a los adjudicatarios de terrenos de común repartimiento, los plazos que estime conveniente, por las cantidades que le deban hasta 1879", 1 de mayo de 1882, citado en Huitrón, *Bienes*, 143.

[31]*Amparo promovido por los vecinos de San Lorenzo Huizizilapa pidiendo la nulidad al amparo que promovieron los vecinos de Santa Cruz o San Francisco Ayotusco en el juicio sobre reivindicación de terrenos*, 1900 (cursivas mías).

Las funciones de avenimiento que en teoría estaban llamados a desplegar contaban con una larga tradición en el Estado de México. Desde el siglo XVI, la corona había buscado hacer "cómodas composiciones" sobre los límites y valor de las tierras que, al mismo tiempo que otorgaban fondos a España, creaban reservas de terrenos para indios, terrenos comunales para los pueblos, al tiempo en que permitían a los particulares "recomponer" sus propiedades. Los jueces demarcadores de tierras, o de "composición" fueron generalmente los corregidores y los alcaldes mayores—en buena medida los antecesores de los prefectos y jefes políticos. A fin de expedir los títulos de propiedad estos funcionarios estaban obligados a investigar si alguno de los españoles que poseía terrenos estaba perjudicando los intereses de la Corona, o bien los de los naturales, así como a calibrar y buscar avenimiento entre los puntos de vista encontrados. A lo largo de la época colonial, en el Estado de México, las composiciones acabaron por ir legalizando los títulos de los grandes terratenientes, junto con la expropiación de las comunidades.[32] De cualquier forma, y tal vez más de manera consuetudinaria e informal que por requerimientos legales, estos funcionarios coloniales dejaron sentado un importante antecedente de conciliación entre las partes en conflicto que, hasta cierto punto, reviviría en la actuación de los prefectos y jefes políticos.

La ley de organización interna de los distritos políticos expedida en 1868 otorgó a los jefes políticos atribuciones decisivas en la prevención, contención y posible solución de las pugnas agrarias. Según esta disposición, éstos fungirían, nada menos que como los árbitros en las disputas suscitadas entre los diversos actores—tanto particulares como colectivos—en los distritos rurales del Estado de México. Además del arbitraje, se les otorgó la capacidad de promover, legitimar, e incluso impedir los litigios que hacían pueblos, municipios y ayuntamientos en torno a sus propiedades. El jefe político estaba facultado para

> *conceder ó negar licencia para litigar á los Ayuntamientos, municipios o pueblos.* Los Gefes Políticos antes de conceder ó negar esas licencias oirán las razones que les fueren espuestas por el Ayuntamiento, municipio o pueblo interesado, para sostener como actor el litigio; *procurarán un avenimiento con la parte contraria, á quien oirán en lo conducente; evitarán en todo caso las vías de hecho; y dictarán su resolución.*[33]

Cuando los ayuntamientos, municipios o pueblos eran demandados, no necesitaban licencia para litigar expedida por el jefe político; pero, de cualquier manera, éste estaba obligado a procurar que las querellas no derivasen en "vías de hecho". Igualmente importante, es que dicho

---

[32]María Teresa Jarquín, "La formación de una nueva sociedad", en Rosenzweig, *Breve*, 130 y ss.
[33]*Ley orgánica*, 1868, 10 (cursivas mías).

funcionario estaba capacitado para aprobar o rechazar los nombramientos que de apoderados hiciesen estos actores comunitarios a fin de poder entablar litigio o defensa de sus intereses. Un amplio márgen de mando discrecional le revestía su facultad de cuidar "que el nombramiento de apoderado recaiga en persona honrada y que tenga la aptitud necesaria". En caso de que el jefe político rechazase el nombramiento propuesto, el ayuntamiento, municipio o pueblo podía proponerle una segunda persona.

La ley incluso permitía al jefe político ejercer cierta fiscalización en la forma como las comunidades usaban sus recursos durante las querellas legales. Quedaba obligado a informar al gobierno estatal sobre las solicitudes de litigios para que de los fondos municipales o comunes se hiciesen "las espensas del negocio"; así como de llevar el libro donde constarían "los bienes propios o de arbitrios establecidos o que se establecieran en los Ayuntamientos y municipios del Distrito".[34]

En suma, desde una perspectiva formal, obligación principal de las jefaturas políticas del Estado de México era intentar avenir las partes en conflicto, a fin de evitar que las fricciones degeneraran en insurrecciones agrarias. Las normas porfiristas fueron particularmente exigentes en dicha obligación señalando, en 1878, que esta institución procuraría "un avenimiento con la parte contraria á quien oirán en lo conducente, *evitando bajo su más estrecha responsabilidad, en todo caso, y de la manera más enérgica, las vías de hecho"*.[35]

Debe hacerse la salvedad de que, en concordancia con la centralización del poder propugnada durante el gobierno de Díaz, este mismo decreto intentó concentrar el mando en el ejecutivo local, quien sería el encargado de otorgar las licencias para que litigaran los ayuntamientos, municipios o pueblos. Pero ésto no hacía menos vital el papel desempeñado por el jefe político, pues el gobernador normaría su criterio en base al "previo expediente instructivo que sobre la conveniencia e inconveniencia del litigio formen los Gefes políticos, asentando en él, una razón o título o títulos que presenten los interesados".[36]

Los archivos estatales muestran múltiples intentos hechos por los jefes políticos y el gobernador supuestamente con el fin de concertar las partes en disputa. Visto estrictamente desde esta óptica legal y estos documentos oficiales, consta la búsqueda de avenimiento dentro de los pueblos, entre las

[34]*Ley orgánica*, 1868, 11.

[35]Decreto 104 dictado por el general Juan M. Mirafuentes, expedido en Toluca, 17 de octubre de 1878, citado en Estado de México, *Colección de decretos del Congreso Constituyente del Estado de México* (en el período ocurrido de 2 de marzo de 1876 a 11 de noviembre del mismo año y del 14 de marzo de 1877 a 28 de febrero de 1879) (Toluca: Tipografía del Instituto Literario, 1879), XIV:156–158 (cursivas mías).

[36]Ibid.

comunidades, así como entre éstas y empresas agrícolas. De hecho, buena parte de las energías gastadas por los funcionarios que laboraban en las jefaturas, así como de su relación con el ejecutivo estatal eran consumidas por estos afanes de avenimiento.

Con gran frecuencia se consigna en los documentos como, cuando surgían alegatos entre pueblos, el jefe político citaba formalmente a representantes de quienes se encontraban en querella a juntas de conciliación que él encabezaba. Según se desprende de las actas, los jefes políticos lograron—en un notable número de casos—encontrar paliativos, y en ocasiones arreglos, a los añejos pleitos por linderos que dividían a las comunidades del Estado de México. Típico fue el avenimiento que encabezó el jefe político de Tlalnepantla y que en 1887 intentó poner fin a las rencillas que hacía tiempo dividían a la comunidad de Santa Ana Xilotzingo y a la de Santiago Tlazala[37]; o bien el "acuerdo amistoso" sobre tierras que en 1893 alcanzó el pueblo de Santa Ana y la ranchería de Gunyu, firmado en la jefatura política de Jilotepec.[38]

También frecuentes fueron los avenimientos que, por lo menos temporalmente, parecían cerrar capítulos en el largo conflicto entre haciendas y comunidades. En la medida en que esta documentación de archivo refleja por lo menos una parte de la realidad, y al igual que en los litigios entre pueblos, después de escuchar las razones y querellas, el jefe político intentaba que las partes cedieran algo a fin de alcanzar una transacción formal. Tal fue el caso, entre otros de la conciliación celebrada en octubre de 1888 entre el ayuntamiento de San Antonio y la Sociedad Agrícola "Rafael Barbabosa y Sucs".[39]

En suma, visto desde esta faceta formal, el esfuerzo que desplegaron los jefes políticos—en especial los de la época de Villada—por poner en práctica los mecanismos de concertación contemplados en la ley parecen haber limado ciertas fricciones y atenuado las posibilidades de insurrecciones agrarias. Si bien muchas aristas de los conflictos continuaban sin resolver, al menos se ofrecían paliativos temporales que en ocasiones permitían a los hacendados, y tal vez a otros habitantes del campo, ver en el ejecutivo y en las jefaturas conductos por donde poder canalizar algunas de sus demandas.

Estos arreglos parciales y formales no invalidan el que, frecuentemente, las concertaciones sólo alcanzasen a ser respiros temporales y superficiales para los pueblos. Y en ocasiones ni eso. Los conflictos solían inhibirse, no

---

[37]Estado de México, *Colección de discursos pronunciados en el acto de la transacción celebrada entre los pueblos de Santa Ana Xilotzingo y Santiago Tlazala del Distrito de Tlalnepantla, Estado de México* (México: Imprenta Orozco, 1887).

[38]AHEM, c. 078.9, v. 158, e. 31, 7 ffs, 26 de abril de 1893.

[39]AHEM, c. 078.1, v. 155, e .35, 9 fs, Felipe Becerril, jefe político de Tenango a Secretaría General de Gobierno, 25 de octubre de 1888.

resolverse. "Las vías de hecho" no siempre se evitaron; en buena medida porque todos estos esfuerzos de avenimiento documentados en los informes oficiales, sólo iluminan una faceta del juego político real. Tras bambalinas quedan las redes clientelísticas, los compromisos personales y tradicionales, las amistades, y compadrazgos, que solían encauzar la acción de los jefes políticos en beneficio de las élites que ya dominaban las regiones, o bien de las autoridades superiores—en especial del gobernador y el presidente Díaz. De aquí la carencia de representatividad que padecían estos agentes de gobierno en torno a las demandas y los intereses de las comunidades agrarias. De ahí también, una de las raíces más profundas de su falta de legitimidad entre los campesinos del Estado de México.[40]

El control de las insurrecciones

Cuando las armas eran empuñadas, el jefe político era la figura directamente responsable de reestablecer la paz. De ahí sus nexos más directos y obvios con las rebeliones campesinas. Por ley, era el encargado de tomar las medidas ordinarias, así como las "extraordinarias" para garantizar la tranquilidad y el orden público. Estaba formalmente al mando de toda la fuerza armada del distrito, ya fuese municipal, de Guardia Nacional o rural, y contaba entre sus atribuciones organizar la Guardia Nacional y las fuerzas de seguridad pública que hubiesen en el área de su influencia formal, así como requerir fuerzas del ejército federal. Además, debía controlar el armamento que poseían los particulares, examinar las licencias de quienes portaban armas, y recoger aquéllas carentes de permiso.

Particularmente decisiva para la vida de los pueblos era la responsabilidad del jefe político de proveer "el contingente de sangre para el ejército nacional y Fuerzas del Estado, evitando escrupulosamente todo abuso". El enorme poder discrecional que ejercía al supervisar los sorteos, ó decidir quien sería llevado en la leva, y quien quedaría excento, era vital para todos los habitantes del distrito. La manera como los jefes políticos ponían en práctica esta enorme facultad debió haberse traducido en una importante fuente de malestar, alimentadora de no pocas insurrecciones campesinas.[41]

En suma, el control que amasaron los jefes políticos sobre parte significativa del poder que emanaba de las armas podía equipararse a su influencia decisiva sobre los cambios en la estructura de la propiedad.

---

[40]Un terreno particularmente fértil para observar como las jefaturas utilizaban sus áreas de influencia informal debieron haber sido los avenimientos ya no entre pueblos, sino entre comunidades y particulares poderosos, en donde—muy frecuentemente—los arreglos ocultos de conveniencia han de haber privilegiado a los intereses económicos ya dominantes.

[41]Estado de México, *Ley orgánica*.

Como para estos agentes de gobierno era obligación central mantener en "paz" a su distrito, se convirtieron en los funcionarios directamente responsables del control y supresión de rebeliones. Cuidado especial debían poner desde que empezaban a soplar aíres insurrectos en los pueblos. Así, eran comunes los reportes elaborados por los prefectos para el ejecutivo local, como el que suscribió el de Tlalnepantla recién alcanzada la vida independiente, donde advertía sobre un impreso "subversivo" que promovía el alteramiento de la tranquilidad, intitulado *Los indios quieren ser libres, y lo serán en justicia.*[42]

No es de extrañar que su celo en contener y reprimir levantamientos campesinos se agudizara después de emitida la Ley Lerdo, en la medida en que ésta provocó y exacerbó un abanico de problemas en el campo. Ejemplo fue el del jefe político de Tlalmanalco que, a poco de que esta ley fuese promulgada, solicitó al gobierno en Toluca le enviase doscientos soldados para ayudar a prevenir un inminente levantamiento indígena. De hecho, campesinos rebeldes del Estado de México tuvieron ocupados, todo el resto de 1856 y parte de 1857, al gobernador Mariano Riva Palacio y a sus jefes políticos, particularmente a el de Temascaltepec, y el de Ixmiquilpan.[43] Incluso cuando las jefaturas sólo intentaban "prevenir" alzamientos, usaban como telón de fondo la fuerza de las armas. Tal sucedió en 1869 cuando el jefe político de Zumpango, "disuadió" a un grupo campesino que estaba a punto de rebelarse a raíz de sus problemas de tierras con las haciendas vecinas, amparándose en la presencia de tropas federales.[44]

La historia del Estado de México y la del país entero está repleta de ejemplos de la forma—las más de las veces rigurosa—con que los jefes políticos contuvieron a quienes empuñaron las armas en contra del *status quo*. Con razón, estos aspectos sórdidos se convertirían en los más conocidos y repudiados de toda su actuación. Es de notarse que la inclemencia solía ser muy aguda cuando los rebeldes eran campesinos e indígenas. En cambio, cuando los participantes de las rebeliones regionales formaban parte de la crema y nata de las localidades, el régimen porfirista dio en utilizar mecanismos de corte más político que represivo.[45]

[42]AHEM, c. 154.2, v. 14, e .3, Prefecto político de Tlalnepantla al gobernador, 5 de marzo de 1829.
[43]Powell, *El liberalismo*, 83–84; Rosenzweig, "La formación", 218.
[44]AMRP, 8349, Joaquín Pérez Tejada a Riva Palacio, 24 de diciembre de 1869.
[45]Véase un ejemplo de rebelión local encabezada por miembros prominentes de la élite coahuilense, entre ellos la familia Carranza en Romana Falcón, "Logros y límites de la centralización porfirista: Coahuila vista desde arriba", en *El dominio de las minorías: República restaurada y el porfiriato*, ed. Anne Staples, Gustavo Verduzco, Carmen Blásquez y Romana Falcón (México: El Colegio de México, 1989), 95–135. Una discusión general del tema se encuentra en Universidad Iberoamericana (introducción de Friedrich Katz), *Porfirio Díaz*

De esta falta de clemencia con aquéllos que operaban fuera de la ley en el Estado de México da cuenta el propio gobernador Villada cuando en 1892 confiaba al presidente Díaz el éxito que le había reportado la deportación de éstos a Yucatán: "ésto me ha dado muy buen resultado, pues varios distritos se han visto limpios del bandidaje, a consecuencia de que ninguno de los que he remitido han vuelto. Esto ha moralizado a los pueblos, porque temen más la deportación a Yucatán que a la misma muerte".[46]

Sultepec: rebeliones y discrecionalidad del poder

Sultepec—cerro de las codornices—que antes de la llegada de los españoles estaba habitada por Matlazincas, se hizo célebre durante la colonia—junto con Taxco, Tlatlaya, Amatepec, y Temascaltepec poblaciones localizadas en la misma zona—por la riqueza de sus vetas de plata y oro. El encuentro con los españoles fue brutal para sus pobladores originales, muchos de los cuales murieron debido a "las pestilencias". Desde el inicio de la colonia, fue dado en encomienda, y pronto avecindaron sesenta españoles. Ya en 1575 contaba con un molino para metales, y a principios del siglo XVII se establecieron los franciscanos que levantaron el hermoso templo de Padua que hoy perdura.[47] Localizado en el extremo suroccidental, en las colindancias de Guerrero, su temperatura templada, y los varios ríos que lo surcan, hacía que sus tierras fueran consideradas "prodigales", permitiendo, a mediados del siglo XIX, el cultivo de maíz, frijol, haba, papa, caña, algodón, legumbres y frutas. Su fauna salvaje aún incluía venados, leopardos, tigres, lobós, coyotes, jabalíes, águilas y gavilanes.

A pesar de esta naturaleza bondadosa, que contrastaba con las estériles tierras minerales y tepetatosas del vecino distrito minero de Temascaltepec, los pueblos de Sultepec se hicieron tradicionalmente mineros. En la época que fueron dictadas las leyes de reforma, la mayoría de sus habitantes se dedicaban "al laboreo de las minas y en las haciendas de beneficio"—sólo unos cuantos a la cría de ganado, agricultura y el comercio—y, según reconoció una agencia gubernamental, "vivían en la miseria" debido a la decadencia minera que abatía todo México.[48] Muchas minas habían sido

---

ante el descontento popular regional (1891–1893): Antología documental (México: UIA, 1986).

[46]CPD, Villada a Díaz, 20 de septiembre de 1892, citado en Universidad Iberoamericana, *Porfirio Díaz*, 43–44.

[47]Estado de México, *Monografía del municipio de Sultepec* (Toluca: Dirección de Prensa y Relaciones Públicas del Gobierno del Estado de México, 1974), 11 y ss.

[48]Estado de México, *Estadística del Departamento de México, formada por la comisión nombrada por el Ministerio de Fomento, y presidida por el Sr. Don Joaquín Noriega; de septiembre de 1853 en que comenzó sus trabajos a febrero de*

abandonadas, desconociéndose hasta el nombre de sus dueños. La relativa estabilidad que trajo consigo la república restaurada no permitió a Sultepec recuperar sus glorias mineras.[49]

En 1856, cuando la Ley Lerdo fue expedida, en los cuatro municipios que conformaban este distrito había treinta y tres pueblos, once ranchos y veintinueve haciendas, apenas habitados por 18,730 personas.[50] Las divisiones sociales estaban claramente marcadas: mientras los notables "acostumbraban . . . usar de la mejores viandas y bebidas, según los que residen en las principales poblaciones de la república; en los demás puntos el común alimento se reduce al frijol, haba, alverjón, algunas carnes de res y cerdo . . . y tortilla". La población era básicamente indígena; bebía pulque, tlachique y aguardiente y padecía enfermedades endémicas como "fiebres, pulmonías, dolores de costado y diarrea".[51]

Al iniciar Díaz su régimen, Sultepec podía calificar como el distrito más pobre de todo el Estado de México. El conjunto de su propiedad raíz en el campo—que estaba concentrada en 178 fincas—apenas valía 129,388 pesos; el de la urbana no alcanzaba la mitad del valor. La mayoría de los propietarios eran tan humildes que sus fincas no llegaban a valer ni cien pesos.[52]

Durante el porfiriato, y como aparentemente sucedió en el resto de los distritos rurales del Estado de México[53], el número de haciendas se extendió, aunque no de manera inmoderada. Si al inicio de ese régimen se reportaban dieciseis haciendas y dos ranchos, en su ocaso se notificaron veintiseis haciendas y cinco ranchos. Aparentemente, la propiedad no estaba tan concentrada como en otros distritos. Según un cuidadoso estudio realizado en 1893, treinta y tres de los treinta y seis ranchos existentes en Sultepec no lograban rebasar las quinientas hectáreas. Las cuatro haciendas entonces reportadas fueron clasificadas entre las menores de la entidad—ninguna

---

1854 en que los concluyó, Edición facsimilar en Biblioteca Enciclopédica del Estado de México (México: Gobierno del Estado de México, FONAPAS, 1980), 654 y ss.

[49]Sólo cuatro haciendas de beneficio y treinta y cinco minas se mantenían en operación, por medio de faena, es decir a partido con los mineros, *Memoria . . . Riva Palacio*, Gobernación 7; Para el inicio de la década de los 1870, treinta y un minas y cinco haciendas de beneficio de metales estaban en operación, Estado de México, *Estadística del Departamento*, 156, 168.

[50]Estado de México, *Estadística del Departamento*, 101 y 126.

[51]Ibid., 660.

[52]Comparándolo con otros distritos, Sultepec ocupaba el penúltimo sitial en cuanto al valor de su propiedad raiz en el campo y el más bajo de todos en cuanto la propiedad urbana. *Memoria . . . Riva Palacio*, Cuadros del valor de la propiedad raiz. s/n; y Hacienda 7.

[53]Un estudio novedoso sobre estos temas es el de Avila, *¿Revolución*, 117 y ss.

rebasaba las cinco mil hectáreas—y ninguna figuraba entre las fincas de alta productividad en la entidad.[54]

La zona contaba con una fuerte tradición de rebeldía. Sultepec y Temascaltepec habían sido puntos conflictivos de gran importancia durante la insurgencia. Los indígenas de la zona estaban, además, marcados por un importante legado de insurrección agraria. Desde principios de siglo, varios de sus pueblos habían interpuesto resistencia, tanto legal como armada, a la ocupación de sus recursos madereros y acuíferos por parte de los dueños de minas y haciendas. Durante la ola de levantamientos que incendiaron estos distritos a partir de 1842, las filas rebeldes engrosaron con gente de los pueblos de Sultepec, Tlatlaya y Texcatitlán. Si bien estos campesinos conocieron la derrota militar de sus movimientos, salieron hasta cierto punto victoriosos en tanto que, por un tiempo más, lograron preservar parte de sus tierras, y con ello, de su forma tradicional de vida.[55]

Los indígenas de Sultepec sabían por experiencia propia el rigor extremo con que sus jefes políticos podían reaccionar a sus alteraciones del orden. Precisamente, lo primero que hizo el prefecto de Sultepec al ocupar su cargo a fines de 1849, fue crear la policía de rurales.[56] Muestra sobresaliente de la dureza con que se "pacificaba" a insurrectos la dio quien estaba al frente del cargo en agosto de 1876, precisamente en contra de los sublevados de Sultepequito y Santa Cruz, los mismos pueblos que volverían a empuñar las armas en 1891. En esa ocasión, el jefe político ofreció indulto al centenar y medio de rebeldes, mientras conminó sin ambajes con la pena de muerte a quienes no entregasen sus armas en un término de quince días. Poco tardaron muchos indígenas en presentarse a la jefatura pidiendo indulto y, según el recuento oficial, "protestando sumisión y obediencia al Supremo Gobierno".[57] Más adelante, otros jefes políticos de Sultepec no dudaron en imponer la tristemente célebre "ley fuga" a dirigentes campesinos.

Los problemas de tierras se agravaron desde finales de la década de los ochenta, cuando el régimen porfirista decidió presionar a fondo por la abolición de las propiedades comunales. En abril de 1891, el gobernador

---

[54]La memoria de Villada para el período 1889–1893 habla de veinticinco haciendas y veintitres ranchos en el distrito, pero dadas las diferencias de criterio utilizadas en la clasificación, es difícil conocer el cambio habido en la proporción de haciendas, ranchos y pueblos. Margarita García Luna, *Haciendas porfiristas en el Estado de México* (Toluca: Universidad Autónoma del Estado de México, 1981), 48–49, 55, 73, 75.

[55]Hart, "The 1840s," en Katz, *Riot*, 268; AMRP, 3204 y 3228, Esteban León a Riva Palacio, 29 de septiembre y de octubre de 1849.

[56]AMRP, 3456, 3457, Lorenzo Calderón a Riva Palacio, 16 de noviembre de 1849.

[57]*La Ley (Gaceta del Gobierno del Estado de México)*, 14 y 23 de agosto de 1876.

Villada ordenó a la jefatura política de Sultepec agilizar la división de terrenos de común repartimiento y de ejidos.[58]

Ciertas comunidades sólo tardaron unas semanas en conocer los efectos de este acicate liberal. El primero de mayo, el jefe político de Sultepec, coronel Mariano Padilla dictó "las medidas conducentes para que se procediera a la división de los terrenos" de la ranchería del Cristo en Amatepec. La oposición surgió de inmediato. Ese mismo día, un personaje de nombre Leonardo Nicolás impidió el fraccionamiento al presentar un título de adjudicación sobre el mismo terreno.[59]

Para julio subió el tono del descontento. Como siempre, los jefes políticos eran los primeros en intentar disolver todo caldo de cultivo en donde se fraguase una rebelión. Así, el de Sultepec no tardó en ser alertado por su contraparte en Temascaltepec que Encarnación Nestor, "aliado con los pueblos que componen esa municipalidad", así como con los de cabecera de Amatepec, Ayuchitlán, Cutzamala, Telolapan, Ixtapan en Tejupilco, y ciertos pueblos de Guerrero pretendían sublevarse.

Desde el inicio fue evidente que el movimiento tenía una notable profundidad social; al grado de que el propio jefe político de Temascaltepec consideró imprudente reprimirlo con los métodos tradicionales, es decir mediante el uso de veintenas reclutadas de entre los pueblos de la región, "puesto que todas está[ban] implicadas en el asunto". Por ello, suplicó a Villada "hacer lo que estime conveniente" para auxiliarlo, mandando, por ejemplo, a otra fuerza represiva del Estado, los gendarmes, para que lo ayudaran a contener la sublevación.[60] El gobernador no escatimó esfuerzos. Recurrió de inmediato a la federación, pidiendo al Ministro de Guerra ordenar a la fuerza estacionada en Zacualpan prestar su ayuda a las autoridades de Sultepec y Temascaltepec. Además ordenó a sus instrumentos locales, los jefes políticos de la zona, entrar en combate contra los insurrectos haciendo uso de los destacamentos de gendarmes.[61]

La actitud que asumieron ambos jefes políticos—el de Temascaltepec y el de Sultepec—ofrece contrastes notables en su comprensión del movimiento, las soluciones propuestas, así como en el trato que propusieron para con los insurrectos. Dichas disparidades, típicas de las diferencias entre estos agentes de gobierno, se reflejaron tanto en la forma

---

[58] AHEM, c. 078.0, v. 154, e .50, fs. 8, oficio del 26 de abril de 1891.

[59] AHEM, c. 078.0, v. 154, e .50, f. 9, jefe político de Sultepec a Secretaría General de Gobierno, 25 de junio de 1891.

[60] AHEM, c. 091.1, v. 175, e. 10, 57 ffs, jefe político de Temascaltepec a jefe político de Sultepec, 18 de julio de 1891. La veintena consistía en hacer la vigilancia de la población durante veinte noches de un mes. Muchos vecinos eran obligados a servir en ellas más de los seis meses al año que la ley preveía. Avila, *¿Revolución*, 193.

[61] AHEM, c. 091.1, v. 175, e. 10, 57 ffs, José Vicente Villada, gobernador del Estado de México a jefe político de Temascaltepec, 20 de julio de 1891.

en que pensaban utilizar sus prerrogativas legales, como en su uso de mando discrecional.

Incluso podría establecerse cierto contrapunto entre la imagen tradicional que se tiene de estos funcionarios—la que en muchas instancias debe concordar con la realidad—y la actuación del entonces jefe político de Sultepec, quien intentó rebasar un tipo de dominio únicamente basado en las armas. Según reflejan los documentos, y en clara divergencia de su colega en Temascaltepec, Mariano Padilla no consideró agotada su actuación una vez que se "pacificó" al movimiento. Buscó, hasta cierto grado, precisar las raíces del levantamiento y ofrecer al menos paliativos, al tiempo en que imponía un estricto control social y económico sobre las comunidades bajo su jurisdicción.

De cualquier manera, las energías se concentraron, antes que nada, en la pacificación. Padilla informó al gobernador que más de cien hombres en armas se encontraban dispersos en los cerros que rodeaban al poblado de Santa María. El monto de rebeldes era notable pues Sultepequito, Santo Tomás, y Santa María, los principales pueblos insurrectos, apenas contaban con alrededor de medio millar de habitantes cada uno.[62] Confiado en poder aplicar soluciones pertinentes, y en desaveniencia con la opinión del jefe político de Temascaltepec, Mariano Padilla consideró que no era demasiado riesgoso enfrentarse a los rebeldes de la manera tradicional, con las veintenas formadas por indígenas de la propia zona en armas.

Al mando de cuerpos de gendarmes y de veintenas de Sultepec, Tlatlaya y Amatepec—las cuales estaban comandadas por sus propios presidentes municipales—Padilla reunió más de doscientos efectivos, con los que apaciguó la región en la segunda mitad de julio, y tomó, sin resistencia, la plaza de Santa María. A la pacificación siguió la aprehensión de quienes habían huido a los cerros con las armas en las manos. El último día de julio de 1891, el jefe político y sus hombres capturaron en los montes contiguos a Santa María a treinta y uno sublevados, y cerca de Tlatlaya a otros cuarenta y uno rebeldes.

Pero a fin de lograr un dominio realmente profundo había que ir más allá de la llamada "pacificación". Más allá del discurso oficial, el jefe político reconoció ante el gobernador un problema capital: que los rebeldes habían sido apresados "sin sus cabecillas", por lo que no había logrado "descubrir el motivo de su sublevación", y consideraba probable que más pueblos se levantaran. De cualquier manera, a fines de julio, la fuerza armada federal fue relevada de la campaña.[63]

---

[62]*Memoria presentada a la H. legislatura del Estado de México por el C. gobernador constitucional general Juan Mirafuentes correspondiente al segundo año de su administración* (Toluca: Imprenta del Instituto Literario, 1879), 28.

[63]AHEM, c. 091.1, v. 175, e. 10, 57 ffs, jefe político de Sultepec a presidente municipal de Tlatlaya, 27 de julio, 1891; jefe político de Sultepec a

Cada jefe político imponía soluciones individuales, que podían desembocar en condiciones radicalmente distintas para las comunidades y los insurrectos. Cuando Padilla "practicó diligencias" al medio centenar de prisioneros indígenas, los encontró a todos inocentes. Fundamentó dicho juicio ante el gobernador, asegurando que éstos se habían rebelado porque los habían "obliga[do] los cabecillas", precisamente aquéllos que no se habían podido aprehender. Haciendo uso de su poder discrecional, y después de "amonestar" a los indígenas rebeldes, el jefe político decidió ponerlos en libertad. Fue hasta después de ejecutada esta medida, que pidió al gobernador su "aprobación" a la misma.[64] Se trataba de una prueba clara del margen de autonomía relativa del que gozaban los jefes políticos aún bajo las órdenes de un gobernador con tal capacidad de mando y de concentración de poder como era Villada.

Pero, como sucede regularmente en los sistemas políticos de corte clientelístico, todo beneficio tenía su precio, y el jefe político no tardó en cobrarlo. El haber abierto las puertas de la prisión a los insurrectos significó un costo muy alto para los pueblos. De hecho, es en las medidas que entonces tomó la jefatura política donde más claramente puede aquilatarse el estricto control que logró imponer sobre las comunidades rebeldes.

Probablemente fuera del régimen de derecho, Padilla, comprometió a todos y cada uno de los miembros de las comunidades no sólo a resistirse a futuras rebeliones, sino también a sufragar los gastos que originara la captura de los aún sublevados. Incluso obligó a las comunidades a pagar una indemnización por los costos que podrían implicar futuras campañas pacificadoras.

Y éstos no fueron meros anhelos. La jefatura confeccionó mecanismos que garantizaran el cumplimiento de dichos compromisos. A fin de sufragar estos gastos, hizo que se firmara una obligación en la que todos los miembros de las comunidades implicadas en la insurrección se comprometían a dar como aval no sólo sus bienes presentes, sino también los que tendrían a futuro; incluídos los bienes poseídos en común. Con el interés de debilitar aún más el apoyo popular a las rebeliones, estos indígenas debieron prometer formalmente al jefe político que colaborarían en la persecución de sus dirigentes insurrectos. De esta manera, la jefatura iba fracturando los vínculos entre pueblos y líderes, su cohesión interna y su voluntad de lucha.

Según consta en actas levantadas en dicha jefatura política, cada pueblo implicado,

---

Villada, 28 de julio, 1891; jefe político de Sultepec a Secretaría General de Gobierno, 19 de julio, 1891; varios telegramas de campaña enviados por el jefe político de Sultepec a Secretaría General de Gobierno, 23 a 31 de julio de 1891.

[64]AHEM, c. 091.1, v. 175, e. 10, 57 ffs, jefe político de Sultepec a Villada, 27 de julio de 1891.

representado por todos los individuos que lo forman, se comprometen solemnemente y exponiendo todos y cada uno de ellos sus bienes particulares habidos y por haber, y los que en comunidad actualmente disfrutan, para asegurar de esta manera de que en caso de transtorno verificado por individuos del mismo pueblo al órden público, sea cual fuere su número; pagarán con ellos cuantos gastos se originen más la multa ha que se hayan hecho acreedores, obligándose al mismo tiempo a perseguir para entregar a la autoridad correspondiente a . . . quienes fueron los que sedujeron los vecinos.[65]

Padilla ahondó en las fuentes del levantamiento. El mismo 30 de julio de 1891, cuando dio por terminada la pacificación, llevó a cabo una indagación sobre las raíces del movimiento, corroborando que éste constituía una defensa comunitaria ante las presiones derivadas de la política agraria liberal y porfirista: deslindes entre pueblos, repartos, adjudicaciones particulares de terrenos comunes y baldíos.

Según testificaron ante la jefatura los representantes de los pueblos insurrectos—particularmente los de Sultepequito, y Santo Tomás—sus comunidades habían empuñado las armas como protección frente a los trabajos que realizaba la "Compañía Deslindadora Santibañez y Mercado". Dicho deslinde había dado pie a una confusión de atribuciones entre autoridades, así como a un embrollo de objetivos que afectó a las comunidades en formas variadas.

De hecho, desde principios de julio, los indígenas de Sultepequito, Santo Tomás y Santa María habían levantado queja ante la jefatura política de Sultepec en contra de estos deslindes; y desde entonces Padilla los había mandado suspender. Pero el ingeniero encargado de la medición se había amparado en las atribuciones que el gobierno central tenía sobre la materia, mostrando en la jefatura el contrato de deslinde firmado ante la Secretaría de Fomento en la ciudad de México.[66] Aparentemente, eso había llevado a un *impasse*, en buena medida causante de la insurrección.

La cuestión de los baldíos implicaba una verdadera maraña burocrática que involucraba a funcionarios municipales, distritales, así como a algunos residentes en la ciudad de Toluca y en la de México. Por lo menos en esta ocasión, y por razones sumamente complejas, dichas fricciones fomentaron el repaldo a los pueblos por parte de diversas autoridades del Estado de México. Para empezar, esta compañía del coronel Santibañez ya había sucitado problemas con diversos núcleos de poder en la entidad, incluido el gobernador. A fines de julio de 1891, visiblemente molesto, Villada

---

[65]AHEM, c. 091.1, v. 175, e. 10, 57 ffs, jefe político de Sultepec a Secretaría General de Gobierno, 29 de julio de 1891 (cursivas mías).

[66]AHEM, c. 091.1, v. 175, e. 10, 57 ffs, jefe político de Sultepec a Secretaría General de Gobierno, 29 de julio de 1891.

comentó al jefe político de Sultepec que esta empresa había comenzado sus labores "sin la previa autorización de este gobierno". Tampoco había dado el "previo aviso" necesario en la jefatura. Padilla atizó la hoguera asegurando a Villada que dicha empresa había "caminado con poca cordura, y [que] ella . . . [era] la causa de estos males". De ahí que, a pesar de que Santibañez alegó que nada tenía que ver con el deslinde, a fines de julio, en el momento en que daba por terminadas las labores de "pacificación", Padilla cortó de tajo los deslindes, encomendando expresamente el cumplimiento de dicha orden a los presidentes municipales de Tlatlaya y Amatepec.[67]

Fue, otra vez, un intercambio de intereses. El jefe político tuvo la habilidad necesaria para hacer de la suspensión del deslinde una arma de doble filo. Al tiempo en que la ordenaba impuso en Sultepec, sobre la preferencia del grueso de sus habitantes, la meta básica del ideario liberal: la división de las propiedades comunales pero ahora bajo su autoridad. De inmediato hizo venir a la cabecera del distrito a, "todos los pueblos que la componen a fin de escucharlos y *hacerles ver la necesidad que hay de estar sumisos a las disposiciones del Gobierno que nos rige; lográndose con este hecho el que los que antes estaban renuentes al repartimiento, solicitan su fraccionamiento*".[68] El discurso oficial lo señalaba claramente: privatización de tierras comunes equivalía a sumisión. Al seguir indagando, Padilla encontró una raíz aún más profunda que alimentaba la insurrección: litigios por tierras entre comunidades, ésto es, la decisión casi inquebrantable de los pueblos por defender sus tierras comunes, la base de su supervivencia e identidad.

Lo que originalmente parecía un levantamiento provocado por el deslinde de baldíos, resultó también consecuencia de los añejos enfrentamientos entre pueblos, los que en ocasiones eran tan antiguos que antecedían a la implantación del ideario liberal en el campo. Sin embargo, deslindes y adjudicaciones solían atizar estos pleitos dado que exigían marcar las líneas divisorias entre comunidades. Regino Villalba, un anciano juez auxiliar de Santa Cruz, señaló ante la jefatura que, "deseando arreglar perfectamente los títulos de propiedad de los terrenos que forman el pueblo", había marchado a Toluca a recurrir a los servicios de un abogado, quien le hizo ver que, para poner en orden dichos documentos, era preciso ir hasta la capital de la república. Resignados a padecer las molestias que provocaba la centralización, los de Santa Cruz contrataron en la ciudad de México, por 145 pesos, a la compañía del coronel Santibañez para que les entregara sus títulos de propiedad, amparados por el plano respectivo. Para ello,

---

[67]AHEM, c. 091.1, v. 175. e. 10, 57 ffs, Villada a jefe político de Sultepec, 28 de julio, 1891; jefe político de Sultepec a Villada, 28 y 30 de julio de 1891; jefe político de Sultepec a Secretaría General de Gobierno, 14 de agosto de 1891.

[68]AHEM, c. 091.1, v. 175, e. 10, 57 ffs, jefe político de Sultepec a Secretaría General de Gobierno, 29 de julio de 1891 (cursivas mías).

precisamente, es que se había iniciado la medición de terrenos sultepequenses a mediados de julio.

Pero cada pueblo defendía lo suyo hasta lo último. Como aclararon los de Sultepequito al jefe político, al percatarse que ingenieros, acompañados por vecinos de Santa Cruz, se ocupaban de medir terrenos, y dado que "aquéllos hace tiempo pretend[ían] tomarse parte de terreno que no les corresponde por cuyo motivo hay litigio pendiente, crey[eron] perjudicarían los intereses de[l] pueblo . . . y más cuando dichas medidas avanzaban con dirección a los linderos que dividen las propiedades de ambos pueblos . . . ." Temerosos y creyendo "que era ya un hecho que les quitaran parte de sus terrenos, por cuya causa se alarmaron", después de la incapacidad mostrada entonces por la jefatura para resolver sus quejas, se rebelaron.[69]

Situación prácticamente idéntica había orillado a los de Santa María y a los de Santo Tomás a tomar las armas. Según consta en actas, éstos últimos también tenían problemas de línderos con Santa Cruz y todos "los individuos que forman la república" al observar el deslinde, se dirigíeron "al punto colindante a efecto de impedir que con las medidas se introdujeran a terrenos de su propiedad". Como al hablar con quienes practicaban la medición, los del pueblo "no quedaron conformes por ignorar que objeto tenían . . . y porque se decía que era una compañía que andaba deslindando pueblos", habían decidido empuñar las armas.[70]

El jefe político intentó establecer un paliativo a parte de las razones de la sublevación. A fines de ese mismo año de 1891 inició "el fraccionamiento, medición y justiprecio" de los terrenos de algunos de estos pueblos, en solares de diferentes tamaños y "capacidad de sembradura de maíz",[71] con lo que, presumiblemente debieron haberse marcado ciertos de los línderos en disputa.

---

[69]AHEM, c. 091.1, v. 175, e. 10, 57 ffs, declaración de Isidoro Reyes y de Florentino Domingo, ambos jueces auxiliares de Sultepequito ante jefe político de Sultepec, y declaración de Regino Villalba, juez Auxiliar de Santa Cruz ante jefe político de Sultepec en comunicación del jefe político de Sultepec a Secretaría General de Gobierno, 21 de agosto de 1891.

[70]AHEM, c. 091.1, v. 175, e. 10, 57 ffs, declaración de Simón Rojas, juez auxiliar de Santo Tomás y Santiago Espinoza, auxiliar segundo de Santo Tomás ante el jefe político de Sultepec, 21 de agosto de 1891. Sobre el caso prácticamente idéntico de Santa María véase ibid., jefe político de Sultepec a Secretaría General de Gobierno, 29 de julio de 1891.

[71]La valorización la realizó Padilla "conforme a su calidad, clase y frutos que de ellos se esperan, y no obstante ser la mayor parte iguales en sus dimensiones, varios se conforman de lomas muertas que solo cirben para pastos de ganado . . . y muchos de cembradura de maíz muy laderosos que se ciembran de cinco en cinco años [*sic*]". Los terrenos más pequeños fueron de setenta por noventa varas, y los mayores de ochocientos por doscientos. La capacidad de sembradura de maíz era también bastante. AHEM, c. 091.1, v. 175, e. 10, 57 ffs, "Padrón que expresa al

Como siempre, la jefatura intentó comprometer a futuro a los indígenas a respetar sus soluciones agrarias. Según acta levantada por Padilla, "Preguntado a los expresados vecinos si están conformes con el fraccionamiento . . . manifestaron tanto los agraciados a él, como los adjudicatarios que están enteramente conformes, que no tienen nada que alegar ni objetar, y que renuncian desde ahora del derecho que pudieran tener o reconocer, respetando así mismo el fraccionamiento que se ha practicado".[72]

Así, mediando el uso de las armas con su mando informal, el jefe político logró contener, aunque fuera temporalmente, y con paliativos a esta rebelión. Ello implicó establecer controles estrictos sobre estas comunidades. No obstante que ésta, y muchas otras insurrecciones fueron derrotadas en el campo de batalla, desde otra perspectiva alcanzaron cierto éxito, en tanto que, a mediano plazo, dichas comunidades fueron capaces de subsistir como tales mediante la preservación de parte de sus tierras.

A diferencia de otros jefes políticos que basaban su dominio casi de manera exclusiva sobre la fuerza de las armas, Padilla extendió sus redes de poder sobre campos más variados, aún cuando también teñidos de tintes coercitivos: controles sobre la propiedad privada y comunal de los indígenas; así como el establecimiento de mecanismos que trozaran los lazos entre dirigentes de los pueblos y campesinos. Precisamente por esta diversidad en sus métodos de control, es probable que el mando de este jefe político fuese más firme, y duradero. También, excepcional.

Por otro lado, en este interés por rebasar las soluciones basadas únicamente en los fusiles que mostró el coronel Mariano Padilla debió haber coadyuvado el que este conflicto fuese de carácter horizontal; es decir, uno que se desarrollaba entre comunidades, y no entre clases sociales opuestas. En cambio, en los enfrentamientos que oponían a campesinos con hacendados, era mucho más probable que los jefes políticos interpusieran sus preferencias en favor de los adinerados.

Por otro lado, por lo menos éste jefe político puso su grano de arena en el largo y accidentado proceso de la formación de una estructura política mínimamente eficiente y de alcance nacional. Ello, en tanto que logró crear mecanismos para imponer, por sobre los usos, costumbres y preferencias de estos pueblos los designios liberales dictados por las élites gobernantes, convencidas de la modernidad y desarrollo que alcanzaría México al eliminar el peso muerto que, para ellas, arrastraban las corporaciones.

---

número de ciudadanos que recibieron fracciones de terrenos de común repartimiento en el pueblo de Santa María de la municipalidad de Tlatlaya".

[72]AHEM, c. 091.1, v. 175, e. 10, 57 ffs, Acta levantada en el pueblo de Santa María, 29 de diciembre de 1891.

Conclusiones

La aplicación rigurosa del liberalismo sacudió hasta sus raíces al campo mexicano. Las élites gobernantes vislumbraron múltiples beneficios en la liquidación de las corporaciones y de las propiedades indivisas de la tierra. No sólo esperaban entrar a la modernidad y dinamismo económico, sino también ir convirtiendo a los antiguos comuneros en propietarios privados cuya lealtad y sentimiento de pertenencia fuese desligándose de su pueblo—su conglomerado social ancestral—para irse vertiendo en instituciones laicas, nacionales, y cargadas de otras fuentes de legitimidad.

Este anhelo por acabar con las corporaciones fue uno de los principales aglutinantes ideológicos con que los liberales fueron intentando formar un Estado que poco a poco fue extendiendo su dirección y gobierno por sobre todo el territorio. Pero este complejo proceso fue tomando matices y formas particulares en cada rincón del país. Es por ello importante analizar, desde las ópticas más variadas, los mecanismos y las particularidades con que se fue conformando la estructura de poder que intentaba integrar a la nación. Punto nodal en esta evolución fueron los jefes políticos.

En los distritos rurales, estos funcionarios desempeñaron un papel determinante en el fraccionamiento y el deslinde del recurso vital: la tierra. Además contaron con enormes facultades legales, así como un amplio poder discrecional para fomentar, prevenir, encauzar, contener, y solucionar las demandas, muchas veces violentas, con que los pueblos defendieron el legado de sus antepasados. Fueron también los encargados de reprimir sus rebeliones. En suma, nexos múltiples y profundos unieron entrañablemente a las jefaturas políticas con el clima de paz o de insurrección que se vivía en el campo.

Desde una perspectiva formal, derivada de leyes y de documentos oficiales, las jefaturas políticas y la gubernatura del Estado de México—particularmente durante la administración porfirista de Villada—se distinguieron por ofrecer, en ocasiones, algunos mecanismos mínimamente eficaces, soluciones temporales, o paliativos a los conflictos agrarios. Es posible que ello haya propiciado un resquicio de confianza en la capacidad de estas autoridades para lidiar con los álgidos conflictos que punteaban todo el mapa rural de esta entidad. Algo de ésto debió haber influído en el hecho de que durante la Revolución de 1910, el Estado de México no prendiese como paja, tal y como sucedió en el contiguo estado de Morelos. Sin embargo, debe hacerse la salvedad que donde más profundidad alcanzó la Revolución en el Estado de México fue en su zona sureste, colindante con Morelos y Guerrero, precisamente donde está localizado Sultepec.

Además de dejar una huella profunda en los cambios que se iban suscitando en la estructura de la propiedad, los jefes políticos estaban presentes en todos los vericuetos políticos de las localidades. A fin de apreciar la trascendencia que alcanzaron en los distritos rurales es necesario aquilatar toda una faceta determinante de su actuación, tanto o más importante que sus atribuciones legales, y que queda casi oculta en los documentos con que se elaboró este trabajo: su vasto dominio informal, basado en mecanismos clientelísticos, antiguas lealtades, redes informales de poder, concertaciones privadas, e intercambios de favores. Este amplio mando discrecional hizo posible, en muchas ocasiones, el que los jefes políticos orientasen su actuación en beneficio de los intereses económicos ya dominantes y en contra de los de la mayoría campesina.

Los jefes políticos fueron nódulos básicos en toda esa compleja red de poder tanto formal como clientelística con que los gobernantes de la república restaurada y el porfiriato trataron de ir integrando al país desde Palacio Nacional. En ocasiones estos funcionarios se convirtieron en la punta de lanza con que el ejecutivo estatal y el nacional imponían sus prefencias y decisiones sobre el tejido social de las localidades. En otros momentos y otros lugares, desempeñaron la función contraria: fueron los baluartes con los que las élites de la región defendieron montos significativos de autonomía *vis-à-vis* las tendencias centralizadoras desplegadas desde la capital de los estados, y de la república. De hecho, estos funcionarios llegaron a convertirse en la llave de paso por la cual se regulaba la vieja tensión entre el desparramamiento y la concentración del poder. Los jefes políticos fueron, pues, actores esenciales en la creación, prevención y represión de las rebeliones campesinas; así como en el largo, accidentado, e incluso proceso de integración y modernización del Estado mexicano.

La rebelión de los vencidos

Carlos Martínez Assad

EL DOMINIO DE LOS CACICAZGOS FUERTES llegó a extenderse ampliamente por todo el territorio mexicano. Su origen y limitados intereses sociales subordinados a un móvil económico—la mayoría de las veces—les impidió visualizar hacia el futuro inmediato y lejos de orientar en términos modernizadores sus áreas de influencia, éstas conocieron el terror del autoritarismo, la miseria, así como el pánico a los guardias personales, a la tortura y a las cárceles privadas. En los años treinta la situación se agravaba aún más por las divisiones entre la familia revolucionaria. La clase dirigente forzaba un proyecto de desarrollo que consideraba la participación de los campesinos y de los obreros, aglutinados por el cacique con rasgos caudillescos en el primer caso y por el líder sindical en el segundo. Aunque para ser justos, hay que insistir en la importancia del campesinado dispuesto siempre a defender las instituciones creadas durante los gobiernos de Alvaro Obregón y Plutarco E. Calles.

El general Saturnino Cedillo formó un cacicazgo fuerte que le permitió detentar el poder real de su entidad, gracias al apoyo de las huestes campesinas que le siguieron al campo de batalla y que le permitieron ocupar un reconocido lugar como jefe militar de las fuerzas obregonistas, primero y de las callistas, después. Pronto se le vislumbró como la cabeza de un amplio sector campesino que anteponía al proyecto ejidal de la reforma agraria del cardenismo, la creación de la pequeña propiedad. El mismo había desarrollado un reparto agrario *sui generis* en su tierra natal creando un sistema conocido como colonias agrícolas militares.

Por este medio se recompensaba a los excombatientes por las campañas en las que participaron durante el movimiento armado de la Revolución y, al mismo tiempo, el jefe político conservaba intacto su ejército en esa especie de "reserva" de soldados, que a su disposición, podían ser levantados en armas con gran rapidez.

La participación del general potosino y de los grupos campesinos que le siguieron a lo largo de varios años, fue fundamental para la consolidación de los gobiernos posrevolucionarios, pero también constituyó un elemento de inestabilidad política durante la época en que las distintas fuerzas sociales cerraban filas en torno al presidente Lázaro Cárdenas. Más que entender el proceso que llevó a Cedillo a desencadenar un movimiento anticardenista y las motivaciones de los campesinos que lo siguieron hasta su última aventura, se le condena en forma apriorística o se le trata de explicar a través del recurso del uso de lugares comunes. Para Anatol Shulgovski, el general y cacique potosino no era sino "uno de los jefes de la reacción mexicana"[1] mientras que para José Mancisidor sólo era "el abanderado de todas las fuerzas oscuras".[2] José C. Valadés lo calificó de "ignorante y levantisco", pero avanzaba en una definición: "Ya como ministro, Cedillo, incitado por su rusticidad, creyó en su poder político personal; y en medio de su ruda naturaleza, y como líder de un masa rural apenas incoporada a la vida orgánica de México, pronto quiso ascender a la presidenciabilidad, provocando con ello desconfianzas y envidias entre sus colegas".[3]

Por otra parte, pese a los antecedentes, la alianza entre el cacique potosino y el presidente estuvo condenada desde sus inicios a tener un carácter efímero. La crítica velada o abierta que distintos sectores hicieron a Cedillo culminó con su renuncia a la secretaría de Agricultura el 15 de agosto de 1937. Su colaboración desde esa dependencia había sido marcada por su incapacidad para sumarse al proyecto cardenista y subestimada por el resto del gabinete. Cárdenas tenía en ocasiones acuerdos que competían a esa dependencia sin que el titular tuviese conocimiento. Por supuesto, no asistió a las reuniones de discusión sobre la colectivización de La Laguna; era evidente que no aceptaba la creación de los ejidos colectivos cuando su proyecto agrario estaba vinculado a la defensa de la pequeña propiedad agrícola. Sin embargo, aceptó realizar actos encomendados por el presidente sin que hubiera estado de acuerdo. Ese fue probablemente el caso de haber presidido el acto del reparto agrario de su misma propiedad fraccionada en ejidos. Pero la renuncia de Cedillo a la Secretaría de Agricultura no aparece vinculada al problema agrario, el pretexto fue un problema estudiantil que se desarrolló en la Escuela de Chapingo.

---

[1]Anatol Shulgovski, *México en la encrucijada de su historia: La lucha liberadora y antiimperialista del pueblo mexicano en los años treinta y la alternativa de México ante el camino de su desarrollo* (México: Fondo de Cultura Popular, 1968), 111–112.

[2]José Mancisidor, *Historia de la Revolución mexicana*, 17a. ed. (México: B. Costa-Amic Editor, 1971), 322.

[3]José C. Valadés, *Historia general de la Revolución mexicana* (México: Manuel Quesada Brandi, 1967), X:275.

Se llega así al año de 1938, año en que tanto las compañías petroleras, como los trabajadores del gremio, por una parte, y Cedillo, por la otra, provocaban desvelos al presidente Cárdenas. Un dato interesante es que en ese año el primer mandatario apenas pudo viajar por el país, impidiéndose una actividad que le complacía en su tarea de gobernar constatando las necesidades del pueblo, como él mismo decía. Sólo pudo visitar 116 pueblos en nueve estados, contra 237 que visitaría al año siguiente.[4]

Para ese momento las cartas están echadas y no sólo por los conflictos agrarios o las tensiones de las organizaciones campesinas. El movimiento obrero también influiría en la caída del cacique potosino, si se considera la influencia que adquiría y el activo liderazgo de Vicente Lombardo Toledano. Asimismo, organismos de clases medias y otros de tendencias conocidas por su conservadurismo, parecían coincidir con las intenciones de Cedillo. La suerte no estaba de su lado y una amplia oposición a su actitud se gestaba en todo el país, permitiendo al presidente Cárdenas restaurar un consenso que no era el mismo de los primeros años cuando se desligó del expresidente Calles y optó claramente por la alianza con los trabajadores.

En los años treinta hicieron irrupción en San Luis Potosí dos movimientos sociales de origen distinto pero próximos entre sí por las consecuencias. La huelga de maestros potosinos en 1931 y las huelgas de la fábrica de hilados Atlas, coincidiendo una en ese mismo año y otra, la más importante, en 1935. Las que marcan justo el período de consolidación y declinación del cacicazgo cedillista, época también de aglutinamiento de su principal adversario: la Confederación de Trabajadores de México (CTM). De no haber otras razones, sólo ésta justificaría el interés de comprender lo que sucedió entre los trabajadores de la empresa afiliados a los que sería más tarde el Frente de Trabajadores Potosinos.

La huelga había tenido como un efecto de suma importancia el establecimiento de una relación más directa entre la CTM creada recientemente (reemplazando a la Federación Revolucionaria de Obreros y Campesinos [FROC] local) y los trabajadores potosinos. Es difícil establecer en que momento se rompió el débil eslabón que unía a Cárdenas con Cedillo, pero sin duda es la CTM la que encargará de limarlo a partir de ese momento, con la actividad muy particular de Vicente Lombardo Toledano, hasta que resultó imposible soldar la cadena.

Ya en el segundo consejo nacional de la CTM el 19 de octubre de 1936, el Comité Nacional se pronunció "contra la reacción y el fascismo en nuestro país". Los asistentes calificaron a Calles y a Luis Morones de "traidores" y denunciaron que "la clase reaccionaria sigue protegiendo a grupos de pistoleros fascistas que ostentan distintas denominaciones pero

---

[4]Salvador Novo, *La vida en México en el período presidencial de Lázaro Cárdenas* (México: Empresas Editoriales, 1964), 473.

que, en realidad, siguen la misma línea de conducta de ataque a los derechos de la clase trabajadora" aludieron en forma directa a los "Camisas Doradas" y a elementos "oficiales", que "cobardemente auspician esta labor no obstante que se dicen ser leales al gobierno de Cárdenas".[5]

Aunque se insistió en colocar bajo el mismo rubro a la Acción Revolucionaria Mexicana (los Camisas Doradas), su actuación estaba más ligada al hostigamiento de los obreros, sobre todo a los huelguistas en las ciudades. De ahí que en seguida se les endilgara el mote de callistas, encontrando la panacea para explicar todos los movimientos de corte reaccionario.

La pequeña burguesía encontró la forma de expresar sus críticas a través de su organismo político la Confederación de la Clase Media y en organismos afines como la Unión Nacional de Padres de Familia, que veían con desasosiego que la reforma del artículo 3° optara por la educación socialista y fuese laica, signos "evidentes"—en su opinión—de que Cárdenas estaba llevando al país al socialismo.

Pese a la insistencia con la que se ha relacionado a esas organizaciones con Cedillo, otorgándoles un vínculo intenso, son pocos los rasgos comunes; pero sí son coincidentes respecto a sus limitadas concepciones sobre el desarrollo del país y en particular respecto al momento de Cárdenas. La "estrecha" relación de las organizaciones aludidas y el cacique potosino procede más bien de la lectura acrítica de uno de los libros más difundidos para anatemizarlo: *Lo que no se sabe de la rebelión cedillista* escrito por dos notarios públicos. Quizás lo que más los une no ha sido tomado en cuenta; es decir, su rechazo al movimiento obrero conducido por Vicente Lombardo Toledano desde la época de la Confederación General de Obreros y Campesinos de México (CGOCM).

A finales de 1936 la definición del adversario será más clara para Cedillo, quien en julio declaró a la prensa su desacuerdo con Lombardo por la "enorme influencia" que ejercía sobre el presidente de la República y porque las huelgas que auspiciaba estaban causando muchos males en México.[6] Las evidencias de los contactos entre Lombardo y los trabajadores potosinos, se hacen más evidentes a partir de entonces.

La orientación anticedillista que se va gestando ya de manera definitiva a partir de 1937 permitió rearticular alianzas y agrupar fuerzas coincidentes tanto en el interior como fuera de San Luis Potosí. Tres elementos van a ser definitivos para afianzar ese proceso:

1) La descomposición de las organizaciones campesinas que terminaría con la creación de la Confederación Nacional de Campesinos (CNC),

---

[5]CTM, México, 1936–1941, 214–215.
[6]*Excélsior*, 26 de julio de 1936.

2) la violencia y los enfrentamientos entre los potosinos, particularmente los acontecimientos de Ciudad Valles, y
3) la actividad claramente anticedillista de la CTM y la difusión ideológica realizada por la revista *Futuro*.

Las estrategias coincidentes terminaron por dispersar a los partidarios de Cedillo, reducidos a pequeños grupos y desarticulados del poder una vez deshecha la mediación que les permitía su estructura corporativa cuando su líder quedó fuera del gobierno. El movimiento trascendió en el nivel nacional cuando se encontraba más debilitado internamente y, pese a ello, se convertía en un peligro más imaginario que real; pero no por eso dejaba de tener el impacto que tendría en el sistema y en el futuro político del país.

Casi al mismo tiempo que la noticia de la conspiración auspiciada por el general Cedillo se difundía por todo el territorio y cuando la presencia del divisionario potosino ya era insostenible en el gabinete cardenista, se daría el movimiento de los estudiantes de Chapingo. Un conflicto sin importancia tendría fuertes consecuencias políticas, pues justificaría la salida del cacique potosino del segundo gabinete cardenista.

El general Francisco J. Múgica, estaría destinado a tener un importante papel en las relaciones entre el presidente y el cacique potosino. Desde enero de ese año, Cárdenas lo envió a entrevistarse con Cedillo para comunicarle que su actitud servía a los trabajos de los "elementos reaccionarios . . . dentro y fuera del país".[7]

Pero, ¿de dónde procede la información del presidente? Una hipótesis es que fue informado por sus más allegados de lo que se cuenta en diferentes regiones del país. Por ejemplo, el 23 de octubre de 1936, un tal Abundio Estrada escribe precisamente a Múgica, cuyas relaciones no son muy cordiales con Cedillo, que éste se expresa en términos indecentes de Cárdenas, que sustrae armas de la jefatura de la guarnición, que en la Escuela Industrial de San Luis se fabrican armas destinadas a Palomas; y que este movimiento está financiado por el clero y las empresas petroleras.[8]

Más tarde, el 14 de noviembre, el mismo personaje le enviará una fotografía de las bombas que se realizaban en la Escuela Industrial para ser enviadas a Palomas. En ella se puede ver a los alumnos uniformados y en el centro el ingeniero que se encarga de colocarles los explosivos. Además, menciona que Cedillo hace viajes misteriosos a los estados limítrofes para hacer contactos con los cristeros de Guanajuato y Jalisco. Termina diciendo

---

[7]Lázaro Cárdenas, *Obras I: Apuntes 1913–1940* (México: UNAM, Nueva Biblioteca Mexicana, 1972), I:312.
[8]Archivo General de la Nación (en adelante, AGN), *Presidentes*, Cárdenas, e. 559.1/53.

que las pruebas son "fehacientes de la deslealtad del referido Cedillo con el señor Presidente y su indigna traición a los ideales de la Revolución".[9]

Para 1937 los rumores de un posible levantamiento cedillista han corrido con insistencia; Cedillo todavía se dirigió al presidente para solicitarle que el 36° regimiento de caballería continuara en San Luis Potosí, a lo que Cárdenas le reponde, el 10 de octubre de 1937, que ya había dictado acuerdo con la secretaría de Guerra para movilizarlo a Guanajuato. Le comunica, además, que el gobierno federal no abriga la creencia de su actitud rebelde y que si ha tomado medidas para establecer contingentes en el estado de San Luis Potosí, es por convenir a los intereses de la Nación.[10]

Para esas fechas, el cónsul de Arizona remite a Relaciones Exteriores un ejemplar de *The Arizona Daily Star* del 13 de octubre, donde informa que la oposición de Cedillo al plan agrario de Cárdenas había llegado a su punto más álgido. Calcula que el rebelde tiene entre diez mil y diecisiete mil soldados. Asimismo que el presidente hacía proyectos para tirarlo, para lo cual contaba con unos doscientos mil hombres.[11]

Los rumores del posible levantamiento de Cedillo continuaron aun en los primeros meses de 1938, cuando después de una larga lucha emprendida por los trabajadores de las empresas petroleras, éstas fueron expropiadas el 18 de marzo para pasar al control del Estado. Puede decirse que el presidente de la República ha tenido que cuidar tanto el frente externo, como el interno. El gobierno, aparte de tropas, había destacado numerosos agentes confidenciales. Ignacio García Téllez contó que en Gobernación tenían informes fidedignos de lo que hacía tiempo se fraguaba, incluso mencionó que habían sido infiltradas las filas cedillistas.[12]

Al mismo tiempo, Cárdenas nombró al general Cedillo Jefe de la 21a. zona militar, con sede en Morelia, Michoacán. Era obvio que pretendía retirarlo de San Luis Potosí a un lugar donde, si bien el cacique rebelde tenía como amigo al gobernador, se encontraría sin sus bases de apoyo. Asimismo, el presidente buscaba conocer hasta donde el potosino podía llegar antes que acatar sus órdenes.

Como era previsible, Cedillo se disculpó el 5 de mayo por no poder acceder a la orden del presidente pretextando encontrarse enfermo; lo cual, aunque era cierto, buscaba ser una excusa que entonces resultaba infundada. En su respuesta, protestaba por la actitud de desarmar a los campesinos potosinos y por la presencia de tropas federales aun en las inmediaciones de Palomas.

[9]Ibid.
[10]Ibid.
[11]AGN, *Presidentes*, Cárdenas, e. 559.1/53, f. 777.
[12]Gustavo Corona Figueroa, *Lázaro Cárdenas y la expropiación de la industria petrolera en México* (México: s.e., 1975), 225.

El presidente respondió a la evasiva de Cedillo el 11 de mayo, aclarando el origen de su disposición: "ciertamente la falta de comprensión de su responsabilidad ante el Gobierno como Titular de una dependencia y, posteriormente su actitud de descontento siendo miembro activo del Ejécito Nacional, lo colocaron en una situación de poca confianza para mantenerlo en un puesto de colaborador en la realización de un programa social que exige lealtad, sacrificio y firmeza de convicciones."

La firmeza del presidente se deja ver, una vez más en esta misiva, que buscaba hacer entender a Cedillo que no podía imponerse por medio de las armas y que acatar el Estado de derecho, la vía institucional, era la única manera de actuar por "un criterio de verdadero civismo". Finalmente, le decía que, de pretender una "licencia ilimitada o absoluta" se dirigiera a la secretaría de la Defensa Nacional.[13]

Respecto a la enfermedad de Cedillo es posible que para entonces no fuese tan grave; pero desde el 12 de abril él ha escrito a María L. de Pompin—aparentemente una escritora—esplicándole que no ha rehusado cumplir con las órdenes de ir a Michoacán y lo haría luego de un plazo que le permitiera restablecerse. Concluía, diciéndole: "También le participo que mi resolución firme es dedicarme a mis trabajos agrícolas en ésta para hacerme vivir y no oír hablar de nada de política".[14]

Además, no faltaron políticos con influencias que se aprestaron a visitar a Cedillo en su refugio de Palomas para hacerlo entrar en razón. Aparentemente mediaron sus buenos oficios, además de los gobernadores de Sonora, Zacatecas y Aguascalientes, Ignacio García Téllez, enviado directamente por el presidente para tratar de disuadir a Cedillo de su actitud hostil ante el gobierno, y Gonzalo N. Santos más bien por propia iniciativa, pero con la anuencia presidencial. Su misión terminó con una postura enfática de Cedillo: "Espero el próximo paso de Cárdenas".[15]

Para entonces el cerco se iba cerrando, el general Carrera Torres había sido sustituído en la zona militar de San Luis Potosí por el general Genovevo Rivas Guillén; las tropas federales tomaban posiciones; los cedillistas eran desarmados. Recuerda el diputado de la mayoría cedillista del Congreso local, Félix B. Cura: "La situación se tornaba ya imposible. Porque éramos hostilizados por todos, sin motivo alguno".[16] Sin embargo, eran varios los informes sobre las concentraciones y las revistas ordenadas por Cedillo en distintos lugares del altiplano potosino.

Cárdenas decidió en forma intempestiva emprender un viaje a San Luis Potosí el 17 de mayo; aparentemente luego de haber sido informado que

---

[13]*El Heraldo, Diario del Centro de México*, 6 de febrero de 1954.

[14]AGN, *Presidentes*, Cárdenas, e. 559.1/53.

[15]Gonzalo N. Santos, *Memorias* (México: Editorial Grijalbo, 1984), 618–619.

[16]*El Heraldo*, 8 de noviembre de 1961.

Cedillo había citado elementos armados a una concentración para una revista ordenada por el gobierno federal.[17] Al día siguiente, a las trece horas, llegó el presidente a la capital potosina a bordo del Tren Olivo. Iba acompañado de los licenciados Ignacio García Téllez, Luis I. Rodríguez, Gabino Vázquez y Godofredo Beltrán, además del coronel Manuel Núñez y del mayor Luis Rivas López. Fueron recibidos por el gobernador, coronel Mateo Hernández Netro, y por el flamante jefe de la zona militar.

El presidente se dirigió inmediatamente al balcón central del palacio de gobierno y desde allí criticó "la actitud rebelde" del general Cedillo, porque: "cuando de todo el territorio nacional concurre el pueblo a defender los intereses de la patria, amenazados por el orgullo de las empresas petroleras, penoso es confesar que en San Luis Potosí se habla de levantamientos, se alarma a los pueblos y se mantiene en constante inquietud a las familias, señalándose como causante de todo esto al general Saturnino Cedillo".[18]

La sugerencia de un entendimiento del general rebelde con las compañías petroleras, adelantada por Lombardo y asumida por la CTM, era acreditada por el gobierno. El presidente, no obstante, confiaba en que el pueblo potosino no se sublevaría y en que el propio Cedillo se dedicaría a "trabajos agrícolas en su propiedad". Le ofrecía, además, garantías, "en el entendido que deberá abstenerse de seguir formando grupos armados y poner a disposición de la jefatura de la zona militar las armas y municiones que tiene en su poder".[19]

Sin embargo, el ejército cedillista no era ya la fuerza avasalladora que controló a los cristeros del centro del país y que frenó tantos movimientos rebeldes al grupo de Agua Prieta entre 1923 y 1929. Llegó a ser en su momento uno de los brazos mejor pertrechados del Ejército mexicano, pero un amplio movimiento de desarme de las tropas cedillistas se inició una vez que Cárdenas se afianzó en el poder. Los años inmediatamente anteriores al de la rebelión, los campesinos potosinos realizaron numerosas denuncias porque estaban a merced de los terratenientes que ocupaban las tierras que les habían repartido, apoyados por las fuerzas federales y no disponían de armas para defenderse contra esas arbitrariedades.

El ejército comandado por Cedillo llegó a disponer de catorce mil hombres a caballo, aunque se han llegado a mencionar diecisiete mil, e incluso doce aviones que fueron utilizados en la campaña contra los cristeros. En 1937 el contingente cedillista no era tan numeroso, es posible que contara apenas con unos cuatro mil efectivos, y aun se dice que habían

---

[17]Cárdenas, *Obras*, I:395.

[18]Lázaro Cárdenas, *Palabras y documentos públicos: Informes de gobierno y mensajes presidenciales de año nuevo, 1928–1940* (México: Siglo XXI Editores, 1978), II:301–302.

[19]Ibid., 302–303.

disminuído a mil quinientos;[20] sin embargo hay varios cálculos más. Es posible que fluctuara entre esa cifra que se menciona y cinco mil seiscientos agraristas.[21] No obstante, para esa fecha las fuerzas federales en San Luis Potosí habían aumentado y de unos cientos pasaron a ser miles; incluso fueron reforzadas las guarniciones de los estados circunvecinos, como lo dice un documento fechado el 25 de octubre de 1937 procedente de Relaciones Exteriores.[22] Cárdenas inició entonces las diligencias necesarias para recuperar los aviones, cuando pidió al jefe de la zona militar aconsejara a Cedillo "no haga caso de los enemigos del gobierno" y ponga "a la disposición de la Secretaría de Guerra los doce aviones que ha venido sosteniendo en San Luis Potosí". En tres días, esos aviones fueron entregados a la Secretaría de Guerra.[23]

Esa era la respuesta del presidente de la República a la campaña de la CTM respecto de las conexiones de Cedillo con los intereses conservadores de dentro y de fuera del país. El peso de la conjura internacional sería definitivo en la caída del general rebelde. Los agentes del Ministerio Público Federal que enjuiciaron la intentona rebelde, informaron *post facto* que el 15 de septiembre de 1937 el general Cedillo recibió diez mil dólares "procedentes de capitalistas privados de Estados Unidos para efectuar un cuartelazo."[24] Aunque también alegaron que el diputado O'Connell expresó en Los Angeles al comenzar 1938, que "el tercer Reich está armando secretamente a los partidarios del general Cedillo para fomentar una revolución contra el gobierno de México".[25]

El mismo diputado manifestó en esa entrevista que el movimiento nazi podría comenzar en sesenta días y que Alemania ayudaría a los rebeldes con un ejército de cien mil hombres que se está organizando en las montañas de México.[26] Las actividades de los alemanes y de los nazis en México durante esa época tienen que ubicarse en una perspectiva que permita deslindar el mito de la realidad. Contribuye en ello el trabajo de investigación encabezado por Brigida von Mentz que analiza las actividades de los alemanes en México. El hecho es que toda esta información resultó tan exagerada, que lo mínimo que puede hacerse es preguntar si en vista del conflicto con las compañías petroleras que entonces tenía lugar y quizá previendo su participación en la guerra, Estados Unidos pretendía justificar una posible intervención en México.

[20]*The El Paso Times*, 29 de mayo de 1938.
[21]Valadés, *Historia general*, 259.
[22]AGN, *Presidentes*, Cárdenas, e. 559.1/53.
[23]Cárdenas, *Obras*, I:374.
[24]Manuel Fernández Boyoli y Eustaquio Marrón, *Lo que no se sabe de la rebelión cedillista* (México: s.e., 1938), 94.
[25]Ibid., 107.
[26]Carta de Antonio Castellanos a Lázaro Cárdenas, 29 de enero de 1938, AGN, *Presidentes*, Cárdenas, e. 559.1/53.

Cuando el secretario general de Gobierno de San Luis Potosí, en el momento de la rebelión, Rutilio Alamilla, rindió su declaración, dijo que el licenciado Alfonso Noyola intervino por encargo del general Cedillo en la entrevista con representantes de las compañías petroleras a fin de solicitar fondos para la rebelión. Pero quizá lo más importante del documento es la afirmación del declarante en el sentido de que las compañías se desistieron de proporcionar su ayuda cuando surgió el conflicto petrolero y se llegó al momento de la expropiación.[27]

Según Friedrich Katz, las autoridades nazis buscaron contactos con grupos políticos en México. Ante el probable peligro comunista con Cárdenas no es extraño que trataran de apoyar a Cedillo, quien para entonces disponía todavía del último ejército particular en el país. Von Merck "mantenía íntimos contactos con la embajada alemana", y con el embajador de Alemania en México, Rudt von Collenberg, quien llegó a tener "relaciones particularmente amistosas con Cedillo". Cuando éste dejó el gabinete, el embajador se lamentó porque "con él había salido del gobierno el último defensor de una actitud enérgica frente a las experiencias radicales de los izquierdistas y a los empeños comunistas".[28] El embajador germano estimaba al divisionario potosino porque lo consideraba una garantía contra los "excesos radicales de izquierda", pero la noticia de su sublevación le tomó por sorpresa en un viaje por Estados Unidos; lo que contribuye a demostrar que los alemanes no tenían conocimiento de los planes de Cedillo.[29]

El desaliento del embajador partía del interés que Alemania tenía en el petróleo mexicano, por ello después de la expropiación petrolera, los alemanes se distanciaron de Cedillo y buscaron complacer diplomáticamente a México. Este y la Unión Soviética fueron los únicos paises que hicieron declaraciones contra la anexión de Austria. Ante el peligro de un nuevo distanciamiento con México, los nazis hicieron caso omiso de su posición y a mediados de 1938 firmaron los convenios de venta de petróleo mexicano a Alemania.[30]

Por su parte, los paises de las empresas expropiadas se negaron a comprar petróleo mexicano; el primer ministro británico, Neville Chamberlain, dijo que no lo harían hasta no llegar a algún acuerdo del adeudo de México con los ciudadanos británicos.[31] Las relaciones se hicieron

---

[27]Fernández Boyoli, *Lo que no se sabe*, 166.

[28]Friedrich Katz et al., *Hitler sobre América Latina: El fascismo alemán en Latinoamérica, 1933–1944* (México: Editorial Fondo de Cultura Popular, 1968), 44.

[29]Brigida von Mentz et al., *Los empresarios alemanes, el Tercer Reich y la oposición de derecha a Cárdenas* (México: CIESAS, 1988), 188.

[30]Katz, *Hitler sobre América Latina*, 46.

[31]*Excélsior*, 30 de abril de 1938.

más tirantes cuando nuestro país retiró a su embajador en Londres durante el mes de mayo. Inglaterra seguía reclamando la tercera y última parte del adeudo por los daños causados a las propiedades de los ingleses durante la Revolución. El canciller Eduardo Hay pagó al representante inglés un cheque por 361 mil 737 pesos, pero el presidente Cárdenas no podía quedar impasible ante la insolvencia de los británicos.[32]

La ruptura de las relaciones entre México e Inglaterra causó consternación en el Departamento de Estado norteamericano. Sin embargo, contribuyó al boicot al suspender Estados Unidos la compra de plata a México, que en 1936 representaba trenta millones quinientos mil dólares.[33] Ante la falta de clientes, México buscó vender petróleo a Francia y Holanda, pero la demanda de los consorcios expropiados derivaron en litigios inacabables desalentando a los compradores europeos. Logró colocar mínimas cantidades en Brasil, Argentina, Uruguay y Guatemala. Para algunas operaciones de trueque se utilizó a Cuba. Eduardo Villaseñor, subsecretario de Hacienda viajó a París para hacer ver al gobierno francés que la actitud de los gobiernos democráticos estaba llevando a su país a vender a los gobiernos totalitarios. El cerco se cerró y México negoció ventas de petróleo con las tres potencias del Eje: Alemania, Italia y Japón, entre 1938 y 1940. Esas transacciones permitieron un respiro a la vapuleada economía mexicana, pero no evitaron que la producción de crudo estuviera "por debajo del 60 por ciento" y las exportaciones cayeron en "un 32 por ciento de lo que habían sido".[34]

La actitud del embajador norteamericano Josephus Daniels era otra, preocupado como estaba por una posible mejoría de las relaciones entre Estados Unidos y México.[35] Esto se explicaba probablemente en el hecho de que para el vecino país del norte "en 1938 lo más importante en su relación con México no era la defensa de los intereses petroleros, sino la consolidación de una alianza interamericana frente a la amenaza de un desmoronamiento del sistema internacional nacido de la paz de Versailles".[36] Tanto Roosevelt como el departamento de Estado coincidían en no cuestionar el acto expropiatorio, pero consideraban que debía seguir "una inmediata y justa indemnización de los bienes afectados".[37]

---

[32]Ibid., 14 de mayo de 1938.

[33]Miguel Alemán Valdés, *La verdad del petróleo en México* (México: Editorial Grijalbo, 1977), 289.

[34]Rafael Loyola Díaz, "El ocaso del radicalismo revolucionario: Ferrocarrileros y petroleros, 1938–1947" (México: manuscrito inedito, 1988), 41.

[35]*Excélsior*, 2 de mayo de 1938.

[36]Lorenzo Meyer, "La memoria de 1938: La expropiación petrolera y los británicos," *Vuelta*, no. 141 (1988): 35.

[37]Loyola Díaz, "El ocaso," 39.

El subsecretario de Estado norteamericano Sumner Welles, sospechoso de que la compañía El Aguila pudiera apoyar la rebelión de Cedillo, "instó al embajador británico en Washington a que se opusiera a cualquier intento de la empresa angloholandesa en ese sentido, ya que una nueva lucha civil en México abriría grandes oportunidades a la influencia de falangistas, nacionalsocialistas o fascistas". Sin embargo, nunca se encontraron evidencias de que las empresas petroleras hubieran proporcionado ayuda al general rebelde.[38]

Los petroleros negarían después que hubieran apoyado a Cedillo. Supuestamente informaron a la embajada norteamericana que usaron su influencia ante el rebelde potosino para que no se lanzara a la aventura tan anunciada, "pues era evidente que de ocurrir tal cosa México los inculparía, como en efecto sucedió, de lo ocurrido".[39]

El 13 de marzo de 1938, Austria fue ocupada por Alemania, en parte debido a la acción de los quintacolumnistas que desde el interior del país austriáco habían realizado tratos con Hitler. Hacía casi tres años, el 5 de mayo de 1935, las tropas italianas al mando del Il Duce habían ocupado Addis Ababa, la capital de Etiopía. Esos fueron los primeros síntomas de un conflicto irreversible a escala mundial.

En septiembre de 1939 estalló la segunda Guerra Mundial, el intricado mercado externo del petróleo mexicano no dió resultado. Las relaciones con Estados Unidos se aflojaron cuando ese país y luego México, pasaron al terreno de los aliados. Luego, la ampliación del mercado interno del petróleo fue definitiva en su desarrollo posterior.

Las acusaciones sobre los contactos del general rebelde con las compañías petroleras son, por lo tanto, vagas e imprecisas. Aunque el gobierno hizo cargos a los petroleros por haber proporcionado a Cedillo seis aviones Howard, según una información de *El Nacional* del 17 de junio de 1938.

La rebelión encabezada por el general Cedillo se inició, según los cedillistas, con dos episodios singulares. Una noche de la tercera semana de mayo un eclipse de luna tuvo lugar, aprovechándose de esa circunstancia Hipólito Cedillo, sobrino del cacique, en estado de ebriedad pretendió espantar la caballada del regimiento apostado en Lagunita, cerca de Ciudad del Maíz. Su osadía le costó la vida y el episodio dio pauta para que el rebelde considerara que el gobierno le había declarado la guerra.[40] El otro episodio fue el manifiesto, cuya autenticidad aún sigue generando algunas dudas.

---

[38]Meyer, "La memoria de 1938," 36.

[39]Lorenzo Meyer, *México y los Estados Unidos en el conflicto petrolero (1917–1942)*, 2a. ed. (México: El Colegio de México, 1972), 364.

[40]Entrevista de Elías Izard con el autor, 21 de diciembre de 1984. Con otras variantes Antonio Saanela con el autor, 23 de abril de 1978.

En el manifiesto dirigido a la Nación, fechado curiosamente el día 15, porque los enfrentamientos se iniciaron hasta el 20 de mayo coincidiendo con la toma de Palomas por el ejército Federal, el gobernador del estado criticaba la expropiación petrolera y al mismo tiempo desconocía el pacto federal. El documento que Cárdenas conoció en plena ceremonia, luego de un discurso de Muñoz Cota, y que con indiferencia—al decir de los testigos—pasó al gobernador potosino decía: "El desastre se nos aproxima a pasos agigantados, es decir, la miseria, la ruina y el deshonor se ciernen sobre México". Anunciaba como preocupación mayor que el país no tuviera posibilidades de cubrir el monto de los bienes expropiados a las empresas extranjeras y eso pudiera ser el motivo de una intervención norteamericana en el país. El manifiesto hacía evidente, por otra parte, el desacuerdo en cuanto a la política agraria del régimen y es la única ocasión en que los testaferros de Cedillo criticaron abiertamente al presidente por tratar de aplicar "la decadente y desprestigiada doctrina comunista". Y entre los puntos sobresalientes, el documento destacaba la decisión del gobierno estatal de abandonar el pacto federal; "El Gobierno Libre y Soberano de San Luis Potosí reasume su soberanía y desconoce al Gobierno del centro, presidido por el general Lázaro Cárdenas, por haberse interrumpido con su Gobierno la fiel observancia de la Constitución General de la República Mexicana".[41]

Luis Aguilera, quien sería diputado local años más tarde, afirma que los tipógrafos Rubén Sánchez y Gerardo Morales imprimieron el manifiesto; no pone en duda que hubiera sido hecho y firmado por Hernández Netro.[42] Ese manifiesto fue interpretado como la declaratoria de la rebelión. El ejército, que había venido tomando posiciones con anterioridad a la llegada de Cárdenas, acordonó la zona y los rebeldes fueron confinados a la región cedillista, es decir a la región cuyo epicentro fue Ciudad del Maíz, donde el cacique potosino había improvisado su cuartel general en el antiguo rancho familiar de Palomas.

El presidente se instaló luego en la finca de Vista Hermosa, cerca de donde cayeron las tres bombas cedillistas el día 21 de mayo, desde allí controló el envío de tropas a todos los rincones del estado; el general Miguel Henriquez Guzmán, en sustitución del general Genovevo Rivas Guillén, se haría cargo de la de la 12a. zona militar durante toda la campaña para sofocar a los rebeldes, tuvo bajo sus ordenes a los 19°, 24°, 36° y 38° batallones de infantería dirigidos por el general Rodolfo Echegaray, el Coronel Nicolás Olea, los generales Heliodoro Escalante y Francisco Torres, respectivamente;

[41]"El C. Coronel Mateo Hernández Netro, Gobernador Constitucional del Estado Libre y Soberano de San Luis Potosí, a sus habitantes sabed," en *Planes políticos y otros documentos* (prólogo de Manuel González Ramírez) (México: Fondo de Cultura Económica, 1954), 320–325.

[42]Luis Aguilera, entrevista con el autor, San Luis Potosí, el 20 de abril de 1987.

los 9°, 14° y 17° regimientos de caballería mandados por el coronel Hermenegildo Carrillo y los generales José Aguirre y José Lacarra Rico; incluso se destinó a la empresa un escuadrón aéreo mixto comandado por el general P. A. Alfredo Lezama.[43]

De otra fuente se desprende que era mayor el contingente militar enviado al estado de San Luis; aparte de las unidades mencionadas, se encontraban los batallones 32°, 29° y 44°, al mando del general brigadier Manuel Alvarez Rábago y de los coroneles José García Granados y Federico Martínez Morantes, respectivamente. También se podrían contar los regimientos 5°, 7°, 14° y 35°, comandados por los coroneles José V. Reyes Avilés, Adolfo Avila Blanco, José Aguirre Fuentes y, por el general, Reynaldo Pérez Gallardo. El general José Beltrán era considerado el jefe de la columna.[44] Salvador Novo menciona aún más unidades y calcula su número en un total de siete mil hombres, establecidos en San Luis Potosí previamente a la llegada del presidente.[45]

Mientras los combates proliferan registrándose principalmente en lo que ha sido la región cedillista, el cacique rebelde iniciaba su penosa huída "a salto de mata" como presagiaron sus enemigos. Iba por la sierra de la Huasteca, eludiendo encuentros con las tropas federales.

No todo lo acontecido durante los ocho meses que duraría la rebelión sin esperanzas del general Cedillo fue en el campo de batalla. Otras actividades vinculadas con ella acontecían en el país y en la región potosina.

Lo primero que llama la atención es que, independientemente de unos cuantos encuentros armados en los estados limítrofes con San Luis Potosí, no hubo ninguna respuesta de importancia en otros lugares del país. Mucho menos se constató el apoyo de las potencias extranjeras que no tuvieron la mínima presencia, al menos algún mensaje de apoyo, o siquiera un ofrecimiento para proponerse como posible lugar de exilio para el general rebelde. Pero los "aliados" que se le habían imputado estaban ocupados en algo más serio desde que se propusieron dominar Europa y el mundo. Por ello el conflicto cedillista se limitó a las fronteras potosinas, aunque causó varias reacciones en el nivel nacional.

Cárdenas se empeñó, y es obvio que lo consiguió, en restarle importancia a la acción de los sublevados. Para la sociedad se impuso la imagen de un poder público respaldado por un ejército fiel, lo cual quería decir que la rebelión cedillista no constituía un problema militar y no afectaba la seguridad del país. Incluso declaró que no era necesario llamar

[43]Luis Garfias, *Siempre*, abril de 1979.
[44]F. Muñoz Moreno y R. Suarez de la Lastra, *El ocaso de un régimen* (México: Ediciones Populares, 1939), 30.
[45]Novo, *La vida en México*, 580.

más contingentes militares a San Luis porque los destacados allí fueron suficientes para mantener el orden.[46]

Para el 28 de mayo la cuestión se perfilaba en San Luis Potosí ya definitivamente a favor del presidente; ese día el general Genovevo Rivas Guillén tomó posesión en su cargo de gobernador provisional. El 1° de junio regresó Cárdenas a la capital después de su recorrido buscando sofocar la rebelión cedillista. El 5 de mismo mes, Higinia, la hermana más activa del rebelde, fue expatriada a McAllen, Texas, como respuesta del gobierno a sus actividades intimidatorias contra los familiares de los numerosos cedillistas rendidos.

Para la primera semana de junio la rebelión fue considerada abortada. Varios campesinos alzados regresaron a sus hogares. Las noticias de la prensa se orientaron profusamente a mostrar la debilidad del movimiento: "Unas partidas aisladas han sido batidas"[47]; "Sólo insignificantes núcleos rebeldes hay en el estado de San Luis Potosí".[48] Se anunció entonces que la Defensa Nacional continuaría su labor de pacificación. Los vencidos declaran públicamente que se rendían y entregaban las armas porque fueron engañados por Cedillo, y han visto que la realidad es muy distinta a como la pintan.[49]

El papel que tuvieron los profesores también ayudó en ese proceso; en los cual fueron definitivos los antecedentes de la rivalidad con Cedillo desde 1931. Según Nathaniel y Silvia Weyl su influencia fue creciente haciendo labor entre los campesinos para disuadirlos de "tomar las armas para seguir al moreno corpulento indio Saturnino Cedillo".[50] Llegan a mencionar que en ocasiones los profesores seguían a los campesinos que estaban dispuestos a lanzarse a la rebelión por un buen trecho convenciéndolos de las realizaciones del gobierno. Esta visión es compartida por Valentín Campa, máximo dirigente comunista en aquella época.

Aunque el movimiento se consideró aniquilado desde el mes de junio, continuaron todavía los enfrentamientos entre las partidas rebeldes y las fuerzas federales sembrando inquietud en toda la región donde los cedillistas tenían mayor influencia. La rebelión sin esperanzas de un puñado de campesinos se extendió todavía por ocho meses.

Cedillo, enfermo, apenas podía esconder el bulto, gracias a los apoyos de los campesinos de la región. Es posible que entonces hubiera pensado en su rendición, pero los estragos que a su paso por los poblados cedillistas realizaba el general de brigada Lucas González Tijerina, impidieron cualquier

---

[46]*Excélsior*, 27 de mayo de 1938.
[47]*Excélsior*, 26 de mayo de 1938.
[48]*Excélsior*, 13 de junio de 1938.
[49]Ibid.
[50]Nathaniel y Silvia Weyl, "La reconquista de México (Los días de Lázaro Cárdenas)," *Problemas Agrícolas e industriales de México* 7, no. 4 (1955): 301.

acercamiento. Para el mes de enero de 1939 los rebeldes avanzaban durante la noche y buscaban resguardo a la luz del día.

La mañana del 10 de enero, el grupo fue sorprendido por las tropas de general Carlos Castrejón. Dos versiones de los hechos han sido consignadas: la oficial y la cedillista. Según la primera, Cedillo murió a consecuencia del tiroteo entre los gobiernistas y los rebeldes. De acuerdo con la segunda, Cedillo fue traicionado por Blas Ruis, quien reveló a los federales el lugar en que se encontraba Cedillo. Después del enfrentamiento éste habría quedado herido y sin poder moverse, cuando el general Castrejón lo identificó le habría disparado un tiro en la región parietal derecha, según los testimonios de quienes revisaron el cadáver.

Los cedillistas que seguían levantados en armas se entregaron apenas se enteraron de la muerte de su jefe. Nunca una rebelión había sido tan desbalanceada en cuanto a los pertrechos y armamento de los bandos contrincantes.

El presidencialismo se había impuesto como la fuerza fundamental del sistema político institucionalizado. La rebelión había demostrado la incapacidad de un grupo sin proyecto y aislado territorialmente como para formular sus concepciones sobre el futuro del país. El primero demostró el rumbo por el que transitaría México; la rebelión cedillista representaba al país lo que había quedado atrás y lo que ya no podía ser.

III

Interpreting Rebellions

On the Trail of Latin American Bandits:
A Reexamination of Peasant Resistance

Gilbert M. Joseph

IN HIS ACCLAIMED SYNTHESIS of the Mexican Revolution of 1910, Alan Knight observed that "the social bandit's career in Academe has somewhat paralleled his life under the greenwood tree. Introduced by Professor Hobsbawm, he was initially welcomed, even feted, and he put in many appearances in academic company; but then (inevitably, after such uncritical acceptance) some academics grew leery, and the recent trend—especially among experts—has been to qualify, de-emphasise and even deny his role."[1]

This essay will examine the prevailing critique of "social banditry" in Latin American studies, reflecting on the strengths and weaknesses of the recent literature. It will suggest that focusing too narrowly on Hobsbawm's model, individual bandits, or bandit phenomena per se tends to remove Latin Americanists from broader, fresher discussions of peasant social action and mentality now under way for Europe, Latin America, and other Third World areas. Such comparative discourse can generate significant thematic and methodological issues that might promote a more conceptually integrated scholarship on banditry and peasant resistance. In short, this essay will attempt in a modest way to respond to the challenging (and still unanswered)

AUTHOR'S NOTE: This chapter originally appeared in the *Latin American Research Review* 25, no. 3 (1990): 7–53. The author gratefully acknowledges support from the National Endowment for the Humanities and the Center for U.S.-Mexican Studies at the University of California, San Diego, in the preparation of this study. He wishes to thank Eric Van Young, Paul Vanderwood, and Christopher Birkbeck for their rigorous critiques of an earlier version of the essay.
    [1]Alan Knight, *The Mexican Revolution*, 2 vols. (Cambridge: Cambridge University Press, 1986), 1:353–354.

question posed by Friedrich Katz at a conference on rural uprisings in
Mexico in the early 1980s: "What role should we assign to banditry in
episodes of rural insurgency?"[2]

The Critique of Hobsbawn's Model of Social Banditry

Eric Hobsbawm's provocative, free-ranging examination of social
bandits and other "archaic forms of social movement" first emerged in
Primitive Rebels in 1959. A decade later, he refined his thesis regarding the
bandit element and supported it with additional comparative evidence.
Hobsbawm's classic portrait, *Bandits*, was reissued with only minor
revisions in 1981, as he stood firm in the face of a mounting international
tide of criticism.[3] His well-known model requires only a brief rehearsal here.
In essence, Hobsbawm has continued to argue that social bandits were
typically peasant outlaws who followed the familiar practices of the bandit
trade but represented unconscious, primitive forms of popular protest that
were devoid of any explicit ideology, organization, or program. Bandits'
activities were aimed at the landlords and officials of an intrusive capitalist
regime and were supported by peasant communities and common people
who benefitted materially or psychically from the bandits' operations. Thus,
in contrast with the classic social bandit, the Robin Hood who redistributed
wealth from the rich to the poor, Hobsbawm also identified the "avenger," a
bandit who was excessively violent and often feared by the people but
nevertheless gained popular appeal as "a vicarious executor of the
unarticulated rage of the poor."[4]

Hobsbawm's argument is evolutionary in insisting that social banditry
is an archaic or "prepolitical" phenomenon: more or less endemic in isolated
peasant or pastoral societies and reaching epidemic proportions when such

[2]Friedrich Katz, "Rural Uprisings in Mexico," manuscript, 1981.

[3]Eric J. Hobsbawm, *Primitive Rebels: Studies in Archaic Forms of Social
Movement in the Nineteenth and Twentieth Centuries* (Manchester: Manchester
University Press, 1959), esp. 13–29; and Hobsbawm, *Bandits*, rev. ed. (New
York: Pantheon, 1981).

[4]For a critical discussion of these variants, see Linda Lewin, "The
Oligarchical Limitations of Social Banditry in Brazil: The Case of the 'Good'
Thief Antônio Silvino," in *Bandidos: The Varieties of Latin American Banditry*,
ed. Richard W. Slatta (New York: Greenwood Press, 1987), esp. 67–69, 91
(quotation). Lewin's essay was originally published in *Past and Present* 82
(February 1979): 116–146. Hobsbawm also posited a third, less clearly defined
variant of social bandit, the haiduks or primitive guerrilla fighters. Haiduks were
groups or entire communities of free armed men who became involved in—and
often led—movements for national liberation, typically in frontier or peripheral
zones. Their relevance to the debate on Latin American banditry is discussed in a
subsequent section of this article.

societies are transformed via incorporation into a capitalist economy and the legal framework of the nation-state. When rural societies of this kind undergo transformation, more progressive and effective forms of social protest, such as political parties, peasant leagues, and labor unions, make increasingly greater claims on the allegiance of rural inhabitants. Hobsbawm contends that social banditry is eventually doomed to extinction because of the loss of its local bases of support and the superior might of the state.

Hobsbawm's portrayal of social banditry as "a universal and virtually unchanging phenomenon" rests almost exclusively on folkloric and literary materials.[5] These popular sources, however, have not been balanced by painstaking research in the official police and judicial records that have become an important weapon in the social historian's arsenal since *Bandits* originally appeared in 1969. Thus it is unsurprising that while ethnographic and analytical scholarship on several of the other forms of "primitive social movements" initially sketched by Hobsbawm in the late 1950s—mafia, millenarian movements, urban mobs, and labor sects—has grown steadily, empirically based treatments (not to mention comparative studies) of social banditry lagged until the middle to late 1970s.

Nevertheless, as a later generation of Hobsbawm's critics freely admit, the force of his model has exerted "an almost irresistible appeal."[6] Few historical actors have generated more excitement, intrigue, and mythology over the long term than have bandits. Seeking to explain their popularity, Hobsbawm observed that in societies "in which men live by subservience, as ancillaries to machines of metal or moving parts of human machinery, the bandit lives and dies with a straight back."[7] A hundred years before, Stendhal commented that even French society's most shrewd and cynical elements find their "favourite reading in the little poems which narrate with ardour the lives of the most renowned brigands."[8] Given the appeal of symbol and legend, the Robin Hoods or Pancho Villas will continue to tug at the popular imagination. "Even if the social bandit did not exist," writes one of Hobsbawm's sharpest Latin Americanist critics, "the conditions to make him a plausible and significant symbol to the rural masses did . . . : Deep social divisions and conflicts as well as elite monopolization of economic opportunities [were] causal factors in Latin American criminality, . . . the social roots of deviant behavior, including banditry."[9] To be sure,

[5]Hobsbawm, *Primitive Rebels*, 5.

[6]The quotation comes from Billy Jaynes Chandler, "Brazilian *Cangaceiros* as Social Bandits: A Critical Appraisal," in Slatta, *Bandidos*, 100.

[7]Hobsbawm, *Bandits*, 132.

[8]Stendhal as cited in Fernand Braudel, *The Mediterranean and the Mediterranean World in the Age of Philip II*, 2d rev. ed., 2 vols. (New York: Harper and Row, 1973), 2:745.

[9]Slatta, *Bandidos*, "Introduction," 2; and "Conclusion," 191, 196.

Hobsbawm and his supporters have always maintained that "real" social bandits were probably less influential than the legends they inspired. Yet, prior to the mid-1970s, few scholars had the temerity to question either the existence of flesh-and-blood Robin Hoods or to discount their significance as a phenomenon of the Latin American (and human) past. As a result, the global dissemination and vulgarization of Hobsbawm's thesis proceeded apace, occasionally stamping an academic cachet on locally produced historical narratives that glorify bandit-heroes in Latin America and elsewhere.[10]

But as the winds of the new social history began to blow with greater force in the early 1970s, social banditry came under increasing attack within the academy. Dutch historian Anton Blok's brief critical comments provoked a lively exchange with Hobsbawm in 1972 and touched off a series of challenges and qualifications of the social bandit model by a younger generation of social scientists. These revisionists not only mined criminal archives but also exercised a more sophisticated ethnological and ethnohistorical scrutiny of folklore and other popular sources. For example, in his debate with Hobsbawm, Blok argued that the English historian had exaggerated the element of protest in social banditry, emphasizing the bandit's ties to the peasantry while minimizing other important structural dimensions of his sociopolitical role. Focusing instead on the "interdependencies between lords, peasants, and bandits," Blok emphasized bandits' violent defense of their personal interests, more often than not through alliances and bargains with powerful elite factions. According to his argument, banditry permitted some peasants to achieve mobility at the expense of others, thereby undercutting rather than strengthening class solidarity. Although Blok admitted that the ballads, myths, and legends about brigand-heroes might potentially galvanize forms of peasant protest, he believed that these heroic images in the popular consciousness were typically contradicted by the bandits' actual behavior.[11]

[10]Two paradigmatic illustrations of this pervasive Latin American tradition in Peru convey a sense of the genre: Alberto Carrillo Ramírez, *Luis Pardo, "El Gran Bandido": Vida y hechos del famoso bandolero chiquino que acaparó la atención pública durante varios años* (Lima: n.p., 1970); and Enrique López Albújar, *Los caballeros del delito*, 2d ed. (Lima: Juan Mejía Baca, 1973).

[11]For the now-celebrated 1972 debate, see Anton Blok, "The Peasant and the Brigand: Social Banditry Reconsidered," *Comparative Studies in Society and History* 14, no. 4 (September 1972): 494–503 (quotations, 496); and Hobsbawm's "Reply" in the same issue, 503–505. Blok went on to develop his critique of social banditry in *The Mafia of a Sicilian Village, 1860–1960* (Oxford: Basil Blackwell, 1974), esp. in chapters 1 and 5. Other notable revisionist studies include Pat O'Malley, "Social Bandits, Modern Capitalism, and the Traditional Peasantry: A Critique of Hobsbawm," *Journal of Peasant Studies* 6, no. 4 (July 1979): 489–501; David Moss, "Bandits and Boundaries in Sardinia," *Man* 14 (1979): 477–496; Richard White, "Outlaw Gangs of the

Latin Americanists have been well represented in the wave of empirically grounded revisionist studies that followed Blok into print in the late 1970s and 1980s, although the Hobsbawm thesis still retains a number of staunch supporters, particularly in Latin America.[12] Billy Jaynes Chandler,[13] Linda Lewin,[14] Paul Vanderwood,[15] Rosalie

---

Middle Border: American Social Bandits," *Western Historical Quarterly* 12, no. 4 (October 1981): 387–408; Donald Crummey, ed., *Banditry, Rebellion, and Social Protest in Africa* (Portsmouth: Heinemann Educational Books, 1986); John S. Koliopoulos, *Brigands with a Cause: Brigandage and Irredentism in Modern Greece, 1821–1912* (Oxford: Clarendon Press, 1987); Ruth Pike, "The Reality and Legend of the Spanish Bandit Diego Corrientes," *Folklore* 99, no. 2 (1988): 242–247; Stephen Wilson, *Feuding, Conflict, and Banditry in Nineteenth-Century Corsica* (Cambridge: Cambridge University Press, 1988); Phil Billingsley, *Bandits in Republican China* (Stanford: Stanford University Press, 1988); Cheah Boon Kheng, *The Peasant Robbers of Kedah, 1900–1929: Historical and Folk Perceptions* (Singapore: Oxford University Press, 1988); and Claire B. Potter, "Guarding the Crossroads: The FBI's War on Crime in the 1930s" (Ph.D. diss., New York University, 1990).

[12]For example, Rui Facó, *Cangaceiros e Fanáticos*, 2d ed. (Rio de Janeiro: Civilização Brasileira, 1965); Amaury de Souza, "The *Cangaço* and the Politics of Violence in Northeast Brazil," in *Protest and Resistance in Angola and Brazil*, ed. Ronald L. Chilcote (Berkeley and Los Angeles: University of California Press, 1972), 109–131; Robert J. Rosenbaum, *Mexicano Resistance in the Southwest: "The Sacred Right of Self-Preservation"* (Austin: University of Texas Press, 1981); Jean Meyer, *Esperando a Lozada* (Guadalajara: El Colegio de Michoacán and CONACYT, 1984); Louis A. Pérez, Jr., "Vagrants, Beggars, and Bandits: The Social Origins of Cuban Separatism, 1878–1895," *American Historical Review* 90, no. 5 (December 1985): 1092–1121; Pérez, "The Pursuit of Pacification: Banditry and the United States' Occupation of Cuba, 1889–1902," *Journal of Latin American Studies* 18, no. 2 (November 1986): 313–332; and Pérez, *Lords of the Mountain: Social Banditry and Peasant Protest in Cuba, 1878–1918* (Pittsburgh: University of Pittsburgh Press, 1989). Braudel's treatment of brigandage in Spain and the Mediterranean world during the sixteenth century also supports Hobsbawm's argument. See Braudel, *The Mediterranean*, 2:734–756.

[13]Billy Jaynes Chandler, *The Bandit King: Lampião of Brazil* (College Station: Texas A & M Press, 1978); Chandler, in Slatta, *Bandidos*, 97–112; and Chandler, *King of the Mountain: The Life and Death of Giuliano the Bandit* (DeKalb: Northern Illinois University Press, 1988), esp. chapter 12.

[14]In addition to the work by Linda Lewin cited in note 4, see Lewin, "Oral Tradition and Elite Myth: The Legend of Antônio Silvino in Brazilian Popular Culture," *Journal of Latin American Lore* 2 (Winter 1979): 157–204; and Lewin, *Politics and Parentela in Paraíba: A Case Study of Family-Based Oligarchy in Brazil* (Princeton: Princeton University Press, 1987).

[15]Paul J. Vanderwood, *Disorder and Progress: Bandits, Police, and Mexican Development* (Lincoln: University of Nebraska Press, 1981); see also the special issue, "Social Banditry and Spanish American Independence," which Vanderwood edited and introduced, in *Bibliotheca Americana* 1, no. 2 (November 1982).

Schwartz,[16] and Richard Slatta[17] have purposefully entered into the international debate on social banditry, endorsing Blok's core arguments and rejecting those of Hobsbawm. Vanderwood perhaps comes closest to affirming Carleton Beals's uncompromising assessment of the Latin American bandit, advanced in 1930, three decades before Hobsbawm first tackled the subject: "Despite popular sentiment the true nature of the bandit is not that of the social reformer. He is essentially selfish and has no fundamental interest in rectifying social ills."[18]

In contrast, Peter Singelmann, Benjamin Orlove, Lewis Taylor, and Alberto Flores Galindo have been somewhat more measured in their critiques of Hobsbawm's model. Indeed, the first three take pains to minimize the extent of disagreement between Hobsbawm and Blok.[19] As Singelmann points out:

> Both seem to suggest that social banditry contains elements of primitive protest insofar as it usually originates in acts of defiance, often spares the poor, and particularly as it is idealized in popular myths and ballads. At the same time, both authors agree that in its actual functioning banditry may be at least marginally integrated into an oppressive social structure and undermine class solidarity.[20]

Ultimately, however, all four authors call into question the element of social protest, suggesting that more often than not banditry represents an adaptation to, rather than resistance against, an exploitative regime and that in the process it works to maintain that system.

Without question, the state-of-the-art critique of Latin American social banditry is Slatta's recent anthology *Bandidos: The Varieties of Latin*

---

[16]Rosalie Schwartz, *Lawless Liberators: Political Banditry and Cuban Independence* (Durham: Duke University Press, 1989).

[17]Richard W. Slatta, "Rural Criminality and Social Conflict in Nineteenth-Century Buenos Aires Province," *Hispanic American Historical Review* 60, no. 3 (August 1980): 450–472; and Slatta's edited volume, *Bandidos*, to which he contributed the introduction, conclusion, and two essays.

[18]Carleton Beals, "Brigandage," in *Encyclopedia of the Social Sciences*, 15 vols. (New York: Macmillan, 1930), 2:693–696 (quotation, 694).

[19]Peter Singelmann, "Political Structure and Social Banditry in Northeast Brazil," *Journal of Latin American Studies* 7, no. 1 (May 1975): 59–83; Benjamin S. Orlove, "The Position of Rustlers in Regional Society: Social Banditry in the Andes," in *Land and Power in Latin America: Agrarian Economies and Social Processes in the Andes*, ed. Orlove and Glynn Custred (New York: Holmes and Meier, 1980), 179–194; Lewis Taylor, *Bandits and Politics in Peru: Landlord and Peasant Violence in Hualgayoc, 1900–1930* (Cambridge: Cambridge University Centre of Latin American Studies, 1986); and Alberto Flores Galindo, *Aristocracia y plebe: Lima, 1760–1830* (Lima: Mosca Azul Editores, 1984), esp. chapter 5.

[20]Singelmann, "Political Structure and Social Banditry," 60.

American Banditry.[21] It was intended to be "a major comparative testing of Hobsbawm's model" by a team of North American and Latin American historians and anthropologists who have done long-term research on bandit phenomena in a variety of postindependence regional contexts.[22] Thus the volume stakes a claim to being the most comprehensive and sustained assault on the social bandit thesis anywhere in the world to date. In addition to "rounding up the usual suspects" (Vanderwood on nineteenth-century Mexico, Lewin and Chandler on the Brazilian *sertão*, and Slatta himself on the Argentine pampa), Slatta's distinguished lineup includes Erick Langer on the Bolivian Andes, Louis Pérez on Cuba under U.S. occupation, Gonzalo Sánchez and Donny Meertens on Colombia during *la Violencia*, and Miguel Izard and Slatta on the Venezuelan llanos. In addition, Latin American banditry and the Hobsbawm thesis have been examined by Dretha Phillips from the perspective of modern criminological theory, and through the distorting lens of Hollywood films by Allen Woll. In a manner unfortunately all too rare in multiauthored works, Slatta skillfully shapes these diverse treatments into a coherent, highly readable volume by contributing a crisply written introduction and a concluding chapter that never let Hobsbawm too far out of their sights.

Although the contributions to *Bandidos* reflect a range of thematic concern and interpretive nuance, collectively the volume constitutes a strong brief against the historical importance of social banditry in Latin America. Moreover, Slatta's editorial presentation of the new scholarship frames the case in even stronger terms: at most, genuine social bandits represent rare and colorful footnotes to history. Slatta reports that he and his posse of social scientists "have galloped in hot pursuit of bandits across several Latin American countries and through two centuries" and that the bandits they have unmasked in the criminal archives "carry visages different from the ideal type postulated by Hobsbawm."[23]

Perhaps most important (and echoing the earlier findings of Blok and other European historians), the Latin American revisionists argue that "the close ties of class and camaraderie that theoretically bind social bandits and peasants together do not surface in the Latin American context."[24] These analysts come to other conclusions: that the rural masses used banditry more for economic gain than for prepolitical protest (see particularly the essays by Vanderwood, Chandler, and Lewin); that when other avenues were open to them, peasants often chose those options over banditry (Langer, Pérez); that much banditry occurred in sparsely populated frontier regions lacking a settled peasantry (Izard and Slatta, Slatta); and that shrewdly negotiated elite-

---

[21] See note 4.
[22] Slatta, *Bandidos*, "Introduction," 2.
[23] Ibid., "Conclusion," 198, 191.
[24] Ibid., 192.

bandit alliances were more common than the "fundamental rage" characterizing the prepolitical peasant-bandit solidarity posited by Hobsbawm (Vanderwood, Lewin, Chandler, Sánchez and Meertens).[25] As a corollary to this last point, the revisionists emphasize that often these elite-bandit alliances originated in long-standing family feuds—not broad class injustices—in a society where blood vengeance and individual defense of family or clan honor were common imperatives.[26] Based on this extensive comparative research, Slatta concludes, "The social bandit fails to emerge as a distinctive historical type in Latin America."[27]

Slatta's posse has not returned empty-handed, however: "More types of banditry existed in Latin America than are captured with a simple dichotomy of just social bandits and common criminals."[28] Indeed, most of the suspects that the volume's contributors have rounded up would seem to lie somewhere between the "noble robber" and the common thief. Two other "clear types," the "guerrilla bandit" and the "political bandit," are featured prominently in the scholars' lineup.

According to Vanderwood (and, elsewhere, Christon Archer and William Taylor), bands of "guerrilla brigands" operated in Mexico during the Independence era and throughout much of the turbulent nineteenth century. As rugged individuals who were more opportunistic than patriotic or solidary, they profited from the partisanship and chaos of war.[29] Izard and Slatta note that similar behavior characterized South American contemporaries, the Venezuelan and Colombian llaneros and the Argentine gauchos who fueled a seemingly endless cycle of *caudillaje, montoneras*, and populist risings.[30] More recently, Rosalie Schwartz has advanced much the same thesis for understanding the political gangsters who played a

[25]These findings are formally stated in Slatta, *Bandidos*, "Introduction," 8.

[26]On this point also see Maria Isaura Pereira de Queiroz, *Os Cangaceiros* (São Paulo: Duas Cidades, 1977), which was originally published in 1968 in French as *Cangaceiros: Les Bandits d'honneur brésiliens*; Taylor, *Bandits and Politics*, esp. chapter 1; and Deborah A. Poole, "Landscapes of Power in a Cattle-Rustling Culture of Southern Andean Peru," paper presented at the 46th International Congress of Americanists, Amsterdam, July 4–8, 1988. Also compare Wilson, *Feuding, Conflict, and Banditry.*

[27]Slatta, *Bandidos*, "Conclusion," 193.

[28]Ibid., 191.

[29]Vanderwood, "Nineteenth-Century Mexico's Profiteering Bandits," in Slatta, *Bandidos*, 11–31; Vanderwood, *Disorder and Progress*; Christon Archer, "Banditry and Revolution in New Spain, 1790–1821," *Bibliotheca Americana* 1, no. 2 (November 1982): 59–90; and William Taylor, "Bandit Gangs in Late Colonial Times: Rural Jalisco, Mexico, 1794–1821," *Bibliotheca Americana* 1, no. 2 (November 1982): 29–58.

[30]Miguel Izard and Richard W. Slatta, "Banditry and Social Conflict on the Venezuelan Llanos," in Slatta, *Bandidos*, 33–47; and Slatta, "Images of Social Banditry on the Argentine Pampa," in Slatta, *Bandidos*, 49–65.

pivotal role in the outcome of the war for Cuban independence.[31] Moreover, a substantial literature exists positing a similarly opportunistic role for the klephts, haiduks, Cossacks, and other rather amorphous, free-ranging bands of peasants and pastoralists who operated during the dynastic struggles and wars of national liberation against the Turks that convulsed southern Europe, the Balkans, and the Russian steppes from the fifteenth century onward.[32]

Still, one wonders whether revisionist scholars of banditry may not be splitting hairs in attempting to distinguish their guerrilla bandits from Hobsbawm's haiduk variant of social brigand. Like the guerrilla bandits, Hobsbawm's haiduk bands were collections of ambitious social marginals who possessed only a rudimentary political consciousness but often drew the support of local rural communities. As Hobsbawm explains, not only did haiduks frequently liberate peasants (from Turkish or Spanish rule) but also their very existence proved "that oppression was not universal, and vengeance for oppression was possible." These "roving bands of outlaws, raiders and Cossacks [operated] on the turbulent frontier between state and serfdom on one hand, the open spaces and freedom on the other."[33]

Another "distinctive variation" of Latin American banditry touted by Slatta, "political banditry," is plagued by similar conceptual problems. It is not clear exactly what is meant by "political," or how "political banditry" actually improves upon Hobsbawm's existing model. For example, Pérez shows in his essay on early twentieth-century Cuba that traditional elite factional politics can touch off broader forms of protest, particularly social banditry—a point that would seem to support Hobsbawm's thesis and run counter to the volume's central thrust.[34] The link between political turmoil and social banditry is further explored in Sánchez and Meertens's complex analysis of peasant participation in the Colombian *Violencia*. In this chapter and a more extensive study, these authors argue convincingly that partisan political conflict, led (and often effectively manipulated) by elite political configurations, confounded peasant solidarity, stripped bands of peasant insurgents of their legitimacy, and ultimately reduced once-popular bandits to criminal status on the margins of national and regional political life.[35]

---

[31]Schwartz, *Lawless Liberators.*

[32]For example, see Koliopoulos, *Brigands with a Cause.*

[33]Hobsbawm, *Bandits*, chap. 5 (quotations, 80–81).

[34]Louis A. Pérez, Jr., " 'La Chambelona': Political Protest, Sugar, and Social Banditry in Cuba, 1914–1917," in Slatta, *Bandidos,* 131–147. This essay was originally published in *Inter-American Economic Affairs* 31, no. 4 (Spring 1978): 3–28.

[35]Gonzalo Sánchez and Donny Meertens, "Political Banditry and the Colombian *Violencia*," in Slatta, *Bandidos,* 151–170; and Sánchez and Meertens, *Bandoleros, gamonales y campesinos: El caso de la violencia en*

But if Slatta's "political" rubric is merely meant to underscore the relational aspects of banditry, to emphasize the shifting nature of alliances and power balances that engaged and often transformed banditry, his quarrel with Hobsbawm may well be more rhetorical than real. Hobsbawm's writings frequently address the dynamic, often contradictory dimensions of the politics of banditry. For example, in sketching the rise and fall of Eliodoro Benel, an early twentieth-century Peruvian bandit chief and regional political boss, Hobsbawm involves the reader in "a complex combination of political and personal rivalries, vengeance, political and economic ambition, and social rebellion."[36] Here, as elsewhere, Hobsbawm undercuts the claims of his critics who would exaggerate his argument and minimize his efforts to situate the social bandit within the broader political economic context. He observes, "It is a mistake to think of bandits as mere children of nature roasting stags in the greenwood." Rather, they were closely involved with the market and political arena.[37]

This observation prompts Hobsbawm to reflect on the essential ambiguity of the brigand's political status:

> He is an outsider and a rebel, a poor man who refuses to accept the normal roles of poverty, and establishes his freedom by means of the only resources within reach of the poor, strength, bravery, cunning and determination. This draws him close to the poor: he is one of them. . . . At the same time the bandit is, inevitably, drawn into the web of wealth and power, because, unlike other peasants, he acquires wealth and exerts power. He is "one of us" who is constantly in the process of becoming associated with "them." The more successful he is as a bandit, the more he is *both* a representative and champion of the poor *and* a part of the system of the rich.[38]

Thus, while emphasizing social bandits' ties with the poor, Hobsbawm clearly appreciates what revisionist scholars and the historical bandits themselves knew only too well: that bandits' long-term profit and survival also meant forging a constructive relationship with members of the elite.[39]

Colombia, 2d ed. (Bogotá: El Ancora Editores, 1984). For a partisan account that graphically details the marginalization and pursuit of such bandit gangs, see Evelio Buitrago Salazar, *Zarpazo the Bandit: Memoirs of an Undercover Agent of the Colombian Army* (Tuscaloosa: University of Alabama Press, 1977; originally published in Spanish in 1968).

[36]Hobsbawm, *Bandits*, 93–95. In *Bandits and Politics*, Lewis Taylor develops his more detailed analysis of Benel's career along the very lines suggested here by Hobsbawm.

[37]See, particularly, Hobsbawm, *Bandits*, chap. 6 (quotations, 85).

[38]Ibid., 87–88 (Hobsbawm's italics).

[39]For an incisive examination of this paradoxical identity in the case of twentieth-century Chinese bandits, see Billingsley, *Bandits in Republican China*; also compare Blok's rich discussion of the domestication of Sicilian

In another respect, the revisionists' discussion of the political dimensions of banditry registers an important criticism of Hobsbawm's model by effectively puncturing his conceptualization of banditry as "prepolitical" or "archaic." Once again, Sánchez and Meertens's rich work on the Colombian *Violencia* is particularly instructive. Here was a case where—for reasons having less to do with the peasantry's supposedly limited forms of consciousness and organization and more to do with the tactics and power of the dominant classes—a highly politicized form of armed agrarian struggle regressed into predatory banditry.[40] According to Hobsbawm's model, the rise of more sophisticated political activity in Colombia should have resulted in the demise of banditry, not its recrudescence. I will return to this point in a fuller critique of Hobsbawm's notion of "prepolitical" forms of protest in light of other recent literary trends.

Without doubt, the practitioners of the new social history, by revising—or at least fleshing out—the portraits that Hobsbawm originally sketched, have made a signal contribution to understanding the elusive phenomena of Latin American banditry. These revisionists argue with some force that historians should not be reductionist in interpreting Latin American criminality,[41] that banditry is a complex, multivariate

---

brigands by well-entrenched mafiosi in *The Mafia of a Sicilian Village*, esp. chapter 5.

[40]This theme of peasants preying on each other will be considered in my subsequent discussion of James Scott's recent work.

[41]But as suggested before, at times the revisionists are the ones who verge on reductionism in exaggerating or simplifying elements of Hobsbawm's thesis, which is often more nuanced than they convey. Blok himself candidly refers to "the widespread vulgarization of Hobsbawm's model [by critics and supporters alike] that tends to see virtually all brigandage as a manifestation of peasant protest." See Blok, *The Mafia of a Sicilian Village*, 101n. Be this as it may, close attention to Hobsbawm's progressive refinements of the model since the publication of *Primitive Rebels* reveals something of the subtlety (and wiliness) of the old master. The closer one looks for a clear-cut model, the harder it is to find. Indeed, Hobsbawm never actually defines social banditry (nor do the majority of his critics, an issue I will take up later in the essay) but rather presents a number of traits that the social bandit tends to display. Moreover, Hobsbawm's writings are filled with disclaimers that among the various kinds of bandits in history, by far the most common are garden-variety thugs and criminals. Thus, in a certain sense, when the revisionists attempt to pin down Hobsbawm and marshal a detailed brief against his model, "they wrestle where none contendeth," to quote one of his defenders. See Arnold Bauer's review of Slatta's *Bandidos* in the *Journal of Social History* 22, no. 3 (Spring 1989): 562. In this regard, one Europeanist critic of Hobsbawm noted with a certain amount of frustration that "Hobsbawm frequently acknowledges [the] aspects of banditry highlighted by his critics but gives them little emphasis in his general interpretation." See Wilson, *Feuding, Conflict, and Banditry*, 507.

phenomenon governed by sociopolitical, cultural, and ecological determinants.

Indeed, in a fundamental way, the essays in the Slatta volume challenge Hobsbawm's conceptualization of the countryside, which was inspired primarily by his familiarity with Mediterranean and European societies. Hobsbawm's model of social banditry seems most plausible when applied to remote rural sectors of enduring peasant communities and distant lords. By contrast, the revisionists collectively reconstruct a Latin American social matrix that is considerably more heterogeneous and complex. These scholars demonstrate that such a varied landscape of agrarian structures and social relations embraces diverse groupings of rural cultivators who have had recourse to a broad range of social options.[42]

It is hinted throughout the Slatta collection, and explicitly invoked in the piece by Chandler, that Marxist historian Hobsbawm's failure to fully appreciate such historical diversity may be related to his ideological motivation for examining bandits:

> He was not, it appears, much interested in the field for its own sake, in the actual lives of bandits, in the complexities that plague historians and frequently render generalizations problematic. His purpose, it seems, was to establish a history of revolutionary activity. Leftist intellectuals in the mid-twentieth century, losing faith in Marx's industrial workers as vehicles of revolution, began searching for a broader tradition. Hobsbawm contributed bandits, but they did not fit well. They did not realize that they were social rebels; they sought no basic changes in the structures of their societies. Hobsbawm recognized this, but since they practiced violence against property and lives, they were, in his view, making a political, or rather a "prepolitical," statement. This conclusion did not proceed so much from a sound factual base as from fitting skimpy and often questionable data into a preconceived framework.[43]

These are rather strong words, but it is also significant that Hobsbawm has been challenged in similar fashion by independent leftist critics. They accuse him of burdening his account with a teleological, unilinear view of working-class history that presumes that every form of resistance must ultimately be superseded by a more "modern" form until a mature Marxist-Leninist expression is achieved.[44] Yet apart from the question of whether

---

[42]The structural diversity of the countryside and its impact on forms of social action over a long time span is the theme of Friedrich Katz's recent edited collection, *Riot, Rebellion, and Revolution: Rural Social Conflict in Mexico* (Princeton: Princeton University Press, 1988).

[43]Chandler, in Slatta, *Bandidos*, 103; also compare the same author's similarly antitheoretical remarks in *King of the Mountain*, 215.

[44]See, for example, James Scott, *Weapons of the Weak: Everyday Forms of Peasant Resistance* (New Haven: Yale University Press, 1985), 233.

banditry can be fitted into a broader tradition of social protest, revolutionary or otherwise (the main theme to be addressed in the second half of this essay), Hobsbawm and his defenders have at times been rather cavalier in attributing social content to the diverse operations of bandits over the centuries. Some writers have facilely juxtaposed biographies of individual bandits with generalized depictions of societal injustice in a way that precludes determining whether the author has made a case for social banditry or committed the crime of ecological fallacy. Certainly, a line must be drawn between "avengers" and genuine thugs among the poorer classes, who prey upon the have-nots more than they threaten the haves. If no distinction is made, Chandler warns, historians will find themselves on a slippery slope where all banditry might ultimately be deemed social, "involving as it does, relations between people."[45] Thus the attempt in this revisionist literature to establish a more rigorous standard for interpreting social protest provides a useful corrective to the excesses of the Hobsbawmians.[46]

The new social historians have also made an important methodological contribution. More problematic than Hobsbawm's ideological predisposition (although perhaps related to it) is his choice of historical evidence. Hobsbawm's use of literary sources and popular tradition, however creative (and pragmatic, given the chronological and global sweep of his undertaking), does not compensate for a lack of documentary evidence in national and regional archives. All sources have their limitations, and Hobsbawm's critics are correct in suggesting that many of the heroic folktales and ballads that he relied on may reflect the poor's idealized aspirations rather than historical reality. Moreover, as maintained by Slatta for Argentina, Lewin and Chandler for Brazil, and Schwartz and French scholar Maria Poumier-Taquechel for Cuba during the independence era, such literary sources frequently reflect the views of romantic, ideological, or commercially motivated urban writers rather than any peasant folk tradition.[47] In an early article on northeastern Brazil, Lewin masterfully traces the often complex cultural and political histories of such "popular traditions." For example, the Brazilian *literatura de cordel* (literally

---

[45]Chandler, in Slatta, *Bandidos*, 109; also compare Judith Ewell's review of Slatta's *Bandidos* in *The Americas* 45, no. 1 (July 1988): 131–133.

[46]For a rigorous revisionist analysis of *capoeira*, the Brazilian social phenomenon that some writers have portrayed as an urban variant of social banditry, see Thomas H. Holloway, " 'A Healthy Terror': Police Repression of *Capoeiras* in Nineteenth-Century Rio de Janeiro," *Hispanic American Historical Review* 69, no. 4 (November 1989): 637–676.

[47]From Slatta's edited *Bandidos*, see Slatta, "Images of Social Banditry"; Lewin, "The Oligarchical Limitations of Social Banditry"; and Chandler, "Brazilian *Cangaceiros*." See also Schwartz, *Lawless Liberators*, esp. 9–13; and Maria Poumier-Taquechel, *Contribution à l'étude du banditisme social à Cuba: L'Histoire et le mythe de Manuel García* (Paris: Editions L'Harmattan, 1986).

"clothesline books," or chapbooks) promoting the legend of bandit-hero Antônio Silvino was originally generated by dissident, déclassé elites with their own agendas. Only later were such cultural motifs appropriated and refashioned by the popular classes and their left-wing ideologues.[48]

As will be shown, "official" police and judicial records are freighted with bias and present problems of their own, but their extensive use by revisionist writers provides an essential complement to the "popular" sources utilized by Hobsbawm. As Barrington Moore pointed out some thirty years ago, an adequate strategy for researching banditry would require a blend of both types of sources and substantial cross-checking to mitigate the limitations of each.[49] Unlike police and criminal records, popular traditions have limited value in documenting the actual behavior of bandits (or other historical actors); they nevertheless hold great potential for examining contending definitions of crime and the social, political, and cultural contexts that shape such discourses of power.[50]

A Qualified Defense of Hobsbawm's Model

As valuable as the new revisionist scholarship is, it evidences certain limitations. In arguing that the social bandit has failed to emerge as a distinctive historical type and in discounting the possibility of real solidarity with the rural masses, these revisionist writers have surely gone too far. To

[48] See Lewin, "Oral Tradition and Elite Myth." Compare Koliopoulos's discussion of the deft manipulation of myths about *pallikar* and klepht heroes by the ruling class of postindependence Greece. See his *Brigands with a Cause*, esp. chapter 11. In addition to research remaining to be done on flesh-and-blood bandits and their social and mental worlds, much work has yet to be undertaken on the care and grooming of their myths, particularly the reasons why idealized images of brigands emerge at some historical conjunctures and not at others. For an interesting study of modern U.S. banditry, which relates representations of bandit myth to watersheds in the process of state building, see Potter, "Guarding the Crossroads."

[49] Writing about nineteenth-century Chinese banditry, Moore cautioned, "It is necessary to be aware of romanticizing the robber as a friend of the poor just as much as of accepting the official image." See Barrington Moore, Jr., *Social Origins of Dictatorship: Lord and Peasant in the Making of the Modern World* (Boston: Beacon Press, 1968), 214. Drawing on both criminal archives and popular lore, Lewin comes as close as any Latin Americanist scholar to achieving an understanding of the bandit as historical actor and transcendent symbol. For a commendable Asian study in the same vein, see Kheng, *Peasant Robbers of Kedah*, esp. chapter 3.

[50] For a balanced assessment of the value of folkloric sources, see James A. Inciardi, Alan A. Block, and Lyle A. Hallowell, *Historical Approaches to Crime: Research Strategies and Issues* (Beverly Hills: Sage, 1977), chap. 2.

paraphrase Knight, the social bandit may no longer deserve to be feted, but it is certainly premature to show him the door.[51]

In *The Mexican Revolution*, Knight himself makes a strong case for the importance of banditry as a significant "surrogate form of popular protest" during the Porfiriato and at key junctures of the Revolution of 1910. He asserts that at certain times and places, "the kinship between social banditry and popular rebellion was . . . so close that the two can scarcely be differentiated."[52] In arguing for the social content of banditry, particularly evidenced during periods of revolution and social upheaval, Knight lends support to Hobsbawm and also echoes a strong tradition in European social history. According to Richard Cobb, for example, during the French Revolution "banditry was never purely criminal; it always took on political [that is, social] overtones."[53]

For Knight and a host of British and European social historians, the problem is not whether social banditry existed but rather how to distinguish it from other localized, often inchoate forms of rural protest.[54] Like the revisionists, but unlike Hobsbawm, Knight does not argue that bonds of class were essential in cementing peasant-bandit relationships. Constructing a concise "ecology of banditry and popular protest," Knight shows that in revolutionary Mexico such "horizontal" ties predominated in areas where free villagers enjoyed great numerical strength and mobilized agrarian insurgencies (like Zapatismo) that subsumed and successfully incorporated bandit elements. Elsewhere, however, in Mexico's remote sierras and in underpopulated expanses where haciendas and ranchos dominated free villages, vertical divisions took precedence over horizontal ones. There, social bandits like Pancho Villa and Pascual Orozco might lead entire communities against enemy "outsiders," often cultivating and relying on the support of local elites.[55]

[51]Knight, *The Mexican Revolution*, 1:354.

[52]Ibid., 1:122–123.

[53]Richard Cobb, *The Police and the People: French Popular Protest, 1789–1820* (Oxford: Oxford University Press, 1972), 93.

[54]The relevant work of British social historians such as E. P. Thompson, Douglas Hay, Peter Linebaugh, and Cal Winslow is discussed further on in the article.

[55]Knight, *The Mexican Revolution*, 1:123–126, 352. Drawing on his own research ·on the late nineteenth-century "Kelly Outbreak" in Australia, O'Malley's "Social Bandits, Modern Capitalism, and the Traditional Peasantry" also emphasizes the potential for social bandits to galvanize rural communities of heterogeneous class composition "where there exists a commonly shared experience of . . . exploitation" (p. 492). In the process, O'Malley questions Hobsbawm's insistence that communal unity depends on the existence of a solidary "traditional peasantry." Knight's ecological analysis acknowledges a debt to Constancio Bernardo Quirós's pioneering but little-cited study, *El bandolerismo en España y en México* (Mexico City: Jurídica Mexicana, 1959).

In the process, aspiring bandits might well enhance their own social and economic position, in the manner of Vanderwood's "profiteering bandits" of the nineteenth century. Typically, they became the new revolutionary caciques, and in some cases powerful caudillos. Yet Knight stops well short of Vanderwood's characterization of banditry as an almost classic expression of individual enterprise and modern initiative. The Mexican bandit may not have been a Robin Hood, but he was no closer to being a Henry Ford: "It is mistaken to regard most bandit careers as the result of deliberate, individual choice, a release from boredom into excitement, rather than as an existence compelled by circumstances. . . . Most bandits . . . had banditry thrust upon them."[56] For Knight, a measure of upward mobility, although not particularly forward-looking, was eminently compatible with social banditry in Mexican peasant society, provided that the bandit kept faith with the shared struggle against intruding authority and common foes.

In other words, it is the existence of "popular support," whether articulated through class or clientelist bonds, that Knight regards as the defining characteristic or hallmark of social banditry. His insistence on the pervasiveness of this support, at least during revolutionary episodes, places him at odds with the general interpretation advanced by the revisionists. According to Knight, popular support "gave bandits their 'social' function, assimilated them . . . [in]to rural protest movements more generally and . . . set them apart from their professional colleagues."[57] But Knight adds the important caveat that such popular support was "relational" rather than inherent and could change without any necessary alteration in the bandits' activities:

> Just as prerevolutionary, professional banditry, overtaken, swallowed up, and thus politicised by the popular revolution, thereby acquired "social" attributes, so too social banditry could be professionalised (or "de-socialised") as the revolution ebbed, leaving it stranded without the popular support and sympathy which maintained and defined it. . . . The

---

Other works that show great sensitivity to the ecological determinants of bandit phenomena include López Albújar, *Los caballeros del delito*; Taylor, *Bandits and Politics*; Orlove, "The Position of Rustlers"; and the Slatta anthology *Bandidos*, although Slatta surely overstates his case in discounting the social content of banditry in remote or frontier areas that lacked a high concentration of peasant villages. For examples, see *Bandidos*, 4–5, 191–192.

[56]Knight, *The Mexican Revolution* 1:123, 354; compare Vanderwood, in Slatta, *Bandidos*, and *Disorder and Progress*, esp. xv–xviii, 14–15, 56, 95–96. See also Claudia Gerdes, *Mexikanisches Banditentum (1821–1876) als sozialgeschichtliches Phänomen* (Saarbrücken: Verlag G. Breitenbach, 1987), which demonstrates that however enterprising such bandits might have been, social and racial barriers in nineteenth-century Mexican society typically thwarted their attempts to gain social mobility.

[57]Knight, *The Mexican Revolution*, 1:354.

social bandit of 1911 became the terrorist of 1971; the social bandit of one valley crossed the mountains and terrorised another.[58]

Here Knight reestablishes some common ground with the revisionists. Despite editor Slatta's rather uncompromising conclusions, several of his anthology's regional case studies document close ties between bandits and peasant communities (e.g., Pérez's essay on Cuba during the Chambelona insurrection and Sánchez and Meertens's study of the Colombian *Violencia*),[59] while others at least recognize that given the proper historical circumstances, no "insurmountable barriers" stand in the way (see Chandler, Langer, and even Izard and Slatta).[60] Like Knight's work, these essays demonstrate implicitly the relational, circumstantial character of social banditry. Collectively, they lend much support to Knight's contention that perhaps more than underlying motives, levels of political sophistication, or even methods of operation, it was popular support—however transitory (as in the case of *la Violencia*)—that most determined the social content of banditry. Such support, in turn, depended on the larger historical conjuncture—the correlation of forces that frequently lay beyond the control of bandits and the peasantry.

Schwartz, however, injects a note of caution regarding Knight's conceptualization of popular support. If social banditry merely represents a relationship between a bandit and the rural population, do historians not risk diluting the concept to a point where it loses its value as an analytical category for problems of popular protest? For example, Schwartz wonders whether in a peasant area where intervillage or interfamilial feuds are common, each side boasts its own social bandits who commit depredations against their factional rivals.[61] Flores Galindo's work on the bandits of

[58]Ibid., 1:355. In *Primitive Rebels*, Hobsbawm had noted that "one sort of bandit can easily turn into another" (p. 13); see also his *Bandits*, 56. Compare similar observations by Fernand Braudel, "Misère et banditisme," *Annales* 2 (1947): 129–143; Blok, "The Peasant and the Brigand," 496; and particularly the following passage by Wilson on nineteenth-century Corsican banditry: "Driven from his own territory, separated from his network of support, the bandit of honor would be forced to attack travellers, to prey on local people, in order to survive. Even if he did stay in his own region, he might be caught up in a web of crime . . . in defending himself against his enemies or escaping the pursuit of the authorities." See Wilson, *Feuding, Conflict, and Banditry*, 357.

[59]Here one finds an interesting parallel with Donald Crummey's anthology, *Banditry, Rebellion, and Social Protest in Africa*. Although the editor rather straightforwardly dismisses the validity of using the term "social banditry" in the African context, several of the volume's essays document organic ties between brigands and peasant communities.

[60]For example, see Chandler, in Slatta, *Bandidos*, 102. Indeed, *King of the Mountain*, Chandler's recent study of the renowned Sicilian bandit Salvatore Giuliano, itself documents close ties between Giuliano and the local peasantry.

[61]Schwartz, *Lawless Liberators*, 255.

eighteenth- and nineteenth-century coastal Peru—predominantly poor *negros* and *castas* who spared blacks but regularly robbed *serrano* Indian communities as well as the rich—raises much the same question in interethnic terms.[62] This thorny problem of gauging communal or popular support for banditry (and other forms of rural social action) will be addressed in the second half of the essay within a broader conceptual framework.

Beyond the Model: Peasant Consciousness, Banditry, and Rebellion

If the revisionists go too far in categorically indicting Hobsbawm's model, they may not go far enough in other respects in their explanation of bandit phenomena. Historians have now reached a point where continued focus on the Hobsbawm thesis—once a useful centering device and a prod to empirical investigation—has become constricting. As suggested above, recent attempts in Latin American studies to distinguish between professional and social bandits and among subcategories of social bandit have frequently led to rather inconclusive taxonomic debates.[63] In sum, it is time to get on with exploring the broader issues related to the social history of rural crime.

Indeed, in other areas of the world, social science treatments of banditry have moved beyond the Hobsbawm model and even beyond criminality per se. Discussions of bandits regularly proceed within the context of larger themes, such as forms of peasant resistance and social control, which now involve a more sophisticated examination of peasant consciousness. Moreover, the application of semiotics and discourse analysis to both "official" and "popular" sources has greatly expanded the utility of each.

Unfortunately, much of the new revisionist literature on Latin American banditry, while documenting the relationships that individual bandits forged with elite actors and encouraging Hobsbawm's followers to attend to such linkages, has tended to dismiss "the peasant connection," particularly the rural population's attitudes and perceptions toward bandits. This tendency has resulted because revisionists have relied mostly on police reports and other official sources, which are heavily biased and rarely focus on the questions relating to group composition and motivation that need to be answered in order to determine whether or not a particular gang or individual was truly an exponent of popular protest (and, therefore, a true social bandit). Consequently, the revisionists have made their main contribution to an "elite historiography" of Latin American banditry, a history of individual bandits and their incorporation into, or subordination

---

[62]Flores Galindo, *Aristocracia y plebe*, 142–158.
[63]Compare Moss, "Bandits and Boundaries," 480.

by, the world of power and interests. Hobsbawm has consistently asserted in a provocative and general manner the primacy of bandits' connection with the peasantry, but he has never empirically documented either the substance or the mental realm of that partnership. Thus, in order to write a more "popular" history of Latin American banditry, scholars must begin, as one rural historian recently suggested, "to integrate the lower sectors back into bandit studies by going beyond the simplistic dichotomy between elite collaboration and peasant rebellion that some students of banditry, intent on demolishing Hobsbawm, are posing."[64]

How can social scientists place peasants at the center of bandit studies without marginalizing elites? And what inspiration and models does recent comparative discourse provide? The remainder of this essay will tap several currents in the global literature on peasant social action and mentality in an effort to identify promising thematic and methodological departures for research on Latin American banditry. Particular attention will be given to two broader themes: first, how the relationship between banditry and the law (or the way in which social groups define criminality and perceive social deviance) provides a window on forms of social control and popular resistance in the countryside; and second, how banditry and other strategic peasant options reflect the dynamic larger social environment.

In essence, the newer conceptualizations of banditry and related social phenomena, which are only beginning to be applied to Latin America, are guided by the assumption that greater attempts must be made to address social behavior from the perspective or "consciousness" of the participants themselves. Consciousness becomes the central theme "because it is not possible to make sense of the experience [of peasant action or resistance] merely as a history of events without a subject."[65] A second assumption is that forms of peasant consciousness are enmeshed in the dynamic process of history, shaped by identifiable social and political forces, rather than being the product of an ontologically prepolitical mentality. The social historian's task is to locate the sources and methodological tools needed to decode "popular knowledges"—that is, to make sense of the aspirations and moral criteria that inform social action.[66]

[64]See Catherine LeGrand's review of Slatta's *Bandidos* in *American Historical Review* 93, no. 4 (October 1988): 1145.

[65]Ranajit Guha, *Elementary Aspects of Peasant Insurgency in Colonial India* (Delhi: Oxford University Press, 1983), 11.

[66]Working on northern Mexico, several younger anthropologists who have combined extensive archival research with ethnographic and oral history strategies have already done much to advance this approach among Latin Americanists. For example, see Ana María Alonso, "The Hermeneutics of History: Class Struggle and Revolution in the Chihuahuan Sierra" (manuscript); María Teresa Koreck, "The Constitution and Deployment of Popular Knowledge: From Colonists to Colonized to Revolutionaries" (Ph.D. diss., University of

To acknowledge peasants as the conscious subjects and, in a real sense, the makers of their own history, one need not make inflated claims about the sophistication of peasant politics. Although modalities of peasant resistance were not "spontaneous" or "unthinking" as Hobsbawm suggested, they were often inchoate and diffuse. They frequently aimed to destroy or undermine, actually or symbolically, the dominant class's authority but proposed no blueprint for its replacement. Yet this tendency does not place them outside the political realm. Indeed, peasant resistance was all about politics—but popular, rather than elite, politics.

Despite their rejection of Hobsbawm's subpolitical interpretation of social banditry, exponents of this new approach to peasant protest and mentality share with him a fundamental concern with forms of oppression and control that are never absolute and are always contested. Ranajit Guha, an Indian social historian and theorist influential in this emerging tradition that he and others refer to as "subaltern studies," sketches in broad strokes the thematic contours of the new approach:

> The oppression of the peasantry and the latter's revolt against it figure again and again . . . not only as intermingled matters of fact but also as hostile but concomitant traditions. Just as the time-honored practice of holding the rural masses in thraldom has helped to develop codes of deference and loyalty, so has the recursive practice of insurgency helped to develop fairly well-established structures of defiance over the centuries. These are operative in a weak and fragmentary manner even in everyday life and in individual and small-group resistance, but come into their own in the most emphatic and comprehensive fashion when those masses set about turning things upside down and the moderating rituals, cults and ideologies help no longer to maintain the contradiction between the subaltern and superordinate at a non-antagonistic level. In their detail of course these larger structures of resistance vary according to differences between regional cultures as well as between styles of dominance and the relative weights of dominant groups in any given situation. But since insurgency with all its local variations relates

---

Chicago, 1988); and the essays by Alonso, Koreck, and Daniel Nugent in *Rural Revolt and United States Intervention in Mexico*, edited by Nugent (La Jolla: UCSD Center for U.S.-Mexican Studies, 1988). Historian Eric Van Young has creatively employed psychoanalytical concepts to tease out an understanding of popular ideologies in the Wars of Independence. See Van Young, "Millennium on the Northern Marches: The Mad Messiah of Durango and Popular Rebellion in Mexico, 1800–1815," *Comparative Studies in Society and History* 28, no. 3 (July 1986): 385–413; also Van Young, "To See Someone Not Seeing: Historical Studies of Peasants and Politics in Mexico," *Mexican Studies/Estudios Mexicanos* 6, no. 1 (Winter 1990): 133–159. See also notes 128 and 138 below.

antagonistically to this dominance everywhere . . . , there is much to it that combines into patterns cutting across its particular expressions.[67]

Guha's research deals with peasant revolts in colonial India, but he has compared his data with the vast literature on European peasants and attempted to identify the "common forms" of peasant consciousness that underwrite protest and insurgency. In the process, he has incorporated banditry into a broader, distinctly political spectrum of peasant protest, one that places the element of class at its core. Although Guha refers in passing to "everyday" forms of resistance at an individual or small-group level— livestock theft, pilfering, arson, and sabotage (offenses often grouped together in standard notions of banditry)—he does not systematically examine such everyday phenomena in his major writings. Nor does he concern himself with more complex twentieth-century revolutions in which peasants played a pivotal role, because such analysis would greatly transcend local agrarian class relations and mentalities.[68] Nevertheless, Guha argues that both peasant insurgency and certain kinds of rural crime have an "inversive function"—they turn the social order upside down—a quality that has occasionally led authorities (and historians who utilize official sources) to mistake peasant insurgency for rural crime. Guha contends that a sharp increase in rural criminal activity and violence (including forms of social bandity), which occurs frequently in times of scarcity, usually signals a "lowering threshold of the peasant's tolerance" of his conditions of life and often inaugurates a peasant revolt.[69] During this so-called twilight phase, a

[67]Ranajit Guha, *Elementary Aspects*, 1–12. In addition to having published this major work, Guha edits and contributes to *Subaltern Studies* (published by Oxford University Press in Delhi), a journal dedicated to questions of working-class resistance and consciousness in South Asia. For a selection of some of the best early work in the journal, see *Subaltern Studies I: Writings on South Asian History and Society*, ed. Ranajit Guha (Delhi: Oxford University Press, 1982).

[68]Political sociologists, anthropologists, and social historians continue to debate the relative importance of and relationship between internal and external determinants of peasant social action in twentieth-century revolutions. Analysis of such discourse lies beyond the scope of this essay and has been carried out elsewhere. For example, see John Tutino, *From Insurrection to Revolution in Mexico: Social Bases of Agrarian Violence, 1750–1940* (Princeton: Princeton University Press, 1986). The first chapter assesses recent contributions by Barrington Moore, Theda Skocpol, Charles Tilly, Eric Wolf, Jeffrey Paige, James Scott, and others.

[69]Ranajit Guha, *Elementary Aspects*, 76–108; compare Billingsley, *Bandits in Republican China*, and Michael Adas, "From Avoidance to Confrontation: Peasant Protest in Precolonial and Colonial Southeast Asia," *Comparative Studies in Society and History* 23, no. 1 (1981): 217–247. At points, Guha's neat correlation of worsening economic conditions and mass discontent comes dangerously close to the now-discredited notion of a "J-curve" and other variants of the "volcanic theory" of popular movements. For a critique of such thinking, see Rod Aya, "Popular Intervention in Revolutionary Situations," in

"switching of codes" takes place among the peasantry, a cognitive rite of passage that transforms bandits or criminals into insurgents.

Ordinarily, Guha explains, "the social order derived its stability from a firm and traditional if tacit agreement between the rulers and the ruled on a mutually acceptable code of dominance and subordination."[70] Why, then, do conservative peasants, who are usually so peaceful and perhaps at other times have even been preyed upon by bandits, ultimately join them in rebellion? To begin with, Guha points out (and here he is as influenced by Michel Foucault as by Hobsbawm), the peasant's own perception of crime differs greatly from that of his class enemies (the landlords, bosses, and government officials): whereas they would tend to lump all forms of defiance of the law as crime, the peasant is normally tolerant of crimes of indigence and often regards acts of defiance against authority as justifiable protest. During the "twilight phase," when codes switch,

> peasants tend to invest disparate attacks on property and person with new meaning and rephrase them as a part of a general discourse of rebellion. Consequently, each of these acts acquires an ambivalence: wired at the same time to two different codes—the code of individualistic or small-group deviance from the law where it originates and that of collective social defiance which adopts it—it bears the twin signs of a birth-mark and a becoming. It is precisely this duplex character which permits it to be interpreted one way or the other depending on the interpreter's point of view.[71]

Thus, Guha suggests, the "official mind" of the state, as reflected in the police and judicial records that serve as the basis for much of the existing revisionist historiography on banditry and rebellion, might be inclined to view and most certainly would portray such social phenomena as criminal deviance. By contrast, peasant rebels (and probably historians who are able to read such official sources critically and thereby decode peasant consciousness) would tend to interpret such behavior as clear-cut social protest.

Here Guha and the subalternists wrestle constructively with the unresolved definitional problem that lies at the heart of bandit studies and has often muddied the debate between Hobsbawm and his critics.[72] Rather

---

Statemaking and Social Movements: Essays in History and Theory, ed. Charles Bright and Susan Harding (Ann Arbor: University of Michigan Press, 1984), 318–343.

[70]Ranajit Guha, *Elementary Aspects*, 106.

[71]Ibid., 107–108; compare Michel Foucault, *Discipline and Punish*, trans. Alan Sheridan (New York: Pantheon, 1977; originally published in French in 1975), esp. 75–87, 274.

[72]Braudel observes that banditry is "an ill-defined word if ever there was one." See Braudel, *The Mediterranean*, 1:102. One example of an informative

than attempt to distinguish bandits from social bandits and speculate on the relative incidence of each of these types, Guha performs what he regards to be a logically prior task: addressing the nature of the category itself, particularly the circumstances surrounding its application and perception in different sectors of society. Here his analysis reinforces the work of those anthropologists, such as David Moss, Paul Winther, and Deborah Poole, who are concerned with the genesis and maintenance of social and symbolic boundaries in relation to banditry and other criminal phenomena.[73] Such work not only taps a venerable Anglo-Saxon literature on the sociology of deviance, particularly the interactionist theory of labeling, but also draws inspiration from the recent linguistic turn in critical inquiry and the social sciences associated primarily with French scholarship.[74]

Thus, Guha and others have argued, scholars play the state's (and the dominant classes') game when they define banditry solely along traditional legal lines—as revisionist scholars of Latin American and global banditry have been wont to do.[75] Invariably, such writers have identified bandits according to some variation of the following common denominator: groups of men who attack and rob, typically to steal property or rustle livestock.[76] Yet, as Moss has observed, while states have traditionally applied the terms to indicate rather precisely defined legal offenses, in practice they have consistently expanded or transformed the notion of banditry to meet specific political needs or challenges. In this sense, the term "banditry" has been used "not to designate a particular offense, but to group together a set of

---

case study that is appreciably undermined by its failure to define or conceptualize banditry is Richard L. Maullin, *The Fall of Dumar Aljure, a Colombian Guerrilla and Bandit* (Santa Monica: Rand Corporation, 1969).

[73]Moss, "Bandits and Boundaries," 477–496; Paul C. Winther, "Contemporary Dacoity and Traditional Politics in South Asia," *University of Oklahoma Papers in Anthropology* 18, no. 2 (Fall 1977): 153–166; and Poole, "Landscapes of Power."

[74]Michel Foucault's most influential work on deviance and labeling, *Discipline and Punish*, is cited in note 71. Representative of the Anglo-Saxon sociological and criminological literature are *The Other Side: Perspectives on Deviance*, ed. Howard S. Becker (New York: Free Press, 1964); Becker, *Outsiders: Studies in the Sociology of Deviance* (New York: Free Press, 1963); David Matza, *Becoming Deviant* (Englewood Cliffs: Prentice Hall, 1969); Donald Black, *The Behavior of Law* (New York: Academic Press, 1978); Philip Abrams, *Historical Sociology* (Somerset, UK: Open Books, 1982), esp. chapter 9; David Downes and Paul Rock, *Understanding Deviance: A Guide to the Sociology of Crime and Rule-Breaking* (Oxford: Clarendon Press, 1982); and George B. Vold and Thomas J. Bernard, *Theoretical Criminology*, 3d ed. (New York: Oxford University Press, 1986), esp. 47–107.

[75]For example, see Eric Van Young, "Mentalities and Collectivities: A Comment," in this volume.

[76]For example, see Slatta, *Bandidos*, 1; and Wilson, *Feuding, Conflict, and Banditry*, 38–39; compare Hobsbawm, *Bandits*, 17.

offenses, some of which may over time appear in or disappear from the set."[77] Thus, much like the modern concept of "terrorism," banditry became more a part of the "metalanguage of crime" than a specific crime itself. It was used in this manner by the state to mark certain kinds of violent or potentially violent behavior by "dangerous classes" in society. Indeed, even banditry's etymological origins (coming from the Latin *bannire*, meaning to banish) suggest this process of exclusion, in which a boundary was created between the bandit and society (the process is cast in even bolder relief in the case of the analogous term "outlaw").[78] Consequently, Guha and others contend, it is important to maintain the distinction between the social label "bandit" and the events it signifies. The actions of bandits may often be difficult to distinguish from those of other criminals and rural insurgents, but the label itself has often served at strategic conjunctures to crystallize images, recast allegiances, and mobilize public sentiment. In the hands of the state, the label has been employed to "normalize deviant behavior" (that is, to "regulate defiant behavior"), thus depriving it of legitimacy. In the hands of insurgents, who have broken with the rules and interests served by such labeling and have set about inverting them, the label itself has been refashioned into a badge of honor.[79]

Guha's provocative thesis and methodology deserve to be tested in Latin American and other rural contexts. At a minimum, Guha challenges historians to reexamine their characterizations of bandits, as well as their handling of official sources. His caveat that modalities of resistance vary according to differences in regional culture and structures of domination cannot be emphasized too strongly. For example, despite its comparative dimension, Guha's work focuses on India, whose highly exploited but

[77]Moss, "Bandits and Boundaries," 480. Compare Kheng, *Peasant Robbers of Kedah*, 8–9; and Ann Laura Stoler, "Plantation Politics and Protest on Sumatra's East Coast," *Journal of Peasant Studies* 13, no. 2 (January 1986): 124–143. Stoler argues persuasively that " 'criminality' became newly defined by whatever it was that *potential* workers did to keep themselves independent of [Dutch] colonial cash cropping commitments, plantation and mining jobs, that is, by working as forest foragers, hunters, squatters, scavengers and thieves" (p. 140, Stoler's italics). Also see Jack Goody's discussion of the law as an elite discourse of power that changes according to the requirements of that elite, in Goody, *The Logic of Writing and the Organization of Society* (Cambridge: Cambridge University Press, 1986), chapter 4, "The Letter of the Law."

[78]Moss, "Bandits and Boundaries," 480–481; compare Foucault, *Discipline and Punish*, 274–277; and Peter Burke, *Popular Culture in Early Modern Europe* (New York: Harper and Row, 1985), 165.

[79]In addition to Guha, *Elementary Aspects*, 78–106, and Foucault, *Discipline and Punish*, 178–185, see Goody, *The Logic of Writing*, 133–135, and Andrew Turton, "Patrolling the Middle-Ground: Methodological Perspectives on Everyday Peasant Resistance," *Journal of Peasant Studies* 13, no. 2 (January 1986): 36–48.

village-based peasantry still had substantial cultural resources and tactical mobility during the nineteenth century under the British raj. Many other groups of peasants have had far fewer cards to play, and hence the progression from banditry to generalized rebellion was often beyond the realm of possibility. Such was certainly the case for many of Latin America's tightly controlled estate-based or plantation-based societies, where routine or everyday forms of resistance were more feasible.[80]

Indeed, it may be that Guha's analysis of peasant insurgency takes too little account of the sectionalism of peasants and rural workers. As C. A. Bayly, one critic of the subaltern studies approach, has pointed out, "Down almost to the very bottom of society every subaltern was an elite to someone lower than him."[81] Nevertheless, stressing the agency and relative autonomy of peasants, as Guha and the subalternists have done, has the virtue of curtailing the more mechanistic and abstract tendencies in agrarian historiography. Yet Guha and his colleagues run the risk of exaggerating the peasantry's historical propensity for rebellion and insurgency. As Bayly cautions, "It is not at all clear that resistance, let alone violence, is a defining characteristic of the poor or exploited. This may be an unfortunate fact, but it is not one that historians can ignore."[82]

These reservations notwithstanding, a fruitful comparative discussion appears to lie in the offing. Guha's semiotic analysis of elite and peasant discourses on rural insurgency would seem to support the recent findings of British social historians who have sought to refine Hobsbawm's original model of social banditry. Examining crime and society in eighteenth-century England, these historians have identified a variety of smugglers, poachers, armed foresters, and rioters, who are said to represent intermediate types on the spectrum of social protest, sharing similarities with "social bandits" and "agrarian rebels" but identical with neither.[83] Nevertheless, as E. P.

[80]James Scott and Michael Adas make much the same point in their discussions of forms of rural protest in South and Southeast Asia. For citations of Scott's and Adas's principal works, see notes 44, 69, and 97.

[81]C. A. Bayly, "Rallying around the Subaltern," *Journal of Peasant Studies* 16, no. 1 (October 1988): 110–120 (quotation, 119).

[82]Ibid. O'Malley also emphasizes the internal differentiation of the peasantry and the rural working class but is more sanguine about the poor's propensity to resist and their capacity to submerge sectional differences in the face of common experiences of exploitation. See his "Social Bandits, Modern Capitalism, and the Traditional Peasantry."

[83]See especially E. P. Thompson, *Whigs and Hunters: The Origin of the Black Act* (London: Allen Lane, 1975); and E. P. Thompson et al., *Albion's Fatal Tree: Crime and Society in Eighteenth-Century England* (New York: Pantheon, 1975). Also see Eric Hobsbawm and George Rudé's earlier account of the 1830 Swing Movement, *Captain Swing: A Social History of the Great English Agricultural Uprising of 1830* (New York: Pantheon, 1968). A comparable study on British India is Ramachandra Guha and Madhav Gadgil,

Thompson points out, "all of these actions were . . . seen by the authorities within one common blur, as outrages."[84] Yet, although the state classified the perpetrators according to a familiar and convenient code, the evidence shows that the common people who often sheltered and supported them did not regard them as criminals.[85] After the experience of reading official criminal records, replete with references to "bad characters" and "criminal elements," these British historians warn that it is deceptively easy to appropriate contemporary labels of "deviance" and "criminal subculture."[86]

Although these Indian and British scholars have resisted the pull of the official mind, their warnings regarding the pitfalls of official sources might have been better heeded by the revisionist historians of Latin American banditry, particularly Slatta and his colleagues. None of his anthology's contributors discuss the challenges that official sources pose. Instead, they invoke or assume their analytical superiority over Hobsbawm's folkloric materials and report their documentary findings straightforwardly. A balanced handling of sources seemingly mandates little more than the checking of problematic literary and folk materials against authoritative police and judicial records.[87]

It is therefore not surprising that these official sources occasionally seem to command the writers' own views of peasant protest. For example, when editor Slatta observes that in Cuba during World War I, "elite-led political revolt . . . quickly degenerated into banditry," he not only misinterprets the thrust of Pérez's more sensitive portrayal of what had become a popular grass-roots insurgency but also sounds eerily like the U.S. consul, whose contemporary report referred to forces that "have now degenerated into groups of bandits headed by notorious characters having no

---

"State Forestry and Social Conflict in British India," *Past and Present* 123 (May 1989): 141–177.

[84]Thompson, *Whigs and Hunters*, 145.

[85]See, for example, ibid., 64; and Cal Winslow, "Sussex Smugglers," in Thompson et al., *Albion's Fatal Tree*, 119–166, esp. 159.

[86]Preface to Thompson et al., *Albion's Fatal Tree*, 14.

[87]See Slatta, *Bandidos*, 3, 191. Compare the similarly uncritical revisionist posture toward official sources in Inciardi et al., *Historical Approaches to Crime*, and Koliopoulos, *Brigands with a Cause*, viii, 279. For another insightful critique of how such sources have been abused by historians and anthropologists, see Renato Rosaldo, "From the Door of His Tent: The Fieldworker and the Inquisitor," in *Writing Culture,* ed. James Clifford and George E. Marcus (Berkeley and Los Angeles: University of California Press, 1986), 77–97. In a recent paper (which I heard after this essay went to press), Slatta briefly acknowledges the bias inherent in official sources. See Slatta, "Banditry as Political Participation in Latin America," paper presented at the meeting of the American Historical Association, San Francisco, December 29, 1989.

political significance."[88] Scattered references to "social deviance" and criminal "subcultures" throughout the collection underscore not only the authors' reliance on official sources but also the likelihood that occasionally their voices may have been allowed to merge with those of the contemporary officials who prepared the criminal reports. Indeed, Phillips's essay suggests that "a theory of subcultures" may be particularly fruitful for future criminological research on Latin American banditry.[89]

The value of official sources as a staple of historical research is beyond dispute. They provide a corrective to the bias found in oral and written folklore, and in terms of sheer volume and accessibility, they overwhelm it. The discourse on peasant insurgency is predominantly a discourse of power, an outcome attributable to literacy levels as well as to the vested interests of the state and the dominant classes of society in monitoring gestures of defiance of authority.

How, then, do social historians tap into a consciousness of protest and insurgency when access to it is often impeded by a discourse of social control and counterinsurgency? Guha and other students of peasant consciousness argue that the task is challenging but not insurmountable. Apart from critically reading folkloric sources (which contribute to our knowledge about popular attitudes toward "crime" or resistance), historians can gain access to a peasant discourse of insurgency that is often embedded in the official documents themselves. First of all, peasant consciousness makes its presence felt directly in a variety of ways, mainly in the reporting of insurgent messages and proclamations that are intercepted by the authorities and in the personal testimonies of peasants interrogated by the police or the courts. But such documentation is fraught with interpretative problems, as William Taylor, Allen Wells, and I have discussed elsewhere.[90] Nevertheless, because this kind of documentation was gathered to assist the state in controlling diverse forms of social protest, its usefulness in that

---

[88]Slatta, *Bandidos,* 6; also Consul H. M. Wolcott as cited by Pérez, in Slatta, *Bandidos,* 141.

[89]Dretha Phillips, "Latin American Banditry and Criminological Theory," in Slatta, *Bandidos,* 187–189.

[90]William Taylor, *Drinking, Homicide, and Rebellion in Colonial Mexican Villages* (Stanford: Stanford University Press, 1979); Gilbert M. Joseph and Allen Wells, *Summer of Discontent, Seasons of Upheaval: Elite Politics and Rural Insurgency in Yucatán, 1890–1915* (Albuquerque: University of New Mexico Press, forthcoming); also compare Rosaldo, in Clifford and Marcus, *Writing Culture.* Despite problems of interpretation, Wells and I have found criminal court testimonies invaluable in reconstructing peasant participation in and perceptions of revolts and other forms of resistance in Yucatán during the late Porfiriato and early years of the Mexican Revolution. For example, see Joseph and Wells, "The Rough-and-Tumble Career of Pedro Crespo," in *The Human Tradition in Latin America: The Twentieth Century,* ed. William H. Beezley and Judith Ewell (Wilmington: Scholarly Resources, 1987), 27–40.

regard seems a measure of its authenticity as a window on peasant consciousness.

This consciousness is at times validated more subtly by key indices within elite discourse. Often words, phrases, occasionally even extended passages of official documents are devoted to indicting characterizations of the perpetrators of rural violence and unrest as well as to denunciations of their deviance from the legal order. Read carefully, these passages can frequently mark out the difference between two mutually contradictory norms or perceptions of society.[91] Thus, often by reversing the terms of elite discourse, one implicitly picks up on the terms of peasant discourse. For example, references to a "bandit village" might not describe a nest of thieves but indicate instead that much of the population of a pueblo is resisting state forces. Repeated mention of "regional contagion" might reveal more about solidarity and enthusiasm among a variety of groups within an area than about the rapid spread of deviance. Similarly, official references to "lawlessness" might tell more about collective defiance of what had come to be regarded as bad laws or administrative practices than about rampant, wanton criminality. As Guha has trenchantly observed:

> The pressures exercised by insurgency on elite discourse force it to reduce the semantic range of many words and expressions, and assign to them specialized meanings in order to identify peasants as rebels and their attempt to turn the world upside down as crime. Thanks to such a process of narrowing down it is possible for the historian to use this impoverished and almost technical language as a clue to the antonymies which speak for a rival consciousness.[92]

Need it bear repeating, neither Guha nor I is suggesting here that the "official mind" of the state consistently " 'misreads' the codes locked up in collective behavior." To do so, as Eric Van Young correctly observes, would be to "paint the State and its servants as slavering idiots, an assumption no more reasonable for this group than for peasants and other rural protesters."[93] I would agree with Van Young that, more likely, a *"realpolitik* of reflexive regime self-defense" operated here, for in defining as crime what it knew to be protest, the state sought to strip the insurgents' actions of any claim to political legitimacy. Indeed, the use of the "standard

---

[91]Here, the Comaroffs' notion of a "rhetoric of contrasts" is illuminating. See John Comaroff and Jean Comaroff, "The Madman and the Migrant: Work and Labor in the Historical Consciousness of a South African People," *American Ethnologist* 14, no. 2 (1987): 191–209; compare Guha, *Elementary Aspects,* 16–17.

[92]Guha, *Elementary Aspects,* 17; also see Winther, "Contemporary Dacoity," for the British colonial authorities' characterization of Indian dacoits.

[93]Van Young, "Mentalities and Collectivities."

manipulationist vocabulary"[94] (such as "brigand-infested lairs" and "criminal contagion") for the purpose of criminalizing popular protest may have been particularly necessary in the Latin American context. As Richard Morse and others have shown, doctrines of immanent popular sovereignty dated from at least the sixteenth century and grew in tandem with a highly porous absolutist state.[95] Criminalization of popular protest and resistance was therefore essential to nullify protesters' claims to political legitimacy under the aegis of such doctrines.[96]

Beyond the Model: Everyday Forms of Peasant Resistance

Recently James Scott, Michael Adas, and other Asianists have helped to expand further the conceptual framework for the study of peasant protest and consciousness by focusing their attention on "everyday forms of peasant resistance" that make no headlines and rarely even surface in official administrative records.[97] Like Guha's findings, their principal data come from Asian societies, but their interpretations are typically informed by wide reading in the social history of Europe and the Third World. Also like the Indian scholar, they posit a continuum of popular resistance "ranging all the way from petty individual acts focussed on the here-and-now to highly

[94]The phrase is borrowed from Billingsley's discussion of the Chinese state's depiction of brigands in *Bandits in Republican China*, xiv.

[95]Richard M. Morse, "The Heritage of Latin America," in *The Founding of New Societies*, ed. Louis Hartz (New York: Harcourt, Brace, 1964), 123–177, esp. 151–177; and Van Young, "Mentalities and Collectivities."

[96]Van Young, "Mentalities and Collectivities." For documentation of a significant historical case of such criminalization of popular protest, see Leon G. Campbell, "Banditry and the Túpac Amaru Rebellion in Cuzco, Peru, 1780–1784," *Bibliotheca Americana* 1, no. 3 (1983): 164–180.

[97]James C. Scott, *Weapons of the Weak*; Scott, "Resistance without Protest and without Organization: Peasant Opposition to the Islamic *Zacat* and the Christian Tithe," *Comparative Studies in Society and History* 29, no. 3 (July 1987): 417–452; Scott, "Everyday Forms of Peasant Resistance," *Journal of Peasant Studies* 13, no. 2 (January 1986): 5–35; Michael Adas, "From Avoidance to Confrontation"; Adas, "From Footdragging to Flight: The Evasive History of Peasant Avoidance Protest in South and Southeast Asia," *Journal of Peasant Studies* 13, no. 2 (January 1986): 64–86; and Adas, "Bandits, Monks, and Pretender Kings: Patterns of Peasant Resistance and Protest in Colonial Burma, 1826–1941," in *Power and Protest in the Countryside*, ed. Robert P. Weller and Scott E. Guggenheim (Durham: Duke University Press, 1982), 75–105. See also the remaining essays in the special issue edited by James Scott and Benedict Kerkvliet, "Everyday Forms of Peasant Resistance in South-east Asia," *Journal of Peasant Studies* 13, no. 2 (January 1986): 1–150; Kheng, *Peasant Robbers of Kedah;* and Resil B. Mojares, "Nonrevolt in the Rural Context: Some Considerations," *Philippine Studies* 31 (1983): 477–482.

organized, durable movements of broad ideological purpose."[98] Yet, whereas Guha gives greatest attention to peasant rebellions and the liminal, ambiguous historical junctures that usher them in, these scholars are primarily concerned with social forms and mentalities at the beginning of the continuum—with peasant resistance that proceeds without overt protest and with little or no organization. Collectively, they argue that such "routine" resistance has historically lain at the core of peasant politics. As Scott observes, "Much, if not most, of the prosaic but constant struggle of the peasantry to thwart those who seek to extract labor, grain, taxes, rents, and interest from them takes forms which cannot satisfy [the] definition of a social movement."[99] Although it is impossible to do justice to these authors' rich, historically nuanced arguments in a few paragraphs, by focusing primarily on Scott's work (the most visible and polished statement of what now constitutes a vital current in peasant studies), I can suggest how their analysis of "everyday forms of peasant resistance" can contribute valuable insights to a broader conceptualization of Latin American banditry.[100]

Scott argues on historical grounds for a broadly inclusive definition of peasant resistance, which he understands as "any act . . . intended either to mitigate or deny claims made on [peasants] by superordinate classes . . . or to advance peasant claims (e.g., to land, work, charity, respect) vis-à-vis these superordinate classes." Such a definition makes no requirement that resistance take the form of collective action, let alone overt protest. Moreover (and here Scott's judgment has already begun to generate controversy even among students of everyday resistance), the intent to resist is "built into the definition."[101]

Casting the problem in these terms, Scott argues that most peasant resistance has always proceeded on a day-to-day basis, outside the bounds of organized movements. By everyday forms, Scott means the full range of "ordinary weapons" that have been used for centuries by peasants and other relatively powerless groups such as slaves:[102] at a minimum, foot-dragging, dissimulation, and false compliance; and somewhat more aggressively, slander, poaching, theft, arson, and sabotage. Collectively, these forms of resistance are Brechtian (or better, Schweikian) forms of struggle, the

---

[98]Scott, "Resistance without Protest," 419.

[99]Ibid.

[100]As will be shown presently, however, this literary current includes interpretive shadings and some points of disagreement.

[101]Scott, "Resistance without Protest," 419; for a more elaborate justification of this definition, see his *Weapons of the Weak,* chapter 7.

[102]Significantly, the field of comparative slave studies—like peasant studies—is also witnessing something of a shift in emphasis from rebellions to more routine forms of resistance.

"small-arms fire of the class war."[103] Such tactics share certain common traits: they require little planning, represent forms of self-help, and typically avoid any direct (and likely costly) confrontation with powerful elites or state authorities. Their execution requires only a modicum of room to maneuver and a supportive climate within the peasant community. As Scott and resistance scholars observe, these historical conditions have obtained minimally in even the most oppressive plantation societies, while free peasant communities—even open, stratified ones—have often benefited from "deep subcultures of resistance to outside claims."[104]

Scott concedes that "the noisier events of agrarian history"—peasant jacqueries and rebellions, as well as extensive bandit operations (social and otherwise)—were almost invariably doomed to eventual defeat, even massacre. He argues, however, that "this more clandestine, undeclared war beneath the surface" had much greater success over the long run in mitigating claims by the powerful on the peasantry.[105] After all, Scott contends, given peasants' pragmatic and truly conservative bent, "the goal . . . of the bulk of . . . resistance is not to overthrow or transform a system of domination but rather to survive—today, this week, this season—within it."[106] Or, as Hobsbawm aptly observed, the aim of peasants has always

---

[103]Scott, *Weapons of the Weak,* chap. 1. Scott is obviously influenced here by Jaroslav Hasek's and Bertolt Brecht's fictional character, Joseph Schweik. "The good soldier Schweik" is the archetypal common man practiced in the art of dissimulation and footdragging, whose tactics repeatedly confound the master plans of his superior officers. For an interesting illustration of such Schweikian forms of resistance in contemporary Latin America, see Forrest D. Colburn, "Footdragging and Other Peasant Responses to the Nicaraguan Revolution," *Journal of Peasant Studies* 13, no. 2 (January 1986): 77–96.

[104]Scott, *Weapons of the Weak,* 300; see also James C. Scott, "Protest and Profanation: Agrarian Revolt and the Little Tradition," *Theory and Society* 4, no. 1 (1977): 1–38, and 4, no. 2 (1977): 211–246.

[105]Scott, "Resistance without Protest," 420. But compare Christine P. White's much more pessimistic assessment of the efficacy of such routine resistance in capitalist societies in "Everyday Resistance, Socialist Revolution, and Rural Development: The Vietnamese Case," *Journal of Peasant Studies* 13, no. 2 (January 1986): 49–65.

[106]Scott, "Resistance without Protest," 424. Here Scott draws on *Annales* scholar Marc Bloch's *French Rural History* (Berkeley and Los Angeles: University of California Press, 1970), 170. Scott and Adas cannot (and do not) take full credit for focusing attention on "quiet" forms of struggle that do not result in insurgency. Their work obviously builds on previous studies by scholars working in other areas on similar agrarian themes, such as Eugene D. Genovese, *Roll, Jordan, Roll: The World the Slaves Made* (New York: Pantheon, 1972); Thompson et al., *Albion's Fatal Tree;* and Allen Isaacman, *The Tradition of Resistance in Mozambique* (Berkeley and Los Angeles: University of California Press, 1976).

been to "work the system to their minimum disadvantage."[107]

Such routine resistance is little noticed in official state records because it does not generate the programmatic remarks, violent encounters, and public demonstrations that tend to rivet the state's attention. Indeed, the goal of the perpetrators is precisely to avoid drawing attention to themselves. Moreover, state bureaucrats have little interest in publicizing incidents of peasant insubordination because doing so would acknowledge unpopular policies and the limits of hegemony in the countryside and perhaps risk dismissal or something worse.[108] With good reason, then, do Scott and his colleagues argue that the historiography of class struggles has been "statolotrous." Minor, doomed revolts that have left an impressive paper trail continue to preoccupy social historians in a manner disproportionate to their impact on class relations, while "unheralded acts of flight, sabotage, and theft that may be of greater long-run significance are rarely noticed."[109] Thus the priorities of agrarian history must now be recast. Such routine forms of resistance were probably more effective, certainly safer, and particularly appropriate for a diverse peasantry scattered across the countryside. Peasants, who are often isolated from outside allies and internally differentiated according to relations of production, have historically confronted formidable obstacles to mobilization, let alone to organized collective action.[110]

"Theft," the more generic and neutral term that Scott prefers to banditry, dovetails with his focus on individuals and the smallest, most informal of groups, and is therefore a crucial component of his schema of everyday forms of peasant resistance. A closer examination allows a teasing out of some of his thesis's most interesting and controversial notions. In itself, rural theft is "unremarkable," a regular feature of agrarian life whenever and wherever the state's agents cannot or will not control it. Yet, "when such

[107]Eric Hobsbawm, "Peasants and Politics," *Journal of Peasant Studies* 1, no. 1 (1973): 12.

[108]Adas documents that in Southeast Asia evidence of misrule often brought imprisonment and in some instances execution. See Adas, "From Footdragging to Flight," 67–68.

[109]Scott, "Resistance without Protest," 422; compare his *Weapons of the Weak,* chap. 7. Scott points out, for example, that the accumulation of thousands of individual acts of tax evasion, theft, or desertion can seriously disrupt elite establishments and even destabilize regimes.

[110]My research on Yucatán provides a classic example of the obstacles to mobilization in a region where the peasantry was isolated and internally differentiated. It is not surprising that in the decades prior to the radicalization of the Mexican Revolution in the peninsula (circa 1915), the Yucatecan peasantry was essentially reduced to everyday forms of resistance. See Gilbert M. Joseph, *Revolution from Without: Yucatán, Mexico, and the United States, 1880–1924* (Cambridge: Cambridge University Press, 1982; rev. paperback edition published by Duke University Press in 1988), chapter 3.

theft takes on the dimensions of a struggle in which property rights are contested," Scott views it as resistance.[111]

Herein lies the difficulty. How do scholars know when class struggle lies at the heart of the matter? For example, poaching was the crime of choice among the poor in England and France for centuries. Emile Zola observed accurately in *The Earth* that "every peasant had a poacher inside of him." Eighteenth-century poachers were intent on pressing their own traditional agrarian rights when they resisted the gentry's exclusive claim to property in wild game, but they also had an abiding interest in rabbit stew. Nineteenth-century Maya villagers felt the loss of common lands and resented the trampling of their milpa by the cattle of neighboring haciendas, yet their rustling also put meat on the table.[112] In each case, which of these inextricably fused motives should analysts assume was the controlling one? For Scott, more is at stake than petty semantics, because on this question hinges the interpretation of a variety of activities that, he contends, "lie historically at the core of everyday class relations."[113]

As has been shown, British social historians have made a strong case for the political and class meaning of certain collective forms of poaching. Indeed, it would be difficult to assign a clear-cut economic motive to the Hampshire Blacks, armed foresters who traversed the eighteenth-century countryside administering folk justice to the English gentry. "Blacking" could hardly be interpreted in terms of subsistence needs or involvement in the illicit venison trade, because the deer the Blacks killed were often left to rot in the parks. Without entirely dismissing economic factors, Thompson has concluded that "other [political] motives were dominant."[114] In this regard, Guha's interpretation that such popular acts of violence were invested with an inversive function, undermining the gentry's authority by destroying its symbols, appears to be right on the mark. But what of the many free-lance actions that the Blacks precipitated by poachers, venison dealers, smugglers, and others with whom they had no direct contact? Clearly, on our spectrum of peasant resistance, the more an action shifts away from crime toward rebellion, the more it is marked by political rather

---

[111]Scott, *Weapons of the Weak*, 265.

[112]Zola, as quoted in Scott, *Weapons of the Weak*. See also José Arturo Güémez Pineda, "Everyday Forms of Maya Resistance: Cattle Rustling in Northwestern Yucatán, 1821–1847," in *Land, Labor, and Capital in Modern Yucatán: Essays in Regional History and Political Economy*, ed. Jeffery T. Brannon and Gilbert M. Joseph (Tuscaloosa: University of Alabama Press, 1991), chapter 2; also Orlove, in Orlove and Custred, *Land and Power*; and Daniel W. Gade, "Ecología del robo agrícola en las tierras altas del los Andes centrales," *América Indígena* 30, no. 1 (January 1970): 3–14.

[113]Scott, *Weapons of the Weak*, 291.

[114]Thompson, *Whigs and Hunters*, 160–161.

than economic intentions. But the problem of common acts of theft remains
to be resolved.

Scott makes an impressive effort to wrestle with this thorny problem.
Essentially, he defends such individual (or small-group) acts of theft as
peasant resistance even when it is difficult to test for intent or definitively
establish social approval. Moreover, acts of theft-as-resistance need not
necessarily be directed at the immediate source of elite appropriation.
Because the perpetrator's objective is typically to meet pressing household
needs in as safe a manner as possible, Scott argues that the act of resistance
may likely follow the path of least resistance.[115]

These are controversial propositions. Do such self-interested, informal
episodes constitute genuine acts of political struggle by subordinate classes?
Scott's advocacy is often spirited and generally compelling. Regarding the
issue of "immediate self-interest" as opposed to "principled collective
action," he argues vigorously that whether one is talking about peasant
rebellions or petty theft, "to ignore or relegate to some lower realm the self-
interested element in peasant resistance is to ignore the determinate context
of peasant politics. We need assume no more than an understandable desire
on the part of the peasant household to persist . . . to identify the source of
its resistance."[116]

Indeed, Scott points out that the social historian is unlikely to penetrate
much further on the question of motivation. Everyday resistance depends for
its effectiveness and safety on secrecy and the appearance of conformity. He
also contends that "intentions may be so embedded in the peasant subculture
and in the routine, taken-for-granted struggle for subsistence as to remain
inarticulate." In other words, just as "the fish do not talk about the water,"
so peasants themselves may not be able to determine clearly which of the
two intimately related motivations—subsistence or resistance—is the more
powerful for them.[117]

Ultimately, in the absence of abundant documentary or oral evidence,
historians must assess the local setting and infer intention (that is, peasant
consciousness) from the social behavior itself. Where the material interests
of the dominant class are directly in conflict with those of the peasantry (as
in issues of access to land and water, rents, wages, and employment), acts of
rustling and theft against the haves by the have-nots can be presumed to be
resistance. But Scott's insistence on the presence of resistance even in cases
where the act of theft is not directed at the peasant's immediate landlord or
employer is obviously more problematic. Resistance here is easier to justify
where evidence exists of significant regional participation or a mood of
popular complicity—such as apparently occurred in eighteenth-century

[115]Compare Gade, "Ecología del robo agrícola."
[116]Scott, "Resistance without Protest," 450.
[117]Ibid., 452.

England, in India under the British raj, and in nineteenth-century Prussia and Corsica with the massive poaching of wood. Such supporting evidence, however, is generally rare.[118]

Scott seems on firmer ground in questioning the superiority of organized, collective action (presumed by liberal and Marxist scholars alike) over forms of individual or small-scale self-help. He points out that organized political activity is primarily the politics of elites, who have traditionally monopolized institutional skills in rural societies. "It would be naive," he argues, "to expect peasant activity to take the same form." Moreover, rural options and responses, including theft, have historically been limited by the prevailing structures of control and repression: "More than one peasantry has been brutally reduced from open, radical political activity at one moment to stubborn and sporadic acts of petty resistance the next." In short, Scott and other resistance scholars are justifiably leery of allowing the structure of domination to define what is and is not a legitimate form of resistance.[119]

Scott argues that theft and other routine forms of peasant resistance are fundamentally popular because they tap into a folk culture that underwrites, legitimates, and even celebrates them. Thus, while separate acts of resistance proceed in the absence of formal organization, they represent more than an aggregate of individual actions. Here, too, an elite conception of organization derived from institutionalized settings provides little understanding of social action in small rural settlements with vital informal networks and structures of ritual and community.

Several of Scott's Asianist colleagues are reluctant to go as far as he does on the related questions of intent and popular support. While all concur that intention is crucial in identifying everyday resistance, significant debate continues as to what is required to identify motivation and exactly how one distinguishes routine resistance from a variety of survival strategies. For example, Scott's flat assertion that resistance is whatever peasants do to deny or mitigate claims by appropriating classes or to press their own claims vis-à-vis those dominant classes includes a broader range of activities than Christine White or Brian Fegan are prepared to grant in their work on rural social action in Vietnam and central Luzon (the Philippines), respectively.[120] Fegan argues that resistance requires not only the intention

---

[118]Peter Linebaugh, "Karl Marx, the Theft of Wood, and Working-Class Composition: A Contribution to the Current Debate," *Crime and Social Justice* 6 (Fall-Winter 1976): 5–15; Wilson, *Feuding, Conflict, and Banditry,* 349; and Guha and Gadgil, "State Forestry and Social Conflict in British India."

[119]Scott, "Resistance without Protest," 451.

[120]White, "Everyday Resistance, Socialist Revolution, and Rural Development"; Brian Fegan, "Tenants' Non-Violent Resistance to Landowner Claims in a Central Luzon Village," *Journal of Peasant Studies* 13, no. 2 (January 1986): 87–106.

to withhold services from powerful appropriators but also that fellow peasants concur that it is right to do so, a level of consensus that cannot always be presumed. Benedict Kerkvliet, who has also worked with Tagalog villagers in central Luzon, similarly underscores the need for a popular conception of justice to underwrite acts of resistance, but he stops short of demanding the consensus required by Fegan. Kerkvliet argues with Scott that it is naive to expect such an embracing consensus in modern, "open" peasant communities where class contradictions are rife.[121] In an interesting development, historian Adas's position on "avoidance protest" (his own term for routine forms of resistance) has also recently moved closer to Scott's rather broad understanding of intent. Whereas Adas once required documentary proof akin to the proverbial smoking gun, insisting that such protests have detrimental consequences known by both the resisting peasants and their elite targets, he is now more comfortable reconstructing motivation circumstantially, through an in-depth analysis of the surrounding context.[122]

Adas and Andrew Turton highlight the significant methodological task of specifying as finely as possible the structures of domination if the routine forms of resistance embedded within them are to be identified and assessed. Adas emphasizes the need to conceptualize "whole" social, political, ecological, and ideological systems "rather than concentrating on peasant conditions and responses to vaguely delineated and caricatured elites."[123] Inspired by Foucault, Turton cautions that this task of "specification" requires attention not only to institutional and physical forms of control but also to the exercise of power in manifold local "capillary forms of domination," which include more subtle practices of intimidation and co-optation that are often accomplished through surveillance and the labeling of behaviors as deviant. Yet, like Guha, Turton contends that the strategic application of physical and discursive forms of power by the dominant classes engenders analogous ("capillary") forms of struggle—a kind of "microphysics of resistance."[124]

The argument by Scott and these other Asianists that routine forms of resistance, such as theft and rustling, drew support from solidary bonds even within internally differentiated peasant communities raises questions regarding Langer's and Slatta's flat assertions that Latin American banditry

---

[121]Benedict J. Tria Kerkvliet, "Everyday Resistance to Injustice in a Philippine Village," *Journal of Peasant Studies* 13, no. 2 (January 1986): 107–123.

[122]Adas, "From Footdragging to Flight"; but see also Adas, in Weller and Guggenheim, *Power and Protest*, 159ff, in which he makes an unassailable case for theft-as-resistance based on a series of surprisingly candid police reports from colonial Burma.

[123]Adas, "From Footdragging to Flight," 65–67 (quotation, 66).

[124]Turton, "Patrolling the Middle-Ground."

was invariably a "weaker strategy," a tactic of last resort. They argue that unlike mestizo areas, which lacked strong corporate identities and were prone to banditry, structurally cohesive Indian communities typically opted for rebellion when litigation and other nonviolent strategies (including migration) failed to stem elite encroachment and abuse.[125] Only painstaking microhistorical research (of the kind that Langer, Orlove, and Poole[126] have done for the Bolivian and Peruvian Andes) will resolve this larger question of peasant options and strategies across time and regions. But certainly, less drastic and more routine forms of protest, woven into long-term patterns of pragmatic resistance, while challenging to document,[127] should inform conceptualization of the problem.

Steve Stern insists on this point in a recent essay formulating methodological suggestions for the study of peasant resistance and consciousness in the Andean world:

> Only by asking why, during what period, and in what ways earlier patterns of "resistance" and defense proved more compatible with and "adaptive" to the wider structure of domination, and perhaps even its partial legitimation, do we understand why resistance sometimes culminated in violent collective outbursts against authority. . . . In some cases "resistant adaptation" may have included occasional acts of violence, and the necessary analysis would therefore include study of transformations in the uses of violence, rather than imply a pure or simple transformation from nonviolent to violent forms of resistance.

Thus rebellion, when seen in this context, becomes merely "a short-term variant within a long-term process of resistance and accommodation to authority."[128]

---

[125]Erick D. Langer, "Andean Banditry and Peasant Community Organization, 1882–1930," in Slatta, *Bandidos*, 113–130; and Slatta, "Conclusion," 194. But compare Knight in *The Mexican Revolution*, who argues against ethnicity as a predominant factor in mobilization and peasant revolt (1:115–116, 281n).

[126]Langer, in Slatta, *Bandidos*, and *Economic Change and Rural Resistance in Southern Bolivia, 1880–1930* (Stanford: Stanford University Press, 1989); Orlove, in Orlove and Custred, *Land and Power*; and Poole, "Landscapes of Power."

[127]Apart from oral tradition (and inference from the social context), routine forms of resistance are periodically captured in district- or local-level administrative and criminal reports, as bureaucrats seek to explain to their superiors fluctuations in the incidence of crime (see note 122 above), shortfalls in tax receipts and *leva* quotas, labor flight, and similar matters.

[128]Steve J. Stern, "New Approaches to the Study of Peasant Rebellion and Consciousness: Implications of the Andean Experience," in *Resistance, Rebellion, and Consciousness in the Andean Peasant World, 18th to 20th Centuries*, ed. Steve J. Stern (Madison: University of Wisconsin Press, 1987), 3–25 (quotations, 11).

Certainly, peasants' recourse to routine forms of resistance, including theft and rustling, or to more coordinated acts of banditry and rebellion depended at any given juncture on a variety of exogenous factors that transcended peasant strategies and cultural resources. Such external factors included the state's capacity for social control and enforcement as well as strategies of appropriation by the state and the dominant classes. Adas's work on south and southeast Asia during precolonial and colonial times complements the essays in Stern's recent edited collection on the Andean world by providing a wealth of documentation on how state power and elite repression strongly influenced peasant consciousness and tactical options.[129] Adas's work is particularly valuable in showing how the character of Asian banditry was dramatically transformed as the colonial state consolidated itself. As state power advanced, large-scale bandit operations were increasingly perceived by the authorities as potential threats and were severely persecuted. Full-time professional gangs then gave way to a proliferation of "part-time avengers." Because they kept a lower profile, were not harassed by the state, and did not have to prey on villagers in the neighborhood, these "part-timers" could more easily maintain their accustomed roles in the peasant community. This conclusion leads Adas to observe that social banditry may indeed have been more a part-time or even a one-shot activity than the full-time career that Hobsbawm suggests, a shrewd insight that lends nuance to Hobsbawm's venerable model.[130]

Why, then, should scholars necessarily assume that peasant villagers would eschew theft and banditry for rebellion? As noted, analysts like Guha and Adas argue plausibly that some forms of banditry shared the same inversive function as revolt and often evolved into it. Hobsbawm himself recognized "the significant coexistence of banditry with more ambitious or general movements of social insurrection."[131] Following the logic of Scott's

[129]Stern, *Resistance, Rebellion, and Consciousness;* and Adas, "From Avoidance to Confrontation," and "From Footdragging to Flight." See also the essays in the anthology by Weller and Guggenheim, *Power and Protest,* particularly the editors' introduction, "Moral Economy, Capitalism, and State Power in Rural Protest," 3–11.

[130]Adas, "From Footdragging to Flight," 80; compare Mojares, "Nonrevolt in the Rural Context." Hobsbawm and several of his critics continue to debate whether social banditry has (or will) become extinct in the face of preponderant state power and police technology, or whether it is eminently adaptable to modern settings and technologies. For example, compare O'Malley, "Social Bandits, Modern Capitalism, and the Traditional Peasantry," and Hobsbawm, *Bandits,* 150–164.

[131]Eric Hobsbawm, "Social Banditry," in *Rural Protest: Peasant Movements and Social Change,* ed. Henry Landsberger (London: Macmillan, 1974), 142; also compare William Taylor, "Banditry and Insurrection: Rural Unrest in Central Jalisco, 1790–1816," in Katz, *Riot, Rebellion, and Revolution,* 205–246; and Gerdes, *Mexikanisches Banditentum.*

argument, one would expect to find something of an escalation in protest forms, from the least to the most risky. After all, peasants did not take risks easily, and the overriding goal remained survival. Pursuit of this goal might require more dramatic and violent strategies that could lead peasants far beyond individual and small-scale robberies, assaults, and other routine measures of resistance. Yet Scott argues persuasively that peasants ordinarily prefer ameliorative, incremental strategies to insurgency or bold revolutionary claims.[132] After all, merely by "working the system to their minimum disadvantage," peasants have often been afforded opportunities to thwart the material and symbolic claims of superordinate classes.[133] Not surprisingly (and like the higher-profile bandits who also issued from their social milieu), peasants' efforts have been routinely denigrated in elite discourse. Such descriptions as "pilfering," "truculence," and "deceit" have all been used to "label . . . the many faces of [routine] resistance."[134]

Nevertheless, Scott, Adas, Stern, and other students of "everyday forms of resistance," "avoidance protest," and "resistant adaptation" (the nomenclature varies with the author) are all careful to emphasize that resistance is not merely whatever peasants do to survive. Most of the time, peasants accommodate and adapt; moreover, when survival comes at the expense of others of their class, appropriation by the dominant classes is aided, not resisted. Scott views the extent to which peasants are reduced "to purely 'beggar-thy-neighbor' strategies of survival" as central to a social system's hegemonic capability: "Certain combinations of atomization, terror, repression, and pressing material needs can indeed achieve the ultimate dream of domination: to have the dominated exploit each other."[135] Here Scott and other students of routine resistance would support the position taken by several of the revisionist scholars of banditry: that modern Latin American history provides ample, well-documented evidence of peasant bandits who profited handsomely by leeching on their own class,

---

[132]On this point, see Flores Galindo, *Aristocracia y plebe*, chapter 5. Another case study that supports Scott's argument and runs counter to Langer's thesis on the role of banditry in Indian communities is Güémez Pineda, in Brannon and Joseph, *Land, Labor, and Capital*.

[133]Stern and several of the other contributors to his *Resistance, Rebellion, and Consciousness* stress formidable external constraints on social action and the overriding importance of subsistence to Andean peasants. For example, see Florencia Mallon, "Nationalist and Antistate Coalitions in the War of the Pacific: Junín and Cajamarca, 1899–1902," 232–279. But they caution constructively against "straitjacketing" the category of peasant consciousness. Andean peasant aspirations, they suggest, frequently transcended parochial obsessions with land, subsistence, and autonomy and on occasion embraced efforts to forge a new macrolevel polity that would be more responsive to local peasant needs.

[134]Scott, *Weapons of the Weak*, 301.

[135]Ibid., 302.

frequently in alliance with local elites or the state or both. But the incidence of such behavior does not negate what these scholars regard as another powerful and perhaps ultimately deeper current running throughout agrarian history: the persistent, day-to-day efforts of peasants to defend their fundamental material and physical interests and to reproduce themselves.

Retrospect and Prospect

This essay has attempted to expand existing analytical frameworks for studying Latin American bandit phenomena. Unfortunately, as has frequently been the case in Latin American social history, conceptual and methodological developments in other fields and disciplines have filtered rather slowly into the literature on Latin American banditry.[136] Latin Americanists are still debating in earnest the merits of Hobsbawm's model of social banditry twenty years after its more mature statement, and more than a decade after British social historians began to distinguish among various forms of "protest crime."[137] Meanwhile, newer innovative approaches to the broader themes of peasant resistance and consciousness, emanating largely from other Third World agrarian contexts, have only slowly begun to make an imprint on the research agenda.[138]

[136]For a provocative discussion of the consequences of this lag for Mexican regional historiography, see Paul J. Vanderwood, "Building Blocks But Yet No Building: Regional History and the Mexican Revolution," *Mexican Studies/Estudios Mexicanos* 3, no. 2 (Summer 1987): 421–432; compare Van Young in "Mentalities and Collectivities," in this volume, who points up the slowness with which Latin Americanists have begun to consider seriously questions of *mentalité* and culture.

[137]The term "protest crime" comes from George Rudé, *Criminal and Victim: Crime and Society in Early Nineteenth-Century England* (Oxford: Oxford University Press, 1985).

[138]But see notes 66 and 128 above. Several recent landmark historical studies do not focus on banditry but treat problems of peasant resistance and consciousness from perspectives informed by other fields and disciplines. Rebecca J. Scott borrows insights from the comparative slavery literature to weave routine forms of resistance into a challenging explanation of slave emancipation in *Slave Emancipation in Cuba: The Transition to Free Labor, 1860–1899* (Princeton: Princeton University Press, 1986). The following studies have all effectively combined anthropological tools and archival sources to examine the variety of strategies employed by peasant villagers in Mexico and Peru in defending subsistence and a way of life: Taylor, *Drinking, Homicide, and Rebellion;* Nancy Farriss, *Maya Society under Colonial Rule: The Collective Enterprise of Survival* (Princeton: Princeton University Press, 1984); Steve Stern, *Peru's Indian Peoples and the Challenge of the Spanish Conquest: Huamanga to 1640* (Madison: University of Wisconsin Press, 1983); and Florencia Mallon, *The Defense of Community in Peru's Central Highlands:*

The new perspectives offered by Ranajit Guha and the subalternists on the one hand and by James Scott and students of everyday resistance on the other deserve critical reading and testing by Latin Americanists. Both approaches reiterate that forms of peasant resistance must not be understood in essentialist terms but historically. Peasant political strategies were "traditional" in the sense that their roots could be traced back in time and they emerged from long-standing, but hardly static, relationships to the land and systems of production. By no means were they "archaic" in the sense of being outmoded or prepolitical. Moreover, together with the more established literature in British and European social history, such new literary currents underscore the methodological as well as conceptual possibilities that the study of crime and resistance continues to offer for a more adequate social history of Latin America from below.

Nevertheless, dangers inhabit an approach that attempts to generalize about social trends and class tensions largely on the basis of criminal phenomena. As the recent "revisionist" mood in British social history indicates, criminal data can be notoriously unreliable. Chronic under-reporting of certain crimes renders such evidence highly problematic as a barometer of social life or class dynamics. Moreover, an obsession with "protest crime"—actions in defense of peasant moral economy—risks relegating "normal" crime "to the status of unintelligible counterpoint."[139]

Similar cautions should be entertained by students of Latin American agrarian societies. Indiscriminately equating poorly documented, self-interested acts of theft and destruction of property with resistance risks blurring the distinctions between crime and protest to the point where neither serves as a useful analytical category. If resistance is to be inferred from the social context, historians should be prepared to make a compelling case to that end. In this regard, several of the Latin American revisionist critiques of Hobsbawmian social banditry make convincing historical arguments, particularly Lewin's and Chandler's studies of the Brazilian *sertão*. Like their British counterparts, empathetic Latin American historians should guard against the temptation to exaggerate confrontations between large landowners and the laboring classes, perhaps excluding in the

---

Peasant Struggle and Capitalist Transition, 1860–1940 (Princeton: Princeton University Press, 1983).

[139] See, for example, Joanna Innes and John Styles, "The Crime Wave: Recent Writing on Crime and Criminal Justice in Eighteenth-Century England," *Journal of British Studies* 25 (1986): 380–435; Peter C. Hoffer, "Counting Crime in Premodern England and America: A Review Essay," *Historical Methods* 14, no. 4 (Fall 1981): 187–193; and Rudé, *Criminal and Victim*, which provides the quotation (p. 397). Regarding the unreliability of Latin American criminal data, compare Lyman Johnson and Julia Kirk Blackwelder, "Estadística criminal y acción policial en Buenos Aires, 1887–1914," *Desarrollo Económico* 24, no. 93 (April-June 1984): 109–122.

process middle sectors that were at once particularly vulnerable to actions against property and well placed to broker or actually lead them.[140]

Bandit studies will advance as a more nuanced social history of the Latin American countryside continues to emerge. By focusing on the internal organization of the rural sector and its links with external loci of power, the best revisionist work demonstrates how an interest in bandits contributes to a better understanding of rural communities and vice versa. Still, one has to wonder to what extent Hobsbawm's seductive but monochromatic portrait of a traditional peasantry seized by "fundamental rage"—a depiction inspired largely by Mediterranean experience—has served to delay serious inquiry into a variety of social themes that historians of Latin American banditry are only now beginning to investigate.

For example, in addition to documenting a rather diverse set of social backgrounds for the region's most visible bandit chieftains,[141] scholars are beginning to reassess the social composition of brigand gangs. In the process, they are challenging Hobsbawm's notion that bandits were recruited disproportionately from the ranks of the rural unemployed or underemployed and were typically "young and single or unattached."[142] Ethnohistorical research on the social fabric and political culture of village and hacienda communities in Mexico and the Andes has begun to reveal the active participation of older small-holding peasants with dependents in a variety of bandit operations. Such studies have also raised new questions about the role of women, families, gender relations, and wider networks of kinship and patronage in banditry.[143] Frequently, such extensive factional networks facilitated bandit operations and alliances in towns and cities, blurring the

[140]In this regard, compare Bayly's critique of the subaltern studies school ("Rallying around the Subaltern"), Blok's analysis of upwardly mobile elements in bandit and mafia phenomena (in *The Mafia of a Sicilian Village*), and the monographic studies by Vanderwood (*Disorder and Progress*) and Schwartz (*Lawless Liberators*). In our forthcoming book, *Summer of Discontent*, Allen Wells and I give particular emphasis to the roles played by middle sectors on both sides of the law in a congeries of revolts and other violent rural episodes.

[141]See especially Lewin, in Slatta, *Bandidos*; Chandler, *The Bandit King*; Vanderwood, *Disorder and Progress*; and Schwartz, *Lawless Liberators*.

[142]Hobsbawm, *Primitive Rebels*, 17–18.

[143]For example, see Taylor, *Bandits and Politics*; Poole, "Landscapes of Power"; and Joseph and Wells, *Summer of Discontent*. The traditional view was that women were "conspicuously absent from the band and the world of bandits in general" as observed by Koliopoulos in *Brigands with a Cause* (p. 283). This conclusion is now being challenged in the global literature. See, for example, Hobsbawm's most recent statement, "Women and Banditry," in the revised edition of *Bandits* (pp. 135–137); see also the sophisticated examination of female bandits, gender, and family relations in Billingsley, *Bandits in Republican China*; and Potter, "Guarding the Crossroads."

conventional distinction between rural and urban life.[144] Only when these leads are tracked down by the next generation of bandit scholars and particularly when issues of gender, household, and faction are more successfully integrated into studies of banditry and rural social action will Latin American historians really be able to speak with any degree of authority or nuance about "peasant moral economy" (or "rational choice") and "subcultures of resistance."[145]

Finally, Latin Americanists need to know more about the development of judicial systems across the region, as well as about the state's historical relationship with superordinate classes in general. Might it be an exaggeration to reflexively identify criminal law and the courts with a ruling class that is viewed as a mirror image of the criminal classes, such that law-as-social-control invariably confronts crime-as-social-protest?[146] Does "limited autonomy of the state" only apply in twentieth-century contexts?[147] Even if the law predominantly performs a hegemonic function, historians need a more sophisticated analysis of its relationship to other state functions and agencies, as well as to groups and institutions in civil society.[148] In

[144]See, for example, Taylor, *Bandits and Politics,* 6–7.

[145]For example, in "Landscapes of Power" Poole begins to examine how gendered forms of domination have confounded class solidarity among peasant rustlers in highland Peru. Chumbivilcano peasants are thus "caught in the contradictions of a system of male power, honor, and self-made justice which implicitly reinforces the *gamonal*'s [landowner's] hold on local 'culture.' "

[146]Compare Van Young's critique of Ranajit Guha and the subalternists in "Mentalities and Collectivities" (in this volume): "Good as [their] advice is, if we take it too far we are at peril of falling into a sort of post-Foucaultian romanticism in which everything protesters say is honest and true, and everything the authorities and the powerful say is self-serving and duplicitous."

[147]The powerful, prevailing leftist current in North American legal scholarship, known as Critical Legal Studies, has drawn on Foucault and other social thinkers to effectively critique instrumentalist Marxist notions of the law, even as it has mounted its greatest opposition against mainstream liberal interpretations of legal discourses. For an introduction to the scholarship of the "Crits," see Mark Kelman, *A Guide to Critical Legal Studies* (Cambridge: Harvard University Press, 1987); and Robert W. Gordon, "Law and Ideology," *Tikkun* 3, no. 1 (1987): 14–17, 83–86.

[148]See William Taylor's helpful discussion of the need for "the historical study of the operation of the law in relationships of inequality," which recommends the application of a variety of important theoretical and comparative works to the Latin American case. Taylor, "Between Global Process and Local Knowledge: An Inquiry into Early Latin American Social History, 1500–1900," in *Reliving the Past: The Worlds of Social History,* ed. Olivier Zunz (Chapel Hill: University of North Carolina Press, 1985), 115–190, esp. 162–164 and 185–187. Also suggestive for conceptualizing the problem are Genovese, *Roll, Jordan, Roll,* 24–49 ("The Hegemonic Function of the Law"); Goody, *The Logic of Writing,* chapter 4; and Philip Corrigan and Derek Sayer, *The Great Arch: English State Formation as Cultural Revolution* (Oxford: Basil

other words, even as we ponder the intriguing conceptual formulations of writers like Guha and Scott, we must guard against sociological generalizations and learn more about the distribution of power, the nature of the state, and the role of law and the courts in the recent Latin American past. An adequate social history of bandits and of peasants in general will be crafted only when a history of protest and resistance from below is effectively integrated with a history of power and interests from above.[149] Hobsbawm, for one, is heartened by such an expansion of the research agenda. Thirty years after the publication of *Primitive Rebels*, he observed, "the serious historical study of banditry is only just beginning."[150]

Blackwell, 1985). The last cited work is a penetrating analysis ranging over eight centuries of the state's involvement in defining and regulating British law and social life.

[149]Stern's rich collection on the Andean world, *Resistance, Rebellion, and Consciousness*, focuses on peasant social action but also represents a pioneering effort in its related examination of state and elite structures of domination.

[150]See Hobsbawm's review of Slatta's *Bandidos* in *Hispanic American Historical Review* 68, no. 1 (February 1988): 135–136.

Mentalities and Collectivities: A Comment

Eric Van Young

THESE COMMENTS, in both the original oral version and in the present written form, were undertaken more in the spirit of play—along the lines of a *homo ludens* model—than of criticism. My commentary attempts to express some concerns, rather than sketch a systematic thematic synthesis, and to pose some questions provoked by the essays; it grows substantially out of the confrontation of this interesting work with preoccupations of my own recent research and writing.[1] The overall emphasis is on the problem of the origin, dynamics, instrumentalities, and interpretation of popular rebellion, even when this is embedded within multiethnic or multiclass "national" movements. After a brief initial statement of the dimensions of this historical problem, my commentary takes up in turn three related themes touched upon in a number of the essays: 1) the role of religious worldview and symbols in popular rebellion; 2) some of the ways an examination of specific episodes of popular protest and violence can illuminate the nature of socioeconomic structure and culture in late colonial and pre-Revolutionary Mexico; and 3) some issues of theory and method relating to the study of popular movements.[2]

---

[1] In 1988, at a thematically related University of California, Irvine, colloquium on the history of the Mexican Revolution at which colonialists were enlisted as commentators (the inverse of the structure at the 1987 meeting, the first of this cycle, in which scholars of the late nineteenth and twentieth centuries commented on papers dealing with the Independence period and the early federal republic), I made some attempt at a comparison—garbled and inchoate, it may be, as though given in a high fever, it now seems to me, but earnest—between the popular movements of 1810 and 1910. I have taken the liberty of blending a few of these remarks in with the more junior commentary.

[2] The conference organizer allowed the three commentators a very flexible format in which to work. As the sole colonialist among the three I have therefore exercised my prerogative to comment only upon those essays related most

In several of the papers we are faced squarely with the problem of the *gente baja*, most clearly the case in the essays by Virginia Guedea, Paul Vanderwood, Marcello Carmagnani, Felipe Castro, and José Luis Mirafuentes. That is, these scholars are interested, in the words of Sir Lewis Namier, in "finding out who the guys were" and what they did.[3] But this is an easier question to ask than to answer, it turns out, and the answers here necessarily tend to be incomplete, inferential, or speculative. For example, the issue of the loyalty of urban Indians that is raised in Guedea's absorbing essay pertains to the indigenous elite and not primarily to the large numbers of Indian working people and commoners in the viceregal capital or, by extension, to other cities of the realm. But what can we learn of the *gente baja* from this episode, and how does their virtually total absence from the picture affect our view of Indian loyalties in general? Did the Indian masses reflexively follow the lead of indigenous officeholders and notables? Evidence from the rural areas of New Spain suggests that sometimes they did but that often they did not, and that the reponse to the insurgency tended to follow the preexisting social and political fault lines within village society. Behind this series of questions lies not only a theoretical issue about social constitution but also a vital methodological one that has plagued historians of the common people and of popular social movements for decades, that of finding out what average people did, let alone what they thought and the motives they acted upon.

One important key to this knotty problem is the role of religious worldview and symbols in popular rebellion. María Teresa Franco and Alicia Hernández underlined in their oral commentaries the importance of religious sensibility and thinking in popular rebellion up, say, to the mid-nineteenth century, and this emerges clearly in the essays of Vanderwood, Mirafuentes, Christon Archer, and Carmagnani. The framing of collective action very often in religious terms—sometimes explicitly and sometimes implicitly—indicates that the essential foundations of the legitimacy of the colonial state, or even the post-Independence state, were not political in the secular sense, but theocratic. Indeed, Hernández in her comment suggests that one of the main props of this legitimacy was swept away from the colonial regime with the expulsion of the Jesuits from the Spanish realms in the last third of the eighteenth century. In the realm of protest and violence it must be

centrally to my own research area and scholarly competence: those by Archer, Carmagnani, Castro, Guedea, Joseph, Mirafuentes, and Vanderwood. It should be noted, however, that discussions were unusually free-ranging, embracing substantive, theoretical, and methodological questions common to all the papers, irrespective of period or approach.

[3]Namier's remark, the answer to a question an interviewer put to him about the meaning of "Namierizing" history, is quoted approvingly by William McKinley Runyan in his introductory chapter to Runyan, ed., *Psychology and Historical Interpretation* (New York: Oxford University Press, 1988), 11.

remembered that the traditional cry of rebels, no less in the Old World than the New, was "Long live the King! Death to bad government."[4] This would appear to impune practice rather than legitimacy, as more than one scholar has pointed out.

Yet all this seems to have changed during the nineteenth century, so that nationalist sentiment, as Vanderwood suggests, came to function as a surrogate for religious legitimation. The change underscores the importance of the Mexican Reform in laying down the foundations of secular legitimacy. Nationalist sentiment as the driving force behind popular rebellion has been emphasized recently by John Hart in his treatment of the Mexican Revolution (though the view is not an uncontroversial one), and an interesting polemic concerning peasant nationalism has developed in recent years among Andean scholars, most notably Heraclio Bonilla and Florencia Mallon.[5] Once elbowed aside by nationalism or protonationalism, particularly among peasants, there is no guarantee that religiously based or influenced political protest will not reappear, as for example in the Cristero rebellion of the 1920s, but the recurrence has an oddly atavistic flavor. On the other hand, the messianoid elements in twentieth-century politics—for example, the popular veneration of such figures as Francisco Madero and Lázaro Cárdenas (although it is admittedly possible to confuse messianic overtones with plain old garden-variety charismatic leadership)—give ample testimony to the survival of a yearning for essentially religious or supernatural forms of legitimation and for its projection onto quintessentially secular figures.

---

[4]See, for example, the work of Daniel Fields, *Rebels in the Name of the Tzar* (Boston: Unwin Hyman, 1989), dealing with peasant rebellion in eighteenth-century Russia; and my treatment of naive legitimism and messianic expectation in Independence-era Mexico in Eric Van Young, "Quetzalcóatl, King Ferdinand, and Ignacio Allende Go to the Seashore; or, Messianism and Mystical Kingship in Mexico, 1800–1821," in *The Independence of Mexico and the Creation of the New Nation*, ed. Jaime E. Rodríguez O. (Los Angeles: Latin American Center, University of California, Los Angeles, 1989), 109–127.

[5]John Hart, *Revolutionary Mexico: The Coming and Process of the Mexican Revolution* (Los Angeles: University of California Press, 1987); on the Peruvian peasantry, see Heraclio Bonilla, "The War of the Pacific and the National and Colonial Problem in Peru," *Past and Present*, no. 81 (1978): 92–118; Florencia Mallon, *The Defense of Community in Peru's Central Highlands: Peasant Struggle and Capitalist Transition, 1860–1940* (Princeton: Princeton University Press, 1983); and Mallon, "Alianzas multiétnicas y problema nacional: Los campesinos y el estado en Perú y México durante el siglo XIX," and Eric Van Young, "Unos comentarios," in *Comunidades campesinas en los Andes, siglo XIX*, ed. Heraclio Bonilla (Lima: Instituto de Estudios Peruanos, in press). For a thoughtful treatment of nation building in general, see Benedict Anderson, *Imagined Communities: Reflections on the Origin and Spread of Nationalism* (London: Verso Books, 1983).

The attachment of religious or pseudoreligious affect to nonreligious figures, in fact, as with the messianoid longings just mentioned, is an interestingly quirky aspect of the connection between religious thinking and mass political violence in Mexican history. One reason for this, surely, is the highly problematical and ambivalent relationship that has existed between priest and parishioners in Mexico, especially rural Indian parishioners, both colonial and modern.[6] Archer alludes in his treatment to the role of parish priests in the independence rebellions, primarily as leaders, in fomenting, organizing, and programmatizing the insurgency. Indeed, the names of Hidalgo, Morelos, Matamoros, Cos, and scores of other insurgent leaders of national and local stature resound in the hagiography of Mexican Independence. But it is necessary, it seems to me, to admit that the entire lower clergy was not sympathetic to the insurgency, and that for every curate who went into rebellion many more did not. Of those parish priests who did join the insurgency, one often has the impression that they were more led by their parishioners than leading. The historical bases for this heterogeneity in their responses to the political conditions of New Spain lie well back in the late colonial period, at least, and have to do precisely with the complexity of local religious life in the Mexican countryside and the social and cultural gaps across which it operated.

If the role of parish priests in local protest and rebellion was equivocal, however, the place of the liturgical calendar—its popular appropriation, if you will—for the venues and occasions of collective violence was clear enough. For example, though Carmagnani does not dwell at length on the fact that his Tehuantepec riots of 1660–1661 broke out during Holy Week, it is potentially not without significance to us in our effort to decode the meaning of collective action in this and other cases. The annual round of the liturgical calendar seems, indeed, to have played an important role in determining the outbreak of many rural disturbances during the colonial period. The most important of these dates was Todos Santos, during which a number of major village riots and uprisings erupted in 1810.[7] There is one

---

[6]Work-in-progress by William B. Taylor promises to cast a good deal of light on this extremely important aspect of Mexican social and cultural history. For some general remarks on colonial parish priests, see Eric Van Young, "Conclusions," in *Indian-Religious Relations in Colonial Spanish America*, ed. Susan E. Ramirez (Syracuse: Maxwell School of Citizenship and Public Affairs, Syracuse University, 1989), 87–102.

[7]For a more extended discussion of the relationship between the liturgical calendar and the occurrence of collective violence in the Mexican countryside between about 1750 and 1820, see chapter 3, "Anatomy of a Riot: New Spain, 1750–1820," in my book-in-progress, "The Other Rebellion: Popular Violence and Ideology in Mexico, 1810–1816"; and for rural riots in general, William B. Taylor, *Drinking, Homicide, and Rebellion in Colonial Mexican Villages* (Stanford: Stanford University Press, 1979); and Friedrich Katz, ed., *Riot,*

fairly mundane and obvious explanation for this, which is that gatherings on such liturgical occasions for the purposes of public celebration and ritual would naturally tend to generate the sort of critical-mass crowds necessary to sustain violent collective action. But one must also consider the symbolic significance to the Indian villagers involved. In the case of Todos Santos the most obvious such element would be ancestor veneration and its fairly clear links to community identity and boundaries, while in the case of Holy Week it might be the symbolism of Christ's death and resurrection linked to the transhistorical and transcultural symbolism of renewal. While it is true that these attempts at symbolic interpretation rely in part on the very plasticity of the symbols themselves, it is also true that religious representations were obviously very important constituents in the ideology of rural protest.[8]

The programs emanating from rebellions, and the symbolic expression of grievance and worldview, can provide the historical observer with a good deal of insight into the cultural and subcultural assumptions underlying common thinking and group relations during "normal" times (a theme to which we shall return). In the case of the messianic movement so fascinatingly described by Mirafuentes, for example, I was forcefully struck with the parallels between elements of José Carlos's activities and those of the Indian messiah Sariñana in the Durango area about thirty years later, which I analyzed in an article a few years ago.[9] Comparing these elements, furthermore, with those of the famous Mariano rebellion of the Tepic area at the turn of the century, and others of the late colonial period, one gets the strong impression of something like a fragmented Indian shadow state

---

Rebellion, and Revolution: Rural Social Conflict in Mexico (Princeton: Princeton University Press, 1989).

[8]The "in-between" quality of the sacral time distilled in liturgical occasions—its timelessness or liminality—is surely important in linking communal action and religion. On a related point, in reading the original written version of Carmagnani's paper, what suggested itself to me as possibly a better (or complementary) organizing metaphor than space is that of social drama as developed, among other places, in the work of the cultural anthropologist Victor Turner (see especially his *Dramas, Fields, and Metaphors: Symbolic Action in Human Society* [Ithaca: Cornell University Press, 1974]). This metaphor is certainly not alien to the analytical framework Carmagnani has already employed, since he speaks convincingly of roles performed by actors in collective episodes. Along these lines, and following the work of Turner, the rebellion described for us by Carmagnani would be a moment of created liminality—a social passageway or transition, in some sense suspended from normative behavior, communal time, and even collective memory—in which the reassertion of community takes place. This is already, as I understand it, what Carmagnani is telling us when he speaks of the reestablishment of "equilibrium" within the village community.

[9]Eric Van Young, "Millennium on the Northern Marches: The Mad Messiah of Durango and Popular Rebellion in Mexico, 1800–1815," *Comparative Studies in Society and History* 28, no. 3 (July 1986): 385–413.

existing below the surface of the visible colonial state. To cite the
following parallels between the José Carlos and Durango episodes is hardly
to exhaust the resonances:

1) In both movements the connection of the central messianic figure
   with the preconquest Indian state of Tlaxcala is striking. Apart
   from the importance of actual *tlaxcalteca* colonies in northern
   New Spain, the significance of the central Mexican Tlaxcalan state
   in the Indian imagination cries out for further investigation.

2) The political pretensions of the messiahs and their views of the
   Spanish state, the Spanish crown, and issues of political
   legitimacy are strikingly similar in both instances.

3) Also present in both movements was a profound feeling of
   ambivalence toward the *gente de razón* in general and whites in
   particular—a rejection of them, but at the same time a reliance
   upon them for legitimacy.

4) The personal activities and characteristics of the two messiah-kings
   also parallel each other notably, including their attempts at a very
   mundane and practical fraud and extortion as they made their way
   through the countryside, their being accompanied by apostolic
   Sancho Panza companions, and their peripatetic wandering.

5) The recorded perceptions of the colonial authorities in the face of
   these movements—the fears of officials and their responses—also
   parallel each other closely.

Although most of the essays in this volume (with the exception of
Gilbert M. Joseph's) focus primarily on empirical description and the sort of
middle-level explication that most often occupies the attention of historians,
the Vanderwood paper raises the complex issue of how to classify the
millenarian uprising at Tomochic. Vanderwood himself makes the valid
distinction between millenarian movements of the revitalization type and
those of the utopian type, placing the Tomochic episode in the latter
category. But can rural people of the sort Vanderwood so eloquently
describes spontaneously generate what we might call a utopian vision, like
maggots spontaneously generating in cheese (*pace* Carlo Ginzburg and
Domenico Scandella)? Is it not the case that millenarian programs are
basically counterfactual statements, along the lines of "wouldn't it be nice
if," and aren't their ideological referents—don't they *have* to be—what
people in the local society already know? And if they have a limited ambit
of knowledge, defined by their own past rather than exotic influences, isn't
their vision backward looking ipso facto? Relatedly, Vanderwood's paper
raises, at least implicitly, the interesting question of whether this kind of
social movement confronts authority or tries to get out of its way. In other
words, are the initial episodes to be characterized as "unrest" or not? Were

the *tomochitecos* committing an "act of defiance," or was the Mexican state trying to impose order where there was no disorder? Vanderwood implies that the former was the case, but an observer might turn the state's reaction to the episode on its head and hazard the interpretation that the Porfirian state was borrowing trouble.

Finally, one has to applaud Vanderwood's effort to understand the Tomochic movement in its own terms, without reference to deterministic explanations; this approach lies at the heart, in fact, of the reconstruction of *mentalidad*. But in this reconstructive effort he tells us that the millenarian mentality—the habit of expectation that an imperfect world would be made perfect through the agency of divine intervention—was, in essence, ordinary and to be expected from those people at that time. It seems to me, however, that it is anything but ordinary, since it involves a compression or conflation of the mundane and sacral spheres normally kept separate in most western societies. Let us grant for the moment, however, that this mind-set is ordinary—that it is a day-to-day experience and a way of looking at the world. What is it, then, that is to be explained about millenarian activity? Certainly it is not the belief itself, but perhaps its form. That is to say, if people always believe in this sort of salvation as individuals, even when they are not acting upon those beliefs in the public sphere, but only act upon them in collectivities, what is it that brings them into those collectivities? Do they cross some kind of threshold, or require some additional quantum of personal affect or social energy to draw them into a (temporarily) cohesive unit? And do they invent new forms of collectivity and social action to accommodate them, or use the ones already to hand?

These questions lead me to my second cluster of observations, which concerns lessons to be drawn about the social and cultural constitution of New Spain and nineteenth-century Mexico from a close study of the rural disturbances that occurred there. The old adage about genetic inheritance— that the fruit is not likely to fall far from the tree—may be seen to apply as well to the etiology and form of social movements. This being so obviously the case, analytical insights about social disturbances and the social formations that give rise to them should be able to travel not only forward but also backward. We should be able to tell a good deal about the nature of Mexican society by recourse to the episodes that gave vent to strains and conflicts in it. Generally our analysis runs in the opposite direction, which is understandable but makes for many lost opportunities. I would like briefly to focus my attention here on four aspects of colonial Mexico, in particular: traditional forms of collective action in the countryside; the attitude of the colonial elite and state toward crime and rebellion; the nature of urban life; and ethnic relations.

The already widely cited and provocative book by John Tutino on the agrarian origins of collective political violence in the Mexican countryside, from the independence period through the revolution of this century, comprises one of the recent landmark works in the burgeoning literature on this topic.[10] Tutino's analysis of the 1810–1821 period addressed by Archer is that the village communities of the central agrarian zones of New Spain remained passive during the insurgency because the social structure of those zones did not conduce their active rebellion. Archer, on the other hand, in his essay in this volume and in other published work, sees substantial evidence for continued rebellion—"fragmented regional insurgencies" in his words—in the central parts of the country well into the period (past 1815 or so) when they are supposed to have been pacified militarily. My own research findings on the valleys of Mexico, Toluca, and Cuernavaca, and to some extent on the Bajío region, parallel Archer's conclusions, but for an earlier period. In some of these areas the characteristic (and strongly traditional and localocentric) form of rural violence was the village jacquerie, with local gachupines as scapegoats. These movements, which are properly regarded as of a piece with preinsurgency movements of a similar nature, but which occasionally coalesced with Archer's local insurgencies or were strongly influenced by them, and which demonstrated quite characteristic ideological forms, went right on through 1813 or so. If one is looking for large-scale military mobilizations and recruitments, such as occurred in the Bajío and elsewhere, as the only or major signs of village insurgency, one will, therefore, scarcely find them in the densely settled peasant-farming areas of central New Spain. What one does find are more localized disturbances whose scale and range were constrained by traditional village life and forms of collective action. The lesson here has just as much value for our understanding of normal, preinsurgent rural Mexico as for our comprehension of the dynamics of the independence movement itself.

In his interesting gloss on the work of the Indian historian Ranajit Guha, Joseph suggests that the state's "official mind," as reflected in the records of rural protest movements left to us, would tend to view all low-level deviance not as protest but as crime, because the state "misreads" the codes locked up in collective behavior.[11] Now, this is an interesting claim with a useful caution at its heart, but it needs to be tempered by two considerations. In the first place, this view would paint "the state" and its servants as slavering idiots, an assumption no more reasonable for this group than for peasants and rural protesters. But in the second place, and more important, there is a simpler explanation for possible distortion or misapprehension on the part of the ruling authorities, which is that by defining as crime what it knows to be protest the state deprives oppositional

[10]John Tutino, *From Insurrection to Revolution in Mexico: Social Bases of Agrarian Violence, 1750–1940* (Princeton: Princeton University Press, 1986).

[11]Ranajit Guha, *Elementary Aspects of Peasant Insurgency in Colonial India* (Delhi: Oxford University Press, 1983).

collective behavior of political legitimacy ipso facto. The state, therefore, far from misreading the codes of resistance, may be reading them all too well. This situation is far more complex in the Hispanic world than we might think, it seems to me, because there are doctrines of some sort of immanent popular sovereignty dating from at least the sixteenth century, which grow in tandem with the developing (and highly porous) absolutism of the Spanish state. The implications of this are two. First, the criminalization of popular protest and resistance was essential because of possible putative claims of protesters to political legitimacy under cover of those doctrines of popular sovereignty. Second, the foundations of the early modern Spanish state (as of other European absolutisms) would seem to be shakier than one might imagine.

Turning to the nature of colonial urban life, it is of some interest to note that as discussed by Guedea the criminal case against the former governor Francisco Antonio Galicia was kept open but "suspended" because of the delicate circumstances of the capital during the early years of the rebellion. What does this tell us about the propensity of urban populations in New Spain to rebel or to remain loyal or passive, and beyond that about the social structure of colonial Mexican cities?[12] If we think about contemporary European cities during the age of the French Revolution, it is hard to imagine this sort of autoblackmail being applied against themselves by the authorities of the habitually rebellious cities of London, Paris, or Naples while the legal and repressive apparatus of municipal and state government remained intact. The fact that this did occur in Mexico raises in turn a whole series of questions not only about rebellion in the urban context but also about the nature of the Spanish state (which may well not have been as strong as modern scholars are wont to portray it), ethnic relations, elite views of Mexican indigenous peoples, and the nature of cities during the colonial period. Beyond this, all these questions underline the issue of the understudy of early modern, or even modern, cities in Mexico and Latin America from the point of view of social history. Cities are generally studied as places where things happen—industrialization, migration, populist politics, and so forth—rather than as social systems in and of themselves.

Finally, the forms of popular protest and rebellion can tell us a good deal about ethnic relations in Mexico in the late colonial and early national periods. A striking aspect of the midcentury episodes Castro describes is that of the multiethnic alliance and the campesino-proletarian alliance; he addresses this issue at some length, but I merely wish to underline its

---

[12]For some discussion of the social structure of colonial cities in connection with their propensity *not* to rebel, see Eric Van Young, "Islands in the Storm: Quiet Cities and Violent Countrysides in the Mexican Independence Era," *Past and Present*, no. 118 (February 1988): 120–156.

importance and ambiguity here. Particularly in the case of the campesino-proletarian mésalliance, it seems to me, the political and economic goals of the component groups are likely to have been very different. One would like to know (and the documentary limits of our knowledge are probably rather restrictive here) something more about the internal dynamics of the peasant-proletarian alliance, which Castro acknowledges to have been a weak and temporary front in any case. Why was such an alliance possible in the first place? What does its existence tell us about the Mexican economy in the late colonial period? Does it perhaps suggest a low degree of specialization of labor and a consequent social fluidity between and among groups that in contemporary European society were already strongly differentiated? Beyond this, it behooves us in all cases of rebellion to get past the manifest meanings of the movements as indicated by programs and testimony, or multiethnic alliances, to the hermeneutics of the episodes—their covert meanings to the participants, especially, but also to the observers.

In the case of José Carlos's activities, as described to us by Mirafuentes, the structure of his movements seems to constitute a kind of movable passion play, or perhaps, better said, a pilgrim's progress. With what historical and cultural elements in the experience and collective memory of his followers and peasant Indian constituency did this structure resonate? One example of a question that might be addressed by this sort of thinking is José Carlos's status as an emissary. He asserted he had been sent in that capacity to prepare a mysterious uprising. Quite naturally this alarmed the colonial authorities, as it had in the case of Mariano and the mad messiah of Durango, and for much the same reasons. But a messenger, of course, does more than carry information: he travels between two points—that, in fact, is his meaning and his function at one and the same time. In this sense José Carlos may be said to have occupied a liminal or "in-between" status that paralleled his ethnicity. What did this liminality signify to his audiences?

Finally, I wish to turn to some interesting questions of theory and method regarding the study of popular movements. First, in terms of the intersection of methodological practice with theoretical underpinnings, the efforts at discourse analysis by Vanderwood and Joseph (and hints of this technique in the papers of Mirafuentes and Carmagnani) are welcome but raise certain problems. The question they attempt to address, of course, is: How does one get at the motives and thinking of popular groups? And the answer seems to be: By analyzing what rebels themselves say about what they are doing, as well as what their political opponents (usually the defenders of the prevailing regime) say about them. Joseph, in particular, makes a highly sophisticated and passionate plea for us to stand official discourse on its head and give it a deconstructionist reading, which he (and others) believes will get us closer to the truth "out there." It seems to me, however, that good as this advice is, if we take it too far we are at peril of falling into a sort of post-Foucaultian romanticism in which everything protesters say is honest and true, and everything the authorities and the powerful say is self-serving and duplicitous.

Second, Carmagnani reminds us that the course of events and the outcomes even in highly choreographed and ritualized situations of collective action may be substantially "contingent," by which I take it he means that they are characterized by openness or indeterminacy in some degree. I think he means to open up our historical texts for us (both the written texts and the behaviors they purport to describe) by suggesting this, in much the same way that discourse analysis does, and toward much the same ends: such an opening allows a space for chance, individual action, idiosyncrasy, and so forth. But there is the danger that "contingency" may become a residual category in which we toss everything that we cannot explain more systematically. This is particularly hazardous, it seems to me, as regards the claims of materialist explanations for structural change and social action, which of course typically put individual behavior, ideas, and contingency at a discount. I shall deal with these two issues—which may be called, respectively, the *mentalité* problem and the materialist/culturalist problem—at some length, each in turn.

There was a good deal of discussion during the colloquium meetings about popular *mentalidad* as reflected in collective political violence. Indeed, a subset of the colloquium participants has worried about the theoretical and methodological issues associated with this social historical concept during each of the three colloquia at the University of California, Irvine, since 1987, though without coming to any particular conclusions. Rather typically of Latin American historians, the concept was borrowed from the social historians of early modern Europe, among whom it is now beginning to fall out of vogue even as we Latin Americanists are still crashing through the historical undergrowth in pursuit of it. The participants talked much about recapturing and making comprehensible the experience of "ordinary people," some of the experience a few generations old, some of it centuries in the past. Vanderwood's essay (and some of the other papers implicitly—Mirafuentes's, Carmagnani's) makes a methodological case for a variety of descriptive reductionism as able to reconstruct what people really thought they were doing when they took up arms or otherwise protested, and in doing so it evokes time, place, and action eloquently. This essay in particular gives us *engagé* history that attempts to strip away the sociological crusts of accepted wisdom in favor of letting country people speak for themselves, and Joseph's provocative contribution pursues much the same path in a reflective manner.

But what is the basis for this commonsense approach, and how far does our writ run with this method? Against the universalizing transcultural and crosstemporal claims, for example, of psychobiology on the one hand and psychoanalytic theory on the other, which tell us that human constitution is strongly homologous wherever and whenever we look, we have equally convincing claims that human nature barely exists, that our basic makeup is enormously plastic, and that culture is an infinitely variable proof of that plasticity. Contemporary psycholinguistic and historical evidence tells us that people's basic sense of such fundamental orienting axes as time and space can be different among distinct cultures, and can vary over time within the same cultural stream.[13] Intuitively appealing as the universalizing commonsense approach may be, we have more than once been warned by pursuers of *mentalités* that habits of thinking change over time. It follows that trying to puzzle out what social and political protesters of other times and cultural contexts thought risks the same sort of possibly anachronistic results as ethnographic "upstreaming," in which one infers backward on the basis of present conditions, necessarily invoking a large number of ceteris paribus assumptions in the process.

Even more serious in this connection is that if we hold mental processes constant while allowing that the content of ideas may change, we are in a sense tying our own shoelaces together by vitiating the very categories that must enter into any definition of *mentalidad/mentalités*. In fact, *mentalidad* shares much in common with the concept of culture, and one wonders occasionally if they are not, in fact, indistinguishable. Like Clark Kent and Superman, they rarely appear together in the writing of historians, and it may be that *mentalidad* is an antiethnographic neologism coined by historians. Both: 1) are products of relatively large social collectivities; 2) contain unconscious (perhaps preconscious?) categories and understandings; 3) are not immutable, but relatively slow to change, and evolve unevenly. Often we seem to want to have *mentalidad* both ways—as an explanation for "conservatism," "traditionalism," and "resistance"—but also as an explanation for fairly rapid sorts of social change. Much of any given mentality must be by nature unconscious, or not accessible or even "real" to historical actors said to possess it. Like the old theological questions about the nature and seat of the soul—did it really survive the body's death? was it located in the pineal gland?—it turns out that *mentalidad* is difficult to localize and describe. My own view of it follows a stratigraphic or Oreo model, in which mentality lies sandwiched in somewhere between our lizard brain and daily consciousness. Thus mentality

[13]For stimulating examples of these opposing views see, respectively, Melford E. Spiro, *Oedipus in the Trobriands* (Chicago: University of Chicago Press, 1982); and E. P. Thompson, "Time, Work-Discipline and Industrial Capitalism," *Past and Present*, no. 38 (February 1967): 56–97; and Thompson, "The Moral Economy of the English Crowd in the Eighteenth Century," *Past and Present*, no. 50 (1971): 76–116.

is not the same as consciousness, if by consciousness one means the conscious ideation of people; nor is consciousness the same as ideology, a more or less coherent system of ideas which groups of people take to be a close and totalizing representation of reality. If this is so, can one get an accurate reading of historical actors' motives, or even their actions, from their own witness alone?

To continue in this vein, one of the most interesting aspects of Joseph's rich paper is his analysis of the problem of interpreting and accounting for the action of preliterate or illiterate people, or simply literate people who left few or no written records for themselves. Typically, after we have chewed and squeezed the fragmentary direct evidence about motivations, we are reduced to imputing ideation, worldview, and motive from other descriptive fragments observed through the foggy lenses of official discourse. The deconstruction of that discourse has become a familiar theme among Latin American social historians of a certain trend of thought, and has certainly occupied the participants at the Irvine colloquia a good deal. Since the linguistic turn in critical inquiry, and then history and the other human sciences, associated primarily with French scholars, of course, we are familiar with the axiom that "the word is power."

The historian's basic concern with intent, therefore, always inherently difficult, is compounded in its difficulty here. Defining resistance by recourse to the description and decoding of collective acts is to play the state's—or other powerholder's—game in large measure. What is important is intent and its wellsprings. This would seem to indicate that we are well advised to begin with basic ethnography—with social structure and culture—and then work upward and outward to motivation and intent. People's ideas about civic ideology, for example, even on the village level, are likely to say a good deal about what they themselves view as crime and as resistance to illegitimate authority. The question, of course, is how to do this. One way is to look at "normal" situations and sub- or previolent sociocultural relationships, though this range of inquiry carries its own complex set of epistemological problems. The study of village politics, for example, or of market relationships and the structure of regional spaces, or of patterns of endogamy and exogamy can provide some basis for the sociologizing essential to an analysis of collective protest and violence.

The complement of the view from the resister's perspective is an analysis of the historical formation of official ideas about indigenous people—of the intellectual history of interethnic relations. Specifically in the case of Mexico, those views were very much conditioned by the explicitly colonial context of their formation, even to the extent that, once set, elite conceptions of the Indian remained substantially in place well beyond the end of the colonial era. What we thus take for simple racism on the part of ruling groups and the state, as illustrated for example in the papers of Archer and Carmagnani, with all its stereotypic elements portraying Indians as lazy, irresponsible, drunken, vicious, backsliding sodomites, actually is an attitude with a history molded by the colonial experience itself. The early colonial discussion about the nature of man in the New World has always attracted much attention from scholars, but has been nowhere more subtly or fascinatingly treated than by Anthony Pagden.[14] Briefly, the shift from the prevailing Aristotelian view of Indians as natural slaves to one in which indigenous people were portrayed as childlike, of reduced mental capacity, and therefore incapable of exercizing full civil or political rights was very much a product of the sixteenth century. This accounts, I believe, for the frequency of the contagion metaphor in official accounts of popular violence, which suggested itself to the official mind as a ready description for behavior among people of low analytic capacity, weak political will, and concomitantly greater suggestibility. It followed from this that crime must be pathology, not protest. So here is a second layer of meaning in official discourse, one with an intellectual history beyond the realpolitik of reflexive regime self-defense.

It seems to me that at the very least an implicit discussion emerged in the papers and general debates concerning the competing claims of materialist and culturalist interpretations of collective action. No matter how much scholars in the social sciences try to marginalize this issue as vulgar or specious, it has a habit of reasserting itself in even the most sophisticated forums. One need be an advocate of neither extreme position—of the cruder forms of deprivation theory or of the autonomy of the cultural realm—to realize that deprivation taketh many forms, and that as with many such dichotomous positions, some middle ground recommends itself not only dialectically but also empirically. The more sophisticated formulations of deprivation theory have long recognized this open-endedness, allowing for relative status deprivation and other sorts of loss as impelling people toward dissatisfaction, cognitive dissonance, frustration, and eventually violence. Furthermore, incoherence—a bad fit between worldview and concrete social environment—is a sort of deprivation, after all, that can grow out of rapid cultural change or social disjunction, so that we need not look to deteriorating economic conditions alone to explain popular political violence or other collective action associated with rebellion and revolution.

In fact, we would probably be better off in our causal analyses of such social phenomena to assume that action is overdetermined—that it has numerous and complex individual and social wellsprings; indeed, this is one of the issues that Joseph treats so eloquently in his rich contribution. Where material deprivation of a fairly obvious sort is present, however, such as

[14]Anthony Pagden, *The Fall of Natural Man: The American Indian and the Origins of Comparative Ethnology* (Cambridge: Cambridge University Press, 1982).

falling real wages or land hunger, we need to posit sufficiently flexible hypotheses to provide the linking variables connecting deprivation with individual and group action. In my own work I have tried to suggest approaches to this hoary question.[15] Direct testimony is obviously the strongest indication of a relationship—that is, "I took up arms because I was poor." Failing that sort of evidence, we may look for a path to political protest through crime or banditry, a nexus Joseph has explored in his contribution here and Vanderwood elsewhere.[16] Still more indirect and speculative is a state of social and political hyperesthesia—of collective jumpiness or nervousness—which we may suppose to be the result of prolonged conditions of material deprivation, and which would correspond more or less to Guha's "lowered threshold of tolerance" as glossed by Joseph, or even Archer's collective "paranoia."

There are, of course, other elements than just material conditions that enter into a theory of social action. For example, in his typically absorbing and far-ranging paper, Archer implicitly raises the question—by employing the method—of the application of psychological concepts to collective phenomena.[17] Now, this is an extremely iffy angle of attack, as I know to my own regret and frustration, though Archer has done it with elegance and panache. He speaks in the original version of his paper of a "spirit of madness in the air," "pathological hatreds," "paranoia," of people being "traumatized by the unknown," and of "collective neurosis." But how are we to understand the psychological terminology he and other scholars of social movements have employed? Is it to be understood literally, in the sense that a crowd, a subcultural grouping, or an entire society can be called neurotic? Or is it to be understood metaphorically? This is an interesting question because, although the application of such terms may sometimes seem imprecise and extravagant, it does begin to suggest in a very vivid fashion the dynamics of collective action in terms of psychosocial states, symbols, and perceptions. (And here we might add another potent bit to the stew—that of "projection," in which individuals or social groups throw onto others their own fears or other emotions in an unconscious manner.) The most important thing about all this is that it may help us toward a theory of

[15]See my essays, "Introduction" and "The Rich Get Richer and the Poor Get Skewed: Real Wages and Popular Living Standards in Late Colonial Mexico," in Eric Van Young, *La crisis del orden colonial: Estructura agraria y rebelión popular en la Nueva España, 1750–1821* (Mexico City: Alianza Editorial, 1991).

[16]Paul Vanderwood, *Disorder and Progress: Bandits, Police, and Mexican Development* (Lincoln: University of Nebraska Press, 1981).

[17]This is a problematic enterprise, but also an intriguing one. For some discussion of the problems involved, see Runyan, *Psychology and Historical Interpretation*, especially Chapter 13; and Peter Gay, *Freud for Historians* (New York: Oxford University Press, 1984).

action linking individual participation in collectivities with long-term or structural factors at play in a given situation.

To return once again to the perhaps overly neat materialist-culturalist dichotomy, Vanderwood makes a strong pitch for the status of religious belief as an "independent variable capable of precipitating rebellion on its own." What seems to be behind this is a laudable effort to move beyond mechanistic materialist explanations for collective phenomena, which in any case cannot reasonably account for the odder aspects of collective symbolic expression. But this bold statement seems to me based upon a questionable assumption: the autonomy of the cultural realm. To thus view religious thought as an independent variable is to suggest a dangerous precedent. For why should religious sensibility be privileged in this way; why not also other idea systems, such as people's thoughts about nature, about the family, and so forth? If all these areas were to be granted the status of independent variables, it would run counter to the notion of parsimony in theory formation: that a scientific theory should explain as much as possible—as many different cases—with the simplest explanation possible. On the other hand, if we do not grant such claims, we are forced back on the construction of a causal hierarchy, in which some aspects of human culture and society are logically, historically, and processually antecedent to other aspects. It seems to me that the preferable approach is still the rather clumsy and inconvenient one of interaction among interdependent variables, which I understand to be the *histoire totale* method.

I want to close these comments with an emphasis on the usefulness of the comparative approach in studying popular protest, collective violence, and rebellion. Little as other social scientists like to acknowledge it, historians do much of their work in at least an implicitly comparative framework, and this could profitably be extended to embrace several of these papers. For example, Carmagnani offers us a rich and suggestive portrait in miniature of a more generalized social phenomenon of colonial Mexico, the village riot or *tumulto*. His description is placed within a crosscutting analytical framework concentrating on phases, spaces, and faces (or roles within the riotous context). To begin with, Carmagnani makes the distinction—and it is a good one—between mundane and humane space, on the one hand, and sacral and divine space, on the other, pointing to the fact that the boundary of sacral space in village collective action formed simultaneously a boundary to the social and physical space that the Indian protesters were trying, in his words, to "reappropriate." Now, in comparative terms, we know from other cases of village protest and uprising during the colonial period that this sacral space—usually one devoted to matters of religious belief and ritual—was precisely the locus of contention between village Indians and superordinate outsiders.[18] What would account for the differences between the movement Carmagnani is analyzing and these others? Would it hinge on the nature of local social structures, on the differing nature and objectives of the conflict itself, or possibly upon the period in which the contentious episode occurred? Different social behaviors that are morphologically similar might have different etiologies, of course, but this would only become clear through studying a comparatively large number of cases.

Relatedly, theories of causation for the sorts of collective behavior examined here need to be accountable more broadly than just for the concrete situations in which political protest or violence actually occur. This is a fairly commonly raised caveat with regard to such studies that I was put in mind of by Archer's discussion of an "atmosphere of hysteria." In whatever causal scheme we elect, we need to account for negative cases for it to have any explicatory power—in this instance, cases where this atmosphere prevailed along with similar structural conditions and short-term changes but in which no protest or rebellion materialized. If we do not think at least partially in these terms, we are guilty of what I would call the action fallacy, in which we feel we need explain only what *does* happen, and not what *does not* happen, which is also an event of sorts. This raises the thorny question of falsifiability in causal statements, developed by the philosopher of science Karl Popper.[19] This doctrine, for which Popper has been roundly criticized but which is interesting for our purposes, asserts that one of the virtues of any theory of causation is its riskiness, not its apparent unfalsifiability. This points to the necessity of always putting our theories of rebellion in at least an implicitly comparative context.[20]

[18]See Van Young, "Anatomy of a Riot," cited in note 7 above.

[19]Christopher Lloyd, *Explanation in Social History* (New York: Basil Blackwell, 1986).

[20]On this point see the comments of Friedrich Katz in his introductory essay to Katz, ed., *Riot, Rebellion, and Revolution*, 9.

Bibliography

Archives and Special Collections

Archivo de Cancelados de la Secretaría de la Defensa Nacional, México, D.F.
Archivo del Departamento de Asuntos Agrarios y Colonización Ejidal,
    Secretaría de la Reforma Agraria, México, D.F.
Archivo General de las Indias, Sevilla, España
Archivo General de la Nación, México, D.F.
    Infidencias
    Jesuitas
    Operaciones de Guerra
    Provincias Internas
Archivo Histórico del Estado, San Luis Potosí
    Alcaldía Mayor
Archivo Histórico del Estado de México, Toluca
Archivo Municipal de Ciudad Guerrero, Chihuahua
Archivo Municipal de Guerrero, Guerrero
    Comunicaciones de Inferiores
    Presidencia
Archivo Porfirio Díaz, Universidad Iberoamericana, México, D.F.
Archivo de la Secretaría de la Reforma Agraria, México, D.F.
Bancroft Library, University of California, Berkeley
Benson Latin American Collection, University of Texas Library, Austin
    Genaro García Papers
    Valentín Gómez Farías Papers
    Mariano Riva Palacio Papers
Biblioteca Nacional de México, México, D.F.
    Archivo Franciscano
Biblioteca Pública de Zacatecas, Zacatecas
Biblioteca de la Real Academia de la Historia, Madrid, España
    Jesuitas
National Archives, Washington, D.C.
    Dispatches from United States' Ministers to Mexico

Public Record Office, Kew, England
  Foreign Office Records

Periodicals

The Arizona Daily Star
El Censór, 1832
El Censór de Veracruz
La Columna de la Constitución Federal de la República Mexicana, 1832
El Conservador de Toluca, 1831
El Despertador de Tamaulipas, 1832
El Duende, 1832
Excélsior
El Fénix de la libertad, 1831, 1832, and 1833
Gazeta de México, 1809
El Heraldo: Diario del Centro de México
La Ley (Gaceta del Gobierno del Estado de México), 1876
La Marimba, 1832
El Monitor republicano, 1892
Registro oficial, 1832
Revista futuro
Siempre
El Siglo XIX, 1849
El Sol, 1827, 1831, and 1832
Suplemento a la Gazeta de México, 1810
Tardes americanas, 1778
El Telégrafo, 1833
El Tiempo, 1890 and 1892
El Toro, 1832
Voz de la patria, 1831

Secondary Sources

Abrams, Philip. *Historical Sociology*. Somerset, UK: Open Books, 1982.
Adas, Michael. "From Avoidance to Confrontation: Peasant Protest in Precolonial and Colonial Southeast Asia." *Comparative Studies in Society and History* 23, no. 1 (1981): 217–247.
———. "Bandits, Monks, and Pretender Kings: Patterns of Peasant Resistance and Protest in Colonial Burma, 1826–1941." In *Power and Protest in the Countryside*, edited by Robert P. Weller and Scott E. Guggenheim. Durham: Duke University Press, 1982.
———. "From Footdragging to Flight: The Evasive History of Peasant Avoidance Protest in South and Southeast Asia." *Journal of Peasant Studies* 13, no. 2 (January 1986): 64–86.

————. *Prophets of Rebellion: Millenarian Protest Movements against the European Colonial Order.* Cambridge: Cambridge University Press, 1979.

Aguirre Beltrán, Gonzalo. *La población negra en México.* 2d ed. Mexico: Fondo de Cultura Económica, 1972.

Alamán, Lucas. *Documentos diversos (inéditos o muy raros).* Vol. II. Mexico: Editorial Jus, 1945.

————. *Historia de Méjico desde los primeros movimientos que prepararon su independencia en el año 1808 hasta la época presente.* 5 vols. Mexico: Imprenta de J. M. Lara, 1850.

————. *Historia de Méjico desde los primeros movimientos que prepararon su independencia en el año 1808 hasta la época presente.* 5 vols. Mexico: Editorial Jus, 1968.

————. *Historia de Méjico desde los primeros movimientos que prepararon su independencia en el año de 1808 hasta la época presente.* 5 vols. Mexico: Fondo de Cultura Económica, 1985.

Alegato del Lic. Remigio Tellez, sostenido ante la Suprema Corte de Justicia: Los derechos de don Toribio Aguilar. Mexico: Imprenta de Francisco Díaz de León, 1893.

Alemán Valdés, Miguel. *La verdad del petróleo en México.* Mexico: Editorial Grijalbo, 1977.

Alexander, Don W. "French Military Problems in Counterinsurgency Warfare in Northeastern Spain, 1808–1813." *Military Affairs* 40, no. 3 (October 1976): 117–122.

Almada, Francisco R. *La Rebelión de Tomochi.* Chihuahua: La Sociedad Chihuahuense de Estudios Históricos, 1938.

Alonso, Ana María. "The Hermeneutics of History: Class Struggle and Revolution in the Chihuahuan Sierra." Unpublished manuscript.

Anderson, Benedict. *Imagined Communities: Reflections on the Origin and Spread of Nationalism.* London: Verso Books, 1983.

Anna, Timothy E. "The Role of Agustín de Iturbide: A Reappraisal." *Journal of Latin American Studies* 17 (1985): 86–95.

————. *The Mexican Empire of Iturbide.* Lincoln: University of Nebraska Press, 1990.

Archer, Christon I. *The Army in Bourbon Mexico, 1760–1810.* Albuquerque: University of New Mexico Press, 1977.

————. "Banditry and Revolution in New Spain, 1790–1821." *Bibliotheca Americana* 1, no. 2 (November 1982): 59–90.

————. "Militarism, Praetorianism, or Protection of Interests: Changing Attitudes in the Royalist Army of New Spain, 1810–1821." Paper presented at the University of California, Los Angeles, April 26, 1989.

————. "Where Did All the Royalists Go? New Light on the Military Collapse of New Spain, 1810–1822." In *The Mexican and Mexican American Experience in the 19th Century,* edited by Jaime E. Rodríguez O. Tempe: Bilingual Press, 1989.

Ariscoreta, Mariano. *Manifestación que hace al público el licenciado . . . contra la comunicación dirigida a los proprietarios de fincas rústicas del Estado de México.* Toluca: Tipografía de Juan Quijano, 1849.

Arrom, Silvia M. "Popular Politics in Mexico City: The Parian Riot, 1828." *Hispanic American Historical Review* 68, no. 2 (May 1988): 245–268.

Avila, Ricardo. *¿Revolución en el Estado de México?* Mexico: INAH, Gobierno del Estado de México, 1988.

Aya, Rod. "Popular Intervention in Revolutionary Situations." In *Statemaking and Social Movements: Essays in History and Theory,* edited by Charles Bright and Susan Harding, 318–343. Ann Arbor: University of Michigan Press, 1984.

Bancroft, Hubert Howe. *History of Mexico.* 5 vols. San Francisco: A. L. Bancroft and Company, 1885.

Barkun, Michael. *Disaster and the Millennium.* New Haven: Yale University Press, 1974.

Barrett, Ward. *The Sugar Hacienda of the Marqueses del Valle.* Minneapolis: University of Minnesota Press, 1970.

Bauer, Arnold. "Review of *Bandidos: The Varieties of Latin American Banditry.*" *The Journal of Social History* 22, no. 3 (Spring 1989): 562.

Bayly, C. A. "Rallying around the Subaltern." *Journal of Peasant Studies* 16, no. 1 (October 1988): 110–120.

Bazant, Mílada. *La desamortización de los bienes de la iglesia en Toluca durante La Reforma, 1856–1875.* Mexico: Biblioteca Enciclopédica del Estado de Mexico, 1979.

Beals, Carleton. "Brigandage." In *Encyclopedia of the Social Sciences.* 15 vols. New York: Macmillan, 1930.

Becker, Howard S. *Outsiders: Studies in the Sociology of Deviance.* New York: Free Press, 1963.

Becker, Howard S., ed. *The Other Side: Perspectives on Deviance.* New York: Free Press, 1964.

Benson, Nettie Lee. *La diputación provincial y el federalismo mexicano.* Mexico: El Colegio de México, 1955.

Berge, Dennis. "A Mexican Dilemma: The Mexico City Ayuntamiento and the Question of Loyalty, 1846–1848." *Hispanic American Historical Review* 50 (1970): 229–256.

Berlandier, Jean Louis. *Journey to Mexico during the Years 1826 to 1834.* 2 vols. Translated by Sheila M. Ohlendorf. Austin: University of Texas, 1980.

Billingsley, Phil. *Bandits in Republican China.* Stanford: Stanford University Press, 1988.

Black, Donald. *The Behavior of Law.* New York: Academic Press, 1978.

Bloch, Marc. *French Rural History.* Berkeley: University of California Press, 1970.

Blok, Anton. *The Mafia of a Sicilian Village, 1860–1960.* Oxford: Basil Blackwell, 1974.

———. "The Peasant and the Brigand: Social Banditry Reconsidered." *Comparative Studies in Society and History* 14, no. 4 (September 1972): 494–503.

Bocanegra, José María. *Memorias para la historia de México independiente, 1822–1846.* 3 vols. Mexico: Fondo de Cultura Económica, 1987–1988.

Bonilla, Heraclio, ed. *Comunidades campesinas en los Andes, siglo XIX.* Lima: Instituto de Estudios Peruanos, in press.

———. "The War of the Pacific and the National and Colonial Problem in Peru." *Past and Present*, no. 81 (1978): 92–118.

Borah, Woodrow. *Justice by Insurance: The General Indian Court of Colonial Mexico and the Legal Aides of the Half-Real.* Berkeley: University of California Press, 1983.

Borah, Woodrow, coord. *El gobierno provincial en la Nueva España, 1570–1787.* Mexico: UNAM, 1985.

Brading, David A. *Haciendas and Ranchos in the Mexican Bajío, 1700–1860.* Cambridge: Cambridge University Press, 1971.

Brading, David A., ed. *Caudillo and Peasant in the Mexican Revolution.* Cambridge: Cambridge University Press, 1980.

Brannon, Jeffery T., and Gilbert M. Joseph, eds. *Land, Labor, and Capital in Modern Yucatán: Essays in Regional History and Political Economy.* Tuscaloosa: University of Alabama Press, 1991.

Braudel, Fernand. *The Mediterranean and the Mediterranean World in the Age of Phillip II.* 2 vols. 2d rev. ed. New York: Harper and Row, 1973.

———. "Misère et banditisme." *Annales* 2 (1947): 129–143.

Brister, Louis E. *In Mexican Prisons: The Journal of Eduard Harkort, 1832–1834.* College Station: Texas A&M University Press, 1986.

Buitrago Salazar, Evelio. *Zarpazo the Bandit: Memoirs of an Undercover Agent of the Colombian Army.* Tuscaloosa: University of Alabama Press, 1977.

Burke, Peter. *Popular Culture in Early Modern Europe.* New York: Harper and Row, 1985.

Burridge, Kenelm. *New Heaven, New Earth: A Study of Millenarian Activities.* New York: Schocken Books, 1969.

Bustamante, Carlos María de. *Continuación del cuadro histórico de la revolución mexicana.* 4 vols. Mexico: Biblioteca Nacional y INAH, 1953–1963.

———. *En todas partes se cuecen habas y en mi casa a calderadas.* Mexico: Imprenta de las Escalerillas, 1831.

Caballeros Palacios, Horacio. *Historia de la Alameda de San Luis Potosí.* San Luis Potosí: Academia de Historia Potosina, 1973.

Calcott, Wilfred H. *Santa Anna: The Story of an Enigma Who Once Was Mexico.* Norman: University of Oklahoma Press, 1936.

Calderón de la Barca, Frances. *Life in Mexico: The Letters of Fanny Calderón de la Barca.* Edited by Howard T. Fisher and Marion Hall Fisher. Garden City: Doubleday Books, 1966.

Campbell, Leon G. "Banditry and the Túpac Amaru Rebellion in Cuzco, Peru, 1780–1784." *Bibliotheca Americana* 1, no. 3 (1983): 164–180.

Cárdenas, Lázaro. *Obras I: Apuntes 1913–1940*. Vol. I. Mexico: UNAM, Nueva Biblioteca Mexicana, 1972.

———. *Palabras y documentos públicos: Informes de gobierno y mensajes presidenciales de año nuevo, 1928–1940*. Vol. 2. Mexico: Siglo XXI editores, 1978.

———. *Planes políticos y otros documentos*. Introduction by Manuel González Ramírez. Mexico: Fondo de Cultura Económica, 1954.

Carmagnani, Marcello. "Finanzas y Estado en México, 1820–1880." *Ibero-Amerikanisches Archiv* 9 (1983): 279–317.

———. "El liberalismo, los impuestos internos y el estado federal mexicano, 1857–1911." *Historia Mexicana* 38, no. 3 (January-March 1989): 471–498.

———. *El regreso de los dioses: El proceso de reconstitución de la identidad étnica en Oaxaca, siglos XVII y XVIII*. Mexico: Fondo de Cultura Económica, 1988.

———. "Territorialidad y federalismo en la formación del Estado mexicano." In *Problemas de la formación del Estado y la Nación en Hispanoamérica*, edited by Inge Buisson, Gunter Kahle, Hans-Joachim König, and Horst Pietschmann. Köln, Wien: Böhlau Verlag, 1984.

Carrillo Ramírez, Alberto. *Luis Pardo, "El Gran Bandido" : Vida y hechos del famoso bandolero chiquino que acaparó la atención pública durante varios años*. Lima: n.p., 1970.

Carroll, Patrick. "Mexican Society in Transition: The Blacks of Veracruz, 1750–1830." Ph.D. diss., University of Texas, Austin, 1975.

Castro Gutiérrez, Felipe. "El indio rebelde de la máscara de oro: La historia y el mito en la ideología plebeya." *Históricas* 21 (February 1987): 12–20.

———. *Movimientos populares en Nueva España: Michoacán, 1766–1767*. Mexico: Instituto de Investigaciones Históricas, UNAM, 1990.

———. "La rebelión del indio Mariano (Nayarit, 1801)." *Estudios de Historia Novohispana* 10: in press.

Chandler, Billy Jaynes. *The Bandit King: Lampiâo of Brazil*. College Station: Texas A&M University Press, 1978.

———. *King of the Mountain: The Life and Death of Giuliano the Bandit*. DeKalb: Northern Illinois University Press, 1988.

Chávez, José Carlos. *Peleando en Tomochi*. Ciudad Juárez: Imprenta Moderna, 1955.

Chávez Calderón, Placido. *La defensa de Tomochi*. Mexico: Editorial Jus, 1964.

Coatsworth, John H. "Patterns of Rural Rebellion in Latin America: Mexico in Comparative Perspective." In *Riot, Rebellion, and Revolution: Rural Social Conflict in Mexico*, edited by Friedrich Katz, 21–62. Princeton: Princeton University Press, 1989.

Cobb, Richard. *The Police and the People: French Popular Protest, 1789–1820*. Oxford: Oxford University Press, 1970.

Cohn, Norman. *The Pursuit of the Millennium: Revolutionary Messianism in Medieval and Reformation Europe and Its Bearing on Modern Totalitarian Movements*. New York: Harper and Row, 1961.

Colburn, Forrest D. "Footdragging and Other Peasant Responses to the Nicaraguan Revolution." *Journal of Peasant Studies* 13, no. 2 (January 1986): 77–96.

Comaroff, Jean. *Body of Power, Spirit of Resistance: The Culture and History of a South African People*. Chicago: University of Chicago Press, 1985.

Comaroff, John, and Jean Comaroff. "The Madman and the Migrant: Work and Labor in the Historical Consciousness of a South African People." *American Ethnologist* 14, no. 2 (1987): 191–209.

Corona Figueroa, Gustavo. *Lázaro Cárdenas y la expropiación de la industria petrolera en México*. Mexico: n.p., 1975.

Corrigan, Philip, and Derek Sayer. *The Great Arch: English State Formation as Cultural Revolution*. Oxford: Basil Blackwell, 1985.

Cosío Villegas, Daniel, ed. *Historia moderna de México*. 10 vols. Mexico: Editorial Hermes, 1955–1974.

Costeloe, Michael P. *Church and State in Independent Mexico*. London: Royal Historical Society, 1978.

———. *La Primera República Federal de México (1824–1835)*. Mexico: Fondo de Cultura Económica, 1975.

———. "A Pronunciamiento in Nineteenth Century Mexico: '15 de julio de 1840.' " *Mexican Studies/Estudios Mexicanos* 4, no. 2 (Summer 1988): 245–264.

Crummey, Donald, ed. *Banditry, Rebellion, and Social Protest in Africa*. Portsmouth, NH: Heinemann Educational Books, 1986.

Cuevas Cansino, Francisco. *El pacto de familia*. Mexico: Secretaría de Relaciones Exteriores, 1962.

Dabbs, Jack Autrey. *The Mariano Riva Palacio Archives: A Guide*. Mexico: Editorial Jus, 1967.

Danks, Noblet Barry. *Revolts of 1766 and 1767 in Mining Communities of New Spain*. Ann Arbor: University Microfilms International, 1979.

Davis, Natalie Zemon. *Society and Culture in Early Modern France*. Stanford: Stanford University Press, 1971.

Díaz Díaz, Fernando. *Caudillos y caciques: Antonio López de Santa Anna y Juan Alvarez*. Mexico: El Colegio de México, 1972.

Diez, Domingo. *Bibliografía del Estado de Morelos*. Mexico: Secretaría de Relaciones Exteriores, 1933.

Documentos relativos a la reunión en esta capital de los gobernadores de los estados convocados para proveer a las exigencias del erario federal. Mexico: J. M. Lara, 1851.

Downes, David, and Paul Rock. *Understanding Deviance: A Guide to the Sociology of Crime and Rule-Breaking*. Oxford: Clarendon Press, 1982.

Dublán, Manuel, and José María Lozano. *Legislación mexicana o colección completa de disposiciones legislativas espedidas desde la independencia de la república.* 34 vols. Mexico: Dublán y Lozano Hijos, 1876–1912.

Escobar, Manuel de. *Verdad reflexa, plática doctrinal sobre los varios sucesos que intervinieron en la ciudad de San Luis Potosí desde el día 10 de mayo de 1767 hasta el día 6 de octubre del mismo año en que se ejecutaron los últimos suplicios de los tumultarios.* Mexico: Hogal, 1768.

Un Español. *Dos años en México, o memorias críticas sobre los principales sucesos de la República de los Estados Unidos Mexicanos, desde la invasión de Barradas hasta la declaración del Puerto de Tampico, contra el gobierno del gral. Bustamante.* Valencia: Imprenta de Cabrerizo, 1838.

———. *Dos años en México, o memorias críticas sobre los principales sucesos de la República de los Estados Unidos Mexicanos, desde la invasión de Barradas, hasta la declaración del Puerto de Tampico, contra el gobierno del gral. Bustamante.* Mexico: Reimpreso por J. Uribe, 1840.

Ewell, Judith. "Review of *Bandidos: The Varieties of Latin American Banditry.*" *The Americas* 45, no. 1 (July 1988): 131–133.

Facó, Rui. *Cangaceiros e Fanáticos.* 2d ed. Rio de Janeiro: Civilizaçao Brasileira, 1965.

Falcón, Romana. "Logros y límites de la centralización porfirista: Coahuila vista desde arriba." In *El dominio de las minorías: República restaurada y el porfiriato*, edited by Anne Staples, Gustavo Verduzco, Carmen Blásquez, and Romana Falcón, 95–135. Mexico: El Colegio de México, 1989.

———. "La desaparición de jefes políticos en Coahuila: Una paradoja porfirista." *Historia Mexicana* 37, no. 3 (January-March 1988): 147.

Farriss, Nancy. *Maya Society under Colonial Rule: The Collective Enterprise of Survival.* Princeton: Princeton University Press, 1984.

Fegan, Brian. "Tenants' Non-Violent Resistance to Landowner Claims in a Central Luzon Village." *Journal of Peasant Studies* 13, no. 2 (January 1986): 87–106.

Feliciano Velázquez, Primo. *Historia de San Luis Potosí.* Mexico: Sociedad Mexicana de Geografía y Estadística, 1947.

Fernández Boyoli, Manuel, and Eustaquio Marrón. *Lo que no se sabe de la rebelión cedillista.* Mexico: n.p., 1938.

Fields, Daniel. *Rebels in the Name of the Tzar.* Boston: Unwin Hyman, 1989.

Fields, Karen E. *Revival and Rebellion in Colonial Central Africa.* Princeton: Princeton University Press, 1985.

Flores Caballero, Romeo. *La contrarrevolución en la independencia: Los españoles en la vida política, social y económica de México, 1804–1838.* Mexico: El Colegio de México, 1969.

———. *Counterrevolution: The Role of the Spaniards in the Independence of Mexico, 1804–1838.* Translated by Jaime E. Rodríguez O. Lincoln: University of Nebraska Press, 1974.

Florescano, Enrique. *Precios del maíz y crisis agrícolas en México (1708–1810)*. Mexico: El Colegio de México, 1969.

Flores Galindo, Alberto. *Aristocracia y plebe: Lima, 1760–1830*. Lima: Mosca Azul Editores, 1984.

Foucault, Michel. *Discipline and Punish*. Translated by Alan Sheridan. New York: Pantheon, 1977.

Gade, Daniel W. "Ecología del robo agrícola en las tierras altas de los Andes centrales." *América Indígena* 30, no. 1 (January 1970): 3–14.

García, Genaro. *Documentos inéditos o muy raros para la historia de México*. Vol. X. Mexico: Porrúa, 1987.

García Cubas, Antonio. *Diccionario geográfico, histórico y biográfico de los Estados Unidos Mexicanos*. 5 vols. Mexico: Antigua Imprenta Murguía, 1888.

García Luna, Margarita. *Haciendas porfiristas en el Estado de México*. Toluca: Universidad Autónoma del Estado de México, 1981.

Gay, Peter. *Freud for Historians*. New York: Oxford University Press, 1984.

Gellner, Ernest. *Naciones y nacionalismo*. Madrid: Alianza Editorial, 1988.

Genovese, Eugene D. *Roll, Jordan, Roll: The World the Slaves Made*. New York: Pantheon, 1972.

Gerdes, Claudia. *Mexikanisches Banditentum (1821–1876) als sozialgeschichtliches Phänomen*. Saarbrücken: Verlag G. Breitenbach, 1987.

Gerhard, Peter. *Geografía histórica de la Nueva España, 1519–1821*. Mexico: UNAM, 1986.

Gibson, Charles. *Los aztecas bajo el dominio español (1519–1810)*. Mexico: Siglo XXI Editores, 1967.

Gómez Pedraza, Manuel. *Manifiesto que Manuel Gómez Pedraza, ciudadano de la República de Méjico dedica a sus compatriotas o sea una reseña de su vida pública*. New Orleans: Imprenta de Benjamín Levy, 1831.

González Navarro, Moisés. *Anatomía del poder en México*. Mexico: El Colegio de México, 1977.

———. *El porfiriato: La vida social* (Historia Moderna de Mexico). Mexico: Editorial Hermes, 1957.

———. *La reforma y el imperio*. Mexico: Sepsetentas, 1971.

———. "Tipología del liberalismo mexicano." *Historia Mexicana* 32, no. 2 (October-December 1982): 198–225.

González Obregón, Luis. *Las sublevaciones de indios en el siglo XVII*. Mexico: n.p., 1907.

Goody, Jack. *The Logic of Writing and the Organization of Society*. Cambridge: Cambridge University Press, 1986.

Gordon, Robert W. "Law and Ideology." *Tikkun* 3, no. 1 (1987): 14–17, 83–86.

Granados y Gálvez, Joseph. *Tardes americanas*. Mexico: Matritense, 1778.

Green, Stanley C. *The Mexican Republic: The First Decade, 1823–1832*. Pittsburgh: University of Pittsburgh Press, 1987.

Guedea, Virginia. "Alzamientos y motines." In _Historia de México_, edited by Miguel León-Portilla, 12 vols., V:35–50. Mexico: Editorial Salvat, 1974.

———. _En busca de un gobierno alterno: Los Guadalupes de México._ Mexico: UNAM, 1992.

———. "Los Guadalupes de México." _Relaciones Estudios de Historia y Sociedad_ 23 (1985): 71–91.

———. "Los indios voluntarios de Fernando VII." _Estudios de Historia Moderna y Contemporánea de México_ 10 (1987): 11–83.

———. "Secret Societies during New Spain's Independence Movement." Paper presented at the symposium, New Interpretations of Mexican Independence, University of California, Berkeley, April 24, 1989.

———. "Las primeras elecciones populares en la ciudad de México, 1812–1813." _Mexican Studies/Estudios Mexicanos_ 7, no. 1 (Winter 1991): 1–28.

———. "Las sociedades secretas durante el movimiento de independencia." In _The Independence of Mexico and the Creation of the New Nation_, edited by Jaime E. Rodríguez O., 45–62. Los Angeles: UCLA Latin American Center, 1989.

———. "En torno a la Independencia y la Revolución." In _The Revolutionary Process in Mexico: Essays on Political and Social Change, 1880–1940_, edited by Jaime E. Rodríguez O., 267–273. Los Angeles: UCLA Latin American Center, 1990.

Güémez Pineda, José Arturo. "Everyday Forms of Maya Resistance: Cattle Rustling in Northwestern Yucatán, 1821–1847." In _Land, Labor, and Capital in Modern Yucatán: Essays in Regional History and Political Economy_, edited by Jeffery T. Brannon and Gilbert M. Joseph, 18–50. Tuscaloosa: University of Alabama Press, 1991.

———. "Resistencia indígena en Yucatán: El caso del aigeato en el distrito de Mérida, 1821–1847." Tésis de licenciatura, Universidad Autónoma de Yucatán, 1987.

Guerra, François-Xavier. _México del antiguo régimen a la revolución._ 2 vols. Mexico: Fondo de Cultura Económica, 1988.

Guha, Ramachandra, and Madhav Gadgil. "State Forestry and Social Conflict in British India." _Past and Present_ 123 (May 1989): 141–177.

Guha, Ranajit. _Elementary Aspects of Peasant Insurgency in Colonial India._ Delhi: Oxford University Press, 1983.

Guha, Ranajit, ed. _Subaltern Studies._ 5 vols. Delhi: Oxford University Press, 1982–1988.

Guthrie, Chester L. "Riots in Seventeenth-Century Mexico: A Study in Social History with Special Emphasis upon the Lower Classes." Ph.D. diss., University of California, Berkeley, 1938.

———. "Riots in Seventeenth-Century Mexico City: A Study of Social and Economic Conditions." In _Greater America: Essays in Honor of Herbert Eugene Bolton_, edited by Adele Ogden and Engel Sluiter. Berkeley: University of California Press, 1945.

Hale, Charles A. *Mexican Liberalism in the Age of Mora, 1821–1853*. New Haven: Yale University Press, 1968.

Hall, Linda B. "Banks, Oil, and the Reinstitutionalization of the Mexican State, 1920–1924." In *The Revolutionary Process in Mexico: Essays on Political and Social Change, 1880–1940*, edited by Jaime E. Rodríguez O., 189–211. Los Angeles: UCLA Latin American Center, 1990.

Halperin-Donghi, Tulio. *The Aftermath of Revolution in Latin America*. New York: Harper and Row, 1973.

Hamill, Hugh M., Jr. *The Hidalgo Revolt: Prelude to Mexican Independence*. Gainesville: University of Florida Press, 1966.

Hamnett, Brian R. "The Economic and Social Dimension of the Revolution of Independence in Mexico, 1800–1824." *Ibero-Amerikanisches Archiv* 6, no. 1 (1980): 1–27.

———. *Roots of Insurgency: Mexican Regions, 1750–1824*. Cambridge: Cambridge University Press, 1986.

Harrison, J. F. C. *The Second Coming: Popular Millenarianism, 1780–1850*. New Brunswick: Rutgers University Press, 1979.

Hart, John. *Revolutionary Mexico: The Coming and Process of the Mexican Revolution*. Los Angeles: University of California Press, 1987.

Hernández Chávez, Alicia. "Lozada no muere." In *De Séptimo Cantón a Estado de Nayarit*. Vol. 5. Mexico: Centre d'Etudes Mexicaines et Centroamericaines y Universidad de Guadalajara, 1990.

———. "Origen y ocaso del ejército porfiriano." *Historia Mexicana* 39, no. 1 (July-September 1989): 257–296.

Hernández y Dávalos, Juan E. *Colección de documentos para la historia de la guerra de independencia de México de 1808 a 1821*. 6 vols. Mexico: José María Sandoval Impresor, 1878.

Hernández Orive, Alicia. "Haciendas y pueblos en el estado de Morelos, 1535–1810." Tésis de Maestría, El Colegio de México, 1973.

Herr, Richard. *Spain*. Englewood Cliffs: Prentice Hall, 1971.

Hill, Christopher. *The World Turned Upside Down*. New York: Viking Press, 1972.

Hobsbawm, Eric. *Bandits*, rev. ed. New York: Pantheon, 1981.

———. "Peasants and Politics." *Journal of Peasant Studies* 1, no. 1 (1973): 12.

———. *Primitive Rebels: Studies in Archaic Forms of Social Movement in the Nineteenth and Twentieth Centuries*. Manchester: Manchester University Press, 1959.

———. "Reply." *Comparative Studies in Society and History* 14, no. 4 (September 1972): 503–505.

———. "Social Banditry." In *Rural Protest: Peasant Movements and Social Change*, edited by Henry Landsberger. London: Macmillan, 1974.

———. "Review of Slatta's *Bandidos*." *Hispanic American Historical Review* 68, no. 1 (February 1988): 135–136.

Hobsbawm, Eric, and George Rudé. *Captain Swing: A Social History of the Great English Agricultural Uprising of 1830*. New York: Pantheon, 1986.

Hoffer, Peter C. "Counting Crime in Premodern England and America: A Review Essay." *Historical Methods* 14, no. 4 (Fall 1981): 187–193.

Holden, William C. *Teresita*. Owings Mills, MD: Stemmer House, 1978.

Holloway, Thomas H. " 'A Healthy Terror': Police Repression of *Capoeiras* in Nineteenth-Century Rio de Janeiro." *Hispanic American Historical Review* 69, no. 4 (November 1989): 637–676.

Huitrón, Antonio. *Bienes comunales en el Estado de México*. Colección Estudios Históricos 2. Toluca: Ediciones Gobierno del Estado, 1972.

Ileto, Reynaldo C. *Payson and Revolution: Popular Movements in the Philippines, 1840–1910*. Quezon City: Ateneo de Manila University Press, 1979.

Inciardi, James A., Alan A. Block, and Lyle A. Hallowell. *Historical Approaches to Crime: Research Strategies and Issues*. Beverly Hills: Sage Publications, 1977.

Innes, Joanna, and John Styles. "The Crime Wave: Recent Writing on Crime and Criminal Justice in Eighteenth-Century England." *Journal of British Studies* 25 (1986): 380–435.

Isaacman, Allen. *The Tradition of Resistance in Mozambique*. Berkeley: University of California Press, 1976.

Israel, John I. *Race, Class and Politics in Colonial Mexico, 1610–1670*. Oxford: Oxford University Press, 1975.

Jiménez Codinach, Guadalupe, ed. *Planes en la Nación Mexicana*. Vol. 1. Mexico: Senado de la República and El Colegio de México, 1987.

Johnson, Lyman, and Julia Kirk Blackwelder. "Estadística criminal y acción policial en Buenos Aires, 1887–1914." *Desarrollo Económico* 24, no. 93 (April-June 1984): 109–122.

Joseph, Gilbert M. *Revolution from Without: Yucatán, Mexico, and the United States, 1880–1924*. Cambridge: Cambridge University Press, 1982.

Joseph, Gilbert M., and Allen Wells. "The Rough-and-Tumble Career of Pedro Crespo." In *The Human Tradition in Latin America: The Twentieth Century*, edited by William H. Beezley and Judith Ewell, 27–40. Wilmington: Scholarly Resources, 1987.

———. "Summer of Discontent, Seasons of Upheaval: Towards an Analysis of Elite Politics and Rural Rebellion in Yucatán, 1890–1915." Paper presented at the International Conference on the Historical Development of Modern Yucatán, Mérida, April 1987.

———. *Summer of Discontent, Seasons of Upheaval: Elite Politics and Rural Insurgency in Yucatán, 1890–1915*. Albuquerque: University of New Mexico Press, in press.

Katz, Friedrich. "Rural Uprisings in Mexico." Unpublished manuscript, 1981.

Katz, Friedrich, ed. *Riot, Rebellion, and Revolution: Rural Social Conflict in Mexico*. Princeton: Princeton University Press, 1989.

Katz, Friedrich, et al. *Hitler sobre América Latina: El fascismo alemán en Latinoamérica, 1933–1944.* Mexico: Editorial Fondo de Cultura Popular, 1968.

Kelman, Mark. *A Guide to Critical Legal Studies.* Cambridge: Harvard University Press, 1987.

Kerkvliet, Benedict J. Tria. "Everyday Resistance to Injustice in a Philippine Village." *Journal of Peasant Studies* 13, no. 2 (January 1986): 107–123.

Kheng, Cheah Boon. *The Peasant Robbers of Kedah, 1900–1929: Historical and Folk Perceptions.* Singapore: Oxford University Press, 1988.

Knight, Alan. *The Mexican Revolution.* 2 vols. Cambridge: Cambridge University Press, 1986.

Koliopoulis, John S. *Brigands with a Cause: Brigandage and Irredentism in Modern Greece, 1821–1912.* Oxford: Clarendon Press, 1987.

Koreck, María Teresa. "The Constitution and Deployment of Popular Knowledge: From Colonists to Colonized to Revolutionaries." Ph.D. diss., University of Chicago, 1988.

Kselman, Thomas A. *Miracles and Prophecies in Nineteenth Century France.* New Brunswick: Rutgers University Press, 1983.

Ladd, Doris M. *The Mexican Nobility at Independence, 1780–1826.* Austin: Institute of Latin American Studies, University of Texas, 1974.

Lafaye, Jacques. *Quetzalcóatl and Guadalupe: The Formation of Mexican National Consciousness, 1531–1813.* Translated by Benjamin Keen. Chicago: University of Chicago Press, 1976.

Langer, Erick D. *Economic Change and Rural Resistance in Southern Bolivia, 1880–1930.* Stanford: Stanford University Press, 1989.

Lanternari, Vittorio. *The Religions of the Oppressed: A Study of Modern Messianic Cults.* New York: Alfred A. Knopf, 1965.

LeGrand, Catherine. "Review of *Bandidos: The Varieties of Latin American Banditry.*" *American Historical Review* 93, no. 4 (October 1988): 1145.

Levine, Daniel H. "Religion and Politics in Comparative Historical Perspective." *Comparative Politics* 19 (October 1986): 95–122.

Lewin, Linda. "Oral Tradition and Elite Myth: The Legend of Antônio Silvino in Brazilian Popular Culture." *Journal of Latin American Lore* 2 (Winter 1979): 157–204.

———. *Politics and Parentela in Paraíba: A Case Study of Family-Based Oligarchy in Brazil.* Princeton: Princeton University Press, 1987.

Lindley, Richard B. *Haciendas and Economic Development: Guadalajara, Mexico, at Independence.* Austin: University of Texas Press, 1983.

Linebaugh, Peter. "Karl Marx, the Theft of Wood, and Working-Class Composition: A Contribution to the Current Debate." *Crime and Social Justice* 6 (Fall-Winter 1976): 5–15.

Lira, Andrés. *Comunidades indígenas frente a la ciudad de México: Tenochtitlan y Tlatelolco, sus pueblos y barrios, 1812–1919.* Guadalajara: El Colegio de Michoacán, 1983.

Lloyd, Christopher. *Explanation in Social History.* New York: Basil Blackwell, 1986.

López Albújar, Enrique. *Los caballeros del delito.* 2d ed. Lima: Juan Mejía Baca, 1973.

López Miramontes, Alvaro, and Cristina Urrutia de Stebelski, eds. *Las minas de Nueva España en 1774.* Mexico: INAH, 1980.

Loyola Díaz, Rafael. "El ocaso del radicalismo revolucionario: Ferrocarrileros y petroleros, 1938–1947." Unpublished manuscript, 1988.

MacLachlan, Colin M. *Spain's Empire in the New World: The Role of Ideas in Institutional and Social Change.* Berkeley: University of California Press, 1988.

MacLachlan, Colin M., and Jaime E. Rodríguez O. *The Forging of the Cosmic Race: A Reinterpretation of Colonial Mexico.* Berkeley: University of California Press, 1980.

Macune, Charles W., Jr. *El Estado de México y la federación mexicana.* Mexico: Fondo de Cultura Económica, 1978.

Magaña, Gildardo. *Emiliano Zapata y el agrarismo mexicano.* Mexico: Editorial Ruta, 1951.

Mallon, Florencia. *The Defense of Community in Peru's Central Highlands: Peasant Struggle and Capitalist Transition, 1860–1940.* Princeton: Princeton University Press, 1983.

———. "Peasants and State Formation in Nineteenth-Century Mexico." Paper presented at the Twelfth International Congress of the Latin American Studies Association, New Orleans, October 1987.

Malo, José Ramón. *Diario de sucesos notables (1832–1853).* Mexico: Editorial Patria, 1948.

Mancisidor, José. *Historia de la Revolución mexicana.* 17th ed. Mexico: B. Costa-Amic Editor, 1971.

Mateos, Juan Antonio, ed. *Historia parlamentaria de los congresos mexicanos de 1821 a 1857.* 25 vols. Mexico: V. S. Reyes, 1877–1912.

Matza, David. *Becoming Deviant.* Englewood Cliffs: Prentice Hall, 1969.

Maullin, Richard L. *The Fall of Dumar Aljure, a Colombian Guerrilla and Bandit.* Santa Monica: Rand Corporation, 1969.

Mazari, Manuel. *Bosquejo histórico del Estado de Morelos.* Mexico: Edición de los hijos del autor, 1966.

Mazin, Oscar, ed. *El gran Michoacán.* Morelia: El Colegio de Michoacán, Gobierno del Estado de Michoacán, 1986.

Mecham, Lloyd. "The Jefe Político in Mexico." Translated in *Secuencia: Revista Americana de Ciencias Sociales* 4 (January-April 1986): 143–163.

Memoria presentada a la H. Legislatura del Estado de México por el C. gobernador constitucional general Juan Mirafuentes correspondiente al segundo año de su administración. Toluca: Imprenta del Instituto Literario, 1879.

Memoria presentada a la H. Legislatura del Estado de México por el C. Gobernador Constitucional del mismo, Mariano Riva Palacio. Toluca: Tipografía del Instituto Literario, 1871.

Mexico, Cámara de Diputados. *Proceso instructivo formado por la sección del Gran Jurado de la Cámara de Diputados del Congreso General en averiguación de los ex-ministros D. Lucas Alamán, D. Rafael Mangino, D. José Antonio Facio, y D. José Ignacio Espinosa.* Mexico: Imprenta de Ignacio Cumplido, 1833.

México, Estado de. *Colección de decretos del Congreso Constituyente del Estado de México.* Vol. XIV. Toluca: Tipografía del Instituto Literario, 1879.

————. *Colección de discursos pronunciados en el acto de la transacción celebrada entre los pueblos de Santa Ana Xilotzingo y Santiago Tlazala del Distrito de Tlalnepantla, Estado de México.* Mexico: Imprenta Orozco, 1887.

————. *Estadística del Departamento de México, formada por la comisión nombrada por el Ministerio de Fomento, y presidida por el Sr. Don Joaquín Noriega; de septiembre de 1853 en que comenzó sus trabajos a febrero de 1854 en que los concluyó.* Mexico: Gobierno del Estado de México, FONAPAS, 1980.

————. *Ley orgánica para el gobierno y administración interior de los distritos políticos del estado, decretada por el Lic. Cayetano Gómez y Pérez, gobernador provisional del Estado libre y soberano de México.* Mexico: N.p., 1868.

————. *Monografía del Municipio de Sultepec.* Toluca: Dirección de Prensa y Relaciones Públicas del Gobierno del Estado de México, 1974.

Mexico, Secretaría de Hacienda. *Memoria 1822, 1841, 1844, 1852,* and *1870.*

Meyer, Jean. *Esperando a Lozada.* Guadalajara: El Colegio de Michoacán and CONACYT, 1984.

Meyer, Lorenzo. "La memoria de 1938: La expropiación petrolera y los británicos." *Vuelta,* no. 141 (1988): 35.

————. *México y los Estados Unidos en el conflicto petrolero (1917–1942).* 2d ed. Mexico: El Colegio de México, 1972.

Meyer, Michael C., and William L. Sherman. *The Course of Mexican History.* New York: Oxford University Press, 1987.

Mirafuentes, José Luis. *Movimientos de resistencia y rebeliones indígenas en el norte de México.* Mexico: UNAM, 1989.

Mojares, Resil B. "Nonrevolt in the Rural Context: Some Considerations." *Philippine Studies* 31 (1983): 477–482.

Molina Enríquez, Andrés. *Los grandes problemas nacionales.* Mexico: Ediciones del Instituto Nacional de la Juventud Mexicana, 1964.

Montejano y Aguiñaga, Rafael. *Documentos para la historia de la guerra de independencia en San Luis Potosí.* San Luis Potosí: Academia de Historia Potosina, 1981.

Montejano Larriñaga, Rafael. *El valle de Santa Isabel del Armadillo, SLP*. San Luis Potosí: Imprenta Evolución, 1964.

Moore, Barrington, Jr. *Social Origins of Dictatorship: Lord and Peasant in the Making of the Modern World*. Boston: Beacon Press, 1968.

Mora, José María Luis. *México y sus revoluciones*. 3 vols. Mexico: Fondo de Cultura Económica, 1986.

——. *Obras sueltas*. Paris: Libería de la Rosa, 1837.

——. *Obras Sueltas*. Mexico: Editorial Porrúa, 1963.

——. *Revista Política*. Mexico: Guaranía, n.d.

Morse, Richard M. "The Heritage of Latin America." In *The Founding of New Societies*, edited by Louis Hartz. New York: Harcourt, Brace, 1964.

Moss, David. "Bandits and Boundaries in Sardinia." *Man* 14 (1979): 477–496.

Muñoz Moreno, F., and R. Suarez de la Lastra. *El Ocaso de un régimen*. Mexico: Ediciones Populares, 1939.

Muro, Manuel. *Historia de San Luis Potosí*. Vol. I. San Luis Potosí: Sociedad Potosina de Estudios Históricos, 1973.

Nakayama, Antonio. *Sinaloa: Un bosquejo de su historia*. Mexico: Universidad Autónoma de Sinaloa, 1983.

Navarro García, Luis. *Don José de Gálvez y la Comandancia General de las Provincias Internas del Norte de la Nueva España*. Sevilla: Escuela de Estudios Hispano-Americanos, 1964.

Noriega Elío, Cecilia. *El Constituyente de 1842*. Mexico: UNAM, 1986.

Novo, Salvador. *La vida en México en el período presidencial de Lázaro Cárdenas*. Mexico: Empresas editoriales, 1964.

Nugent, Daniel, ed. *Rural Revolt and United States Intervention in Mexico*. La Jolla: Center for U.S.-Mexican Studies, 1988.

Ogden, Adele, and Engel Sluiter, eds. *Greater America: Essays in Honor of Herbert Eugene Bolton*. Berkeley: University of California Press, 1945.

O'Malley, Pat. "Social Bandits, Modern Capitalism, and the Traditional Peasantry: A Critique of Hobsbawm." *Journal of Peasant Studies* 6, no. 4 (July 1979): 489–501.

Orlove, Benjamin S. "The Position of Rustlers in Regional Society: Social Banditry in the Andes." In *Land and Power in Latin America: Agrarian Economies and Social Processes in the Andes*, edited by Benjamin S. Orlove and Glynn Custred. New York: Holmes and Meier, 1980.

Pagden, Anthony. *The Fall of Natural Man: The American Indian and the Origins of Comparative Ethnology*. Cambridge: Cambridge University Press, 1982.

Palmer, Colin. *Slaves of the White God: Blacks in Mexico*. Cambridge: Harvard University Press, 1976.

Pelikan, Jaroslav. Review of *Worlds of Wonder, Days of Judgement: Popular Religious Belief in Early New England* by David D. Hall. Book-of-the-Month Club, March 1989.

Pereira de Queiroz, Maria Isaura. *Os cangacieros.* São Paulo: Duas Cidades, 1977.

Pérez, Louis A., Jr. " 'La Chambalona': Political Protest, Sugar, and Social Banditry in Cuba, 1914–1917." In *Bandidos: The Varieties of Latin American Banditry,* edited by Richard W. Slatta, 131–147. New York: Greenwood Press, 1987.

———. *Lords in the Mountain: Social Banditry and Peasant Protest in Cuba, 1878–1918.* Pittsburgh: University of Pittsburgh Press, 1989.

———. "The Pursuit of Pacification: Banditry and the United States' Occupation of Cuba, 1889–1902." *Journal of Latin American Studies* 18, no. 2 (November 1986): 313–332.

———. "Vagrants, Beggars, and Bandits: The Social Origins of Cuban Separatism, 1878–1895." *American Historical Review* 90, no. 5 (December 1985): 1092–1121.

Phelan, John L. *The Millennial Kingdom of the Franciscans in the New World: A Study of the Writings of Gerónimo Mendieta (1525–1604).* Berkeley: University of California Press, 1956.

Pike, Ruth. "The Reality and Legend of the Spanish Bandit Diego Corrientes." *Folklore* 99, no. 2 (1988): 242–247.

Poole, Deborah A. "Landscapes of Power in a Cattle-Rustling Culture of Southern Andean Peru." Paper presented at the 46th International Congress of Americanists, Amsterdam, July 4–8, 1988.

Potter, Claire B. "Guarding the Crossroads: The FBI's War on Crime in the 1930s." Ph.D. diss., New York University, 1990.

Poumier-Taquechel, Maria. *Contribution à l'étude du banditisme social à Cuba: L'Histoire et le mythe de Manuel García.* Paris: Editions L'Harmattan, 1986.

Powell, T. G. *El liberalismo y el campesinado en el centro de México (1850 a 1876).* Mexico: Sepsetentas, 1974.

Priestley, Herbert Ingram. *José de Gálvez, Visitor-General of New Spain, 1765–1771.* Berkeley: University of California Press, 1916.

Quintana Roo, Andrés. *Ampliación que el C . . . hace a la acusación que formalizó ante la Cámara de Diputados contra el Ministro de Guerra D. José Antonio Facio por haber atropellado la inviolabilidad de la representación nacional.* Mexico: Imprenta de Rivera, 1832.

Quirós, C. Bernardo. *El bandolerismo en España y en México.* Mexico: Jurídica Mexicana, 1959.

Rabasa, Emilio. *La evolución histórica de México.* Mexico: Porrúa, 1956.

Ramírez, Susan E. *Indian-Religious Relations in Colonial Spanish America.* Syracuse: Maxwell School of Citizenship and Public Affairs, Syracuse University, 1989.

Randall, Robert W. *Real del Monte, a British Mining Venture in Mexico.* Austin: University of Texas Press, 1972.

Reina, Leticia. *Las rebeliones campesinas en México, 1819–1906.* Mexico: Siglo XXI, 1980.

———. *Las rebeliones campesinas en México (1819–1906).* 2d ed. Mexico: Siglo XXI, 1984.

Robertson, William S. *Iturbide of Mexico*. Durham: Duke University Press, 1952.

Rocafuerte, Vicente. *Consideraciones generales sobre la bondad de un buen gobierno aplicadas a las actuales circunstancias de la República de México*. Mexico: Imprenta de las Escalerillas, 1831.

———. *A la nación*. Quito: Tipografía de la Escuela de Artes y Oficios, 1908.

———. *Observaciones sobre la carta inserta en el Registro oficial del 4 de octubre, del célebre Obispo Flechier sobre la ilicitud de los matrimonios entre los católicos y los protestantes*. Mexico: Imprenta de Rivera, 1831.

Rodríguez O., Jaime E. "Conflict between the Church and State in Early Republican Mexico." *New World* 2, nos. 1 and 2 (1987): 93–112.

———. *The Emergence of Spanish America: Vicente Rocafuerte and Spanish Americanism, 1808–1832*. Berkeley: University of California Press, 1975.

———. "Mexico's First Foreign Loans." In *The Independence of Mexico and the Creation of the New Nation*, edited by Jaime E. Rodríguez O., 215–235. Los Angeles: UCLA Latin American Center, 1989.

———. "Oposición a Bustamante." *Historia Mexicana* 20, no. 2 (1970): 199–234.

———. "From Royal Subject to Republican Citizen: The Role of the Autonomists in the Independence of Mexico." In *The Independence of Mexico and the Creation of the New Nation*, edited by Jaime E. Rodríguez O., 19–43. Los Angeles: UCLA Latin American Center, 1989.

Rodríguez O., Jaime E., ed. *The Independence of Mexico and the Creation of the New Nation*. Los Angeles: UCLA Latin American Center, 1989.

———. *The Revolutionary Process in Mexico: Essays on Political and Social Change, 1880–1940*. Los Angeles: UCLA Latin American Center, 1990.

Rodríguez de San Miguel, Juan N. *Pandectas Hispano-mexicanas*. 3 vols. Mexico: Instituto de Investigaciones Jurídicas, UNAM, 1980.

Rojas, Basilio. *La rebelión de Tehuantepec*. Mexico: Sociedad Mexicana de Geografía e Historia, 1964.

Rosaldo, Renato. "From the Door of His Tent: The Fieldworker and the Inquisitor." In *Writing Culture*, edited by James Clifford and George E. Marcus. Berkeley: University of California Press, 1986.

Rosenbaum, Robert J. *Mexicano Resistance in the Southwest: "The Sacred Right of Self-Preservation."* Austin: University of Texas Press, 1981.

Rosenzweig, Fernando. "La formación y el desarrollo del Estado de México: 1821–1940." In *Breve historia del Estado de México*, edited by Fernando Rosenzweig, Rosaura Hernández, María T. Jarquín, and Manuel Miño. Toluca: El Colegio Mexiquense, Gobierno del Estado de México, 1987.

Rudé, George. *Criminal and Victim: Crime and Society in Early Nineteenth-Century England.* Oxford: Oxford University Press, 1985.

———. *Ideology and Popular Protest.* New York: Pantheon Books, 1980.

Runyan, McKinley, ed. *Psychology and Historical Interpretation.* New York: Oxford University Press, 1988.

Sánchez, Gonzalo, and Donny Meertens. *Bandoleros, gamonales y campesinos: El caso de la violencia en Colombia.* 2d ed. Bogotá: El Ancora Editores, 1984.

Santos, Gonzalo N. *Memorias.* Mexico: Editorial Grijalbo, 1984.

Schwartz, Rosalie. *Lawless Liberators: Political Banditry and Cuban Independence.* Durham: Duke University Press, 1989.

Scott, James C. "Everyday Forms of Peasant Resistance." *Journal of Peasant Studies* 13, no. 2 (January 1986): 5–35.

———. "Protest and Profanation: Agrarian Revolt and the Little Tradition." *Theory and Society* 4, no. 1 (1977): 1–38; and 4, no. 2 (1977): 211–246.

———. "Resistance without Protest and without Organization: Peasant Opposition to the Islamic *Zakat* and the Christian Tithe." *Comparative Studies in Society and History* 29, no. 3 (July 1987): 417–452.

———. *Weapons of the Weak: Everyday Forms of Peasant Resistance.* New Haven: Yale University Press, 1985.

Scott, James C., and Benedict Kerkvliet. "Everyday Forms of Peasant Resistance in South-east Asia." *Journal of Peasant Studies* 13, no. 2 (January 1986): 1–150.

Scott, Rebecca J. *Slave Emancipation in Cuba: The Transition to Free Labor, 1860–1899.* Princeton: Princeton University Press, 1986.

Shulgovski, Anatol. *México en la encrucijada de su historia: La lucha liberadora y antiimperialista del pueblo mexicano en los años treinta y la alternativa de México ante el camino de su desarrollo.* Mexico: Fondo de Cultura Popular, 1968.

Singelmann, Peter. "Political Structure and Social Banditry in Northeast Brazil." *Journal of Latin American Studies* 7, no. 1 (May 1975): 59–83.

Slatta, Richard W. "Banditry as Political Participation in Latin America." Paper presented at the meeting of the American Historical Association, San Francisco, December 29, 1989.

———. "Rural Criminality and Social Conflict in Nineteenth-Century Buenos Aires Province." *Hispanic American Historical Review* 60, no. 3 (August 1980): 450–472.

Slatta, Richard W., ed. *Bandidos: The Varieties of Latin American Banditry.* New York: Greenwood Press, 1987.

Smith, Anthony D. *Las teorías del nacionalismo.* Barcelona: Peninsula, 1976.

Sotelo Inclán, Jesús. *Raíz y razón de Zapata.* Mexico: Comisión Federal de Electricidad, 1970.

Souza, Amaury de. "The *Cangaço* and the Politics of Violence in Northeast Brazil." In *Protest and Resistance in Angola and Brazil*, edited by Ronald L. Chilcote. Berkeley: University of California Press, 1972.

Spicer, Edward H. "Contrasting Forms of Nativism among the Mayos and Yaquis of Sonora, Mexico." In *The Social Anthropology of Latin America: Essays in Honor of Ralph Leon Beals*. Los Angeles: UCLA Latin American Center, 1970.

Spiro, Melford E. *Oedipus in the Trobriands*. Chicago: University of Chicago Press, 1982.

Staples, Anne. "Secularización: Estado e iglesia en tiempos de Gómez Farías." *Estudios de historia moderna y contemporanea de México* 10 (1986): 109–123.

Stern, Steve J. *Peru's Indian Peoples and the Challenge of the Spanish Conquest: Huamanga to 1640*. Madison: University of Wisconsin Press, 1983.

Stern, Steve J., ed. *Resistance, Rebellion, and Consciousness in the Andean Peasant World, 18th to 20th Centuries*. Madison: University of Wisconsin Press, 1987.

Stoler, Ann Laura. "Plantation Politics and Protest on Sumatra's East Coast." *Journal of Peasant Studies* 13, no. 2 (January 1986): 124–143.

Suárez y Navarro, Juan. *Historia de México y del general Antonio López de Santa Anna*. Mexico: INEHRM, 1987.

Taylor, Lewis. *Bandits and Politics in Peru: Landlord and Peasant Violence in Hualgayoc, 1900–1930*. Cambridge, UK: Centre of Latin American Studies, 1986.

Taylor, William B. "Bandit Gangs in Late Colonial Times: Rural Jalisco, Mexico, 1794–1821." *Bibliotheca Americana* 1, no. 2 (November 1987): 29–58.

———. "Between Global Process and Local Knowledge: An Inquiry into Early Latin American Social History, 1500–1900." In *Reliving the Past: The Worlds of Social History*, edited by Olivier Zunz. Chapel Hill: University of North Carolina Press, 1985.

———. *Drinking, Homicide, and Rebellion in Colonial Mexican Villages*. Stanford: Stanford University Press, 1979.

Tenenbaum, Barbara A. "The Creation of the Internal Debt in Mexico, 1827–1854." Paper presented at the Conference on Latin American Public Debt in Historical Perspective, Ibero-Amerikanisches Institut, Berlin, November 16, 1989.

———. "Liberals without Money." Paper presented at the Convention of the American Historical Association, San Francisco, December 30, 1989.

———. *The Politics of Penury: Debts and Taxes in Mexico, 1821–1856*. Albuquerque: University of New Mexico Press, 1986.

———. "Taxation and Tyranny: Public Finance during the Iturbide Regime, 1821–1823." In *The Independence of Mexico and the Creation of the New Nation*, edited by Jaime E. Rodríguez O., 201–213. Los Angeles: UCLA Latin American Center, 1989.

TePaske, John Jay. "The Financial Disintegration of the Royal Government of Mexico during the Epoch of Independence." In *The Independence of Mexico and the Creation of the New Nation*, edited by Jaime E. Rodríguez O., 63–83. Los Angeles: UCLA Latin American Center, 1989.

Thompson, E. P. "The Moral Economy of the English Crowd in the Eighteenth Century." *Past and Present*, no. 50 (February 1971): 76–116.

———. "Time, Work-Discipline and Industrial Capitalism." *Past and Present*, no. 38 (1967): 56–97.

———. *Whigs and Hunters: The Origin of the Black Act*. London: Allen Lane, 1975.

Thompson, E. P., Douglas Hay, and Peter Linebaugh. *Albion's Fatal Tree: Crime and Society in Eighteenth Century England*. New York: Pantheon, 1975.

Thrupp, Sylvia, ed. *Millennial Dreams in Action: Studies in Revolutionary Religious Movements*. New York: Schocken Books, 1970.

Tilly, Charles. *The Contentious French: Four Centuries of Popular Struggle*. Cambridge: Harvard University Press, 1986.

Tornel y Mendivil, José María. *Breve reseña histórica de los acontecimientos más notables de la nación mexicana*. Mexico: Instituto Nacional de Estudios Históricos de la Revolución Mexicana, 1985.

Torre, Ernesto de la, ed. *Los Guadalupes y la Independencia*. Mexico: Editorial Porrúa, 1985.

Torrente, Mariano. *Historia de la independencia de México*. Madrid: Editorial América, 1918.

Turner, Victor. *Dramas, Fields, and Metaphors: Symbolic Action in Human Society*. Ithaca: Cornell University Press, 1974.

Turton, Andrew. "Patrolling the Middle-Ground: Methodological Perspectives on Everyday Peasant Resistance." *Journal of Peasant Studies* 13, no. 2 (January 1986): 36–48.

Tutino, John. "Agrarian Social Change and Peasant Rebellion in Nineteenth-Century Mexico: The Example of Chalco." In *Riot, Rebellion, and Revolution: Rural Social Conflict in Mexico*, edited by Friedrich Katz, 95–140. Princeton: Princeton University Press, 1989.

———. *From Insurrection to Revolution in Mexico: Social Bases of Agrarian Violence, 1750–1940*. Princeton: Princeton University Press, 1986.

———. "Rebelión indígena en Tehuantepec." *Cuadernos Políticos* 24 (1980): 89–101.

Universidad Iberoamericana. *Porfirio Díaz ante el descontento popular regional (1891–1893): Antología documental*. Mexico: Universidad Iberoamericana, 1986.

Unzueta, Juan Antonio de. *Informe presentado al Exmo. Señor Presidente de los Estados Unidos Mexicanos por el contador mayor jefe de la oficina que le confirió S.E. para que le manifestase el manejo, y estado que guardó la Hacienda Pública en los años de 1830–1831 y 1832*. Mexico: Imprenta de Aguila, 1833.

Valadés, José C. *Historia general de la Revolución mexicana*. Vol. 10. Mexico: Editor Manuel Quesada Brandi, 1967.

Vanderwood, Paul J. "Building Blocks but Yet No Building: Regional History and the Mexican Revolution." *Mexican Studies/Estudios Mexicanos* 3, no. 2 (Summer 1987): 421–432.

———. *Disorder and Progress: Bandits, Police, and Mexican Development*. Lincoln: University of Nebraska Press, 1981.

———. *Los rurales mexicanos*. Mexico: Fondo de Cultura Económica, 1981.

Vanderwood, Paul J., ed. "Social Banditry and Spanish American Independence." *Bibliotheca Americana* 1, no. 2 (November 1982).

Van Young, Eric. *La crisis del orden colonial: Estructura agraria y rebelión popular en la Nueva España, 1750–1821*. Mexico: Alianza Editorial, 1991.

———. "Islands in the Storm: Quiet Cities and Violent Countrysides in the Mexican Independence Era." *Past and Present*, no. 118 (February 1988): 120–156.

———. "Millennium on the Northern Marches: The Mad Messiah of Durango and Popular Rebellion in Mexico, 1800–1815." *Comparative Studies in Society and History* 28, no. 3 (July 1986): 385–413.

———. "Quetzalcoatl, King Ferdinand, and Ignacio Allende Go to the Seashore; or Messianism and Mystical Kingship in Mexico, 1800–1821." In *The Independence of Mexico and the Creation of the New Nation*, edited by Jaime E. Rodríguez O., 109–127. Los Angeles: UCLA Latin American Center, 1989.

———. "To See Someone Not Seeing: Historical Studies of Peasants and Politics in Mexico." *Mexican Studies/Estudios Mexicanos* 6, no. 1 (Winter 1990): 133–159.

———. "Who Was That Masked Man Anyway: Symbols and Popular Ideology in the Mexican Wars of Independence." *Proceedings of the Rocky Mountain Council on Latin American Studies* 1 (1984): 18–35.

Vázquez, Josefina Z. "Soldados alemanes en las huestes santanistas." *Jahrbuch für Geschichte von Staat, Wirtschaft und Gesellschaft Lateinamerikas* (1988): 415–436.

Vázquez, Josefina Z., ed. *Planes en la Nación Mexicana*. Vols. 2 and 3. Mexico: Senado de la República and El Colegio de México, 1987–88.

Vázquez Mantecón, Carmen. *Santa Anna y la encrucijada del Estado: La dictadura, 1853–1855*. Mexico: Fondo de Cultura Económica, 1986.

Villaseñor y Sánchez, Joseph Antonio. *Theatro americano*. Vol. II. Mexico: Editora Nacional, 1952.

Vold, George B., and Thomas J. Bernard. *Theoretical Criminology*. 3d ed. New York: Oxford University Press, 1986.

Von Mentz, Brígida, Ricardo Pérez Montfort, Verenda Radkay, and Daniela Spenser. *Los empresarios alemanes, el Tercer Reich y la oposición de derecha a Cárdenas*. Vol. II. Mexico: CIESAS, 1988.

Wallace, Anthony. "Revitalization Movements." *American Anthropologist* 58 (1956): 264–281.

Ward, Robert I. "Juan de Dios Cañedo: Político y diplomático." *Licenciatura Tesis*, Universidad Iberoamericana, 1968.

Wasserman, Mark. "The Transition from Personalist to Party Rule: Chihuahua Politics during the 1930s." In *The Revolutionary Process in Mexico: Essays on Political and Social Change, 1880–1940*, edited by Jaime E. Rodríguez O., 213–226. Los Angeles: UCLA Latin American Center, 1990.

Weller, Robert P., and Scott E. Guggenheim, eds. *Power and Protest in the Countryside*. Durham: Duke University Press, 1982.

Weyl, Nathaniel, and Silvia Weyl. "La reconquista (Los dias de Lázaro Cárdenas)." *Problemas agrícolas e industriales en México* 7, no. 4 (1955).

White, Christine P. "Everyday Resistance, Socialist Revolution, and Rural Development: The Vietnamese Case." *Journal of Peasant Studies* 13, no. 2 (January 1986): 49–65.

White, Richard. "Outlaw Gangs of the Middle Border: American Social Bandits." *Western Historical Quarterly* 12, no. 4 (October 1981): 387–408.

Wilson, Brian. "Millennialism in Comparative Perspective." *Comparative Studies in Society and History* 6 (October 1963): 93–114.

Wilson, Stephen. *Feuding, Conflict, and Banditry in Nineteenth Century Corsica*. Cambridge, UK: Cambridge University Press, 1988.

Winther, Paul C. "Contemporary Dacoity and Traditional Politics in South Asia." *University of Oklahoma Papers in Anthropology* 18, no. 2 (Fall 1977): 153–166.

Wolf, Eric. *Peasant Wars of the Twentieth Century*. New York: Harper and Row, 1969.

Womack, John. *Zapata and the Mexican Revolution*. New York: Vintage Books, Random House, 1968.

Worsley, Peter. *Al son de la trompeta final: Un estudio de los cultos "cargo" en Melanesia*. Madrid: Siglo XXI, 1980.

———. *El tercer mundo*. Mexico: Siglo XXI, 1966.

———. *The Trumpet Shall Sound: A Study of "Cargo" Cults in Melanesia*. New York: Schocken Books, 1968.

Zavala, Lorenzo de. *Ensayo histórico de las revoluciones de México desde 1808 hasta 1830*. Mexico: Fondo de Cultura Económica, 1985.

Index

Latin American Silhouettes
Studies in History and Culture

William H. Beezley and
Judith Ewell
Editors

Volumes Published

William H. Beezley and Judith Ewell, eds., *The Human Tradition in Latin America: The Twentieth Century* (1987). Cloth ISBN 0-8420-2283-X Paper ISBN 0-8420-2284-8

Judith Ewell and William H. Beezley, eds., *The Human Tradition in Latin America: The Nineteenth Century* (1989). Cloth ISBN 0-8420-2331-3 Paper ISBN 0-8420-2332-1

David G. LaFrance, *The Mexican Revolution in Puebla, 1908–1913: The Maderista Movement and the Failure of Liberal Reform* (1989). ISBN 0-8420-2293-7

Mark A. Burkholder, *Politics of a Colonial Career: José Baquíjano and the Audiencia of Lima* (1990). Cloth ISBN 0-8420-2353-4 Paper ISBN 0-8420-2352-6

Kenneth M. Coleman and George C. Herring, eds. (with Foreword by Daniel Oduber), *Understanding the Central American Crisis: Sources of Conflict, U.S. Policy, and Options for Peace* (1991). Cloth ISBN 0-8420-2382-8   Paper ISBN 0-8420-2383-6

Carlos B. Gil, ed., *Hope and Frustration: Interviews with Leaders of Mexico's Political Opposition* (1991). Cloth ISBN 0-8420-2395-X Paper ISBN 0-8420-2396-8

Charles Bergquist, Gonzalo Sánchez, and Ricardo Peñaranda, eds., *Violence in Colombia: The Contemporary Crisis in Historical Perspective* (1991). Cloth ISBN 0-8420-2369-0   Paper ISBN 0-8420-2376-3

Heidi Zogbaum, *B. Traven: A Vision of Mexico* (1992). ISBN 0-8420-2392-5

Jaime E. Rodríguez O., ed., *Patterns of Contention in Mexican History* (1992). ISBN 0-8420-2399-2

Louis A. Pérez, Jr., ed., *Slaves, Sugar, and Colonial Society: Travel Accounts of Cuba, 1801–1899* (1992). Cloth ISBN 0-8420-2354-2 Paper ISBN 0-8420-2415-8